中国苜蓿产业发展研究

王文信　著

中国农业大学出版社
·北京·

内 容 简 介

全书分为4部分，包括16章，内容涉及6个牧草种植、贸易发达国家牧草产业情况介绍和12个国内苜蓿种植案例。第1部分是认识篇，重在介绍。其包括对苜蓿的生物学特性和我国苜蓿产业发展进行介绍与梳理。第2部分是分析篇，重在实证分析。其包括利用各种计量模型，对我国的苜蓿产业发展进行宏观分析以及对影响我国苜蓿发展的因素进行微观分析。第3部分是实践篇，重在学习借鉴。其包括对世界各牧草生产、贸易大国的牧草种植与贸易经验进行介绍与借鉴。第4部分是案例篇，重在启迪。其包括通过对我国不同苜蓿种植主体参与苜蓿生产的影响因素、存在问题与发展前景的剖析，全面反映我国苜蓿产业发展的状况。

图书在版编目(CIP)数据

中国苜蓿产业发展研究/王文信著．—北京：中国农业大学出版社，2020.10
ISBN 978-7-5655-2466-0

Ⅰ.①中…　Ⅱ.①王…　Ⅲ.①紫花苜蓿—饲料工业—产业发展—研究—中国
Ⅳ.①F326.3

中国版本图书馆 CIP 数据核字(2020)第 217980 号

书　名　中国苜蓿产业发展研究
作　者　王文信　著

策划编辑　张秀环　王笃利　　**责任编辑**　石　华
封面设计　郑　川
出版发行　中国农业大学出版社
社　址　北京市海淀区圆明园西路2号　　**邮政编码**　100193
电　话　发行部 010-62733489，1190　　读者服务部 010-62732336
编辑部 010-62732617，2618　　出　版　部 010-62733440
网　址　http://www.caupress.cn　　**E-mail** cbsszs@cau.edu.cn
经　销　新华书店
印　刷　涿州市星河印刷有限公司
版　次　2020年10月第1版　2020年10月第1次印刷
规　格　787 mm×1 092 mm　16开本　22.25印张　420千字
定　价　98.00元

图书如有质量问题本社发行部负责调换

前言

种植苜蓿不仅能为生产足量的优质草食动物产品提供支撑，满足新时代人们对安全、优质、健康食品的要求，还能改善生态环境，改良土壤、缓解人畜争粮的矛盾。我国早在1992年就提出将传统的“粮食-经济作物”二元种植结构转向“粮食-经济作物-饲料作物”。特别是在2008年的“三聚氰胺事件”发生后，发展苜蓿产业就成为产业界、学术界乃至及全社会达成的共识。

尽管政府、产业界、技术研发部门及学术界做出了巨大努力，但我国苜蓿产业发展情况与实际需求、社会期望仍有较大差距。苜蓿产业是一个复杂的系统，影响苜蓿产业发展的因素不仅是种植技术与投资，还有苜蓿的生物特性、自然环境、下游产业发展、竞争作物生产情况和政府政策等。截至目前，有关对我国苜蓿产业发展的分析仅仅局限于一个或几个侧面，缺乏对我国苜蓿产业发展的全面分析。

基于以上认识，根据对我国苜蓿产业10多年的发展历程，通过对我国苜蓿产业的发展意义、发展前景和主要问题进行分析，从宏观角度对我国牧草产业的市场绩效、国际竞争力、供求与贸易进行了深入分析；从微观角度利用各种计量模型对我国青饲料的供给反应、影响苜蓿种植面积的因素、黄淮海地区的苜蓿种植行为、订单种植意愿、补贴政策效果、中小农户苜蓿种植规模效率、种植区域集聚进行了研究，并根据计算结果，对我国苜蓿产业的发展提出了建议。为了借鉴畜牧业发达国家的苜蓿种植经验，本书列举了主要苜蓿生产和消费国家的牧草生产管理经验。为了更好地了解我国的苜蓿种植情况，本书在最后以案例的形式对我国的不同苜蓿种植主体的苜蓿种植进行了介绍。

全书分为4部分：第1部分是导论，即我国发展苜蓿产业的意义、我国苜蓿产业发展前景分析与预测、我国苜蓿产业发展现阶段面临的主要问题。第2部分是我国苜蓿产业发展研究，即我国牧草产业市场绩效研究、我国苜蓿产业竞争力研究、我国苜蓿的供求与贸易研究。第3部分是我国苜蓿种植业发展影响因素分析与对策建议，即基于Nerlove模型的我国青饲料的供给反应研究、我国苜蓿种植面积的经济分析、黄淮海地区农户苜蓿种植行为的影响因素分析、黄淮海地区农户参与订单种植苜蓿意愿的影响因素分析、我国苜蓿种植补贴政策与效果研究、中小农户苜蓿种植规模效率研究、我国苜蓿种植区域集聚特征及其影响因素研究、我国苜蓿产业发展的对策建议。第4部分是国外苜蓿产业发展借鉴及国内苜蓿产业发展案例分析，即国外苜蓿产业发展概况、案例分析。

本书是国家自然科学基金面上项目“基于产品特性与供给结构调整的我国苜蓿种植业发展研究”(项目批准号:71873130)的主要研究成果。我国苜蓿产业发展具有复杂性、系统性和动态性等特点，受篇幅所限，本书不能涵盖所有的研究成果。

本书撰写得到了李美玲(第1部分第1章)、雷岚晰(第1部分第2章)、刘培东(第1部分第3章)、翟胜英(第2部分第1章)、蔡世攀(第2部分第2章)、张跃(第2部分第5章)、张志虹(第2部分第6章)、张红晨(第2部分第7章)的积极帮助与支持。

在课题研究和书稿撰写过程中，课题组得到了国家奶牛产业技术体系首席科学家李胜利教授，国家牧草产业技术体系首席科学家张英俊教授，中国农业机械化科学研究院试验站站长杨瑞学，赤峰普瑞牧农业科技有限公司总经理刘文奇，甘肃华维智慧农业发展有限公司高志龙、曾学，甘肃玉门水肥所樊红卫以及山丹县的张董事长、石先生的大力支持，在此表示感谢。

感谢自然科学基金对项目研究的支持；感谢中国农业大学经济管理学院王瑞梅教授，正是王教授的无私帮助，项目才能进行到今天；感谢我的研究生茹卓、郭豪杰等在本书的全稿统筹中的倾力付出。

王文信

2020年9月

目 录

第1部分 导 论

第2部分 我国苜蓿产业发展研究

第3部分 我国苜蓿种植业发展影响因素分析与对策建议

第1部分　导　论

苜蓿是苜蓿属(*Medicago* L.)植物的通称,俗称金花菜(图0-1)。苜蓿多是野生的多年生开花草本植物,似三叶草,耐干旱。苜蓿种类繁多,本属有70多种,分布于地中海区域、西南亚、中亚和非洲。苜蓿具有羽状复叶,互生,托叶部分与叶柄合生,全缘或齿裂,3片小叶,边缘通常具锯齿,侧脉直伸至齿尖。总状花序腋生,有时呈头状或单生,花小,一般具花梗;苞片小或无;萼钟形或筒形,5个萼齿,等长;花冠黄色,紫花苜蓿及其他杂交种的品种颜色常为紫色、堇青色、褐色等,旗瓣倒卵形至长圆形,基部窄,常反折,翼瓣长圆形,一侧有齿尖突起与龙骨瓣的耳状体互相钩住,授粉后脱开,龙骨瓣钝头;雄蕊两体,花丝顶端不膨大,花药同型;花柱短,锥形或线形,两侧略扁,无毛,柱头顶生,子房线形,无柄或具短柄,胚珠为1至多数。荚果螺旋形转曲、肾形、镰形或近于挺直,比萼长,背缝常具棱或刺;种子为1至多数。种子小,通常平滑,多少呈肾形,无种阜;幼苗出土子叶基部不膨大,也无关节。作为牧草的苜蓿通常只有紫花苜蓿和南苜蓿。

图0-1　苜蓿

西汉时期,我国从西域引进苜蓿,截至目前,我国已有2 000多年的苜蓿栽培历史。目前,我国的苜蓿有13种,1个变种,其中主要是紫花苜蓿(*Medicago sativa* L.,

图 0-2)。紫花苜蓿被称为"牧草之王",是世界上种植面积最大的牧草,主要用于制作干草、青贮饲料或牧草(如无特别说明,本书苜蓿都指紫花苜蓿)。紫花苜蓿原产于伊朗,多分枝,高为 30~100 厘米。叶具有 3 个小叶;小叶为倒卵形或倒披针形,长为 1~2 厘米,宽约为 0.5 厘米,先端圆,中肋稍突出,上部叶缘有锯齿,两面有白色长柔毛;小叶柄长约为 1 毫米,有毛;托叶为披针形,先端尖,有柔毛,长约为 5 毫米。总状花序腋生;花萼有柔毛,萼齿为狭披针形,急尖;花冠为紫色,长于花萼。荚果为螺旋形,有疏毛,先端有喙,有种子数粒;种子为肾形,黄褐色。

图 0-2　紫花苜蓿

紫花苜蓿喜欢温暖和半湿润到半干旱的气候,因而多分布于长江以北地区。紫花苜蓿在降水量较少的地区也能忍耐干旱,抗寒性较强,能耐冬季低于-30℃的严寒,在有雪覆盖的情况下,气温达-40℃也能安全越冬。紫花苜蓿在东北、华北和西北等三北地区都可以种植,以平原黑土地区最为适宜,在高温、潮湿的南方地区则生长不良,所以栽培较少,在冬季少雪的高寒地区,因气候变化剧烈,经常在春季遭受冻害,因此,必须选用抗寒品种,或采取适当保护措施才能越冬。紫花苜蓿的根系发达,其分布在 0~75 厘米土层中的根量约占总根量的 60%。我国主要苜蓿产区在西北、华北、东北、江淮流域。由于紫花苜蓿的适应性广,全国各地都有栽培或呈半野生的状态,其主要生长于田边、路旁、旷野、草原、河岸及沟谷等地。

苜蓿的营养价值很高,每百克鲜品含蛋白质 5.9 克、碳水化合物 9.7 克、胡萝卜素 3.28 毫克、维生素 C 92 毫克、B 族维生素 20~36 毫克、钙 332 毫克、磷 115 毫克、铁 8 毫克。在民间的有些偏方中,用它来治胃或痔、肠出血。苜蓿具有清脾胃、利大小肠、下膀胱结石的功效。苜蓿含有最丰富的维生素 K,维生素 C、B 族维生素的含量也相当丰富。

南苜蓿(*Medicago polymorpha* L.)是豆科、苜蓿属的一、二年生草本植物，高可达90厘米。茎近四棱形，基部分枝，叶片为卵状长圆形，先端渐尖，基部耳状，边缘具有不整齐条裂，脉纹明显；叶柄为细长柔软，花序的头状为伞形，总花梗腋生，纤细无毛，苞片甚小，尾尖；萼齿为披针形，花冠为黄色，旗瓣为倒卵形，翼瓣为长圆形，子房为长圆形，种子为长肾形，3—5月开花，每年5—6月结果。

南苜蓿分布于中国的长江流域以南的各省区。南苜蓿在欧洲南部、西南亚等均有分布，并引种到美洲、大洋洲。南苜蓿的根瘤菌固氮，增加后茬农作物的粮食产量，同时还提高了冬春农田的覆盖率，减少了土壤水分的蒸发，以利于生态环境的保护。

苜蓿菜，即南苜蓿，是苜蓿中的一种，在江南地区是十分家常的食材。在上海，称南苜蓿为“草头”，较为常见的苜蓿菜是“酒香草头”和“草头圈子”；在江苏，称南苜蓿为“金花菜”，较为常见的苜蓿菜是“河蚌肉炒金花菜”，苏州也有腌苜蓿菜的传统；在浙江，称南苜蓿为“草籽”，较为有名的南苜蓿菜是“草籽年糕”“草籽香干”等。苜蓿每一根细茎上面有叶三齿，如倒心形，先端稍圆或凹入上部有锯齿，叶的表面呈深绿色，茎梗极短。在吃南苜蓿的时候，以叶为主，在江浙两省特多，每逢上市季节，家家户户都把它当作家常蔬菜，炒着吃，味道很好。苜蓿为豆科植物，因其根部可往地下蔓延10米，故能充分吸收土壤中的营养，经常食用苜蓿素可平衡人体的酸碱值。

第1章 我国发展苜蓿产业的意义

1.1 种植苜蓿对满足居民消费需求和我国粮食安全具有重要意义

1.1.1 苜蓿种植对满足居民消费结构提升的作用

随着收入水平的提高,我国居民的食物结构也随之发生改变,营养、安全成为食品消费的新热点。其主要表现是对谷物的直接消费不断减少,而对牛奶等高蛋白食品的需求快速增加。根据国家统计局相关数据显示,2000年我国农村居民家庭人均消费粮食超过250千克,2018年人均粮食消费量仅为140多千克,而同期农村居民对肉、蛋、奶及其制品的人均消费量从24.2千克上升到42.8千克,增长率达76.9%。根据前期的计算结果可知,2000—2010年,我国居民奶类(农村居民奶及奶制品,城镇居民的鲜奶、奶粉和酸奶)消费量增长了135.54%;同期我国玉米食用消费量下降了43.82%;小麦食用消费量下降了15.44%。自20世纪90年代以来,我国小麦制品的消费量由86.7%下降为77.4%,2000年玉米食用率不到10%,并且还在不断下降。

目前,我国奶牛主要饲料为玉米、豆粕等精料以及奶牛难以消化的农作物秸秆,但是这种饲料结构并不合理。首先,以玉米、豆粕等作为饲料造成了"人畜争粮"的局面,影响我国的粮食安全。随着奶类消费需求的增长,奶牛养殖规模不断扩大,大量粮食被用作饲料粮,居民口粮的减少远远赶不上饲料粮需求增加的速度。2019年,我国饲料粮消费量达2.29亿吨,相当于2亿多亩耕地的产量。在当前及今后相当长一段时间内,我国的粮食短缺主要表现为饲料粮严重不足;而口粮的保证率一直都在95%以上且丰年还有剩余,即口粮的保证率大于100%。可见,我国的粮食短缺主要表现是结构性短缺。据有关专家推算,2020年,我国饲料粮缺口将达580亿千克。其次,农作物秸秆难以消化且营养成分单一,造成奶牛营养结构不合理,牛奶的质量与产量都无法保证,致使我国奶产品在国际市场缺乏竞争力。关于奶牛单产低的原因,有关调查显示,2005年我国的成乳牛的平均单产水平只占世界平均单产水平的63%。在造成这种差距的原因中,饲料营养的因素占到了50%以上。2008年,发生的"三聚氰胺"事件就是一个典型的案例,其重要原因是靠饲喂农作物秸秆的散养奶牛所产奶蛋白质含量不达标,迫使奶农在牛奶中违规添加三聚氰胺,以通过牛奶加工企业的质量检验。牛奶乳蛋白的含量除了与奶牛的品种有关,其最主要还受饲料乳蛋白的影响。在玉米、豆粕+精料+农作物秸秆的饲喂方式下,乳蛋白平均达到3.0%是非常困难的。

苜蓿作为一种含有丰富营养物质的优质牧草,富含各种养分,适口性好,所含粗蛋白多为过瘤胃蛋白,可不经瘤胃分解而直接进入皱胃吸收,易消化,因此,它是草食动物的优质饲料,能发挥较高的蛋白效果,可以代替部分精料使用,各种家畜均喜食。在开花初期(现蕾期),收割制成的干草粗蛋白质含量达17%~24%(其中叶片含有23%~28%、茎秆10%~12%),比大麦高1.7倍。其蛋白质品质优良,含有20多种氨基酸,其中赖氨酸、色氨酸、胱氨酸等含量比玉米中的含量相应高3~5.7倍,还包括10种人和动物必需氨基酸,占粗蛋白质含量的41.2%。叶酸、胡萝卜素、维生素含量也非常丰富,包括维生素K、维生素E等。用苜蓿草饲喂奶牛是植物蛋白转化为牛奶蛋白最理想的技术途径。按科学标准,其完全可以保证原料奶的乳蛋白率达到3.0%以上,乳脂率达到3.5%以上,这个指标将超过当前的国家标准,并与国际标准接轨。为有效提高原料奶的品质,杜绝类似食品安全事件的发生,彻底改变我国乳业的现状,必须从改善饲料结构入手,从改变饲料结构做起,增饲优质蛋白牧草。而具有"绿色黄金""牧草之王"美称的苜蓿则是最佳选择。

据李胜利等(2009)测算,如果在高产奶牛日粮中添加9千克的苜蓿干草,除奶牛年产奶量可达到9吨以上外,牛奶蛋白含量会增加0.4%,乳脂肪会增加1.2%,明显提高牛奶质量和品质等级。可见,在奶牛饲料中添加苜蓿等优质牧草是提高牛奶的安全性、产量和品质的必然要求。在"三聚氰胺"事件之后,广大奶企,尤其是实行集约化和标准化养殖的奶企意识到秸秆为主的饲料难以保证产品质量,这些企业对优质牧草和粗饲料重要性的认识有了普遍提高,因此,奶业对被称为"牧草之王"的苜蓿的需求明显提高。2008年苜蓿商品草的生产量仅10万吨/年,但2017年苜蓿商品草的生产量达到了359万吨/年,加之小型养殖场和散户零星自种自用的苜蓿,2018年苜蓿商品草生产量达到了400万吨/年。

实践表明,直接增加苜蓿的饲喂量就能提高奶牛日粮的精粗比和奶牛粗饲料的采食量,显著改善奶牛的反刍,瘤胃环境和体况,提高奶牛的产奶质量和繁殖性能,延长奶牛使用寿命和产奶高峰期,减少奶牛疾病和兽药投入,提高牛奶产量、质量和安全性和经济效益。据张英俊等(2009)测算,通过增加苜蓿饲喂量改善奶牛体况,每头奶牛可节约兽药费用1 000元,兽药使用量的减少,使牛奶的药物残留概率大大降低,牛奶安全性显著提高。因此,苜蓿也被称为"牛奶生产的第一车间"。李志强和李胜利的测算表明,奶牛日粮中用3千克苜蓿替代2千克精料,可使每头奶牛日增产牛奶1.5千克,并且使牛奶质量和等级提高。优质苜蓿的使用是我国传统畜牧业向现代畜牧业，粗放经营向集约经营，数量型向质量效益型转变的重要特征，可显著提高畜牧业的综合生产效率。苜蓿种植对于打破“绿色壁垒”，提升我国畜牧业的国际竞争力具有重要意义。

另外，在肉牛饲料中使用苜蓿，可降低牛肉的胆固醇、血清含量和失水率，提高熟肉率、剪切力(嫩度)，改善肌肉品质，提高亚油酸、氨基酸等物质含量，可有效改善牛肉的风味和营养价值；在羊饲料中添加苜蓿，可降低骨肉比，提高屠宰率、净肉率、蛋白质含量等，显著改善羊肉品质；在生猪养殖中添加苜蓿，可提高母猪的繁殖性能和育肥猪的肉质等。对于母猪养殖来说，在其饲料中添加苜蓿，还可提高仔猪平均日增质量和仔猪断奶时的质量，妊娠期给母猪饲喂苜蓿，可增加母猪母乳期的采食量，提高初乳中的脂肪含量和泌乳期的泌乳量，可明显提高出生仔猪的重量和质量。对于育肥猪养殖来说，首先，苜蓿养殖可提高育肥猪瘦肉率。饲料中粗蛋白质含量水平对育肥胴体瘦肉率有较大影响，而苜蓿属于高蛋白质、低消化能饲料，在育肥猪日粮中添加适当比例的苜蓿能使其获得良好的生产性能，提高瘦肉率，从而提高猪肉品质。其次，苜蓿养殖可提高育肥猪的增重效果和饲料转化率。在育肥猪日粮中添加苜蓿，对育肥猪后期的无苜蓿饲喂也有一定的潜在作用。此外，在皮毛动物的养殖饲料中添加苜蓿还能显著提高皮毛动物的毛皮质量；水产养殖业也大量使用苜蓿草粉养鱼，增加鱼的繁殖性能和产量；在鸡饲料中添加3%～5%的优质苜蓿草粉，可以提高产蛋率，改善蛋黄颜色，增加蛋壳牢固度和色泽，提高孵化率。

1.1.2 种植苜蓿可减缓粮食生产压力以保障国家粮食安全

粮食是国家的战略物资，粮食安全至关重要。目前，政府部门对苜蓿种植的最大担忧是苜蓿会与粮食争地，危及国家粮食安全。而事实上，发展苜蓿种植不仅不会危及国家粮食安全，而且种植苜蓿能有效解决饲料供应，还可间接保障我国的粮食安全。

2020年，粮食总需求量达到7亿吨左右。其中口粮需求为2亿吨，饲料粮需求为5亿吨，不妨将这一格局称为中长期规划的“2+5”模式，口粮占30%，饲料粮占70%，由此可见，口粮需求并不会造成粮食压力。而数量巨大的饲料用粮势必对我国的粮食安全造成严重威胁。根据日本和韩国的食品消费结构变化趋势以及现阶段我国人均食物消费结构与日韩人均食物消费结构的差异推测，在未来15年，我国动物产品的人均消费将保持较快增长，然后还将进入一段相当长的人均动物产品消费缓慢增长时期，我国的“人畜争粮”形势极其严峻。目前，我国65%的玉米和70%的大豆(包括每年进口3 000～4 000多万吨大豆)主要是用于饲料。2013年仅配合饲料、浓缩料、添加剂预混料产量就达1.91亿吨。随着生活水平的提高，食物消费结构向动物性食品转变，饲料的需求呈刚性增长的态势，只有多途径开辟饲料来源，才能保障粮食安全。我国的实践证明，就粮食抓粮食、全民抓粮食解决不了粮食安全问题。截至2017年，我国粮食生产能力长期维持在5亿吨左右，人均占有量不足500千克，事实上如果没有8 654万吨的肉类、3 096万吨的蛋类、3 149万吨的奶类的供给，我国也保障不了粮食安全。我国大力投资化肥、农药、农机、水利、柴油等农资生产，每年仅用于补贴粮食生产的资金达4 000多亿元。在牺牲生态环境与造成农业面源污染的代价下，生产的粮食相当大的部分被用于饲料生产。而直接生产的饲料（包括苜蓿、全株玉米青贮等饲料）远比通过生产粮食转化饲料投资低，对环境的破坏小，且效益高、效果好。

我国传统农业更多地追求生产作物的“籽实”，而忽视了作物的全株利用。根据任继周等技术专家的测算，适时收获作物的地上部分营养体所获得的营养物质一般是籽实的3～5倍。优质牧草粗蛋白质含量高达20%左右，而小麦蛋白质含量为12%，稻谷蛋白质含量为8%。种一亩优质牧草作饲料，所获得的营养源相当于3～5亩的小麦。美国中西部缺水地区的水浇地不是用于种苜蓿就是种饲用玉米，而麦田只采取免耕法等保墒措施，并不浇水。因为对于每一方水的生产效益而言，牧草比小麦高许多倍。紫花苜蓿等豆科牧草的蛋白质含量高达20%左右，其用于动物饲养，可代替部分精饲料，可有效缓解我国蛋白质饲料的供需矛盾。使用苜蓿一方面能够极大地减少奶食、肉食转化对粮食的依赖，另一方面能增加土壤有机质的含量，优化农田土壤结构，储备粮食生产能力，间接保障粮食安全。

根据李胜利等(2009)研究表明，如果奶牛日粮中使用青贮玉米加普通干草，奶牛单产可以达到6吨左右，如果饲喂苜蓿等优质牧草，奶牛单产则可以达到8吨以上。2018年全国牛奶总产量为3 074.6万吨。按饲喂青贮玉米加普通干草的奶牛单产6吨计算，我国目前约需要饲养奶牛512万头。如果重视苜蓿产业的发展，大量种植苜蓿等优质牧草，按照奶牛平均单产达8吨，要达到目前牛奶总产量仅需要饲养约384万头的奶牛，可降低128万头奶牛饲养数量。按每头日供应精料7.5千克，则可减少350万吨的粮食消耗。若能够达到欧美等发达国家平均单产10吨的水平，则要达到目前牛奶总产量仅需要饲养307万头奶牛，可降低205万头的养殖数量。按每头日供应精料7.5千克计算，则可减少561万吨的粮食消耗。饲喂苜蓿不仅能增加奶牛单产，而且能显著延长奶牛产奶的高峰期，减少后备奶牛的存量，使奶牛群体减少，从而大量减少甲烷等温室气体的排放，以利于环境的改善。

1.2 苜蓿种植的经济价值

苜蓿种植对发展地方农牧业经济的作用显著。我国北方自然环境和生态条件干旱少雨，不利于大多数农作物的生产，却是苜蓿资源最丰富的地区。与小麦、玉米等大田作物相比，苜蓿耐盐碱、适应性强，经济效益更高，可以抵御生态环境的不利因素，在牧草种植业和饲料生产中占有相对优势，对农户增收具有重要意义。在当前国内市场苜蓿需求旺盛和农业产业结构战略性调整的大背景下，加快推进牧草种植业的发展是优化种植结构的主要着力点，也是促进农民增收的重要增长点。

苜蓿是一种产量很高的豆科牧草，一般土壤种植的亩产为1.5吨左右，水肥条件较好的土壤，其亩产超过2吨，可烘制1～1.2吨草粉。适时收割加工的优质苜蓿草粉、草颗粒等产品在国际市场需求量大，价格每吨高达千元以上，经济价值是种植粮食作物的2倍以上。例如，种植紫花苜蓿的效益分别比一般种植玉米的效益提高1.8～4.4倍，农民种植苜蓿从每亩耕地获得的纯收益是种植小麦的3倍左右，因此，苜蓿被誉为"金钱作物"。

根据调查结果显示，尽管我国的苜蓿大多在荒地、盐碱地等中低产田种植，比粮食作物的种植条件差很多，但在一个种植周期内，平均每亩苜蓿干草产量可达619 kg。在生产条件较好的灌区或降水量550毫米以上的地区，每亩苜蓿干草产量超过1 000 kg，产地售价按0.80元/千克计算，每亩苜蓿干草的产值达507～902元，其产值比粮食的产值高出9%～17%。根据我国北方的农牧业经济结构的特点，种植业结构以粮、经、草三元结构为最佳，并尽可能实现规模生产、商品生产。除了山区，我国还有大片的平整但轻度盐碱化的土地相对集中连片，便于机械化、自动化作业，也便于产品加工、包装、贮运。如果生产加工等各个环节都用现代技术，并且严格按照质量标准，最终就会实现产品的高效益。

表1-1是对内蒙古、河北、山东的不同生产方式（不同种植主体）、不同产品组合的生产成本及收益情况调查。尽管生产区域、生产方式、产品结构都对生产成本产生较大影响，但总体来说，种植苜蓿的纯收益（收益-成本）高于其他作物。其原因主要是苜蓿能固氮且耐干旱及轻度盐碱，生长适应性更强，生产成本明显低于其他作物。

表1-1　不同作物种植收益对比

地域	产品组合形式	生产组织方式	生产成本/（元/亩）	单位面积收益/（元/亩）
内蒙古赤峰	玉米	中小农户	277.0	983.6
	苜蓿干草＋青贮苜蓿	企业、专业农户	61.6	786.5
河北沧州	玉米＋小麦	中小农户	482.9	1 411.4
	苜蓿干草＋青贮苜蓿	中小农户、合作社	195.5	876.3
山东无棣	玉米＋小麦	中小农户	482.6	1 224.6
	苜蓿干草	中小农户、合作社	73.7	451.6

注：①计入成本的费用包括种子费、肥料费、机械投入、农药支出4项。②农户农业劳动都是由自有劳动力完成，无法获取每户分配在种植苜蓿和种植粮食作物的劳动力成本（不同种植要求下苜蓿种植的劳动投入不同，但总体上比种植其他作物用工少），因而未计入劳动力成本。③多数农户将收获的全部玉米销售，而将收获的大部分小麦留作食用，关于这部分收益由当地小麦的平均价格与产量相乘得出。

资料来源：根据作者的调查数据整理。

经济发达国家早在20世纪30年代就把草业作为一个大产业予以高度重视。美国、法国、荷兰、爱尔兰等国家的人工苜蓿种植面积占整个草地面积的60%以上。荷兰已有2/3的耕地用于种植苜蓿草来发展草地农业，美国的苜蓿是仅次于小麦、玉米和大豆的第四种植作物，因而被称为“草黄金”。2008年，我国开始高度重视苜蓿生产，2009年，温家宝总理批示：“要彻底解决牛奶质量安全问题，必须从发展优质饲草产业抓起”。

1.3 苜蓿种植的生态作用

苜蓿是具有根瘤菌的多年生豆科植物，不仅能防风固土，固氮作用也非常明显，能实现“藏粮于地”。根据对黄淮海地区的沧州、东营、枣庄等地区的调查，在良好的环境与合理的管理水平下，在一个苜蓿种植周期后(5年)，改种其他作物的第一年就可以不施氮肥。苜蓿是多年生植物，与传统的种一年生作物相比，苜蓿根系发达且种植翻耕频率低，在防止水土流失、减少地面径流、涵养水源、防风固沙等方面，其对土地资源、生态的保护作用重大。种植苜蓿能有效增加地表覆盖，减少水土流失与季节性扬尘。

苜蓿根系能够与根瘤菌建立共生关系，从而利用根瘤菌将空气中的游离氮活化成容易被植物吸收利用的氮肥。据测定，每亩苜蓿年可固氮12千克，折和尿素约为20千克。此外，残留的须根将附有根瘤的大量根系遗留在土壤里。这样既提高了土壤肥力，又改良了土壤结构和理化性质，有效增加了土壤有机质。有关轮作试验表明，对种植苜蓿3年后，又种2年冬小麦的土地测定0～20厘米土层的有机质含量和含氮量，其分别为1.21%和0.087%，而连种3年的小麦地0～20厘米、0～40厘米土层有机质与含氮量分别为1.03%和0.071%，与小麦茬在土壤中的有机质含量和含氮量相比，苜蓿茬在土壤中的有机质含量和含氮量分别提高了17.5%和22.5%。在黄土高原水土流失严重的地区，在轮作种植沙打旺、苜蓿4年后，有机质含量提高了1倍，氮含量增加了2.7倍。3年生苜蓿茬地积累干残体为2 049千克/亩，折合氮含量为31千克/亩，磷含量为6.3千克/亩、钾含量为98.5千克/亩。苜蓿与农作物进行合理的轮作可以有效减轻作物的病虫害，控制杂草(杨青川和孙彦，2000)在种植一个周期(一般为5年)后，苜蓿地改种玉米，当年玉米产量可以提高20%～50%，小麦产量可以提高40%～50%。通过将苜蓿种植耦合到粮食作物种植体系中，能够打破我国目前耕地系统“过量使用化肥—基础地力下降—更加依赖化肥—肥效下降、土壤板结、环境恶化”的恶性循环，从而实现“藏粮于地”。

另外，苜蓿在种植3～5年后可以扎根2米左右，这样就能有效改良土壤，防止土壤板结，显著提高土壤通透性和后茬作物的水分利用效率。苜蓿生长所需水分较少，水土保持能力显著高于玉米、小麦和大豆等一年生作物，因此，苜蓿种植不仅在节约水资源上贡献突出，还能培肥地力，大大减少农药和化肥的使用，降低生产成本，减轻耕地环境负荷，降低农业面源污染，还可缓解天然草原退化的压力，实现可持续发展。

第2章　我国苜蓿产业发展前景分析与预测

2.1　我国苜蓿产业发展历程

我国对苜蓿的种植可追溯到汉武帝时期，公元前119年张骞从乌孙(今伊犁河南岸)带回了苜蓿种子，自此我国便开始了苜蓿的推广种植。新中国成立至改革开放初期，经济困难，几十亿人口的吃饭问题成为当务之急，国家的政策是鼓励积极开荒种田，增大粮食产量，苜蓿种植面积不断减少，有限的苜蓿种植面积用来提供绿肥和饲喂疫用动物。20世纪80年代，在我国的“米袋子”问题基本解决之后，国家重点解决的问题转变为“菜篮子”，这一时期的重点是加大对蔬菜种植的扶持力度，苜蓿种植仍未得到应有重视。20世纪80年代末期，我国苜蓿统计种植面积为1 995万亩，种植地区以西北、华北、东北为主，其中西北地区的苜蓿种植面积为1 567.5万亩。其中以甘肃省的种植面积为最大，为559.5万亩，陕西、新疆、内蒙古和宁夏种植面积都在210万亩以上。我国苜蓿干草平均生产水平为250千克/亩，全国年产苜蓿干物质500万吨左右，尚未满足国内畜牧业的发展需求。我国生产的苜蓿草产品主要为草捆和草粉，据1997年统计，苜蓿草产品总量为76.9万吨，出口量仅为3.87万吨。我国苜蓿种子生产以陕西、甘肃、宁夏、青海和内蒙古为主，分散经营，单产量为13.4～60千克/亩，年生产种子不足10万吨。与畜牧业发达国家相比，我国苜蓿产品建设处于较低水平。根据数据表明，这一阶段的我国苜蓿发展不容乐观，同时，持续的农业高强度开发投入使我国本就脆弱的生态环境破坏严重。

1998年，全国性的洪水暴发使政府充分认识到林草对环境保护的重要性。从2003年起，国家大力号召“退更还林还草”，转变种植结构，改善生态环境。在这一时期，奶牛业快速发展，日本、韩国等发达国家需要大量进口苜蓿等优质牧草。出于改善生态环境和出口创汇的动机，在此阶段各地政府纷纷采取经济补贴与行政手段，鼓励农户将大量的坡耕地等中低产田改种苜蓿等牧草，各地草业公司也不断成立，大量进口国外的牧草种子、牧业机械。在2003—2004年的短短2年内，我国的牧草种植面积增加近1倍，牧草供应能力快速提升。由于种植户缺乏种植牧草的传统与经验，对优质牧草对提高牛奶质量及产量的作用认识不足，苜蓿种植管理较为粗放、种植品质普遍较低，无法提供国外客户要求的优质苜蓿产品。由于当时我国居民收入水平较低，国内对高档畜牧产品需求乏力，导致大量的牧草卖不出去，很多牧草公司倒闭，大量的进口苜蓿收获、加工机械闲置。由于苜蓿种植面积快速增加，国家财政难以负担由此产生的巨额补贴，2006 年以后，苜蓿种植补贴、良种补贴等被迫取消，苜蓿种植面积快速减少，产量迅速下降。

在 2008 年发生"三聚氰胺"事件之后，消费者的食品安全意识大大提高，生产者也清醒地认识到传统的仅靠秸秆养奶牛的方法存在巨大缺陷，对优质牧草和粗饲料重要性的认识有了普遍提高，奶业对苜蓿的需求迅速提高。与 2017 年相比，2009 年大型奶牛养殖场奶牛平均苜蓿使用量提高了 30%以上。但是国内苜蓿的生产，尤其是优质苜蓿生产远远满足不了国内市场的需求，大量奶企转而靠进口解决苜蓿需求。通过 2007 年对进口苜蓿的尝试，奶业企业，尤其是大型奶企开始认识到优质苜蓿与劣质苜蓿在奶牛饲养中的巨大差别，于是迅速接受了美国苜蓿。2007 年进口苜蓿（USDA FAS）仅有 2 321 吨，而 2008 年就增加到了 19 601 吨（USDA FAS 为 19 348 吨）。2008 年 12 月，奶业牛奶需求开始逐步走出"三聚氰胺"的阴影，奶类生产逐步恢复。尽管这一时期的苜蓿进口价格涨到了 357 美元/吨（CIF 价），但是苜蓿进口量还是有了明显的增长。正是由于这种观念的转变和中坚客户的影响，2009 年的进口需求又有了极显著的增长，特别是我国大型奶业企业把优质苜蓿的供应点从国产苜蓿转移到了美国苜蓿，从美国苜蓿种植企业、苜蓿贸易商找到了保质保量的供应。受到美国苜蓿供应周期长，进口量有限的影响，尽管国产苜蓿质量逐年下降，价格却一路飙升的现象。为满足奶业发展对苜蓿草的需要，许多奶牛饲养场花高价进口苜蓿草，进口苜蓿产品的价格越来越高。2007—2008 年，美国苜蓿的价格为每吨 2 200 元，2009 年的每吨价格已达到 2 600 元，美国苜蓿高达 2 800 元。自 2007 年起，我国从苜蓿净出口国变成苜蓿净进口国，我国奶牛产业发展对国外牧草，尤其是苜蓿的依赖越来越严重。

自 2018 年发生中美贸易战以来，我国对来自美国的进口苜蓿增加关税，苜蓿价格大幅上升。但我国高端苜蓿产品的需求在短期内难以找到替代国的状况不仅使奶牛养殖成本快速上升，还影响了我国的牧草供给。奶牛养殖企业普遍为苜蓿供给不足担忧，严重威胁我国的畜牧业健康发展。苜蓿产业的发展不仅涉及我国苜蓿种植农民的经济利益，也关系到我国畜牧业的健康发展。我国苜蓿产业的发展与西方发达国家相比还存在巨大的差距，这种差距不仅体现在苜蓿产量与单产，还包括苜蓿的育种、栽培与管理技术、收获机械等方面。但我国是社会主义国家，政府在实施产业发展中扮演极为重要的角色。2012 年，为从根本上提高牛奶质量，农业部实施《振兴奶业苜蓿发展行动》，并启动奶农培育计划。自 2011 年以来，每年的中央一号文件都提出大力发展牧草产业，特别是 2015 年中央发布《关于加大改革创新力度加快农业现代化建设的若干意见》后，我国牧草产业得到了快速的发展，草产品产量大幅度提高。据《中国草业统计》数据显示，2015 年，全国苜蓿年末保留面积已经达到 7 067 万亩。自我国实施《振兴奶业苜蓿发展行动》以来，已建设高产优质苜蓿示范基地为 550 万亩，年生产优质商品苜蓿干草 220 万吨，比项目实施前增长 6 倍，并可满足 200 万头高产奶牛的饲喂需求。2019 年，《振兴奶业苜蓿发展行动》项目补贴面积由 50 万亩扩大到 100 万亩，并给予地方更大的项目实施自主权。在项目和苜蓿价格上涨的双重推动下，国内种植苜蓿的积极性大幅提升，产业发展迎来新机遇。据初步统计，2019 年全国新增苜蓿种植面积 120 万亩，其主要集中在黑龙江、甘肃、内蒙古、宁夏、新疆等省区。2019 年 9 月，我国对美加征关税商品，第一次排除清单的第一项和第二项就是苜蓿产品。经过数年的产业调整和规划，优质苜蓿生产得到有效发展，各生产基地实现通水、通电、通路“三通”，生产过程推行良种化、机械化、标准化“三化”生产，做到良种、良法、良机“三良”配套，初步解决了苜蓿单产低、质量差、商品率不高的问题。

2.2　我国苜蓿产业发展前景

随着我国居民生活水平的提高，膳食结构中的动物性蛋白摄食量不断增加。畜牧业对蛋白质饲料的需求量也会越来越大。苜蓿产品作为可保证奶类产品质量的优质饲料，其需求量也会越来越多，苜蓿产业有可能成为获利高、最有发展前景的饲料产业之一。苜蓿产业作为我国的朝阳产业，具有很好的发展潜力。但是作为一个新生产业，目前我国现代苜蓿产业发展的过程中仍存在一些问题，我们应该用科学发展观的眼光，正确认识我国苜蓿产业目前和将来的发展中必须要面临的各种难题，摆脱束缚，走向成熟。据有关专家的分析测算，苜蓿作为最理想的粗蛋白饲草作物之一，在未来的市场中将会有一个很大的需求量。21 世纪中期，市场对苜蓿饲草产品的需求总量将会达到 7 000 多万吨，苜蓿产业发展中具有十分广阔的前景。

2.2.1　国内需求潜力巨大

随着居民对肉制品、奶制品等消费的增加，我国对苜蓿草产品的需求量也不断增加。1998 年上海进口苜蓿草产品达 1 万吨，2018 年达到 2 万吨。2018 年仅广东省全年对苜蓿产品的需求就达 90 万吨，四川省每年至少需要 30 万吨优质草粉。如此巨大的苜蓿产品需求，不可能完全依赖进口，尤其是全球贸易保护抬头，既对我国的苜蓿自给能力提出严重挑战，又给我国苜蓿产业发展提供了难得的机遇。据海关统计，2019 年上半年我国进口苜蓿干草 49.6 万吨，进口总额达 1.66 亿美元，同比分别减少 34.1% 和 28.3%。其中，从美国进口 39.9 万吨，占苜蓿草总进口量的 80.4%，同比减少 43.5%，；从西班牙进口 5.9 万吨，占苜蓿草总进口量的 11.9%，同比增长 113.9%。美国苜蓿草平均港口提货价为 3 256.3 元/吨，同比增长 27.6%，比 2018 年下半年下降 0.5%。

即使加上进口产品，国内优质苜蓿的供给仍存在较大缺口。受耕地紧缺、水资源匮乏等因素制约，当前我国苜蓿种植区域呈现西部和北方较多，东部和南方偏少的特点，产量不能满足奶牛养殖的需要。我国奶业每年对优质苜蓿草的需求量约为 500 万吨，国产苜蓿草只有 200 多万吨，加上进口，补充的 100 多万吨苜蓿草，供应缺口仍有 150 万吨。受奶业加快转型升级和中美贸易摩擦的双重因素影响，在未来一个时期，每年还将新增 30 万～50 万吨优质苜蓿草的缺口。在我国进口的苜蓿草中，美国占 80%以上，西班牙、加拿大、吉尔吉斯斯坦、苏丹、阿根廷等国所占份额较少，这些国家的苜蓿替代美国苜蓿的作用有限。与此同时，近期大多数对华出口的国家的苜蓿出口数量下降，供应趋紧，导致我国苜蓿草进口不得不再次投向美国，加上沙特等其他国家的苜蓿进口需求旺盛，加剧了国际苜蓿草市场，特别是美国苜蓿草的紧俏，造成价格攀升。

2.2.2　国际市场前景广阔

近 10 年来，国际市场对苜蓿产品的需求量不断增长。亚洲已成为世界最大的苜蓿产品销售地，日本、韩国、新加坡等国家是苜蓿草产品主要进口国。以日本为例，1986 年各种苜蓿产品进口总量为 1 579 万吨，1990 年各种苜蓿产品进口总量为 224.89 万吨。1992 年各种苜蓿产品进口总量达 261.12 万吨。具体而言，2000 年，日本进口干草捆 181 万吨(主要是苜蓿，也包括其他牧草)，比 1995 年的 138 万吨增长 31%，呈逐年增长的趋势。2000 年，日本进口苜蓿草颗粒 50 万吨，比 1995 年的 71 万吨减少 29%，草颗粒的进口出现逐年缩减的趋势。此消彼长，日本由奶牛饲养量决定的苜蓿产品的进口总量是稳定的。韩国每年进口 20 万～30 万吨。日本、韩国及我国台湾地区的苜蓿草产品市场年均总需求量为 240 万～255 万吨，而草产品主要来自美国、加拿大和澳大利亚。由于运距长，成本高，到岸价为170～230 美元/吨。

在苜蓿干草国际贸易上，我国华北、西北地区拥有丰富的光热资源、土地资源和劳力资源的资源优势；此外，我国农业正在进行产业结构调整，各级政府对发展牧草种植，都给予一些优惠政策，鼓励种草养畜，因此我国苜蓿种植具有政策优势。与美国、加拿大等苜蓿供应国相比，我国与苜蓿产品主要进口国日本、韩国的距离较近，可以大幅度降低运输成本，进入苜蓿产品国际市场具有先天的区位优势。

亚洲之外的国际市场苜蓿需求同样较为理想。自从英、法、德国发现疯牛病以来，其他欧洲国家也相继出现疯牛病，这些国家的政府大都制定了不允许再用动物骨粉做饲料原料的决定，以提高饲料和畜产品的安全性。而动物骨粉等饲料原料使用的减少，使蛋白饲料范围缩小。作为它的替代，植物蛋白饲料的使用会有增长，而苜蓿作为植物蛋白主要饲料，其草粉的市场需求必然扩大。

2.2.3 经济效益显著

2005年国际市场上苜蓿产品的原料价格为50美元/吨左右，加工品价格120～240美元/吨。国内市场草捆价格一般为600～800元/吨，草粉价格1 000元/吨左右。据国家奶牛产业技术体系对东北、华北、华东地区的80个奶牛场跟踪调查，2018年下半年、2019年上半年每吨进口苜蓿草到场均价分别为3 206元和3 419元，分别较关税调整前上涨16%和23%；国产苜蓿价格分别为2 235元和2 440元，较关税调整前分别上涨4%和14%。在苜蓿价格上涨的带动下，燕麦草和青贮玉米价格也都有所上涨。综合测算，关税调整后，每千克奶和每千克奶饲料成本均上涨5%，分别上涨0.16元和0.08元。

自2018年下半年以来，进口苜蓿草价格上涨，带动了国产苜蓿草价格上扬，上涨幅度在400～600元/吨。据统计，2019年每吨苜蓿草平均价格2 349元，同比上涨21.7%，比2018年下半年上涨4.4%。同时一些苜蓿草生产企业(合作社)与奶牛养殖场通过订单生产、参股等形式建立了相对稳定的供销关系，进一步稳定了市场预期。目前大部分苜蓿草生产企业(合作社)实现了扭亏为盈。甘肃河西走廊种植苜蓿利润平均达到300元/亩，比关税加征前增长2倍。

第3章 我国苜蓿产业发展现阶段面临的主要问题

虽然苜蓿在我国已有2 000多年的栽培历史，但是我国苜蓿产业发展较为缓慢。目前，苜蓿种植面积仅占人工草地面积的10%，占全国草地面积的0.3%。自新中国成立70多年以来，苜蓿并未形成一种产业，这与我国农业大国的地位极不相符，究其原因是多方面的。

3.1 缺乏苜蓿种植相关经验，队伍专业性差

各个地区苜蓿大规模种植都是在1998年随着国家退耕还林还草政策的实施开始落实的。在此之前许多地区从未种植过苜蓿，缺乏相关的种植经验，队伍专业性不强，导致在实际生产中出现了一系列的问题。

3.2 育种产业落后，影响产量与质量

苜蓿育种是苜蓿种植业发展的基础。大规模种植的历史较短，我国的苜蓿种子产业发展问题十分突出，主要表现在以下几个方面。

3.2.1 种子繁育问题

现阶段我国苜蓿种子市场的现状是优良苜蓿品种短缺，种子质量低劣，苜蓿种子繁育体系不健全，缺乏专业化种子生产田。

造成这一现象的原因主要是我国苜蓿产业基础薄弱以及政府在苜蓿产业发展初期没有重视苜蓿种子市场。我国苜蓿产业起步于20世纪90年代初，20世纪末随着退耕还林还草和西部大开发政策的提出，我国苜蓿产业进入快速发展时期，但是我国苜蓿产业起步晚，根基薄弱，苜蓿种子品种缺乏，而拥有的苜蓿品种的产量和质量都不理想。因此，21世纪初期，我国大量引进国外的苜蓿品种，但是大部分苜蓿品种的引进都未经引种实验验证。在此情况下，短短几年内在中国市场出现了100多个国外品种，推广人员和生产企业对其中多数品种所知甚少，经销商的宣传也基本依靠翻译国外资料，难以结合中国实际。苜蓿种子市场一度出现的混乱

局面也最终导致我国部分地区苜蓿产业刚起步即遭严重打击，北到内蒙古，南到江淮，苜蓿大面积建植失败的情况屡见不鲜。

虽然政府逐渐意识到规范我国苜蓿种子市场的重要性，但是相对而言，我国苜蓿品种的选育与种子生产技术与美国等发达国家相比，还有着巨大的差距。

截至2008年，我国审定登记的苜蓿品种共计60个。截至2009年，美国已有520多个苜蓿栽培品种经过鉴定获准生产注册，300多个改良苜蓿品种进入市场，这些品种的抗性被大大提高。

3.2.2 优良苜蓿品种短缺

优良的品种是苜蓿产业发展的关键。除采用常规育种技术外，美国苜蓿育种产业在政策支持与大量科研投入的加持下，还利用细胞融合、基因工程等新技术进行育种，平均每年能育成几十个新品种。根据苜蓿产品需求的变化，实现了从专门针对某一抗性到多种抗性，单纯注重产量转向产量与品质并重的转变。通过随意的杂交和漫长的人工选育，缺乏分子标记等手段辅助，我国苜蓿育种平均几年只能育成几个品种，育成品种少、稳定性差，且缺乏现代化的制种工艺，结实率低，种子质量差、含杂率高。在机械化大规模制种、产业化等方面，我国苜蓿育种也同发达国家存在很大差距。截至2000年12月，全国牧草品种审定委员会审定登记的苜蓿品种只有35个(地方品种17个，国内育成品种17个，国外引进品种和野生栽培种各1个)。与美国育成改良型品种多达300多个相比，我国苜蓿品种数量极少，难以满足苜蓿生产多方面的要求，因此，目前我国的主要苜蓿种子只能从美国引进。

3.2.3 种子质量低劣

我国苜蓿种子一直作为草地副产品，以农户为基本生产单位，草田留种，人工收种，手工清选，产量低下。农业部牧草与草坪草种子质量监督检验测试中心的检验表明，国产苜蓿种子质量合格率仅为40%，发芽率低，其他植物种子含量严重超标。目前生产上大量使用的国产种子是地方农家品种，品质退化。现已审定的一些良种因产种量较小，加之良繁工作落后，品种混杂，生产上已丧失了其品种特性。当前西部种草缺乏品种概念，只限于不同牧草种类的区别，这一状况将对苜蓿产业化带来极为不利的影响。

3.2.4 苜蓿种子繁育体系不健全

缺乏专业化种子和种子繁育体系的生产田不论地方品种，还是育成品种或引进品种，其基因纯度都无法保证，所生产种子的品种混杂存在严重的质量问题。目前生产中所用的种子绝大多数是草田生产的副产品，而不是专门种子生产田所生产的种子，并未经过种子审定，且多局限于种群，即紫花苜蓿、黄花苜蓿或杂花苜蓿，无法具体到品种。与国外的草种繁育体系相比，我国在这方面所做的工作十分落后。西北是我国苜蓿品种最多的地区之一，其气候条件虽然适合生产苜蓿种子，但缺乏健全的良种繁育体系和基地，各生产单位或农户自繁自用，缺乏提纯复壮，加之种子生产技术落后，种子质量下降。这种状况在生产上就表现为产量较低、品质变差、抗性减弱、易受病虫危害，严重影响着苜蓿的产量与品质。

3.2.5 进口苜蓿种子仍不能完全满足我国需求

与美国把最好的土地用来种植苜蓿不同，我国种植苜蓿的土地多为盐碱化、荒漠化、干旱、高温和寒冷等中低产田，这种土地对种子的要求更高，所需种类更多，美国苜蓿种子难以满足我国土地环境多样化的需求。同时，经营进口种子的公司对种子产地、性能的不了解给苜蓿种植者特别是中小种植户的苜蓿种子选用带来很大困难。根据对 2018 年黄淮海地区 107 个中小苜蓿种植户的调查发现，66 个农户选择种子的原则是“看别人用什么种子”，82 个农户请随行的国家牧草产业技术体系科研人员推荐、代买种子。

3.2.6 种植栽培技术问题

现阶段我国苜蓿的实际种植技术十分落后，存在着播种时间不适，无法有效解决杂草及虫害等诸多问题。

根据相关研究显示，我国的夏末秋初是苜蓿播种最适合的季节。这个时候的土壤水分充足，气温适宜，农区杂草发生量小，有利于苜蓿的苗期生长。但在实际生产过程中，种植户为了提高苜蓿的产量和效益，形成了春天和麦收后 2 轮苜蓿播种高峰。由于苜蓿苗期生长具有不耐热、不耐阴和不耐湿性，且速度缓慢，难以与春夏季杂草竞争，导致杂草蔓生，加上我国除草技术的落后，故而苜蓿建植成功率低。此外，苜蓿苗期的虫害问题也十分严重，且国内适用苜蓿的农药市场及其使用技术不成熟，种植户无药可买，从而导致频频出现滥用农药而造成药害及农药污染的现象。

我国苜蓿产业的种植栽培技术还十分薄弱，其主要原因还是我国苜蓿产业起步晚，政府对苜蓿种植栽培相关技术的投入不足。而相对应的是，美国苜蓿产业发达的种植栽培技术体系的测土施肥技术保证了苜蓿生长所需的养分供应；测土调整酸碱度技术使土壤 pH 达到适宜值，提高了苜蓿对肥料的利用能力；根瘤菌接种技术能有效提高苜蓿的产量，增强了苜蓿的耐刈割性，延长了苜蓿的利用年限；其他的技术很好地保证了苜蓿的高产优质，如杂草防除技术、灌溉技术、轮作技术等。

3.2.7 检测技术落后、检测能力不足，严重影响生产者积极性

苜蓿检测的结果是苜蓿生产者、苜蓿消费者、苜蓿经营者行动的指挥棒。苜蓿

检测包括苜蓿种子检测和苜蓿草产品检测。苜蓿种子质量检验是保证播种材料纯洁、优良,发挥良种的效果和提高生产水平的基础性工作。苜蓿干草质量检测指标则包括粗蛋白质、中性—酸性洗涤纤维、相对饲喂价值、粗灰分和水分等十几项指标。不同的苜蓿品种、土壤情况、田间管理、灌溉与施肥、刈割时机、收获方式都会对上述理化指标产生明显影响,而通过感官很难评定苜蓿草产品品质。

目前,我国苜蓿种子质量监督检验机构网络尚未形成,大多数省、地、县级检验机构未建立检测机构。而已建立的机构由于人、财和物的限制,大部分机构未能正常开展工作,每年检验的种子批量少,而且种子经营单位与种子检测机构缺乏有效的沟通渠道,造成大批苜蓿种子不经检验就直接进入市场。随着苜蓿种子商品化程度的提高,种子生产、经营呈现多种渠道,特别是在大规模开放国外苜蓿种子进口的情况下,建立健全苜蓿种子质量监督检验机构网络就成为保证种子生产者、使用者和销售者利益的迫切需要。没有统一的检测标准、检测数量少造成市场普遍存在以次充好的现象,降低了苜蓿生产者提高产品质量的意愿,苜蓿消费者也因为缺乏苜蓿检测信息,只能依靠杂草比例、苜蓿颜色和气味以及水分含量等外观特征来评定苜蓿干草的饲用价值,导致经济损失。通过2019年对甘肃、内蒙古、河北、山东57家小型苜蓿收购加工商苜蓿收购方式调查发现,其中51家收购商仅靠用手扳苜蓿干草辨别水分含量,通过看苜蓿颜色和叶片含量、杂草含量给出收购价格;通过2018年对北京、河北、山东86家养殖规模150头以下奶牛养殖场的调查发现,56家把“苜蓿颜色”作为判定苜蓿质量的最主要方法。

检测投入少、技术落后、检测数量少导致无法建立苜蓿草产品优质优价体系。这种产品体系不利于调动苜蓿生产者提高产品品质的积极性,也增加了苜蓿消费者购买产品的成本和风险,严重制约了我国苜蓿种植业高质量发展。

3.3 种植区域不合理,增加运输成本

目前,国家确定苜蓿生产优势区域的主要依据是该地区是否有苜蓿种植的传统,人均耕地面积是否大,是否利于规模化生产。这种状况不可避免地造成了苜蓿产地集中。虽然优质苜蓿干草单价相对与玉米、小麦等的单价要高很多,但是苜蓿产品密度很低,难以运输,运输成本在苜蓿总生产成本中占有很高的比例。因此,民间一直有“百里不运草,千里不运粮”的谚语。根据对甘肃、内蒙古、山东、河北四省份23个草业公司的调查发现,汽油费、过路过桥费占苜蓿干草平均货值的42%,运输成本很大程度上决定着苜蓿产品的竞争力。

美国苜蓿干草在我国具有很强的竞争力,一个重要的原因是我国在中美贸易中具有较大顺差,从美国到中国有大量闲置海运运力,运价很低。据对国内牧草贸易公司的调查,从美国西海岸运往中国东部沿海港口的运费常年稳定在250～400

元/吨，部分运费甚至低于美国国内运费。为有效降低运输成本，草牧业发达国家的苜蓿产地都靠近下游产业。以美国为例，2015 年美国牛奶产量排名前两位的加利福尼亚州和威斯康星州牛奶产量占全美牛奶产量的 30.79%，两州的苜蓿产量也达到全美总产量的 30.26%（USDA），产需相当。合理的种植区域分布使美国的国内运输费用平均只有 30～50 美元/吨，占货值比例不超过 30%。我国苜蓿种植区域集中在甘肃、宁夏、内蒙古、新疆和华北平原的小部分地区等人均耕地面积大、土地流转成本低的地区。这些区域在 2008 年之前种植的苜蓿主要是满足本地需求，2008 年三聚氰胺毒奶粉事件之后，经济实力强、对牛奶质量要求高的东部地区的奶企不断加大苜蓿采购量，苜蓿干草外销比例逐年提升。目前商品苜蓿的主要需求地区为内蒙古、宁夏、河北、天津、山东、上海、江苏、北京、广东、四川、重庆等奶牛养殖集中的地区。根据调查，2019 年从苜蓿主产地甘肃玉门运往北京、天津的平均运价为 1 200～1 700 元/吨，很多地区运输成本甚至超过地头收购价格。2009 年是全国苜蓿供给缺口最大的年份。其原因是运输成本太高，甘肃省却有 2 万吨苜蓿干草积压。种植区域过于集中造成我国北草南运、西草东运的局面不仅增加了碳排放量，更不利于奶牛场节本增效，国际竞争力的增强。

3.4 过分强调种植规模，项目难以推广

适度扩大种植规模不仅可以提高土地利用率和科技成果的应用，降低生产成本，提高劳动生产率，并且能缓解高品质苜蓿产品严重短缺的供给局面。例如，使用压扁设备，实现苜蓿茎秆与叶片同步干燥，可减少叶片（营养成分含量高）损失，苜蓿蛋白含量能提高一个百分点，每吨苜蓿干草价格提高 200 元以上。现代苜蓿种植业的发展对管理的依赖也越来越强，如刈割时机、割茬高度的选择等对保证产量和质量都具有重要作用。昂贵的压扁设备、高密度打捆机等成为现代苜蓿种植的必备设备。如果种植规模小，就无法承担如此巨大的投入。

表 3-1 是根据调查结果对不同规模苜蓿生产者产品主要特征的总结。可见，随着种植规模的扩大，苜蓿产品品质、商品化率、销售价格、种植的连续性越来越高。随着规模不断增大，土地流转、机械装备、管理、用工成本等费用越来越高，苜蓿种植的经济效益反而下降。根据对 2020 年 6 月对“草都”内蒙古阿鲁科尔沁地区的最新调查发现，在不计算租地成本的情况下，2019 年种植规模 3 000 亩以上的苜蓿种植企业亩均纯收益 113 元，而中小种植规模的农户的收益却高达 409 元。根据调查推算，如果按市场价格收取土地租金，赤峰地区多数大型苜蓿种植企业都是亏损的。

自 2012 年以来，我国政府一直鼓励扩大苜蓿种植规模。其目的是提高种植效率与产品质量，满足奶牛养殖不断提高的饲草要求，全国苜蓿发展规划也把扩大种

植规模作为生产优质苜蓿的重要突破口。比如,"苜蓿发展行动"要求苜蓿种植规模必须大于3 000亩,但现实中农区集中连片3 000亩的土地很难找到。规模过大使土地流转成本及产品运输费用急速上升,产品难以快速处置,反而降低苜蓿种植效益。因此,确定合理的种植补贴规模是苜蓿产业发展的关键问题。目前单纯鼓励扩大种植规模的政策目标不能有效降低生产成本。

表3-1 不同苜蓿种植规模的主要特征

规模/亩	特征						
	对补贴的反应	产品品质	需求量*	环境改善	种植连续性	商品化率	价格
20以下	不敏感	低,不稳定	较低	很大	很低	很低	低
20～50	较敏感	较高,较稳定	较大	较大	较低	较低	较低
50～200	敏感	较高,稳定	大	较大	较高	高	较高
200～500	很敏感	较高,稳定	很大	较大	较低	高	较高
500以上	很敏感	高,稳定	很大	较大	高	高	高

注:* 指对商品苜蓿的需求量,中小养殖户很少使用苜蓿,所用少量苜蓿大部分都由自己种植。

3.5 机械化生产问题

3.5.1 实施机械化生产的必要性

苜蓿产业必须实施机械化生产,其原因有许多方面,主要有以下几点。

一是苜蓿的生物学特性要求必须采用机械化作业。苜蓿适割期短,割倒后的苜蓿的蛋白质含量迅速下降。如果采用机械烘干,干燥时间为2小时,则苜蓿蛋白质保存率可以高达95%;如果干燥时间为72小时,苜蓿蛋白质保存率则仅为60%。为了实现茎叶同步干燥,要求在收割时同时,压扁,此外,半干青贮技术也都必须完全依赖机械作业。

二是苜蓿的商品化特性要求必须实现机械化作业。众所周知,苜蓿产地和市场分布极不均衡。在目前的生产条件下,我国东南沿海的奶牛饲养场长期依赖北方的苜蓿产品,苜蓿产品的长途运输是不可避免的,长途运输需要压缩苜蓿产品的体积。此外,由于供需时间不均衡,一次购买,全年使用,这又涉及青贮机械以及堆放、搬运等机械设施。

三是苜蓿的规模化生产需要机械化作业。与其他大田作物的种植相比,苜蓿种植、管理、加工的规模效应更加明显。目前,不论国内,还是国外,苜蓿的种植区域都相对集中。这种情况为大规模机械化作业,降低生产成本提供了客观条件。

四是苜蓿的产后加工，包括草捆的二次压缩、草块加工、草粉制取以及叶蛋白的提取等都离不开机械化技术。

3.5.2　我国苜蓿生产的机械化程度低

目前，我国苜蓿产业的机械化水平很低。根据相关调查，除内蒙古赤峰、通辽、北京房山、河北沧州、新疆北屯、山东无棣等地的苜蓿种植、收割、翻晒、集成草条、自动捡拾打捆等实行机械化操作外，绝大多数地区的苜蓿种植还是人工操作。

造成我国苜蓿产业的机械化水平低的原因主要有两个：一是我国苜蓿生产规模小且分散，不但无法形成足以影响市场供求的商品量，难以抵御市场风险，而且还不利于机械化生产的推广。二是我国苜蓿产业起步晚，基础薄弱，导致我国苜蓿生产机械和产后加工机械过度依赖进口，缺少符合我国实际生产情况的苜蓿机械，使得苜蓿产业机械化的投资过大，一般的生产单位都难以支付，更不用说个体农户了。同时，外国苜蓿加工机械对我国苜蓿生产的适应性度低，其在使用过程中易出现问题，影响生产的顺利进行。而零配件的缺乏、维修技术人员的短缺进一步制约了使用单位（个人）购买国外苜蓿生产机械和产后加工机械的积极性。

3.6　远未形成全国性的苜蓿市场

发达国家的苜蓿从育种、栽培、田间管理以及收获都已经市场化运作，并形成了全面、严格的市场准入、监督、检测制度。其下游企业对苜蓿的作用非常了解，对苜蓿需求也较为理性。反观我国，仅以出口日本、韩国及中东为目的。2002—2006年，政府号召下大力种植苜蓿，在质量不达标，外部需求减少，苜蓿价格大跌时，苜蓿收购商竞相压价。自2006年起，全国种植面积锐减，花重金购买的国外苜蓿收获设备被闲置，而2008年以后，随着国内需求的迅速增加，苜蓿价格也快速上升，苜蓿种植者则以次充好，甚至往商品草中掺土，国内苜蓿消费者蒙受损失。

针对上述问题，本书在对牧草产业绩效、苜蓿产业发展竞争力以及供求关系分析的基础上，对影响我国苜蓿产业发展的农户苜蓿种植影响因素、补贴对农户种植的效果、农户最佳种植规模、我国苜蓿种植的布局等进行计量分析，对畜牧业发达国家苜蓿产业发展的先进经验进行介绍。鉴于我国苜蓿产业发展的复杂性，本书最后选择典型的中小苜蓿种植户、苜蓿种植合作社、大型苜蓿种植企业、种养一体化大型奶牛养殖企业、种养加一体化奶牛养殖场等，以案例的形式对其种植苜蓿的目的、种植方式、种植效益、发展趋势进行介绍，以利于全面了解复杂的中国苜蓿产业发展实际。

第 2 部分　我国苜蓿产业发展研究

我国苜蓿产业发展既是国家发展理念由粗放型发展向“创新、协调、绿色、开放、共享”五大发展理念转型，草食畜牧业发展拉动、减轻“人畜争粮”，实现藏粮于地的要求，又是经济发展到一定阶段的必然结果。在市场经济条件下，苜蓿产业只有符合经济发展的条件，才能实现高质量发展。

本部分通过对我国牧草产业的市场绩效、苜蓿产业竞争力、苜蓿供求与国际贸易等的分析计算，从宏观上对我国的苜蓿产业发展状况进行分析，找出我国苜蓿产业发展的优势与不足，针对影响我国苜蓿产业发展的因素，提出相应的对策建议。

第4章　我国牧草产业市场绩效研究

“牧草之王”苜蓿是最重要的一种牧草，在全球有着广泛种植。通过对牧草产业市场绩效进行研究，可以反映苜蓿的市场绩效。本研究以产业组织理论为一般理论基础，在借鉴关于牧草产业化、市场绩效研究的方法和思路的基础上，利用逻辑演绎与归纳总结，结合定性、定量分析方法，从动态的角度研究我国牧草产业的“市场结构—市场行为—市场绩效”，并分析我国牧草产业市场绩效的形成机理，找出我国牧草产业存在的问题，提出我国牧草产业市场运行效率的改善思路。以产业组织理论为一般理论基础，借鉴已有关于市场绩效的研究思路和方法，从政策、制度、机制等方面入手，运用哈佛学派的 SCP 分析范式，分析我国牧草产业市场绩效形成机理，这是研究牧草产业问题的新的尝试，为苜蓿产业问题的发现与解决提供参考。

4.1　SCP 理论基础

SCP 理论由哈佛大学学者 Joe S. bain，Scherer 创立，作为正统的产业组织理论，哈佛学派以新古典经济学学派的价格理论为基础，以实证研究为手段，构架了系统化的市场结构—市场行为—市场绩效（Structure-Conduct-Performance Paradigm）的分析范式，被简称为 SCP 分析范式。根据这一范式，市场结构决定市场企业的行为，市场企业的行为又决定了市场绩效。然而，市场关系是复杂和交互的，哈佛学派非常注重与经济学理论的最新发展紧密结合。SCP 由单向静态的分析范式转变为双向、动态的分析范式。结构—行为—绩效相互关系如图 4-1 所示。

4.1.1　市场结构

市场的运行是由需求和供给共同推动、相互作用而形成的。现有和潜在的各个参与者在市场中所处的地位以及对市场运行的影响程度是产业组织理论分析所依据的市场结构。它决定了市场竞争、垄断程度和市场价格的形成机制。影响和决定市场结构的因素主要有以下四个方面。

1. 市场集中度

市场集中度是反映市场竞争和垄断程度的最基本的概念和指标。市场集中度

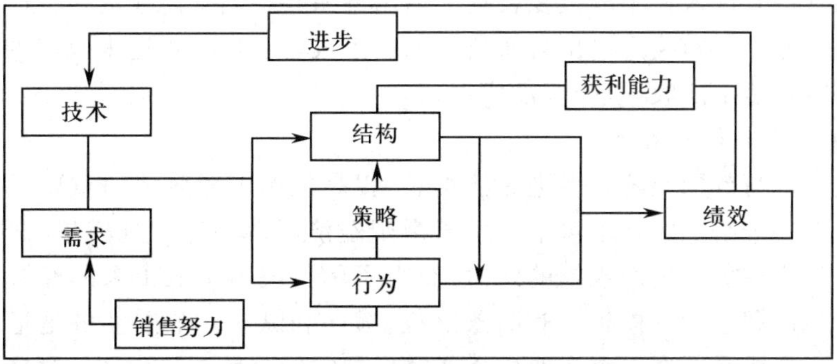

图 4-1　结构-行为-绩效模型中的相互关系

(资料来源:刘志彪,安同良,王国生.现代经济分析[M].南京:南京大学出版社,2003)

越高,少数大企业则越容易形成对市场的垄断,获取更高的利润。一般说来,市场集中度的计算方法主要有绝对集中度指标和相对集中度指标两类。绝对集中度指标即 CR_n,相对集中指标包括赫芬达尔-赫希曼指数(Herfindahl-Hirshman Index,HHI)、洛伦茨曲线(Lorenz Curve)、基尼系数(Gini Factor)和罗森布拉斯指数(Rosenbuluth Index)等。影响市场集中度的因素有很多,其中主要因素有市场容量的变化、规模经济效益效应与范围经济收益、追求垄断的战略性行动、政策与法律环境等。

2. *产品差异化*

产品差异化是决定市场结构的又一个重要因素。其测度指标一般采用需求交叉价格弹性。形成产品差别的原因既有物理、化学的因素,又有服务、广告宣传等因素。产品差异化是厂商获取竞争优势的有效的非价格竞争手段。通过扩大产品差别,厂商可以培育购买者对该产品的特殊偏好和忠诚度,从而使该产品在竞争中占据有利地位,保持或提高市场占有率。产品差异化可以通过影响市场集中度和形成市场进入壁垒对市场结构、市场行为产生影响,最终作用于市场绩效。

3. *市场壁垒*

市场壁垒是所有对新厂商自由进入或退出某一市场或对在位厂商的经营管理过程产生的障碍或者在其发展的过程中起抑制作用的因素总称。它也是影响市场结构的重要因素之一,直接影响着产业的竞争程度。市场壁垒主要包括进入壁垒和退出壁垒。其主要是从新厂商进入市场的角度考察产业内在位厂商与新厂商之间的竞争关系。进入壁垒是指某产业的在位厂商在赚取超额利润时能够阻止新厂商进入的那些因素。进入壁垒可分为两大类:经济性壁垒和行为性壁垒。经济性壁垒产生于在进入某特定产业时遇到的经济障碍以及克服这些障碍所导致的成本的提高。其所遇到的障碍包括技术、成本、消费者偏好、规模经济和市场容量等。行为性壁垒产生于在位厂商的行为,特别是在位厂商可以采用行动提高结构性壁垒或者扬言一旦进入就采取报复行动。退出壁垒是指当某产业的在位厂商不能赚取到正常利润(亏损)决定退出时所负担的成本或者已经投资还未收回的那部分投资在退出时依然不能收回,即沉没成本。

4. 规模经济与范围经济

规模经济与范围经济是促进经济增长,提高资源配置效率的重要手段。规模经济是指在一个给定的技术水平上由于微观经济活动中存在规模报酬递增现象,从而使得厂商在扩大生产规模的同时,获得了单位成本降低带来的经济利益。这种能带来经济利益的规模扩大有两条路径:横向和纵向。范围经济是指当两个或多个产品生产线联合在一个企业内生产时比把它们分散在只生产一种产品的不同企业中更节约。范围经济主要来源为可用于多种输出的共用要素的充分利用。由于共用要素具有不可分割性,多种输出被集中在一个企业生产就更为节约。

4.1.2 市场行为

市场行为是指厂商在充分考虑市场的供求条件和与其他企业关系的基础上,所采取的各种决策行为或者为获取更大利润和更高的市场占有率等厂商目标而采取的适应市场要求而不断调整战略和策略的行动。市场行为包括以下三个方面的内容。

1. 价格行为

价格决定行为和价格协调行为直接以影响、控制价格为目标,这是最基本的价格行为。在完全竞争条件下,市场供给和市场需求的相互作用决定价格。完全竞争市场的厂商是价格的接受者,即必须根据市场价格变动做出自己的经营决策。针对既定的市场均衡价格,厂商左右市场的能力微弱,只能调整自己的产量,使边际成本等于边际价格,以求利润最大化。

2. 非价格行为

在价格变数基本稳定的条件下,厂商为获取较高的利润或更高的市场占有率而采取销售促进、技术创新等手段,扩大产品差异化程度,增加产品竞争力,获取经济利益的行为。即使在寡头垄断市场中,非价格竞争也十分激烈。对厂商来说,随着经济的发展,非价格行为尤其是技术进步比价格行为更为重要。

3. 组织调整行为

组织调整行为是指厂商的横向一体化、纵向一体化等行为。在市场竞争中,通过联合等方式,削弱竞争对手,扩大自身规模,增强其竞争实力。组织调整行为对市场集中度的影响较大。

4.1.3 市场绩效

市场绩效是指在一定的市场结构下,厂商通过各种价格与非价格竞争行为而形成的资源配置和利益分配状态,它是反映市场运行效率的综合性概念。市场绩效的评价内容主要包括产业的资源配置效率、规模结构效率和技术进步等指标。

1. 资源配置效率

资源配置效率是用于评价市场绩效的最重要的指标。一般情况下,市场竞争越充分,价格就越趋向于正常利润的内在最低费用水平,产业的资源配置效率就越高。相反,市场垄断程度越高,资源的流动就越会受到阻碍,产业的资源配置效率就越低。评价资源配置效率常用的指标有利润率、勒纳指数(Lerner Index)、托宾 q 值三种。

(1)利润率　资源配置状态达到最优时,各产业的利润率趋于平均化,所有的企业都只能获得正常的经济利润,不存在垄断利润。利润率的一般计算公式为:

$$R=(\pi-T)/E \tag{4-1}$$

式中:R 为税后资本收益率;π 是税前利润;T 是税收额;E 是自有资本(包括股本或所有者权益。)

(2)勒纳指数(Lerner Index)　勒纳指数度量市场绩效是通过计算价格与边际成本的偏离率进行的,考察其垄断程度。其计算公式为:

$$L=(P-MC)/P \tag{4-2}$$

式中:L 为勒纳指数;P 为价格;MC 为边际成本。

勒纳指数的数值在 0～1 变动,勒纳指数越小,越趋于 0,则竞争程度高,垄断程度低,市场绩效显著;勒纳指数越大,越趋于 1,则市场竞争程度越低,垄断性越强,市场绩效越差。勒纳指数本身反映的是当市场存在支配力量时,价格与边际成本的偏离程度,但是却难以反映企业为了谋取巩固垄断地位而采取的限制性定价和掠夺性定价行为所产生的结果。

(3)托宾 q 值　托宾(Tobin)q 值是一个重要的经济学指标,主要用来衡量市场资源配置情况。它是指一家企业资产的市场价值(通过其已公开发行并售出的股票和债券来衡量)与这家企业资产的重置成本(重新建造的成本)的比率。其计算公式为:

$$q=(R_1+R_2)/Q \tag{4-3}$$

式中:q 为托宾指数;R_1 为股票的市值;R_2 为债券的市值;Q 为企业资产的重置成本。在公式(1-3)中,若 $q<1$,企业市场价格小于企业重置成本,企业将倾向于通过收购建立企业,实现经营扩张,此时企业不会购买投资品,投资支出降低;若 $q>1$,企业的市场价值大于其重置成本,企业发行较少的股票就能买到较多的投资品,即该企业在市场中能获得超额利润,投资支出增加。显然,q 值越大,产业投资回报率高,企业有强烈的进入资本市场变现套利的动机,该企业造成的社会福利损失越大,市场绩效越低。

2. 规模结构效率

规模结构效率是从产业规模经济效益实现程度的角度来考察资源的利用状

况。规模结构效率是市场绩效评价的重要方面,它不仅能反映单个厂商的规模经济水平,而且能反映厂商之间的分工协作水平和效率。我们主要从以下几个方面衡量某个特定产业的规模结构效率,即达到或接近经济规模的厂商的产量占整个产业产量的比例;实现垂直一体化的厂商的产量占流程各阶段产量的比例;产业内是否存在厂商生产能力的剩余。

3. 技术进步

技术进步动态地反映了各种经济资源的利用效率,是衡量市场绩效的重要指标。评价产业技术进步常用的指标有两个。

(1)技术水平　技术水平是衡量市场绩效的重要指标,反映的是技术对产业产值的影响。生产函数可写成下列简单形式:

$$Y_t = A_t F(K_t, L_t) \tag{4-4}$$

式中:Y_t 为第 t 年的总产出;A_t 为第 t 年的技术状况;K_t 为第 t 年的资金投入量;L_t 为第 t 年的劳动投入量。

(2)技术进步贡献率　技术进步贡献率是指技术进步对经济增长的贡献份额,它是衡量技术转化为现实生产力的综合性指标。对于技术进步贡献率的测算,国内外理论界广泛采用生产函数法。一般根据 $C-D$ 生产函数进行计算,其一般表达式为:

$$Y = AK^{\alpha}L^{\beta} \tag{4-5}$$

式中:Y 为总产出;A 为技术水平;K 为资金投入量;L 为劳动投入量;α 为资本的产出弹性;β 为劳动力的产出弹性,通常假设一定时期内 α、β 为常数,并且$\alpha+\beta=1$,即规模效应不变(不存在规模效应)。公式 4-5 通过一系列变换,可得到技术进步贡献率的计算公式:

$$g_A = g_Y - \alpha g_K - \beta g_L \tag{4-6}$$

式中:g_A 为技术进步率,满足 $g_A(d_A/d_t)/A$;g_Y 总产出增长率,满足$g_Y=(d_Y/d_t)/Y$;g_K 为资金增长率,满足 $g_K=(d_K/d_t)$;g_L 为劳动增长率,满足 $g_L=(d_L/d_t)/L$。

4.2　牧草产业市场结构分析

4.2.1　牧草产业市场集中度分析

4.2.1.1　市场集中度测算

尽管绝对集中度指标(CR_n)指数忽略了其余 $N\sim n$ 家企业的分布状况,无法揭示出前 n 位企业的个别规模和比例,而难以反映市场容量增长以及因兼并或联合所导致的个别规模和分布状况的变动。由于其测算相对比较容易,又能较好地反映产业内的生产集中状况，显示产业的垄断和竞争程度，因而在实证研究中被广泛使用。本书也采用 CR_n 指标为主要考察指标。CR_n 是指行业内规模最大的前几位厂商的相关数值 X 占整个市场或行业的份额。其计算公式为：

$$CR_n = \sum_{i=1}^{n} X_i / \sum_{i=1}^{N} X_i \tag{4-7}$$

式中：CR_n 为集中度指数；N 为行业内企业总数；n 为最大的几家企业的数目；X 为企业的有关数值。CR_n 集中度越高，则前 n 位企业在整个市场的供给中所占的比重越大，其对市场的操纵能力也就越强。相反，CR_n 集中度越低，则意味着少数厂商很难操纵和支配市场，卖者之间的竞争得到强化。

根据 Joe S. Bain(1959) 的分类方法，以 2009 年全国商品草产量为基础计算的市场集中度（表 4-1）测算结果显示，CR_4 近似为 3.87%，CR_8 近似为 6.05%。据此可以判断，牧草产业属于原子型（$CR_4 \leqslant 10\%$，$CR_8 \geqslant 20\%$）市场结构，行业集中度极低，近似于完全竞争市场，少数厂商很难操纵和支配市场。此外，我们也不难发现，前四名企业所占的市场份额相当，分别为 1.42%、1.00%、0.72%、0.71%，所有在位企业在全国所占的市场份额均十分低，即便任意两家企业发生兼并或联合，市场的支配力量也无法得到大幅度提升。

表 4-1　2009 年牧草产业市场集中度

企业实际生产量名次	企业实际生产量/吨	全国商品草生产量/吨
1	150 000	
2	100 000	
3	97 000	
4	9 000	
5	8 300	10 186 936
6	81 000	
7	80 000	
8	74 000	
⋮	⋮	
n	0	
CR_4		4.29%
CR_8		7.04%

资料来源：根据“中国草业网”行业统计及《中国草业统计 2017》整理。

4.2.1.2 低市场集中度影响因素

牧草产业属于原子型($CR_4 \leqslant 10\%$)市场结构，行业集中度极低，接近于完全竞争市场(非完全竞争)。根据前文所述，影响市场集中度的因素有很多，主要包括市场容量的变化、规模经济效益效应与范围经济收益、追求垄断的战略性行动、政策与法律环境等。造成低市场集中度的影响因素有以下几点。

1. 市场容量大，规模经济水平低

Joe S. Bain 认为，在市场容量不变的情况下，某一产业的规模经济越显著，该产业市场集中度就越高；在规模经济不变的情况下，某一产业的市场容量越大，该产业的市场集中度就越低。研究资料显示，每年的牧草产品需求量都在以较高的速度增长，需求十分旺盛，市场容量越来越大。然而，未达到规模结构效率的众多厂商成为主要供给者，国内供给严重短缺导致大量国外优质牧草的进口。由此可见，在市场容量越来越大、厂商规模经济水平低下的情况下，只能造成低市场集中度。

2. 产业政策的倾斜

从历年牧草产业政策的演变历程可以看出，产业政策的实施起步较晚，起初侧重于草原生态环境的改善，后期发布的《国家粮食安全中长期规划纲要(2008—2020)》《中华人民共和国国民经济和社会发展第十二个五年规划纲要》《国务院关于促进牧区又好又快发展的若干意见》《关于促进草牧业发展的指导意见》《国务院办公厅关于推进奶业振兴保障乳品质量安全的意见》等重要文件，明确指出大力发展节粮型草食畜牧业，促进农业产业结构升级(表 4-2)。

表 4-2 我国牧草业产业政策的演变历程

年份	牧草业政策重大决议	主要内容
1985	《中华人民共和国草原法》	保护、建设和合理利用草原，改善生态环境，维护生物多样性，发展现代畜牧业，促进经济和社会的可持续发展
1989	《中华人民共和国环境保护法》	承担破坏草原资源法律责任
2001	《中华人民共和国环境保护法》	以草定蓄，退耕还林还草
2002	《中华人民共和国草原法(2002年修正)》	保护、建设和合理利用草原，改善生态环境，维护生物多样性，发展现代畜牧业，促进经济和社会的可持续发展
2002	《中华人民共和国农业法》	加强草原保护、建设和管理
2008	《草原防火条例》	草原防火措施、灾后重建及法律责任
2009	《中华人民共和国草原法(2009年修正)》	保护、建设和合理利用草原，改善生态环境，维护生物多样性，发展现代畜牧业，促进经济和社会的可持续发展

续表 4-2

年份	牧草业政策重大决议	主要内容
2011	《草原监理中心关于建立草原补奖政策进村入户联系制度的意见》	草原补奖政策进村入户联系制度
2016	《关于促进草牧业发展的指导意见》	落实草原保护各项制度，进一步推进草原生态保护建设，促进草牧业发展
2017	《农业部关于切实做好 2017 年草原保护建设重点工作的通知》	

由于在中华人民共和国成立初期缺乏对牧草产业布局的长期战略规划，许多地方的牧草生产处于自发状态。牧草生产区域主要分布在西北、华北、东北等高寒、干旱、瘠薄、边远和弃耕等地区，相对比较分散。当时人们对资源环境认识存在局限，家畜日益超载，草原一度被当作单纯的饲草资源，草原严重退化，草原生态遭到破坏。长期受到农耕文化的影响，人们片面追求短期经济效益，大量草原被开垦为农田，滥垦、滥挖、滥占草原的现象十分严重，草业一直未能真正发展起来。20 世纪 90 年代，在国内农业产业结构调整战略实施和国际市场需求的大背景下，草业才出现了短暂的兴盛。在地缘优势和经济优势下，有些优质产品出口到日本、韩国等国家，成为外贸的新亮点。但是从 2004 年开始，随着国家粮食安全政策(粮食直接补贴、良种补贴、农机具购置补贴、农资增支补贴以及最低收购价格补贴等)强有力的实施，农牧民种植牧草的积极性严重受挫，这种状况对牧草产业的发展形成了不小的冲击。2008 年，农业部印发了《全国优势农产品区域布局规划(2008—2015 年)》通知，提出未来几年重点培育的 16 个优势农产品品种，并在全国划定 58 个优势区。在牧草再次无缘优势农产品，得不到国家政策支持 (不享受最低价格保护、无政策补贴)的情况下，未能激发农牧民种植牧草的积极性。“三聚氰胺”事件为畜牧业低水平发展敲响了警钟，由此，政府对草食畜产品质量安全性给与高度重视，大型养殖企业特别是奶牛养殖场开始注重用优质牧草饲喂奶牛，以便提高产品的质量和产量，拉动优质牧草产品价格的快速回升，牧草产业也因此逐渐恢复。

3. 高运输成本

竞争战略之父 Michael E. Porter 的产业竞争力理论认为，市场集中度的高低在某种程度上受制于产品属性和特征，其中储运成本过于昂贵是市场集中度低的一个重要影响因素。牧草产品的密度普遍很低，导致运输成本占总成本的比例高。因此，运输成本在市场竞争中起着重要作用。我国牧草干草加工设备还很落后，草捆密度低，形状不规则，实际运输密度低于每立方米 280 千克，只能汽车运输，而且属于抛货。西北、华北、东北等地区为我国牧草主产区，然而消费区则集中在北京、天津、上海、江苏、广东等东部沿海城市或地区。在当前阶段，牧草又不能享受高速公路“绿色通道”车辆收费政策的优惠，运输成本较高。事实上，物流成本已占销售价格的 35%～40%，甚至有的地区的物流成本超过了苜蓿收购价格。据测算，如果我国苜蓿物流成本达到美国物流成本水平，就可以降低 30%以上的运输成本，销售价格可以下降 15%以上，并能保证价格平稳。据调查，2011 年甘肃至北京、天津的牧草产品汽车运输价格为 1 000～1 100 元/吨，至上海、南京的牧草产品汽车运输价格为 1 250～1 300 元/吨，其运输成本已经超过了收购价格，也高于美国东海岸运至我国沿海港口的运输价格。

4.2.2 牧草产业产品差异化分析

产品差异化是指一个产业内相互竞争的厂商生产的同类商品由于存在某些差异，从而导致产生产品间的不完全替代关系的状况。它是决定市场结构的一个重要因素。产品差异化可通过影响市场集中度和形成市场进入壁垒对市场结构产生影响，进而作用于市场绩效。牧草生产是自然再生产和经济再生产交织的过程，固有的自然属性和经济属性决定了牧草产品差异化是客观存在的。其主要表现为以下两种情形。

一种是在自然条件影响下所形成的低差异化。虽然随着农业科技水平的日益提高，自然条件的可控性被较大幅度地降低。但是牧草作为一种农产品仍然有生产的最佳区域。不同区域的地理环境、土质、日照、温湿度、降雨量等自然条件均有所不同，并将直接影响牧草生长对光热、土壤肥力、水分等的需求满足度，品质的形成以及上市时间的差别。①品质形成。外在品质表现为色泽，叶片含量，开花数是否有霉菌、异味以及干燥程度(或含水量)等；内在品质表现为粗蛋白质(CP)、可消化的养分(TDN)、中性洗涤纤维(NDF)、酸性洗涤纤维(ADF)等，这些指标在不同程度上决定了牧草产品的使用价值。②上市时间。在缺乏配套的收获、加工等设备的情况下，受到复杂多变的自然因素的影响，牧草产品的供给稳定性较差。大型养殖企业、奶牛养殖场需要确保及时、持续稳定的货源供应，牧草产品供给的及时性以及稳定性成为差异化的一个重要表现。

另一种是在经济条件影响下所形成的低差异化。其主要包括两个方面：①产品物理特性差异。杂草的数量、打捆类型和尺寸、商品化处理程度、包装方式等特性的不同均在一定程度上影响其经济价值的实现，若同时受购买者知识水平、检测手段等限制因素的作用，则会加深其结果。②产品销售的地理位置差异。其由牧草产品的生产厂商或牧草产品的销售地点所处的地理位置不同，而给不同购买者带来的购买上的便利或运输费用的节约所引起。国内优质牧草的主要消费者为大型养殖企业、奶牛养殖场等，而为其提供牧草产品的地区为西北、华北、东北等地区，然而这些大型养殖企业、奶牛养殖场等主要分布于北京、天津、上海、南京以及广东等东部沿海发达城市，较难获取运输费用的节约。由于我国对美国等主要牧草出口国存在贸易顺差，出口商品数量大于进口商品，进口商品的海运价格非常低，国外优质牧草在运输价格上存在竞争优势。据统计，2010 年从美国西海岸到上海等我国东部沿海港口的苜蓿运输价格低于 35 美元/吨，这一价格远低于从甘肃运往南京的价格。

高寒、干旱、瘠薄、边远和弃耕等自然条件难以充分满足牧草生长对光热、土壤肥力、水分等的需求，草业科技进步较为落后，经常受干旱、寒冷等各种自然灾害所困扰，牧草产品品质难以大幅度改善。国产牧草因品质差、批量小、货源不稳定，无法满足庞大的市场需求缺口，供给严重滞后，在市场竞争中缺乏优势。大批量地进入国内市场的国外优质牧草虽然销售价格高昂，但是仍然畅销。在国外优质牧草对国内牧草的替代作用下，国内牧草的需求将进一步被减少，国内牧草的需求价格弹性也被降低。

4.2.3　牧草产业规模经济分析

根据 2017 年牧草产品加工企业生产情况统计结果(表 4-3)显示，我国的牧草企业规模具有明显差异，规模水平低。按照生产能力划分，我国牧草生产能力为 500～999 吨的企业占 54.97%；牧草生产能力为 1 000～4 999 吨的企业占 19.62%；牧草生产能力为 10 000 吨以上的企业仅占 1.13%，而牧草生产能力不足 10 000 吨的企业占 76.23%。

表 4-3　2017 年我国牧草产品加工企业生产情况

项目	牧草产品加工企业/个							
	32	137	437	156	24	9	32	137
生产能力/吨	0～99	100～499	500～999	1 000～4 999	5 000～9 999	10 000～49 999	不足 5 000～9 999	不足 10 000
比率/%	4.03	17.23	54.97	19.62	3.02	1.13	4.03	76.23

资料来源：根据《中国草业统计 2017》整理。

1. 土地集约化水平低

土地的适度规模是实现规模化经营的必要条件。在我国农村当前土地使用制度制约下，特别是按人头平均分享土地承包经营权的条件下，难以通过并购扩张来实现规模化经营。有限的土地不仅要种植粮食作物以求自给，而且还要种植经济作物补贴家用，这就造成了土地使用的更小规模、碎片化和劳动力的兼业，不仅难以提高牧草产品的质量、商品化率，增加供应量、稳定性，而且其生产、交易成本也难以下降，影响市场价值的实现，导致比较收益低下。

牧草生产企业可以通过横向兼并或联合，实现土地的适度规模经营，从兼业化生产向专业化生产的转化。通过建设“万亩乡、千亩村、百亩连片小区域”，优化布局，扩大规模，逐步实现牧草收获、加工的机械化，从而克服劳动生产率低等不利因素的影响(由于一些地区机械化程度低、刈割持续时间长，刈割晾晒的牧草常被淋雨)。此外,在雨季贮存过程中也会因空气湿度高而经常发生霉变等现象,严重影响了牧草产品产量与质量的安全水平。

2. 未能实现“以草促养,以养带草,草畜结合”

单纯种植牧草的效益是有限的。牧草产业的发展壮大离不开畜牧业、奶业等关联产业的发展拉动。只有实现牧草产业与畜牧业、奶业的有效对接,才能借助草食畜牧业的高效转化,提高牧草的经济效益和利用价值,拉动牧草产业的发展。与此同时,畜牧业、奶业等关联产业的发展也离不开牧草产业的支撑。作为畜牧业、奶业等关联产业发展的基础,它更起着促进作用。

实践证明,畜牧业、奶业发达的国家都是以发达的牧草产业为基础条件的。以美国为例,美国是苜蓿种植面积最大的国家。它视苜蓿为重要作物,其种植面积仅次于玉米和大豆,与小麦种植面积相当,种植面积在美国重要作物种植面积中排名第四。苜蓿种植已与肉牛、奶牛、赛马等饲养紧密结合(三大种植区分别为中西部、东北部、西南部)。东北部和西南部种植区为美国主要的乳品产业带,中西部和西南部种植区为肉牛和其他家畜、赛马等饲养地区。此外,中西部种植区还为苜蓿良种繁育基地。苜蓿种子产量占美国苜蓿种子总产量的80%以上。苜蓿产业的高效发展增强了其产业竞争力。除满足国内需求以外,美国还有大量的草产品出口创汇,这些都成为经济发展的重要增长点和农民收入的重要来源,为农业经济发展做出了巨大贡献。

反观我国,由于未能实现草畜紧密结合,特别是因未能实现牧草的就地高效转化,产销区不一致(西北、华北、东北地区为我国牧草主产区,然而消费区则集中在北京、上海、广东等城市)造成的高运输成本一方面提高了牧草的销售价格,另一方面造成了东部沿海地区的大型养殖场成本的增加。

4.2.4 牧草产业市场壁垒分析

市场进退壁垒的高低会影响新厂商进入市场的难易程度,从而影响市场结构的调整与变化。它是影响市场结构的重要因素之一,直接影响着产业竞争程度。

我国牧草产业的市场进退壁垒可以从两个层次进行分析:第一个层次是分散经营的牧草种植农牧户。这个层次进退壁垒都很低。第二个层次是牧草种植企业、专业大户。这个层次存在很高的进退壁垒。①市场进入壁垒。种植牧草必须有配套的收获装备。如果以2 000亩作为1个作业单元,就须配套4台28马力以上的拖拉机、1台压扁割草机、1台搂草机和2台捡拾打捆机,按全价投入资金,合计为60万元左右,大型打捆机加上配套设备的投入在百万元以上,干草加工厂房和二次压缩设备的投入则在千万元以上。目前我国牧草种植业高度分散化和小规模经营不利于大型牧草机械的大量购置和高新技术的投入。在尚未形成规模化经营的条件下,规模经济优势和成本优势不足以构成进入壁垒。此外,牧草产品同质性又较强，在位厂商也无法对新进入者构成阻止威胁。②市场退出壁垒。它表现为企业、专业大户在退出生产时有些牧草机械等专用资产折价出售的沉没成本，构成最为重要的退出障碍。目前小规模牧草种植企业购置的牧草生产装备价格低、通用性强，生产企业退出牧草生产的沉没成本较低。

总体来说，牧草产业的市场壁垒十分低，很难构成市场进退障碍。低市场壁垒导致生产者的过度进入，造成牧草产业的低市场集中度和厂商的小规模经营。未达到规模效率的经营主体成为市场的供给者，导致其产品很难达到市场要求。优质的牧草产品生产必须依赖高效率的机械作业，机械设备作为其支撑。然而，小规模厂商配套机械不足，缺乏基本的存储设备。当刈割、打捆、晾晒、存储不及时，不仅会影响牧草产品的产量和质量，而且也易发生霉变，威胁牧草产品的品质安全。

4.2.5　小结

产业政策的倾斜以及缺乏对牧草产业布局的长期战略规划等致使我国许多地方的牧草生产处于自发状态，而且相对比较分散。在按人头平均分享土地承包经营权的条件下，土地所有权的垄断和经营权缺乏流动阻碍了土地的自由联合或兼并，影响了土地的适度集中。土地的适度集中是实现规模化经营的必要条件，造成了牧草厂商的超小规模和劳动力的兼业，所以未达到规模效率的大量牧草厂商成为市场的供应者。在这种状况下，不仅牧草产品成本较高，而且牧草产品无论质量，还是产量，均难达到市场要求，缺乏竞争优势。牧草产品密度低，运输成本在市场竞争中起着重要作用。然而，牧草主产区为西北、华北、东北等地区，牧草主销区为北京、天津，上海、江苏、广州等东部沿海城市或地区。由于未能实现产区高效就地转化，再加上不享受高速公路“绿色通道"车辆收费政策的优惠，运输成本较高。虽然国产牧草价格相对低廉，但是因品质差、批量小、货源不稳定，无法满足庞大的需求缺口，供给严重滞后，国外优质牧草大量进入国内市场，十分畅销。在国外优质牧草对国内牧草的替代作用下，进一步减少了对国内牧草的需求，降低了国产牧草的需求价格弹性。

4.3　牧草产业市场行为分析

市场行为是指厂商在充分考虑市场的供求条件和与其他厂商关系的基础上，所采取的各种决策行为或者为获取更大利润和更高的市场占有率等厂商目标，采取的适应市场环境而不断调整战略和策略的行动。市场行为主要包括价格行为、非价格行为、组织调整行为。本章分别从牧草厂商的价格行为、牧草厂商的非价格行为以及牧草厂商的组织调整行为等不同角度，分析牧草产业的市场行为特征，并探讨其市场行为对市场绩效的影响及对市场结构的反馈作用。

4.3.1 牧草厂商的价格行为

牧草厂商的价格行为主要是以控制和影响价格为基本特征和直接目的的价格决定行为。根据前述分析,我国的苜蓿生产企业数目大、规模小。数目众多的小生产者协商所引起的高额交易费用和“囚徒困境”所造成的高昂执行成本,使行业内串谋几乎不太可能,所以我国牧草产业不具备形成价格协调行为的市场条件,因此,本书只讨论牧草厂商的价格决定行为。

4.3.1.1 牧草厂商的价格决定行为

由于近似完全竞争的市场(原子型市场结构),为数众多的大部分在位厂商无力进行价格博弈,更没有价格决定权,市场供给和市场需求的相互作用决定牧草产品的价格(图 4-2)。由于其具有一定程度的产品差异,所以仍会享有部分的价格让渡。

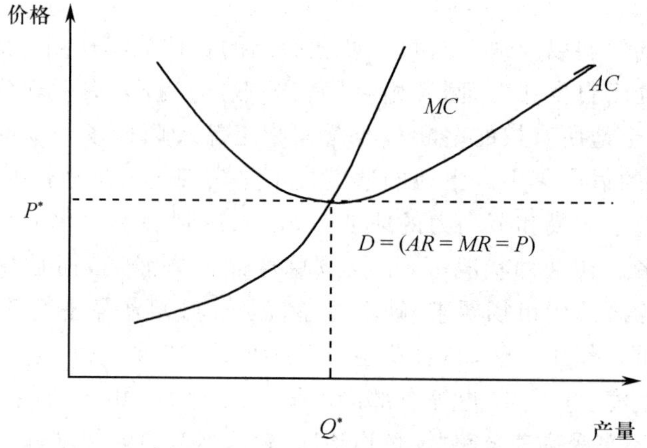

P^*为牧草产品的均衡价格(市场售价); Q^*为产量; AC为牧草产品的生产成本; MR为牧草产品生产的边际收益; MC为牧草产品的边际成本; AR为牧草生产平均收益; D为牧草市场需求量

图 4-2 市场价格的决定行为

如图 4-2 所示,当 $MR=MC$ 时,市场出清,且价格最低、产量最高、资源得到优化配置。理性的农牧民为追求利润最大化会根据市场价格的波动,做出生产经营决策的调整。然而,在市场信息传导机制尚未建立的现实中,教育水平低、获取信息渠道少、信息处理能力差的农牧民根据市场需求及时调整牧草生产会比较困难。牧草生产区域往往远离城市,无论信息传递的手段、途径,还是速度,均无法与较为发达的工业相比。各种有效的市场信息无法及时送达农牧民,有的以讹传讹,传达不准确甚至错误传达,再加上工作人员服务意识落后不能及时把握市场风云,适时为农牧民服务,发挥其应有的作用,导致农牧民做出错误的决策。

当市场交易偏离均衡点时，牧草产品的购买者是否以公开、公正、公平及合理的价格执行收购，影响到数万牧草种植户的积极性。然而，牧草产品市场体系尚未完善，再加上买卖双方信息不对称、质量检测仪器设备缺乏等原因，在实际执行过程中无法切实做到“优质优价”收购，“优质不优价”“低质也优价”的现象屡次出现。以苜蓿干草生产为例，为了获得高额利润，生产者偏向于注重增加苜蓿干草产量，刈割普遍较晚，一般多在苜蓿盛花期刈割，导致苜蓿干草蛋白质含量下降、品质降低，无法达到国家颁布的一级标准，有的甚至为等外品。不同品质等级的苜蓿产品掺杂进入苜蓿产品市场，造成了国内苜蓿市场的混乱，国产苜蓿产品信誉下降，这为“优质优价”且具有供应稳定性的国外苜蓿产品大量进入中国市场创造了良好的机会。

4.3.1.2　市场价格波动效应

牧草产业是自然再生产和经济再生产相互交织的复杂过程，受自然条件和经济条件的双重影响，牧草产品供给呈现出不稳定性。在草产品市场体系尚未建立的情况下，供给和需求均缺乏弹性的牧草产品供需失衡，则容易造成价格较为剧烈的波动。根据研究资料显示，国内苜蓿干草价格以苜蓿干草进口价格为定价基础，与苜蓿干草进口价格变动趋势相一致。苜蓿为我国最主要的牧草品种，其进口量占牧草进口量的 90%以上。因此，在本书中以苜蓿干草进口价格替代说明国内牧草价格波动情况。图 4-3 至图 4-5 分别表示，2008—2018 年，我国苜蓿干草进口量和进口价格以及进口价格变动率的变动情况。

如图 4-3 所示，2008—2018 年我国苜蓿干草进口量呈整体上升趋势。如图4-4 和图 4-5 所示，2008—2018 年，国内苜蓿价格波动频繁，而且波动幅度较大，价格

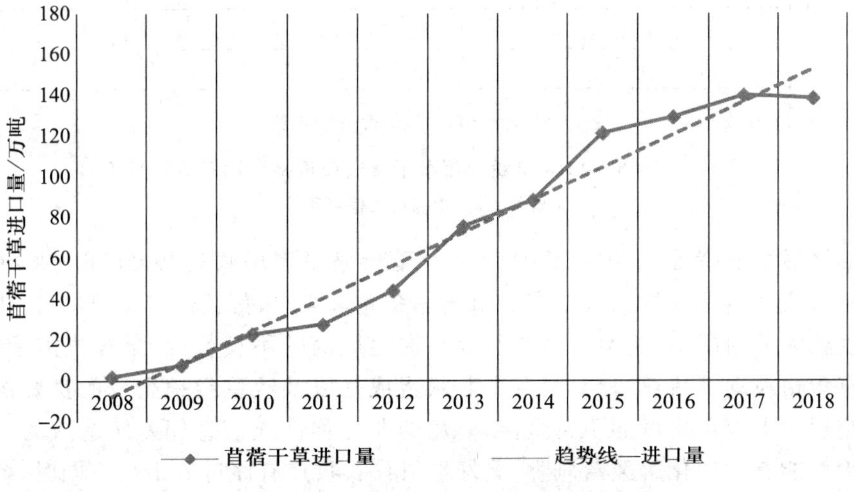

图 4-3　2008—2018 年我国苜蓿干草进口量变动情况

（资料来源：中国海关信息网）

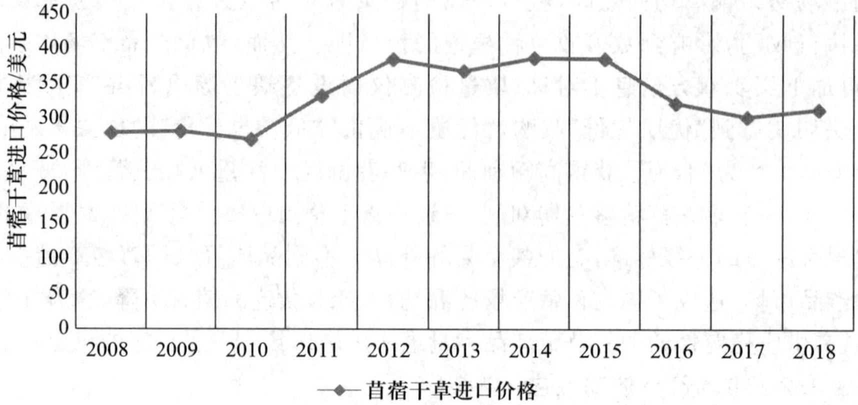

图 4-4　2008—2018 年我国苜蓿干草进口价格变动情况

（资料来源：中国海关信息网）

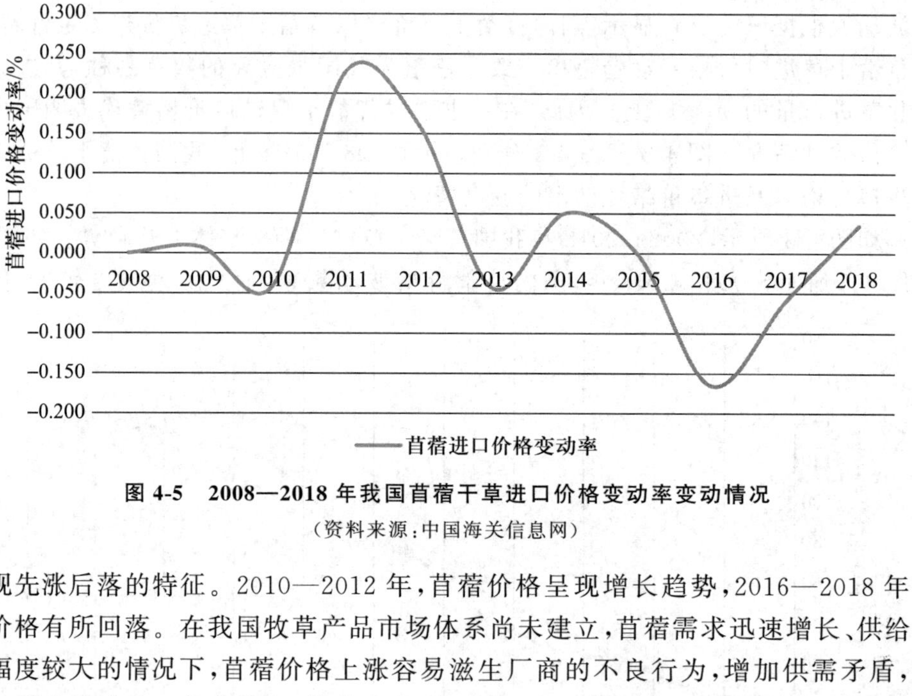

图 4-5　2008—2018 年我国苜蓿干草进口价格变动率变动情况

（资料来源：中国海关信息网）

呈现先涨后落的特征。2010—2012 年，苜蓿价格呈现增长趋势，2016—2018 年苜蓿价格有所回落。在我国牧草产品市场体系尚未建立，苜蓿需求迅速增长、供给波动幅度较大的情况下，苜蓿价格上涨容易滋生厂商的不良行为，增加供需矛盾，进而加剧价格波动。牧草协会、牧草企业联盟成立以及牧草经销企业的良好沟通能在一定程度上应付市场的不完全性、信息的非对称性或信息偏差所造成的不确定与风险性能有效地化解经营风险，更好地引导农牧户有序进入市场。同时，各种相关产业组织的合作能够建立农牧户的信用机制，确保牧草产品的品质，降低牧草购买者的收购风险。

4.3.2　牧草厂商的非价格行为

牧草厂商的非价格行为是指在价格变动基本稳定的条件下，牧草厂商为获取较高的利润或更高的市场占有率而采取销售促进、技术创新等手段，从而扩大产品差异化程度，增加产品竞争力、获取经济利益的行为。总体来说，技术创新和销售促进等在牧草产业表现不是十分明显。

4.3.2.1　产业技术进步

与牧草产业发达国家相比，我国草业科技发展还十分落后。其主要表现在如下三个方面。

1. 技术研发与推广不足

牧草种植和机械装备相关技术仍是制约我国牧草产业发展的主要瓶颈和障碍。不仅牧草种植和田间管理技术缺乏（多年来，高效节水栽培技术尚无突破，耕作、培肥、播种、保苗技术滞后，病虫草害等问题长期存在），而且国产的牧草机械普遍存在技术含量低、品种少、可靠性差、作业效率低等问题。大部分厂商只能生产粉碎机等简单牧草加工机械。割草机、胶辊、打结器等关键机械部件制造技术不过关，刈割压扁机、打捆机等高档机械完全依赖进口。

此外，促进草业科技推广过程也存在不少阻碍，影响新技术的广泛应用。草业科技推广缺乏长期规划（表现为推广方式守旧、流于形式，没有考虑农牧户个体的需要，供需脱节），跟踪服务相对滞后，专门从事草业技术推广的企业、单位为数甚少，科研成果得不到有效推广和利用。尤其对牧区、半牧区等传统生产方式仍占主导地位的地区而言，基础设施差、牧草生产者文化程度偏低在相当程度上制约着草业科技推广工作的发展。根据对苜蓿产地的实地调查发现，2013年以前，除了种、收以外，大多数农牧户几乎无其他田间管理措施，甚至牧草种植企业的从业人员也没有接受过系统的专业化的生产、加工等技术培训，他们只是按照技术人员的临时安排组织生产。苜蓿田杂草多、土地撂荒现象十分普遍。

高度分散化的市场结构不利于更精细的分工和标准化作业，设备的改进、技术的创新以及高效地运用受到阻碍，设备陈旧、技术落后、运行效率低，难以获得实质性的技术突破，牧草生产向高端的设计、新技术研发等环节升级困难。同时，新技术、配套设备的缺乏反过来又制约了大规模经营，影响了单位土地的产出效益。

2. 行业管理不够

牧草产业的稳健发展也离不开行业的标准规范来约束和指导科学生产。目前，我国牧草良种繁育落后（牧草种子抗逆性差，品种少，新品种更新、推广速度慢，产量和品质潜力较低），种植、培土、施肥、除草、浇灌、收割、烘干/晾晒等牧草生产环节均没有制定具体的操作规程。牧草产品质量检测体系尚未健全，质量监督检验机构数目少。相比之下,美国对牧草种子的质量管理则十分严格。除利用常规技术以外,美国根据牧草生产的实际需要在育种过程中还利用细胞融合、基因工程等新技术实现了从专门针对某抗性到多种抗性、从单纯注重产量到产量与质量并重的转变。此外,为了保证牧草种子的基因纯度和品种真实性,早在20世纪40年代美国就建立了种子认证制度,由官方种子认证机构协会管理,每个州均设立种子认证机构,并根据市场供应、参评品种情况,每年推出更新的手册以供参考。高度分散化的市场结构不利于质量监督检验机构的建设,增加政府的监督、监管成本。

3. 服务无法满足市场需求

牧草产品的市场潜力巨大,需要完整、高效的服务体系作为市场运转的保证,高度分散化的市场结构更需要强大的服务体系作为保障。但是我国牧草市场稳定的价格体系、组织性的营销和规范化的委托销售等市场还没有形成。生产者最关心的是牧草产品的价格和销路,如果利益得不到有效保证,就会影响生产的积极性。

可见,缺乏社会化服务体系,我国高度分散化的牧草市场结构就难以运转,这种状况对牧草产业立足国情,并健康发展极为不利。

4.3.2.2　厂商的销售促进

目前,我国牧草企业品牌整合意识不强,市场开发相对滞后,"绿色营销"观念是指企业在整个营销过程中充分体现环保意识和社会意识,向消费者提供科学、无污染的生产和销售方式,引导并满足消费者的有利环境保护及身心健康的消费需求。我国的环境保护法规不完善,且存在有法不依、执法不严的现象,各种病虫害、农药残毒、水源污染等环境"不友好"问题接踵而至。随着国外优质牧草在国内市场的快速拓展,国内厂商感受到了危机意识,也开始对牧草市场的发展理念有了转变,从过去只片面追求牧草产量而忽视其质量,逐渐向追求牧草产量的同时,又重视其饲用价值的方向发展。

4.3.3　牧草厂商的组织调整行为

目前,国内牧草生产多以千家万户的家庭经营为主,规模小、组织化程度低。随着草业经济的逐渐恢复,多元经济主体(企业、科研单位、专业合作组织、农牧户等)之间一定程度的组织调整行为也开始显现出来,主要表现在以下三个方面。

1."企业+农牧户"模式

这一结构由牧草加工企业或大型有牧草需求的养殖场作为龙头,通过向农牧户提供牧草种子、提出技术要求、收购农牧户的牧草产品等方式,鼓励和推动分散的农牧户生产商品化牧草,形成"风险共担、利益共享"的经济共同体。从实践来看,“企业+农牧户”大部分还处于初级模式阶段,企业与农牧民结成的利益共同体基本属于松散结构,双方均存在较高的违约风险。企业与农牧户无法按照原订合同条款来执行的情况时有发生,多元利益主体的利益矛盾和摩擦进一步加剧。以实现利润最大化为目标的企业与农牧户加强联系乃至形成“利益共同体”,只是为了获得稳定的原材料供应或是降低原材料成本,以提高经济效益,同样,农牧户也是如此。由于市场体系不健全,农牧户直接进入市场所付的交易成本很高,高交易成本几乎将农牧户在生产中获得的剩余效益全部被消耗,所以农牧户选择合作也只是为了回避风险,降低交易费用,获得稳定收入。

企业与农牧户地位不平等,从风险的防范和责任的承担上看,无论发生技术风险、自然风险,还是市场风险,其损失几乎完全由农牧户承担,而风险收益则归于企业,这在某一程度上降低了农牧户种植牧草的意愿。因此,企业与农牧户“风险共担,利益共享”的经济共同体只是种表面的经济现象,其实质上仍是一种纯粹的买卖关系。一旦出现市场对某一方利益冲击,就会导致这种关系的变形和解体。根据持续10年的调查发现,“企业+农牧户”牧草种植模式在我国发展十分缓慢。

2.“科研单位+农牧户”模式

由科研单位免费或以优惠的价格向选定的农牧户提供牧草种子,并对其种植过程如施肥、浇水、打药、收割等环节进行技术指导,并帮助农牧户联系牧草加工、运销企业。由于不涉及具体的利益,科研单位积极性较差,农牧户对科研单位的信任度不高,仍未形成“风险共担、利益共享”的经济共同体。根据调查发现,科研单位反映农牧户不按要求操作,而农牧户则对科研单位的指导不信任,担心不切实际的指导会影响其经济效益。

3.“企业+专业合作组织+农牧户”模式

专业合作组织在保持农牧户家庭独立经营的前提下,实行自愿参加、自愿退出的原则,与龙头企业签订产销合同,通过生产资料的联合购买和牧草产品的联合销售、运输,实现产前、产后的规模经济,减少农牧民的购买和销售、运输成本,保证牧草的生产和供应。在合作期间,专业合作组织提供技术指导和信息服务,减少信息垄断和不对称,并代表农牧民与有关部门交涉,避免农牧户个体处于谈判的弱势地位,维护农牧民的利益。在风险防范和责任承担上,专业合作组织与农牧户已结成“风险共担、利益共享”的经济共同体,所获得的附加值,按农牧户的业务量返还。个别内部成员出现的自然风险则通过全体内部成员的分担来减弱。

从实践来看,“企业+专业合作组织+农牧户”模式大部分也处于初级阶段,规模小,实力较弱,凝聚力不强。由于现代苜蓿种植是技术、资本密集型产业,个别农牧户管理投入少会严重影响产品质量,进而影响合作社的产品声誉。相对松散的合作模式难以对单个农牧户形成强力约束。这一合作模式成功与否在很大程度上取决于合作组织带头人的奉献精神、专业水平与沟通能力。这些决定了企业与合作组织、合作组织与农牧户之间市场主体地位的不平等，差距悬殊的市场主体地位使得农牧户很难在多方的交易中获得恰当的经济利益，其间也尚未形成真正的经济利益共同体。

4.3.4 小结

在原子型市场结构下，数目众多的小生产者协商所引起的高额交易费用和“囚徒困境”所造成的高昂执行成本使行业内串谋几乎不太可能，故牧草产业不具备形成价格协调行为的市场条件。大部分在位厂商也无力进行价格博弈，更没有价格决定权，市场供给和市场需求的相互作用决定了牧草产品的价格。牧草产品供给和需求均缺乏弹性，在草产品市场体系不规范的条件下，容易造成价格的频繁波动，滋生厂商、农牧户的不良市场行为。

“绿色营销”观念的淡化导致国产牧草产品各种病虫害、农药残毒、水源污染等环境“不友好”问题接踵而至。国外优质牧草在我国市场拓展迅速。然而，与欧美等草食畜牧业发达国家相比，我国的草业科技推广与其具有较大的差距，我国的牧草良种繁育落后。除此之外，牧草的种植、培土、施肥、除草、浇灌、收割、烘干/晾晒等牧草生产环节也均没有制定具体的操作规程。除了种、收以外，农牧户几乎无其他田间管理措施，甚至企业也没有接受过专业的生产、加工等技术培训的现象十分普遍，因此，牧草产品总产量、单位产量、商品化率等指标至今尚无突破。原子型市场结构不利于草业科技的进步与草业科技的推广，也不利于政府监管成本的降低以及综合服务的有效展开，市场绩效的发挥也受到影响。

4.4 牧草产业市场绩效分析

在近似于完全竞争市场(原子型市场结构)下，追求利润最大化的牧草厂商为实现其经营目标，根据市场环境采取相应的市场行为，全体牧草厂商的经营状况决定牧草产业的市场绩效，同时，牧草厂商的市场行为又以市场绩效为导向，牧草厂商的市场行为长期作用的结果又会引起市场结构的变化。本节将根据已获得研究资料对牧草产业市场绩效给予评价，并分析其市场绩效对市场结构、市场行为的影响。

4.4.1 方法和数据

考虑评价指标的系统性和相关性，评价指标的选择不仅应客观、全面地反映牧草产业的现有状况，还需要预测牧草产业的未来发展趋势，以便对牧草产业的市场运行效果做出综合评价。已有研究为牧草产业市场绩效评价指标与方法的选择提供了思路，结合牧草产业市场运行的特点，考虑到评价指标的代表性、可行性，本书将从供给能力、收益能力等角度进行实证分析并给予评价。关于牧草产业市场绩效评价的数据均来源于《中国草业统计》与“中国草业网”，时间序列为 2001—2017 年。

4.4.2　牧草产业的市场供给能力评价

4.4.2.1　全国牧草产量变动情况

表 4-4 表示 2001—2017 年全国牧草生产变动情况，包括全国的牧草总产量、年末保留面积、单位产量等内容。图 4-6 为 2001—2017 年全球牧草总产量变动情况。如表 4-4 所列，在总产量方面，2001—2010 年呈现出一直保持增长趋势，年均增长率约为 8.55%。2011—2017 年波动较大，增大变缓，总体年均增长约为 4.41%，图 4-7 为 2001—2017 年全国牧草单位产量变动情况，在单位产量方面，2001—2017 年呈现出在波动中增长的趋势，年均增长率约为 3.42%。

表 4-4　2001—2017 年全国牧草生产变动情况

年份	总产量/吨	年末保留面积/万亩	单位产量/(吨/万亩)
2001	88 192 929	25 366	3 477
2002	95 541 216	29 405	3 249
2003	110 419 369	33 089	3 337
2004	122 803 379	33 691	3 645
2005	140 344 521	32 247	4 352
2006	144 145 025	33 594	4 291
2007	145 012 714	35 244	4 115
2008	155 831 121	31 742	4 909
2009	164 279 589	30 960	5 306
2010	182 923 330	32 022	5 712
2011	168 663 800	29 266	5 763
2012	164 999 095	29 719	5 552
2013	189 386 734	31 301	6 051
2014	179 997 103	33 010	5 453
2015	174 266 721	34 629	5 032
2016	64 052 582	30 843	5 319
2017	175 937 852	29 557	5 952

注：单位产量＝总产量/年末保留面积。

资料来源：根据“中国草业网”行业统计中“2001—2017 年各地区多年生牧草生产情况”与“2001—2017 年各地区一年生牧草生产情况”整理。

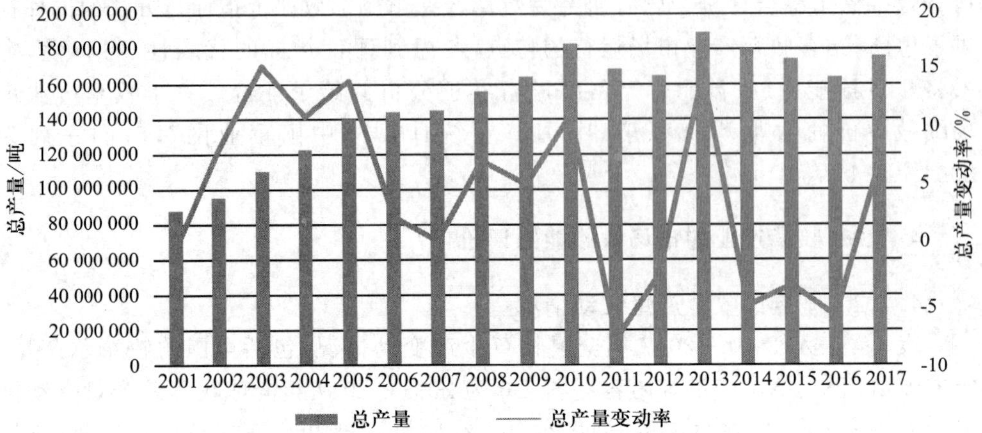

图 4-6　2001—2017 年全国牧草总产量变动情况

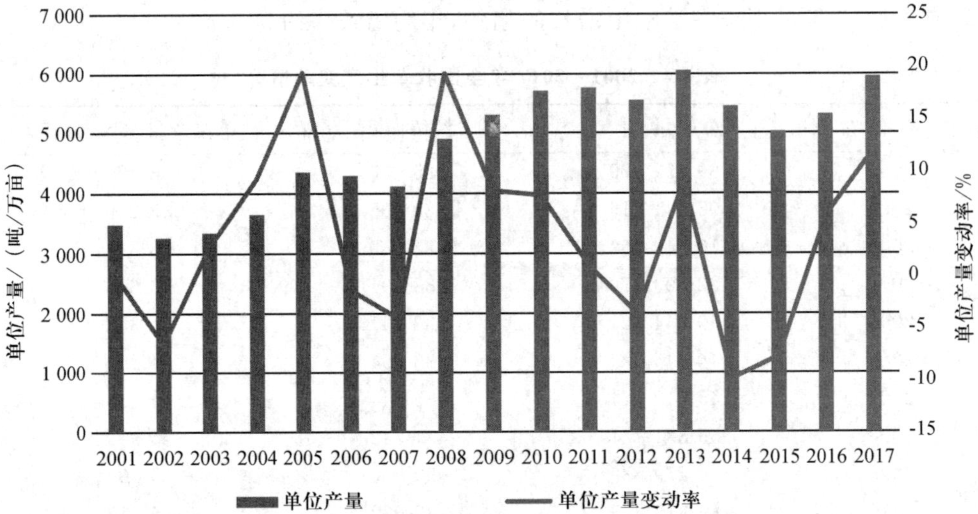

图 4-7　2011—2017 年全国牧草单位产量变动情况

全国牧草总产量是衡量牧草产业产出情况的总量指标，反映牧草产业的产能和市场供给能力。本书根据 2001—2017 年全国牧草总产量，计算全国总牧草产量趋势方程，以便预测未来年份全国牧草总产量。计算结果如图 4-8 所示，总产量趋势线与实际总产量高度拟合，模型利用 Excel 软件多项式拟合，拟合结果表明，二项式、三项式、四项式、五项式拟合度均比六项式较低。该多项式方程如下：

$$y=387.97x^6-20\,411x^5+411\,999x^4-4E+06x^3+2E+07x+1E+08 \quad (4\text{-}8)$$

$$R^2=0.959\,8$$

式中：x 为序号；y 为牧草总产量。

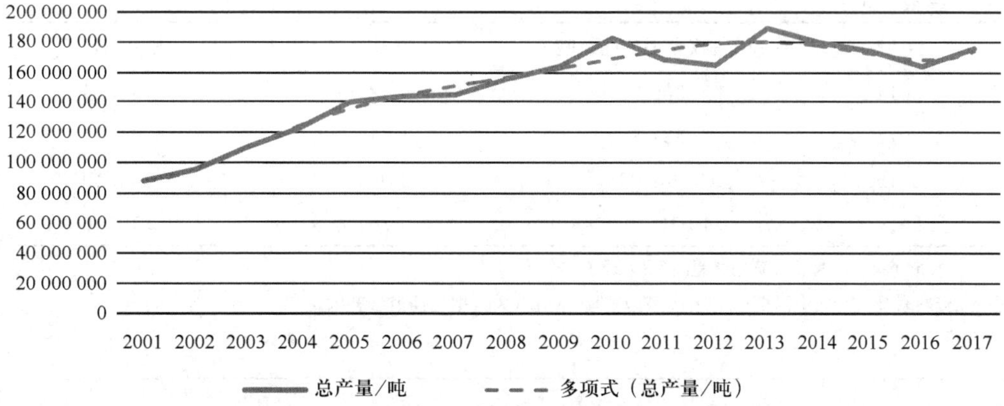

图 4-8　2001—2017 年全国牧草总产量趋势

结算结果表明，总产量趋势线方程的 $R^2=0.9598$，数值接近于 1，结果可信度很高。因此，本书认为可以根据该多项式方程预测牧草产量。

4.4.2.2　全国商品牧草变动情况

表 4-5 为 2001—2017 年全国商品牧草（商品牧草为进入流通领域的干草、草捆、草粉、草颗粒等产品）销售率变动情况，其中包括商品牧草的总产量和销售量以及销售率等内容。如图 4-9 所示，2001—2017 年全国商品牧草销售率波动幅度大，波动不存在确切的规律，数值在 30%～80% 区间范围内波动。

表 4-5　2001—2017 年全国商品牧草销售率变动情况

年份	商品牧草总产量/吨	商品牧草销售量/吨	销售率/%
2001	1 492 176	1 122 143	75.20
2002	1 975 151	1 225 215	62.03
2003	4 098 922	2 651 900	64.70
2004	4 664 304	2 049 492	43.94
2005	4 542 421	2 821 008	62.10
2006	9 118 878	3 860 334	42.33
2007	7 783 734	3 839 160	49.32
2008	10 265 292	3 041 634	29.63
2009	14 055 345	11 059 081	78.68
2010	12 070 000	7 491 176	62.06
2011	10 209 901	4 148 353	40.63
2012	7 999 630	4 556 467	56.96
2013	9 245 718	6 221 453	67.29

续表 4-5

年份	商品牧草总产量/吨	商品牧草销售量/吨	销售率/%
2014	9 366 720	4 424 404	47.24
2015	7 831 154	4 244 260	54.20
2016	8 171 038	3 962 068	48.49
2017	10 186 936	7 161 888	70.30

注:销售率=(商品牧草销售量/商品牧草总产量)×100%

资料来源:根据《中国草业统计(2017)》整理,部分缺失数据用插值法补入。

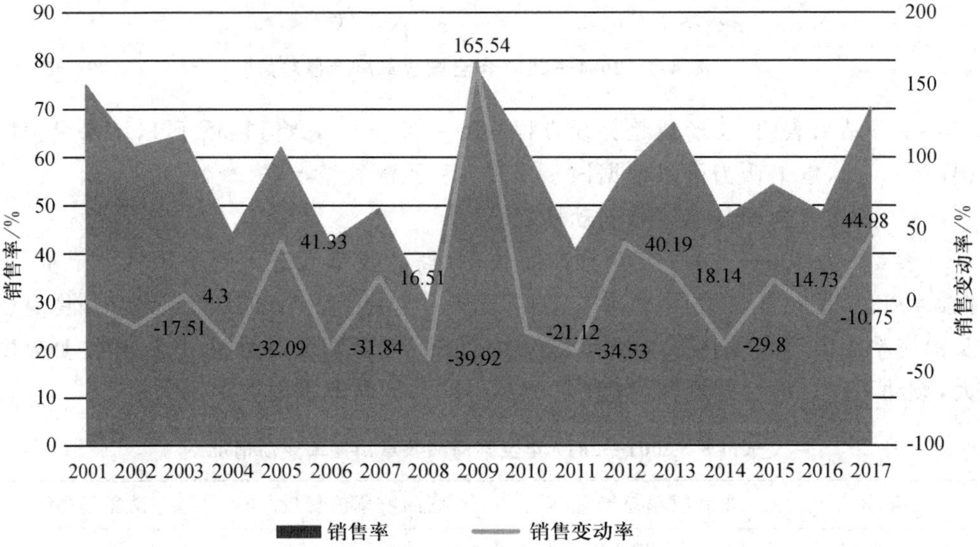

图 4-9 2001—2017 年全国商品牧草销售率变动情况

表 4-6 为 2001—2017 年全国商品牧草商品化率变动情况,包括商品牧草的总产量和牧草总产量以及商品化率等内容。如图 4-10 所示,商品化率虽然呈现出在波动中增长的趋势,但是其平均增长幅度仍然很低,不超过 10%。造成这一现象主要有两方面原因:一是牧草市场尚未形成,农牧户对牧草交易信息掌握较少,牧草生产难以与市场接轨;二是农牧户的产品质量难以满足市场需求,产品在市场上不受欢迎。随着牧草市场不断完善,第一种原因逐渐消除,特别是在 2017 年以后,产品质量低成为苜蓿市场化程度低的主要原因。本书对北京奶牛协会管理人员及主要奶牛养殖企业负责人的调查发现,除了购买价格很高的进口苜蓿,北京规模奶牛养殖企业主要采购内蒙古生产的苜蓿。与河北中小农户生产的价格便宜的苜蓿相比,虽然内蒙古生产的苜蓿价格较高,但是其质量相对更高、更稳定,因而更受关注牧草产品质量的规模奶牛养殖企业的欢迎。

表 4-6　2001—2017 年全国商品牧草商品化率变动情况

年份	商品牧草总产量/吨	牧草总产量/吨	商品化率/%
2001	1 492 176	88 192 929	1.69
2002	1 975 151	95 541 216	2.07
2003	4 098 922	110 419 369	3.71
2004	4 664 304	122 803 379	3.80
2005	4 542 421	140 344 521	3.24
2006	9 118 878	144 145 025	6.33
2007	783 734	145 012 714	5.37
2008	10 265 292	155 831 121	6.59
2009	14 055 345	164 279 589	8.56
2010	12 070 000	182 923 330	6.60
2011	10 209 901	168 663 800	6.05
2012	7 999 630	164 999 095	4.85
2013	9 245 718	189 386 734	4.88
2014	9 366 720	179 997 103	5.20
2015	7 831 154	174 266 721	4.49
2016	8 171 038	164 052 582	4.89
2017	10 186 936	175 937 852	5.79

注：商品化率＝商品牧草总产量/牧草总产量×100%

资料来源：根据《中国草业统计(2017)》整理。

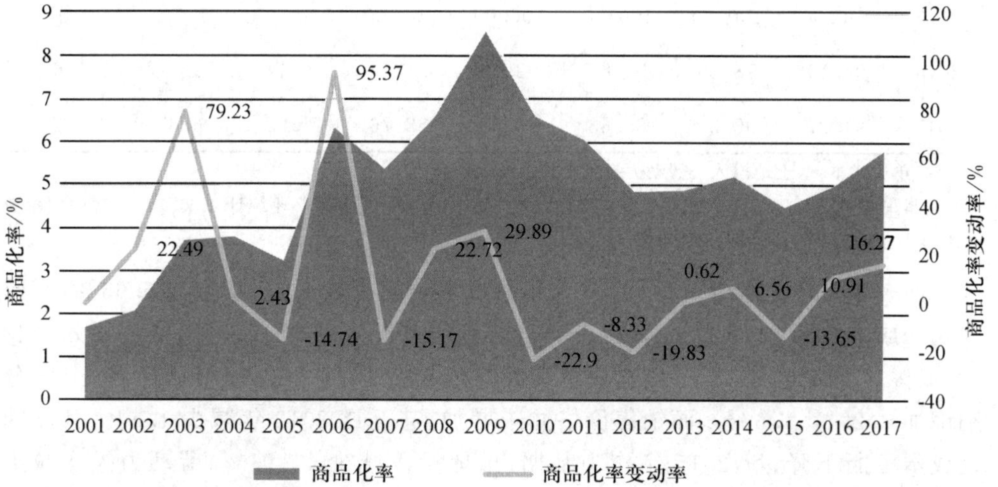

图 4-10　2001—2017 年全国商品牧草商品化率变动情况

总体来看，我国牧草生产表现为总产量低、单产低、商品化率低。目前，大多数牧草种植在旱地及盐碱地产田，产量和质量均无法保障。增加牧草生产能力和商品转化率，需要草业科技推广机构长期大力推广牧草生产实用技术、推动科学种草，从而大力提升牧草产业市场供给能力。

4.4.3 牧草产业收益能力评价

牧草产品成本构成主要分为物料费用与人工费用，具体包括地租、播种费用、日常管理费用、施肥费用、收割贮藏费用等。其中播种费用包括种子费、机耕费、人工费及其他；日常管理费用包括水电费、人工费及其他；施肥费用包括肥料费、人工费及其他；收制贮藏费用包括机械收割费、打捆费、贮藏费、运输费、人工费及其他。各种费用中种子，农药、肥料等价格与进货批量大小密切相关，牧草种植龙头企业进货批量大，投入品价格比种植户零星进货便宜5％～10％；另外，不同地区由于土地状况、种植习惯和模式不同，排灌、农药的施用量也有一定差异，因而成本也略有不同。牧草产品收益则包括实际收益和风险成本收益。表4-7为2015—2017年我国牧草种植有关经济指标（以苜蓿为例），其中包括总产量、销售价格、总收益、单位成本、总成本、单位利润、总利润、总成本利润等内容。

总成本利润率的计算公式：

$$总成本利润率=(销售价格/单位成本-1)\times 100\% \qquad (4\text{-}9)$$

表4-7 2015—2017年我国苜蓿有关经济指标（基年＝2015） ％

年份	总产量	销售价格	总收益	单位成本	总成本	单位利润	总利润	总成本利率
2015	100.00	100.00	100.00	100.00	100.00	0	0	0
2016	94.00	98.80	92.87	92.66	87.10	6.14	5.77	6.63
2017	91.27	98.20	89.63	90.68	82.76	7.52	6.87	8.29

注：单位成本＝（土地投入＋劳动力投入＋资金投入）/3。

资料来源：根据《2015中国统计年鉴》至《2018中国统计年鉴》；《中国草业统计2011—2015》《中国草业统计2018》《中国牧草业经济》整理计算。

如表4-7的计算结果所示，2016年总成本利润率较2015年增加6.63％，其原因在于成本下降：土地投入减少7.14％，劳动力投入减少1.93％，资金投入减少12.96％。与此同时，2017年总成本利润率较之2015年和2016年进一步上升，分别增加8.29％、1.66％，而销售价格并未增加，甚至比2015年减少1.8％，其原因是成本不断下降，以2015年作为基期，土地投入减少11.91％，劳动力投入减少4.45％，资金投入减少11.59％。如表4-8所示，土地、劳动力投入在逐年下降，资金投入（机械总动力）呈现波动不确定性。

表 4-8　2015～2017 年我国苜蓿单位成本(基年＝2015)　%

年份	单位成本	土地投入	劳动力投入	资金投入
2015	100.00	100.00	100.00	100.00
2016	92.66	92.86	98.07	87.04
2017	90.68	88.00	93.55	88.41

注：单位成本＝(土地投入＋劳动力投入＋资金投入)/3。

综上所述，要增加总成本利润率，可采取的方法有以下两个：①降低单位成本。降低单位成本也即提高单位土地面积产出效率、劳动效率以及资金利用效率等。②增加补贴力度。行业的低利润不利于市场主体进行资本积累，限制了厂商规模的扩大，从而使牧草产业市场结构的不合理和市场行为的偏差进一步加剧。大量优质的国外牧草参与国内市场交易，国产牧草的销售面临挑战，这就引发了生产者市场进入牧草产业的潜在威胁。作为理性的“经济人”，生产者有利可图才会进入牧草生产、经营领域或维持、扩大再生产。无论是自然灾害风险，还是价格风险，牧草产品本身较其他农产品而言风险较高。近年来，粮食收购价格持续上涨，牧草收购价格极不稳定、波动幅度大，进一步加剧了价格风险。为扶持牧草产业步入正常发展轨道，政府的价格补贴(如保护价补贴、购销价格倒挂补贴等直接补贴和自然灾害补贴等间接补贴)在生产、加工、销售等方面给予支持将在刺激广大农牧户积极性，增加农牧户收入方面起到重要作用。形成牧草产业繁荣与农牧民富裕的良性循环才是解决牧草产业发展、农牧民增收问题的一个长远办法。

4.4.4　小结

我国牧草市场供给能力低下，不仅总产量、单位产量低，而且商品化率、销售率也低。需要草业科技推广机构长期大力推广实用技术、推动科学种草，从而提高单位土地面积产出效率、劳动效率以及资金利用效率，增加牧草产业市场供给能力。牧草市场收益能力低下，行业的低利润率不利于市场主体进行资本积累，限制了厂商规模的扩大，从而使牧草产业市场结构的不合理和市场行为的偏差进一步加剧。较其他农产品而言，牧草产品风险程度较高。为扶持牧草产业步入正常发展轨道，政府的价格补贴等政策需要在刺激广大农牧户积极性等方面起到重要作用。

4.5　结论和建议

4.5.1　结论

我国牧草市场的低市场壁垒导致的过度进入造成了牧草产业的低市场集中度

和厂商的小规模经营。大量未达到规模效率的经营主体成为市场的供给者，其牧草产品无论质量，还是产量，均难达到市场标准要求，缺乏市场竞争优势。小规模经营和低市场集中度意味着产品几乎没有差别定价，为数众多的中小苜蓿种植户、在位牧草厂商无力进行价格博弈等策略性行为，更没有价格决定权，市场供给和市场需求的相互作用决定牧草产品价格。

由于草产品市场体系尚不健全，在实际交易过程中的“优质不优价”“低质也优价”滋生了因厂商的不良行为而扰乱了牧草产品市场秩序的现象，并在一定程度上影响了牧草产品的市场信誉。高度分散化不利于草业生产、管理、服务等技术改进与技术推广。不利的市场运行环境呼吁经济合作组织的运行建立各个多元主体“风险共担、利益共享”机制，提高资源利用效率，推进牧草业产业化经营。技术进步机制的不健全以及牧草厂商的势力缺失进一步制约了市场绩效的发挥。低市场绩效阻碍了市场主体进行资本积累，限制了牧草厂商规模的护大，从而使牧草业市场结构的不合理和市场行为的偏差进一步加剧。

综上所述，影响我国牧草产业市场运行效果低下的因素，从市场结构方的角度来讲，这些因素主要有低市场集中度、低差异化、低规模经济效率；从市场行为的角度来讲，这些因素主要有技术进步与推广工作的效率低下以及松散的利益联结、分配机制。此外，我国牧草产业市场运行效率低的状况也引申出需要进一步研究的课题。

4.5.2 政策建议

实现牧草产业市场结构优化，促进充分有效竞争，提高资源配置效率，增加草业经济效益是牧草产业的发展目标。根据本书对牧草产业市场绩效形成机理的分析，有针对性地对影响牧草产业市场运行效率低的因素，提出改善建议。

4.5.2.1 优化市场结构

1. 深化产品差异化程度，提高市场进入壁垒

目前大量达不到规模效率的厂商成为供给者，又缺乏相应的监管系统予以控制，国产牧草产品较难达到市场标准要求，降低了厂商信誉，在市场竞争中逐渐丢失市场份额。针对这一现状，需要做到以下两点：①切实提高牧草产品质量。政府出台政策引导广大厂商广泛采用优良牧草品种，加大草业科技投入，在种植、收获、加工、存储、包装、运输等所有环节，贯彻“绿色营销”观念，切实提高牧草产品质量，提高牧草企业及产品信誉。②加强牧草产品质量标准、检测体系建设。建立、完善牧草产品质量标准、检测体系，营造有序竞争的市场环境，保证牧草产品的质量升级，培育优秀品牌。

2. 促进规模经济，提高市场集中度

为维护有效竞争秩序，需要适当地提高集中度，建立规模更大、管理更先进的现代化牧草企业，实现产业升级。其主要措施包括：①加快农村土地使用权流转，实现土地规模化经营。土地规模化经营是市场竞争发展的客观要求。随着农村改革的不断深化以及市场经济的不断发展，更多的农牧民走向了城镇，土地使用权的流转已成为必然。然而，土地的低集约化制约着规模经济的实现，若不允许土地承包经营权的有效流转，就会阻碍土地的适度规模经营，无法实现土地资源的优化配置。②加快农牧区社会化服务体系建设。农牧区基础设施薄弱，影响着生产、加工区域集聚效益的发挥。除了加快农牧区基础设施之外，还需要加快信息化建设以及农牧民经济合作组织建设。加强牧草产品市场的供给与需求、价格、技术等信息的采集、处理、发布，疏通信息传播渠道，广泛应用媒介，提高企业与广大农牧户获取与应用信息的能力，增加交易机会，减少交易环节，降低交易费用，提高经济效益；巩固“风险共担、利润共享”的利益联结机制，处于弱势地位的农牧民通过农牧民经济合作组织，解决小规模生产与大市场的矛盾；节约农牧民进入牧草市场的交易成本，在技术进步、产业升级过程中形成联合优势，获得规模经济效益。

4.5.2.2 改善市场行为

1. 促进先进应用技术的推广

草业科技推广对草业和农牧区经济结构的战略性调整产生巨大的、内在的推动力量，优化牧草市场结构、改善市场的非价格行为。①提高草业科技推广人员文化素质。现代草业的技术密集，草业科技推广人员的知识水平在新技术、新品种、新区域推广过程中起着决定性的作用，左右着我国草业发展的速度和进程。草业科技推广涉及面广、难度大，需要新型人才。利用高等院校、科研机构等的优势，培养草业科技推广的新型人才，促进草业科技成果的有效、快速转化，迫在眉睫。②改进草业科技推广方式。随着网络经济的快速发展，传统的以上门讲解为唯一方式的草业科技推广方式难以满足牧草种植者的多样化需求。充分利用网络信息服务，拓展服务领域，改进草业科技推广方式，尽快打破自上而下的传递服务模式。在草业科技推广过程中，根据农牧民的需要，用通俗易懂的语言、实例将核心的技术内容以多媒体教学、网上授课等方式予以传授。充分调动参与人员的积极性，使之乐于接受，易于掌握。

2. 完善利益联结与利益分配机制

多元参与主体经济利益的一致性及分配合理化是产业化经营体系赖以生存和发展的基础。它需要引导多方利益主体由松散型经济共同体逐渐向紧密型经济共同体方向发展。①扶持“龙头”企业。“龙头”企业是推进产业化经营的支柱，是利益联结的关键环节。然而，“龙头”企业当前普遍规模小，技术设备落后，发展资金有限，融资困难，带动农牧户，拉动市场的能力较弱等问题突出。政府应在财政、税收、信贷等方面制定优惠政策予以引导“龙头”企业建立合理、有效的利益联结机制，带动多元利益主体发展。对于具有比较优势的“龙头”企业，一方面给予引导使其尽快达到规模水平，在新品种、新工艺、新技术，牧草产品精深加工，现代营销等方面发挥带头作用，使其成为推动产业化经营的骨干力量；另一方面，通过兼并或联合等方式，尽快形成一批经济实力雄厚、技术装备好、产业关联度高、市场带动能力强的群体，创造出优秀的品牌，提高产品的市场竞争力。②培有农牧民经济合作组织。探索并逐步构建一个适用于我国草业经济现状的合作机制是发展牧草产业产业化经营，实现草业现代化中不容回避，必须切实解决的问题。农牧民经济合作组织的宗旨、章程、制度应符合国际通用的"罗虚代尔"原则，还须在立法、兴办实体和建立完整的组织体系上下功夫。加大宣传教育，广大农牧民充分认识农牧民经济合作组织的宗旨、章程、制度以及自身的权利和义务，增强会员自我管理、积极参与市场竞争的能力。③完善社会监督机制。"龙头"企业规模大，带动力强，承担的市场风险也大。若没有必要的监督约束机制，将会给农牧户造成更大的损失。因此，加强宏观调控力度，建立相应的社会监督约束机制，通过经济、法律等手段调控"龙头"企业的行为，以确保真实地落实"龙头"企业承诺给予农牧户的实惠。

综上所述，政府应进一步适应经济、社会发展的要求，完善产业政策，为我国牧草产业化发展提供良好的制度环境，保证牧草产业化经营过程中多元利益主体的利益，促进我国牧草产业的健康发展。

第 5 章 我国苜蓿产业竞争力研究

作为“牧草之王”，苜蓿在我国草食动物养殖中的需求量越来越大。苜蓿种植在我国种植业中占据越来越重要的位置。但受产业发展观念、产品需求、供给条件、经济技术水平、发展历史等因素的影响，我国苜蓿产业发展不尽如人意。特别是自 2008 年以来，我国的苜蓿进口量不断增加，我国奶牛养殖业对美国等苜蓿产业发达国家的依赖越来越强。提高我国苜蓿产业的竞争力，促进苜蓿产业发展，减轻我国奶牛养殖业对进口苜蓿的依赖，成为我国种植业发展的重要课题。

本章采用波特的钻石模型，分析我国苜蓿产业的发展状况，并通过构建模型，对我国苜蓿产业竞争力进行了评价。根据研究结果，本文提出加强苜蓿科技研究，进一步改善交通，扶持龙头企业，完善相关管理体系等建议。

5.1 苜蓿产业竞争力相关研究

刘亚钊、王明利(2011)等从国际竞争力的角度探讨了我国草产品国际竞争力较弱的原因及提升我国草产品国际竞争力的对策，江影舟(2016)等对我国苜蓿产业的国际竞争力进行了分析；周忠丽和石自忠(2013)从进口量波动的角度分析了随机冲击对我国苜蓿进口的影响。杨春(2011)等梳理了中国苜蓿的贸易的历史、现状以及特点，并提出推动我国苜蓿产业发展的相关政策建议。我国进口的苜蓿干草主要来自美国、加拿大及西班牙等国家，其中 90%以上的进口苜蓿干草来自美国。美国作为我国进口苜蓿的第一大供给国，其苜蓿产业日益成为业界人士关注的焦点。汪武静(2016)等以美国的苜蓿产业为样本，分析美国作为苜蓿生产和贸易大国的经验，为我国苜蓿产业发展提供了可借鉴的国际经验；胡向东和王明利(2013)通过比较美国牧草价格的波动情况，分析美国苜蓿价格的月度波动规律，并提出每年 1 月、11 月和 12 月是我国进口美国苜蓿干草的最佳时间。石自忠、王明利等(2019)分析逆全球化对苜蓿进出口贸易带来的影响，其在短期内会使苜蓿供需缺口加大，但也是牧草产业发展的契机，同时会加剧苜蓿等草产品进口市场的竞争力度。

产业竞争力理论最初来源于国际贸易理论。经过多年发展，它已形成绝对优势理论、比较优势理论、要素禀赋理论、新贸易理论、竞争优势理论、国际竞争优势理论等。依据这些理论,形成了很多产业竞争力分析模型。在这些模型中,影响最大、应用最广的是“竞争战略之父”波特提出的“钻石模型”。

5.2 波特钻石模型

哈佛大学迈克尔·波特教授在1990年提出“钻石模型”,来衡量和评价一种产业在国际上的竞争力。波特通过对多个国家的多个产业进行研究得出,一个国家的某种产业具备的竞争力主要由生产条件、国内国外需求、与这项产业相关的其他产业、国内大企业的企业战略、竞争对手的力度能力决定。另外,政府的相关决策政策、国际上的波动和机遇也是影响其竞争力的因素。

生产条件主要是指国内的一些基础建设、资源等相关条件;国内需求包括国内国外的大的订单,下游生产企业需求量等;相关产业主要包含上游产业的原材料供给以及能够为本产业提供服务的其他产业;企业战略通常指国内大型企业的发展战略。这些要素互相影响,共同成为一个产业甚至一个国家长期的竞争力。波特钻石模型如图5-1所示。

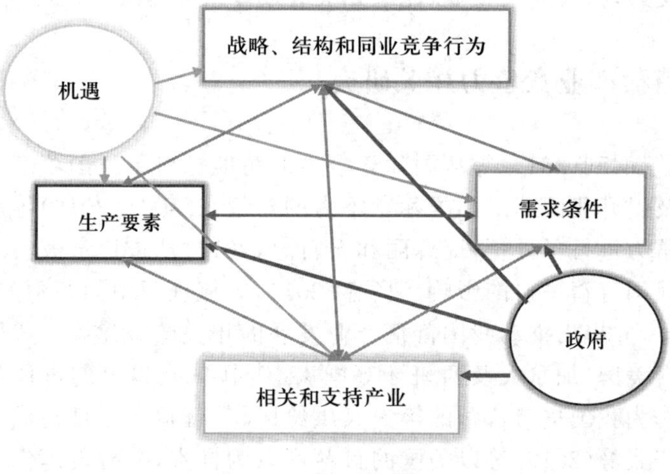

图5-1 波特钻石模型

“钻石模型”在提出初期就受到了行业内的大量关注,对多个行业都影响很大,一直被认为是研究和讨论一个国家竞争力的有力工具。由于在研究过程中缺少跨国经济的因素,波特的钻石模型成为分析问题的一大缺陷。在此基础上,保罗·克鲁格曼(Paul R. Krugman)等又发展出多因素钻石模型和优化的双钻石模型。一般化钻石模型如图5-2所示。

在双钻石模型中,其中最外边的实线即代表全球国际市场利益,在可预见到的

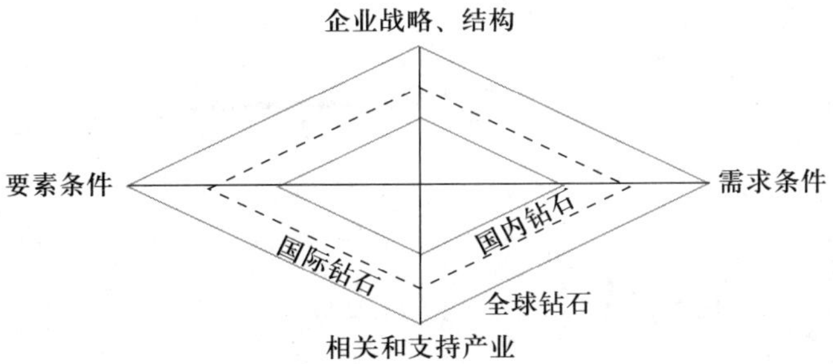

图 5-2　一般化钻石模型

时间内，全球国际市场利益将固定不变；最里面的实线代表国内市场竞争力，因不同国家的大小和政策而不同；中间的虚线代表国际竞争力，其受国际和国内竞争力共同影响。这一模型认为，国内钻石和国际钻石共同影响着一个国家的竞争力。

相对于钻石理论模型仅考虑了国内市场情况，双钻石模型则全面考虑了全球化和国内对产业竞争力的共同影响，更加符合现阶段国际发展实际。因此，本书利用双钻石模型来评价我国苜蓿产业的竞争力。

5.3　我国苜蓿产业竞争力分析

5.3.1　生产要素

双钻石模型理论中的生产要素分为人力资源（科研工作和劳动力）、天然资源（土地、气候等）、知识技术（相关科技发展状况）、资本（民间资本和国有资产）、基础设施等几个方面。

生产要素分为基本要素和高级要素。基本要素包括自然资源、气候地理及人口；高级要素包括高级劳动力、科研设施以及科研成果。高级要素和基本要素的关系密切。基本要素为高级要素提供基础保障，高级要素的发展也能加快和有效地利用基本要素。

2007 年苜蓿年末保留种植面积为 5 738.5 万亩，2017 年苜蓿年末保留种植面积为 6 225.2 万亩，其中 2011—2013 年苜蓿年末保留种植面积呈快速增长趋势，2014 年后苜蓿年末保留种植面积又趋于平稳下降态势。苜蓿年末保留种植面积虽不断波动，但总体变动不大（图 5-3）。

根据苜蓿的种植特性、区域生产情况，结合全国畜牧业发展规划，我国的苜蓿种植大体上可以分为西北、东北、华北和南方四个区域。我国幅员辽阔，各区域社会经济发展差异大，面临的苜蓿产业发展条件和需解决重点问题也不相同：东北区域需要重点解决苜蓿冷害问题，提高成活率；西北地区缺水，重点推行节水灌溉措

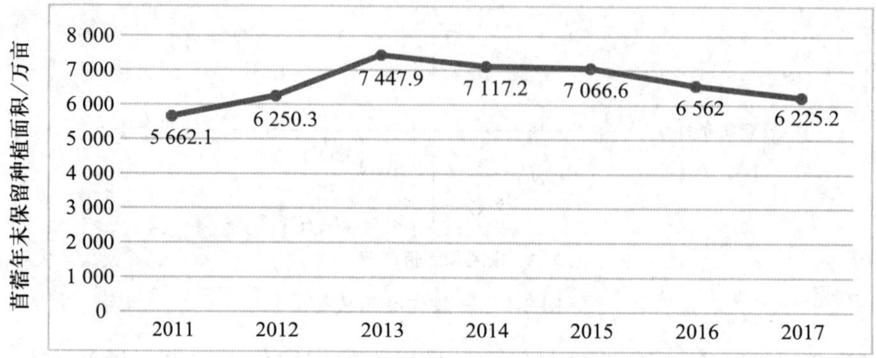

图 5-3 2011—2017 年我国苜蓿年末保留种植面积

［资料来源：《中国草业统计(2011—2015)》至《中国草业统计 2018》］

施；华北地区雨热同季，雨季收获的产品易发生霉烂变质，重点在提高收获效率；南方地区气温高、降水量大，解决湿热和田地间排水成为首要问题。

由于密度很低，苜蓿产品(主要是苜蓿干草)运输成本高。我国大部分苜蓿种植分布于西部内陆省份，例如，河套地区、河西走廊都是优质牧草的优良产地。但苜蓿需求方大多分布在南方大中城市，运输成本很高，这种状况影响着企业效益，也严重制约着苜蓿产业发展。

近年来，在人力资源方面，我国农村青壮年劳动力不断转移到城市，农村劳动力总量不足，1992—2010 年农业从业人员占社会从业人员比重持续下降至 36%，2011—2018 年农业从业人员也呈持续下降趋势(图 5-4)，所以进一步加大机械化生产，减少苜蓿生产劳动力需求成为急需解决的问题。

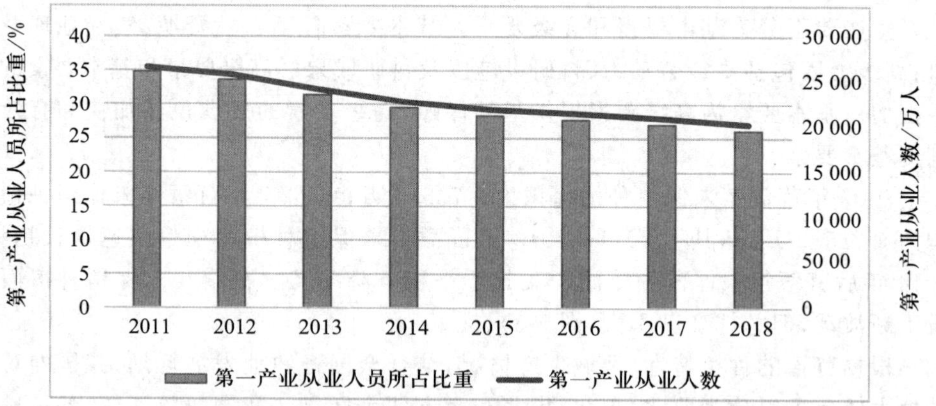

图 5-4 2011—2018 年我国第一产业从业人数及占比

在科研技术方面,科研人员以及科研设施的不足制约着苜蓿的亩产值,导致了在良种培育以及种子生产方面的不足,种子质量差、产量小,远远不能满足苜蓿生产的需求,尤其是紫花苜蓿种子田面积还在不断减少(图5-5)。在良种培育方面,虽然目前也已经取得一定成绩,但相比于一些畜牧业发达国家差距还是很大。

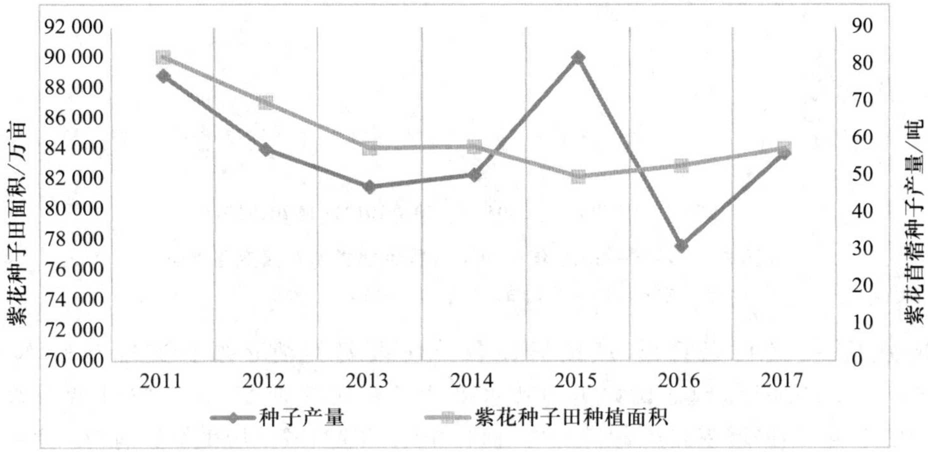

图5-5 2011—2017年紫花苜蓿种子产量以及种子田种植面积

[资料来源:《中国草业统计(2011—2015)》至《中国草业统计2018》]

5.3.2 苜蓿需求分析

饲喂苜蓿能够显著提高牛奶的安全性,优质高产苜蓿在农牧业生产中的作用越来越重要。发展苜蓿产业成为提高畜牧业生产水平,促进农业增效、农民增收的重要措施。

中国奶业协会理事长刘成果(2008)就曾呼吁:奶业振兴,急需草业支撑。他对紫花苜蓿情有独钟,他还编了个顺口溜:"紫花苜蓿多年生,一年几收营养丰。荷斯坦牛常饲喂,奶质提高产量增。"李志强(2003)根据研究得出结论认为,高质量的粗饲料(饲喂优质牧草苜蓿)是实现牛奶生产高产优质的必要条件,是提升奶牛业生产力最有效和最经济的途径。苜蓿产业的发展与奶业发展息息相关。陶莎、张峭等(2019)通过对国内苜蓿需求测算得出一年内市场优质苜蓿干草需求缺口约达154万吨。急需增产优质苜蓿,促进奶业结构性升级。

5.3.2.1 奶类消费量总体上升显著

进入20世纪90年代以后,随着奶业的发展和居民收入水平的提高,极大地激发了城镇居民奶类消费的热情,奶类消费水平总体呈现快速上升趋势(图5-6),城镇居民奶类消费量由1995年的4.62千克上升至2018年的16.50千克。

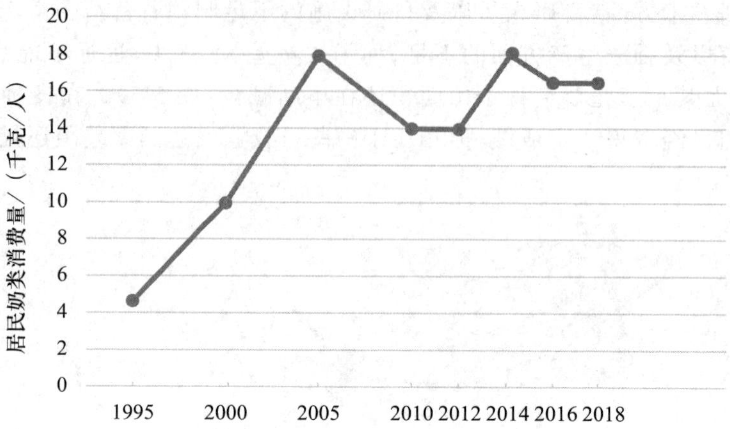

图 5-6　1995—2018 年中国城镇居民奶类消费量变化趋势

（资料来源：《1996 中国统计年鉴》至《2019 中国统计年鉴》）

从图 5-6 还可以看出，城镇居民各个阶段奶类消费增长速度有所不同。1995—2005 年是城镇居民奶类消费水平增长最快的阶段，由 4.62 千克提高到 17.92 千克，年递增率高达 14.52%。而自 2008 年起，城镇居民奶类消费水平有所下降，2010 仅为 13.98 千克，2012—2018 年又缓步上升，趋于平稳。物质生活水平的不断提高，我国居民不仅食品消费结构升级，对食品安全的要求也随之提高。

5.3.2.2　相对于其他食品，奶类人均消费量增速较快

随着我国城镇居民收入水平的不断提高，动物性食物的消费量明显增加，奶类消费量增长又明显快于其他动物性食品，而粮食消费量则明显下降，蔬菜消费量基本持平(表 5-1)。1995—2018 年，城镇居民肉类消费量增长了 58.54%，家禽消费量增加了 147%，蛋类消费量增长了 10.88%，水产品消费量增长了 55.43%，而同期奶类消费量增加了 257%，大大高于其他食品消费的增长。

表 5-1　1995—2018 年中国城镇居民人均主要食物消费量　千克

食物	年份							
	1995	2000	2005	2010	2012	2014	2016	2018
粮食	97	82.31	76.98	81.53	78.76	117.2	111.90	110.00
鲜菜	138.70	114.74	118.58	116.11	112.33	100.1	103.20	99.00
肉类	19.68	20.06	23.86	24.51	24.96	28.4	29.00	31.20
家禽	3.97	5.44	8.97	10.21	10.75	9.1	10.20	9.80
蛋类	9.74	11.21	10.40	10	10.52	9.8	10.70	10.80
水产品	9.20	11.74	12.55	15.21	15.19	14.4	14.80	14.30
奶类	4.62	9.94	17.92	13.98	13.95	18.1	16.50	16.50

资料来源：《1996 中国统计年鉴》至《2019 中国统计年鉴》。

5.3.2.3　奶类消费支出在人均食品消费支出中的比重逐渐提高

奶类消费支出在食品消费支出中所占的比重也能体现出奶类消费水平的提高。从表 5-2 可以看出，1995 年全国城镇居民家庭每人平均全年奶类消费支出为 31.43 元，仅占当年食品支出的 1.78%，此后奶类支出增长稳定，2012 年达到 253.57 元，占食品支出的比重达到 4.20%，同期其他畜产品的消费支出在食品消费总支出中的比重却呈现逐年下降的趋势或基本持平（表 5-3）。但是跟世界主要发达国家相比，我国的居民奶类消费支出占食品消费支出的比重仍然偏低，未来奶类消费增长仍然存在很大空间。

表 5-2　中国城镇居民奶类消费支出及其在食品消费支出中所占的比重

年份	奶类支出/元	食品支出/元	所占比重/%
1995	31.43	1 766.02	1.78
2000	68.57	1 958.31	3.50
2003	124.70	2 416.92	5.16
2006	150.23	3 111.92	4.83
2007	160.72	3 628.03	4.43
2008	189.14	4 259.81	4.44
2009	196.14	4 478.54	4.38
2010	198.47	4 804.71	4.13
2011	234.01	5 506.33	4.25
2012	253.57	6 040.85	4.20

注：《中国统计年鉴》因统计方式调整，2013 年后没有细分食品消费性支出数据，故选取 1995—2012 年进行分析。

资料来源：《1996 中国统计年鉴》至《2013 中国统计年鉴》。

表 5-3　中国城镇居民主要畜产品消费支出占食品消费支出的比重　%

年份	畜产品消费	
	肉禽及制品	蛋类
1995	23.57	3.94
2000	21.00	2.89
2003	19.58	2.52
2006	17.53	2.17
2007	19.38	2.31
2008	21.05	2.15
2009	19.37	2.07
2010	19.03	2.04
2011	20.08	2.12
2012	19.60	1.97

资料来源：《1996 中国统计年鉴》至《2013 中国统计年鉴》。

自20世纪90年代起，我国城镇居民奶类消费水平稳步提高，尤其是进入新世纪以后的前3～4年，城镇居民奶类消量呈现大幅上升趋势，成为消费增长速度最快的畜产品。虽然2008年爆发了“三聚氰胺”事件，对我国奶产业造成了巨大影响，但从中国城镇居民奶类消费支出占食品消费支出的比重来看，下降的比例较小。

此外，根据联合国粮农组织的统计数据，世界各国人均奶类消费量约为100千克，发达国家人均奶类消费量约为300千克，发展中国家人均奶类消费量约为50千克。除中国以外，亚洲其他地区人均奶类消费量也超过了40千克。我国人均奶类消费水平只及世界平均水平的1/6，发达国家的1/15，亚洲平均水平的1/3，未来奶类消费增长的空间很大。

如图5-7所示，2011—2018年，我国乳制品的产量呈整体上升趋势，其中2011—2016年，乳制品产量逐年递增。而2011—2016年的奶类生产价格指数整体呈下降趋势，2017—2018年的奶类生产价格趋于平稳，由此说明我国奶类产品生产成本在逐渐降低。我国乳业正处在一个快速发展的时期，它是产值增长较快的行业，与此同时带来的是苜蓿需求量的快速增长。

综上所述，我国奶业的发展空间十分巨大。而在现阶段，我国优质畜产品生产所需的优质苜蓿干草，则基本靠进口解决。

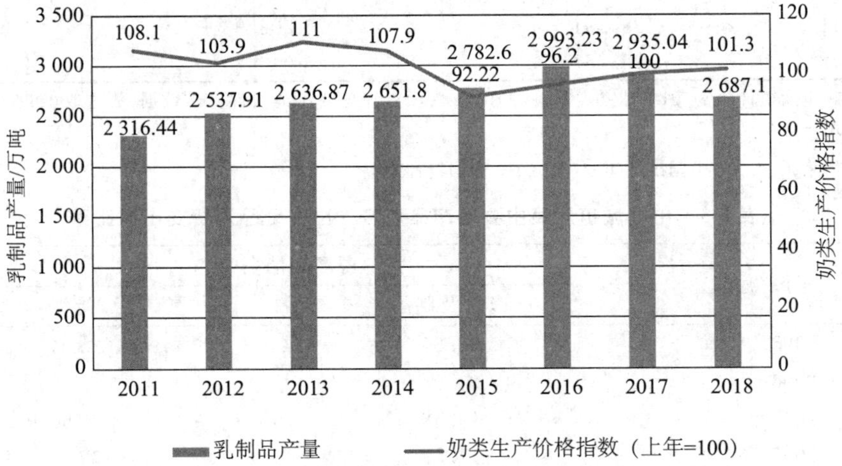

图5-7 我国乳制品产量(万吨)及奶类产品生产价格指数(上年＝100)

(资料来源:《2012中国统计年鉴》至《2019中国统计年鉴》;

《中国工业统计年鉴2012》至《中国工业统计年鉴2019》)

5.3.3 相关支持产业

虽然我国的苜蓿种植面积有所增加，但是我国却无法满足市场需求。其原因一方面，由于种植苜蓿的土地大多为中低产田、地块较为分散，一般农户种植规模小，产量很低；另一方面，由于技术、管理等的落后，我国的苜蓿产品质量较差。中小苜蓿生产者为了提高产量，选择在苜蓿盛花期收割苜蓿，而这个时期的苜蓿产品的粗蛋白质含量下降。而由于规模较大的苜蓿产区的生产机械化程度低，收割时间较久，收割后的苜蓿经常被雨淋，缺乏储草棚等基础设施，苜蓿产品在贮存过程中因空气潮湿而经常发霉。

作为苜蓿机械化生产的基础，我国农业机械供给每年都按照一定的进度在不断改进和完善，图 5-8 为我国农业机械消耗的总动力，2011—2015 年，我国农业机械消耗的总动力快速增加，2016 年，其大幅下降，2017—2018 年，其又呈现上升趋势。

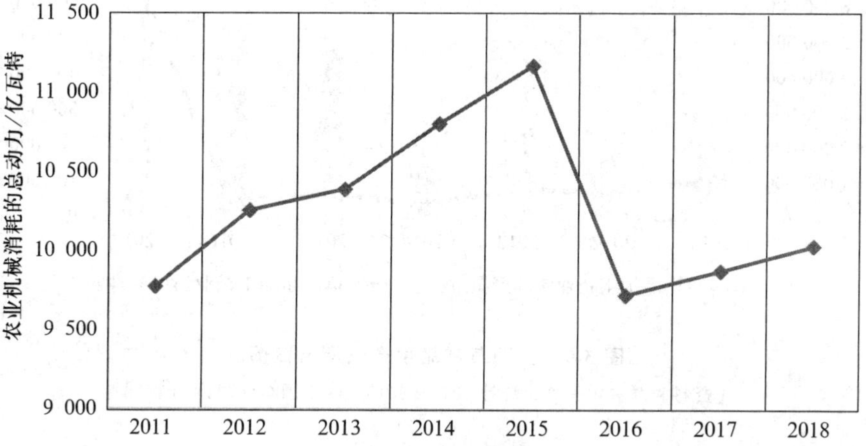

图 5-8　我国农业机械总动力

（资料来源：《2012 中国统计年鉴》至《2019 中国统计年鉴》）

目前我国苜蓿生产的机械化水平相对较低。造成不能大规模应用机械化生产的原因主要有两个：一是我国苜蓿种植较为分散，不利于机械化收割；二是机械化生产一次性投入较大，一般企业和农户很难承担。

5.3.4　企业战略

一般来说，在调整企业战略以应对市场变化的过程中，企业规模越大，对未来的战略规划越清晰，对产品质量的把控、标准制定就越清晰。产品质量是品牌宣传和销售的最重要的指标，但我国的大多数苜蓿种植企业都属于中小微型企业，很难保证产品品质。

以甘肃省为例，每年营收在 500 万以上的苜蓿种植企业占比只有 37%，“三品一标”认证企业数量仅 9.4%，其中 18%的企业有自主品牌。超过半数的苜蓿种植企业没有明确的战略规划，对企业未来的发展没有明确的目标。

2011—2017年(图5-9)，我国草产品实际产量不断提升，2011—2016用于出口的草产品逐年降低，但2017年却猛然增长。主要原因是我国苜蓿大规模种植时间短，苜蓿产业企业内部管理制度落后，企业之间的合作交流较少，很多企业为了眼前利益，仅对苜蓿产品进行简单的加工，产品技术含量低，影响了苜蓿产品的质量，难以达到国外标准，影响了苜蓿产品的出口。随着相关政策的扶持与企业逐渐意识到提高苜蓿质量的重要性，不断提高苜蓿产品质量，扩大对内对外交流，提高了苜蓿出口量。

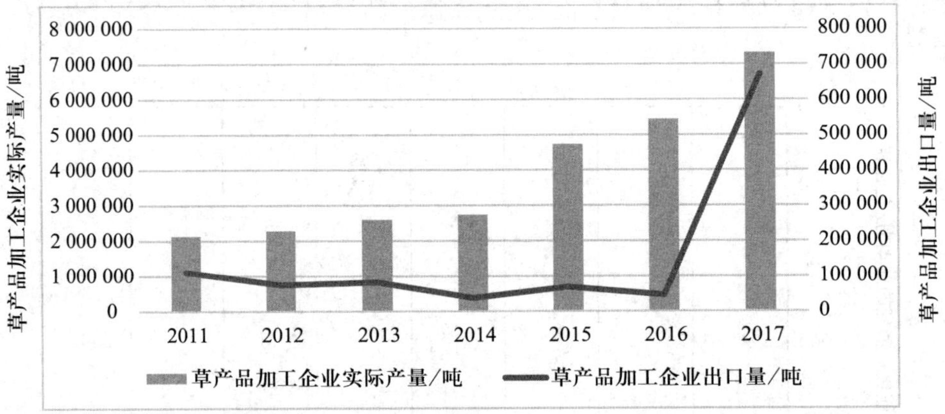

图5-9 我国草产品生产以及出口情况

[资料来源:《中国草业统计2011—2015》至《中国草业统计2017》]

5.3.5 政策因素

自20世纪90年代末以来，我国大力推行退耕还林、退耕还草、防风固沙等政策，为西北地区乃至全国的苜蓿产业发展提供了良好机遇。

自改革开放起，国家开始在西北地区重视草原建设，防止水土流失等，在内蒙古、宁夏、新疆等地区展开飞播种草项目(图5-10)，其作业范围广、作业进程快。虽然短期内效果不明显，但是随着时间的推移，大片沙漠已经有了显著的改善效果。

以苜蓿种植大省甘肃为例，自2012年“振兴奶业苜蓿发展计划”实施以来，累计安排甘肃建设优质苜蓿产地示范基地24万亩。甘肃省出台多项政策，按照科学发展观的要求，为甘肃的苜蓿产业规划发展，2020年预计建设苜蓿良种繁育基地150 000亩；扶持草产品加工龙头企业20个，为行业指明方向。

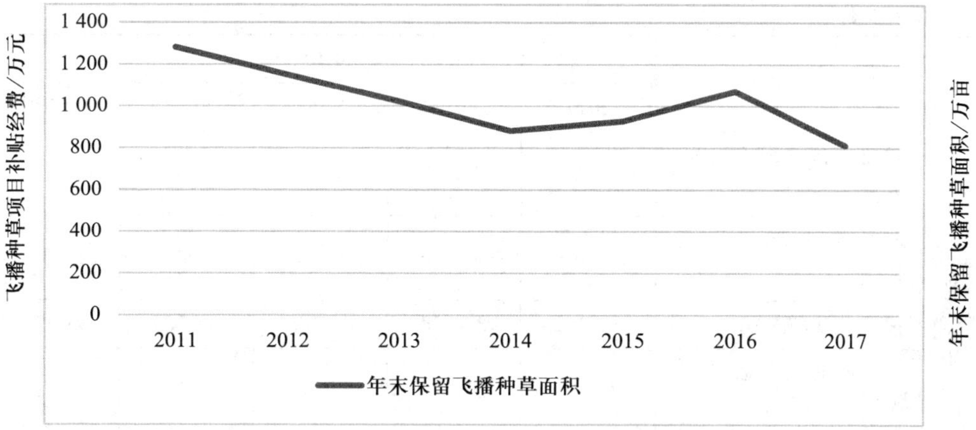

图 5-10　我国年末保留飞播种草面积

[资料来源:《中国草业统计 2011—2015》至《中国草业统计 2017》]

5.4　我国苜蓿产业竞争力评价

5.4.1　竞争力评价模型的建立

5.4.1.1　原始数据及来源

为了评价苜蓿产业的竞争力,本书基于钻石模型的 5 大要素给出相关指标的量化数据,再利用这些指标,通过因子分析得出可行的竞争力评价量化指标。结合波特模型的 5 大要素,影响苜蓿产业发展可能的相关因素以及现有苜蓿产业相关数据,本章共选取 31 个指标,如表 5-4 所列,其数据主要来自《中国草业统计 2011—2015》,《2012 中国统计年鉴》至《2016 中国统计年鉴》,《中国农业年鉴 2012》至《中国农业年鉴 2016》及联合国粮农组织等。

表 5-4　我国苜蓿产业原始数据

	变量	年份				
		2011	2012	2013	2014	2015
生产要素	牧草年末保留种草面积/万亩 A1	29 266	29 719	31 301	33 010	34 629
	牧草当年新增种草面积/万亩 A2	11 160	10 418	11 542	10 785	11 3576
	紫花苜蓿年末保留种植面积/万亩 A3	5 662.1	6 250.3	7 447.9	7 117.2	7 066.6

续表 5-4

	变量	年份				
		2011	2012	2013	2014	2015
生产要素	紫花苜蓿种子田面积/万亩 A4	82.02	69.73	57.45	57.81	49.676
	商品草生产面积/万亩 A5	3 049	1 745	4 767	3 872	2 801
	种子产量/吨 A6	88 861	83 975	81 468	82 550	89 978
	第一产业从业数量/万人 A7	26 594	25 773	24 171	22 790	21 919
	第一产业人员所占比重/％A8	65.7	65.1	62.4	60.1	59.2
需求状况	良种及改良种奶牛年末数量/万头 B1	153.68	151.5	146.71	139.2	146.44
	奶牛存栏数量/万头 B2	1 440.16	1 493.9	1 441	1 499.1	1 507.2
	牛奶的人均占有量/千克 B3	23.147 34	23.505 89	22.203 27	23.161 71	23.189 78
	牛奶产量/万吨 B4	3 657.8	3 743.6	3 531.4	3 724.6	3 179.8
	奶类生产价格指数(上年＝100)B5	108.1	103.9	111	107.9	92.22
	饲草费/元 B6	15 523.608	46 830.324	44 937.89	47 700.618	45 077.16
	商品草总产量/吨 C1	10 209 901	7 999 630	9 245 718	9 366 720	7 831 154
企业战略	商品草销售量/吨 C2	4 148 353	4 556 467	6 221 453	4 424 404	4 244 260
	草产品加工企业实际产量/吨 C3	2 135 333	2 281 105	2 697 473	2 739 356.2	4 726 718
	草产品加工企业出口量/吨 C4	111 260	74 760	82 203	37 475	68 697
	苜蓿粉和颗粒进口量/吨 C5	62 498	49 278	38 923	36 617	53 736
	苜蓿粉和颗粒进口额/千美元 C6	12 886	13 907	13 047	12 710	17 187
	苜蓿粉和颗粒出口量/吨 C7	10 795	9 216	7 191	6 284	3 981

续表 5-4

	变量	年份				
		2011	2012	2013	2014	2015
企业战略	苜蓿粉和颗粒出口额/千美元 C8	2 363	2 204	1 728	1 527	999
	第一产业法人单位数/个 C9	321 086	440 853	773 414	1 005 230	1 262 764
政府政策及其他	农业机械总动力/亿瓦特 D1	9 773.5	10 255.9	10 390.7	10 805.7	11 172.8
	草原保护财政投入/万元 E1	90 630	125 359	160 866	118 908	152 435
	飞播种草项目补助经费/万元 E2	1 481.7	1 382	2 100	1 590	1 392
	第一产业增加值/亿元 G1	46 163.1	50 902.3	55 329.1	58 343.5	60 862.1
	第一产业三次产业贡献率/%G2	4.2	5.2	4.3	4.7	4.6
	第一产业增长拉动/%G3	0.4	0.4	0.3	0.3	0.3
	农林牧渔业总产值/亿元 G4	81 303.9	89 453	96 995.3	102 226.1	107 056.4
	牧业总产值/亿元 G5	25 770.7	27 189.4	28 435.5	28 956.3	29 780.4

5.4.1.2　原始数据标准化处理

由于原始数据范围存在巨大差异，为了消除由计量单位和取值范围之间的巨大差异导致的原始数据对结果的负面影响，本书先对原始数据进行标准化，各类数据之间有比较好的可比性。标准化之后的数据服从正态分布，且不改变原始变量之间的相关系数。

5.4.1.3　建立相关性矩阵

基于上述原始数据，得出该原始数据的相关矩阵(附录表 4)。由相关矩阵可知，该表中 31 个变量中多数变量具有较高的相关性，因此，下一步将运用因子分析法提取主成分，再对苜蓿产业的竞争力进行评价和研究。

5.4.1.4　提取公因子

本书采用主成分分析法计算得出公因子。公因子的数量确定为 4 个，表 5-5 所列的主成分按照特征值从大到小排列，第一个因子的特征值是 17.335，旋转后的方差贡献率是50.861%；第二个因子的特征值是7.219，旋转后的方差贡献率是18.233%；第三个因子的特征值是4.416，旋转后的方差贡献率是16.962%；第四个因子的特征值是2.031，旋转后的方差贡献率是13.944%；前四个因子的方差累计贡献率达到了100%，说明这四个因子完全反映了本书所有变量所代表的内容。

表5-5 方差累计解释矩阵计算结果

成分	初始特征值			提取载荷平方和			旋转载荷平方和		
	总计	方差百分比	累积/%	总计	方差百分比	累积/%	总计	方差百分比	累积/%
1	17.335	55.918	55.918	17.335	55.918	55.918	15.767	50.861	50.861
2	7.219	23.286	79.204	7.219	23.286	79.204	5.652	18.233	69.093
3	4.416	14.244	93.448	4.416	14.244	93.448	5.258	16.962	86.056
4	2.031	6.552	100.000	2.031	6.552	100.000	4.323	13.944	100.000
5	0.000E+0	0.000E+0	100.000						
6	0.000E+0	0.000E+0	100.000						
⋮	⋮	⋮	⋮						
8	0.000E+0	0.000E+0	100.000						
9									
10	0.000E+0	0.000E+0	100.000						

注：提取方法为主成分分析法。

5.4.1.5 成分矩阵与因子旋转

利用SPSS软件计算得出的结果如表5-6所列，该成分矩阵表示各变量分别由哪些因子进行解释。

表5-6 成分矩阵

变量	成分			
	1	2	3	4
牧业总产值/亿元 G5	.998	.031	−.052	.014
农林牧渔业总产值/亿元 G4	.997	−.002	−.050	−.054
第一产业增加值/亿元 G1	.997	.012	−.061	−.056
苜蓿粉和颗粒出口量/吨 C7	−.993	.073	−.092	.027
紫花苜蓿种子田面积/万亩 A4	−.987	−.104	.019	−.118
第一产业从业数量/万人 A7	−.982	.025	−.024	.184
第一产业法人单位数/个 C9	.979	−.056	.104	−.167
农业机械总动力/亿瓦特 D1	.976	−.202	−.060	−.059

续表 5-6

变量	成分			
	1	2	3	4
苜蓿粉和颗粒出口额/千美元 C8	—.974	.089	—.185	.094
第一产业人员所占比重/%A8	—.964	—.010	—.044	.263
牧草年末保留种草面积/万亩 A1	.958	—.135	.127	—.217
第一产业增长拉动/%G3	—.894	—.407	—.095	.164
紫花苜蓿年末保留种植面积/万亩 A3	.860	.488	—.091	.122
草产品加工企业实际产量/吨 C3	.827	—.374	.416	.053
良种及改良种奶牛年末头数/万头 B1	—.752	—.301	.381	.446
草原保护财政投入/万元 E1	.751	.288	.115	.583
饲草费/元 B6	.747	.075	—.561	.349
草产品加工企业出口量/吨 C4	—.718	—.002	.644	.264
飞播种草项目补助经费/万元 E2	.123	.967	.112	.191
商品草生产面积/万亩 A5	.283	.902	.209	—.251
牛奶人均占有量/千克 B3	—.182	—.896	—.357	—.192
商品草销售量/吨 C2	.141	.851	.025	.506
奶类生产价格指数(上年=100)B5	—.541	.777	—.286	—.150
种子产量/吨 A6	—.058	—.716	.674	—.171
奶牛存栏数量/万头 B2	.615	—.642	—.453	—.066
苜蓿粉和颗粒进口额/千美元 C6	.599	—.633	.400	.285
苜蓿粉和颗粒进口量/吨 C5	—.516	—.620	.591	—.006
牧草当年新增种草面积/万亩 A2	.302	.455	.837	.019
第一产业三次产业贡献率/%G2	.120	—.512	—.775	.351
牛奶产量/万吨 B4	—.658	.245	—.687	—.186
商品草总产量/吨 C1	—.555	.541	.204	—.598

因子分析的关键是要把握每个公因子所代表的经济含义。由于一些初始因子与变量之间的相关性比较高,难以解释公因子的实际经济意义。为了让公因子具有更强的解释力,需要对因子进行正交旋转,各因子所能解释方差的比重被重新分配,各个因子对原始指标的方差贡献变得更为分散,这样就可以使各个初始变量仅在一个公因子上有较高的载荷,正交旋转后的公因子的经济意义则更易解释。

通过计算得到的旋转成分矩阵如表 5-7 所列。成分 1 充分反映了表中前 16 个变量所代表的信息，成分 2 代表了“商品草销售量”等 5 个变量所表示的信息，成分 3 代表了“苜蓿粉和苜蓿颗粒进口额”等 5 个变量所表示的信息，成分 4 表示了“第一产业三次产业贡献率”等 5 个变量表示的信息。

表 5-7　旋转成分矩阵

变量	成分			
	1	2	3	4
第一产业人员所占比重/％A8	−.991	−.028	−.124	.050
第一产业从业数量/万人 A7	−.984	−.050	−.167	−.026
第一产业法人单位数/个 C9	.968	.043	.246	−.007
第一产业增加值/亿元 G1	.966	.150	.150	.147
农林牧渔业总产值/亿元 G4	.965	.141	.166	.147
牧草年末保留种草面积/万亩 A1	.960	−.050	.273	−.024
牧业总产值/亿元 G5	.946	.208	.179	.174
农业机械总动力/亿瓦特 D1	.941	−.021	.250	.227
苜蓿粉和颗粒出口量/吨 C7	−.939	−.115	−.312	−.091
苜蓿粉和颗粒出口额/千美元 C8	−.934	−.068	−.352	.009
紫花苜蓿种子田面积/万亩 A4	−.903	−.328	−.212	−.181
第一产业增长拉动/％G3	−.901	−.387	.005	.196
良种及改良种奶牛年末头数/万头 B1	−.890	−.064	.451	.007
草产品加工企业出口量/吨 C4	−.814	.088	.415	−.396
紫花苜蓿年末保留种植面积/万亩 A3	.798	.597	−.055	.062
草产品加工企业实际产量/吨 C3	.722	−.069	.689	.009
商品草销售量/吨 C2	.000	.989	−.139	−.043
飞播种草项目补助经费/万元 E2	.076	.895	−.281	−.337
牛奶人均占有量/千克 B3	−.110	−.874	.059	.469
草原保护财政投入/万元 E1	.530	.719	.374	.250
商品草生产面积/万亩 A5	.355	.617	−.346	−.611
苜蓿粉和颗粒进口额/千美元 C6	.427	−.172	.859	.226
牛奶产量/万吨 B4	−.502	−.106	−.840	.178
奶类产品生产价格指数(上年＝100)B5	−.419	.385	−.775	−.276
牧草种子产量/吨 A6	−.079	−.603	.739	−.290
苜蓿粉和颗粒进口量/吨 C5	−.554	−.520	.604	−.240
第一产业三次产业贡献率/％G2	.053	−.236	−.111	.964
商品草总产量/吨 C1	−.341	−.022	−.517	−.784
牧草当年新增种草面积/万亩 A2	.225	.497	.446	−.710
饲草费/元 B6	.647	.350	−.108	.669
奶牛存栏数量/万头 B2	.621	−.467	.103	.621

注：旋转在 14 次迭代后已收敛。

5.4.1.6　计算因子得分

通过计算得出因子的成分得分系数矩阵如表 5-8 所列。用 $F1$ 表示主成分 1，$F2$ 表示主成分 2，$F3$ 表示主成分 3，$F4$ 表示主成分 4，$A1$ 为牧草年末保留种草面积，$A2$ 为牧草当年新增种草面积，…，$G5$ 为牧业总产值。由表 5-7 可得出每个成分的得分计算公式如下：

$$F1=0.083\times A1+0.000\times A2+\cdots+0.054\times G5 \quad (5\text{-}1)$$

$$F2=-0.066\times A1+0.075\times A2+\cdots+0.017\times G5 \quad (5\text{-}2)$$

$$F3=-0.007\times A1+0.112\times A2+\cdots+0.006\times G5 \quad (5\text{-}3)$$

$$F4=-0.067\times A1-0.149\times A2+\cdots+0.019\times G5 \quad (5\text{-}4)$$

表 5-8　成分得分系数矩阵

变量	成分			
	1	2	3	4
牧草年末保留种草面积/万亩 A1	.083	−.066	−.007	−.067
牧草当年新增种草面积/万亩 A2	.000	.075	.112	−.149
紫花苜蓿年末保留种植面积/万亩 A3	.032	.095	−.009	.029
紫花苜蓿种子田面积/万亩 A4	−.037	−.056	−.029	−.039
商品草生产面积/万亩 A5	.054	.030	−.080	−.152
种子产量/吨 A6	.007	−.113	.118	−.116
第一产业从业人数/万人 A7	−.081	.046	.023	.047
第一产业人员所占比重/%A8	−.092	.066	.040	.075
良种及改良种奶牛年末头数/万头 B1	−.118	.100	.172	.078
奶牛存栏数量/万头 B2	.049	−.091	−.036	.093
牛奶人均占有量/千克 B3	.022	−.162	−.042	.049
牛奶产量/万吨 B4	.006	−.050	−.177	.036
奶类生产价格指数(上年=100)B5	.002	.027	−.139	−.045
饲草费/元 B6	−.002	.107	−.007	.190
商品草总产量/吨 C1	.059	−.120	−.145	−.238
商品草销售量/吨 C2	−.067	.243	.061	.095
草产品加工企业实际产量/吨 C3	.028	−.007	.115	−.023
草产品加工企业出口量/吨 C4	−.091	.084	.153	−.032
苜蓿粉和颗粒进口量/吨 C5	−.041	−.061	.129	−.065

续表 5-8

变量	成分			
	1	2	3	4
苜蓿粉和颗粒进口额/千美元 C6	—.021	.031	.179	.058
苜蓿粉和颗粒出口量/吨 C7	—.056	.004	—.026	.010
苜蓿粉和颗粒出口额/千美元 C8	—.064	.023	—.027	.043
第一产业法人单位数/个 C9	.077	—.043	—.004	—.053
农业机械总动力/亿瓦特 D1	.063	—.030	.004	.012
草原保护财政投入/万元 E1	—.049	.213	.139	.139
飞播种草项目补助经费/万元 E2	—.021	.164	—.004	—.016
第一产业增加值/亿元 G1	.064	—.006	—.010	.001
第一产业三次产业贡献率/%G2	—.035	.034	—.009	.252
第一产业增长拉动/%G3	—.074	—.006	.037	.077
农林牧渔业总产值/亿元 G4	.064	—.007	—.007	.001
牧业总产值/亿元 G5	.054	.017	.006	.019

注：提取方法：主成分分析法。旋转方法：恺撒正态化最大方差法。

根据得分计算公式(5-1)至公式(5-4)和成分得分系数矩阵求出的主成分，如表 5-9 所列。

表 5-9 主成分表

年份	主成分			
	1	2	3	4
2011	−1.162 768 5	−0.688 747 7	0.083 073 65	−1.129 710 9
2012	−0.816 206 9	−0.120 880 8	−0.061 137 9	1.597 565 29
2013	−0.019 44	1.741 043 03	−0.101 852	−0.376 968 8
2014	1.019 267 25	−0.551 923 3	−1.368 686 4	−0.093 531 4
2015	0.979 147 87	−0.374 899 6	1.449 113	0.003 216 13

5.4.1.7 建立评价模型并计算得分

基于上述提取的 4 个主成分，提取每个主成分对方差的贡献率，评价模型中的权重再进行线性组合，进而得出苜蓿产业竞争力的评价模型。设 Z 为苜蓿产业竞争力的因变量，将 $F1$，$F2$，$F3$，$F4$ 4 个主成分作为自变量，各因子的权重分别为 $\gamma 1$，$\gamma 2$，$\gamma 3$，$\gamma 4$，是相对应的方差贡献率，苜蓿产业竞争力计算模型如下：

$$Z=\gamma 1F1+\gamma 2F2+\gamma 3F3+\gamma 4F4 \tag{5-5}$$

将表 2-9 所列的主成分数值和表 2-5 所列的方差贡献率数值代入公式，就可以计算得出 2011—2015 年各年度苜蓿产业的竞争力得分。

2011 年竞争力得分：

$$Z_{2011}=50.861\%\times(-1.162\,768\,5)+18.233\%\times(-0.688\,747\,7)+16.962\%\times 0.083\,073\,65+13.944\%\times(-1.129\,710\,9)\approx -0.860 \tag{5-6}$$

2012 年竞争力得分：

$$Z_{2012}=50.861\%\times(-0.816\,206\,9)+18.233\%\times(-0.120\,880\,8)+16.962\%\times(-0.061\,137\,9)+13.944\%\times 1.597\,565\,29\approx -0.225 \tag{5-7}$$

2013 年竞争力得分：

$$Z_{2013}=50.861\%\times(-0.019\,439\,97)+18.233\%\times 1.741\,043\,03+16.962\%\times(-0.101\,852\,03)+13.944\%\times(-0.376\,968\,82)\approx 0.238 \tag{5-8}$$

2014 年竞争力得分：

$$Z_{2014}=50.861\%\times 1.019\,267\,25+18.233\%\times(-0.551\,923\,33)+16.962\%\times(-1.368\,686\,39)+13.944\%\times(-0.093\,531\,36)\approx 0.172 \tag{5-9}$$

2015 年竞争力得分：

$$Z_{2015}=50.861\%\times 0.979\,147\,87+18.233\%\times(-0.374\,899\,6)+16.962\%\times 1.449\,113+13.944\%\times 0.003\,216\,130\approx 0.676 \tag{5-10}$$

5.4.2　实证结果分析

5.4.2.1　总得分分析

根据计算得出的分值可以看出，在 2011—2015 年的 5 年中，苜蓿产业的总体竞争力得到了快速的提高，但是 2014 年苜蓿产业竞争力有所回落，这表明我国苜蓿产业虽然有较好的发展前景，还有许多因素导致我国苜蓿产业发展不稳定，应注重产业竞争力的稳步提升。

将主成分 $F1$，$F2$，$F3$，$F4$ 在 2011—2015 年的得分以及总竞争力得分绘制的折线统计图。由图 5-11 可知，$F3$ 在 2014 年出现了较为明显的低分，当主成分的得分为正值时，数值越大，相应的要素所反映的产业能力越强，而得分为负值时，则说明该成分所代表的能力相对薄弱。根据表 5-7 旋转成分矩阵可知，成分 3 代表了 5 个变量所表示的信息，这 5 个变量分别是“苜蓿粉和颗粒进口额”“牛奶产量”

"奶类产品生产价格指数""牧草种子产量"及"苜蓿粉和颗粒进口量"。我国苜蓿市场中的苜蓿来源主要有两部分：一部分是国产苜蓿，国产苜蓿主要是草业公司生产销售、中小农户生产销售以及奶牛场自种自收；另一部分则是进口苜蓿，而进口苜蓿的主要来源国为美国。

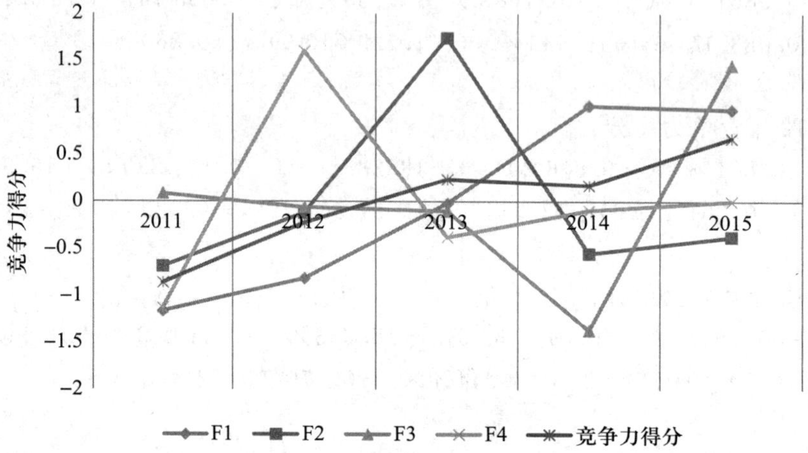

图 5-11　主成分及竞争力得分趋势

综合以上信息，分析 $F3$ 在 2014 年出现低分的原因如下：①根据美国农业部统计网统计数据，美国在 2013 年的苜蓿库存不足导致 2014 年美国新一轮苜蓿采购热度高，这就直接造成了出口苜蓿的价格上涨，因此，我国在 2014 年苜蓿干草及加工产品进口量减少；②2014 年 7 月在重庆港口检测出转基因苜蓿，于是，许多企业复检即将出口的中国产苜蓿，我国的非转基因苜蓿数量锐减，加之人工成本和检测成本的增加，苜蓿的成本明显上升，而此时进口苜蓿又受到影响，当期苜蓿市场价格随即上涨。随之而来的则是奶业的生产成本上涨，进而影响了奶制品产量。

我国苜蓿产品的进口依赖性较高，一旦国际供应市场出现供货不足甚至断货的情况，国内的苜蓿市场将会受到明显的影响，奶业乃至畜牧业的稳定发展也受到冲击。自 2018 年中美贸易冲突以来，我国减少从美国进口苜蓿，我国牛奶生产因此受到很大影响，因此，2019 年我国对美国加征关税，排除的第一批产品中就有紫花苜蓿。减少苜蓿进口依赖是我国畜牧业健康发展的重要基础条件。

5.4.2.2　主要成分分析

主成分 1 为方差贡献率最高的成分，而该成分所代表的变量主要是苜蓿从业人数、苜蓿种植面积、草产品产量及影响生产的支持产业，故主成分 1 表示的是苜蓿的国内自主生产能力。主成分 1 的得分从 2011—2015 年整体呈上升趋势，说明我国苜蓿的自主生产能力正在逐年增强。

主成分 2 代表的最主要变量是飞播种草项目补助经费和草原保护财政投入，故主成分 2 表示的是政府因素对苜蓿产业发展的影响，2013 年中央财政安排草原生态保护补助奖励资金 159.75 亿元，加大了对草原转变畜牧业发展方式的支持力度，因此，主成分 2 在 2013 年有较高得分，2013 年整体得分较 2012 年呈明显的增加趋势。

主成分 3 代表的变量主要反映的是国际市场对国内苜蓿市场的影响，且可以通过奶业的生产情况反映出来，然而由于我国苜蓿大量依赖进口，易受国际市场变化的影响，故主成分 3 在 2014 年得分较低。一旦进口量上升，则整体的产业得分也随之上升，如 2015 年。

主成分 4 代表的最主要变量是商品草的产量、牧草当年新增种草面积和饲草费等，这主要反映的是草业企业的生产能力，但是国内苜蓿企业普遍缺乏企业的战略意识，所以该成分对苜蓿产业的贡献率最小。

5.5　我国苜蓿产业竞争力结论及政策建议

5.5.1　研究结论

通过对我国苜蓿产业竞争力分析，并利用钻石模型对我国苜蓿产业竞争力进行评价，本书得出如下主要结论。

1. 生产要素对苜蓿产业发展产生不利影响

(1)人口流动因素　农村人口大量外出务工，种植业人口短缺的状况对我国的苜蓿产业发展造成不利影响。

(2)交通因素　目前，我国牧草产地一般位于地广人稀，较为偏僻的地区。这些地区到养殖业基地的距离远，交通不便，大大增加了苜蓿的运输成本，苜蓿生产的总成本也被大幅增加。运输费用很大程度上决定着苜蓿产品的竞争力。

2. 苜蓿生产加工企业缺乏发展战略

我国的苜蓿生产加工企业普遍缺乏发展战略，短期行为严重。企业没有核心竞争力，产品缺乏市场影响力。企业对产品把关不严，很多产品仅限于初级加工，缺乏品牌塑造意识。

3. 苜蓿产业发展缺乏相关配套产业支持

(1)良种培育缺乏，经济效益低　我国苜蓿种子企业和农户苜蓿种子大多来自进口和自我繁育，种子生产技术落后，种子质量差。苜蓿种子品质低下导致苜蓿产品价格低，农户和企业生产效益低，投入品种改良的资金少，形成恶性循环。

(2)苜蓿加工能力低　我国苜蓿加工仍处于前期开发阶段，苜蓿产品加工缺乏足够的技术，产品质量标准尚未形成标准化，草产品加工水平较低。苜蓿产品加工仍限于传统方式,输出产品也只有草捆、草粉、少量草颗粒。一些高附加价值的产品尚未形成完整的产业体系和完善的技术配备,经济效益尚未得到足够的开发,比如,脱水苜蓿菜、苜蓿叶蛋白提取。

4. 机械化程度低

大型机械成本高,小微型企业不能负担高额的一次性投入,导致大多数草业企业不能实现大规模精加工。大部分草产品只进行粗加工,草产品质量差,不能达到优质产品标准,且生产技术科研投入力度不强,技术发展滞后。

5. 管理体系不健全

草业管理体系不健全,难以适应苜蓿产业快速发展的需要。

6. 国际苜蓿市场变化对我国苜蓿产业竞争力影响大

我国目前苜蓿产不足需,供需缺口较大,难以满足奶业发展需求,奶牛养殖业严重依赖进口苜蓿。

5.5.2 政策建议

根据研究发现,本书的主要建议如下。

①加大苜蓿生产人才培养和装备投入。一方面应加大对于草业学科教育、科研的投入,培养一批草业领域的优秀人才;另一方面应加强苜蓿生产加工装备建设。

②大力发展交通运输。配合苜蓿生产运输,制定相关政策,降低草产品运输成本,减少苜蓿产品在运输过程中由时间长而导致产品品质下降等问题。

③苜蓿企业应制定长远发展战略,确保苜蓿产品在市场上具备核心竞争力。在苜蓿企业发展过程中,尤其要做好产品品质把控。

④为苜蓿品种优化选育的科研工作提供资金支持,减轻我国苜蓿种植业对国外苜蓿种子的依赖。

⑤加大力度扶持龙头企业,发挥龙头企业对苜蓿产业发展的带动作用。通过龙头企业的带动作用,我国的苜蓿产品自给率达到70%以上。

⑥完善管理体系。协调农业、林业、畜牧业、草业协会、科技部门等,制定完善的管理体系,在政策和技术上为苜蓿企业和农户提高技术和产品市场竞争力提供指导。

第6章　我国苜蓿的供求与贸易研究

随着居民收入的不断增加，消费结构不断升级，营养、安全、健康成为食品消费新热点。其中，乳制品等草畜产品因乳制品不但能提供钙元素，而且还含大量的蛋白质，维生素和矿物质，受到消费者喜爱。苜蓿是最具经济价值的优质牧草，对畜产品优质高产具有重要作用。随着草食畜牧业的快速发展，苜蓿需求也不断增长。此外，种植苜蓿对于生态环境改善、提高土壤有机质含量、减轻人畜争粮也具有重要意义，2015—2017年，连续3年的中央一号文件都提到要大力发展苜蓿业，振兴奶业。根据经济学基本原理，在市场经济条件下，产品的供给和需求共同决定了产业的发展方向和发展结果。准确把握我国苜蓿市场供求变化，对促进我国苜蓿种植业的健康发展至关重要。

本章在全面分析我国苜蓿供求状况与特点的基础上，进一步分析影响苜蓿需求与供给的因素、产业发展现状和存在问题，预测我国苜蓿未来供求状况和苜蓿产业发展状况，并提出苜蓿产业健康持续发展的建议。

6.1　我国苜蓿供求的理论分析

6.1.1　供求价格理论

6.1.1.1　供给理论

供给定义是生产者在特定时期内在各种可能的价格水平下，有意愿且有能力向市场提供某种商品和劳务的数量。根据商品的种类不同，其供给曲线也有很大差别。在其他生产条件不变的情况下，商品的供给量随着商品本身价格的上升而增加，随商品本身价格的下降而减少。如图6-1所示，供给量随价格同方向变动。

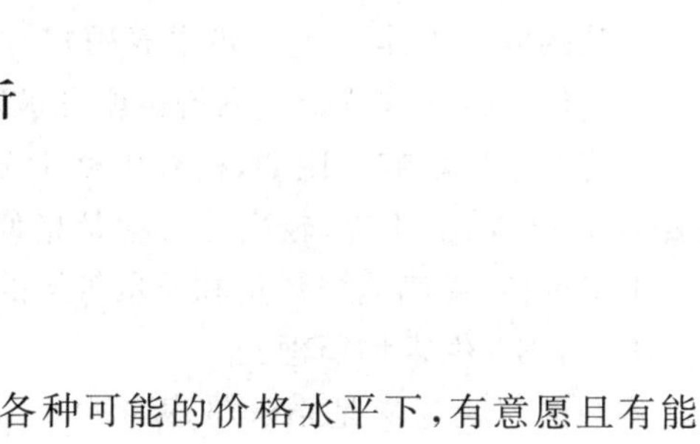

图6-1　供给曲线

苜蓿作为多年生植物，其种植周

期较长，第一年和第二年的产量较少，第三年和第四年的产量达到峰值，随后逐年递减如图 6-2 所示。因此，苜蓿短期供给具有明显的滞后性。我国的苜蓿生产者包括农户、农业企业、奶牛养殖场、家庭农场、种植专业户以及苜蓿种植合作社等众多主体。由于土地流转成本高，中小农户占了很大比例。中小农户种植苜蓿的决策主要是依据上一年度苜蓿干草的价格以及周围农户的种植行为。这种状况导致苜蓿供给弹性较大。

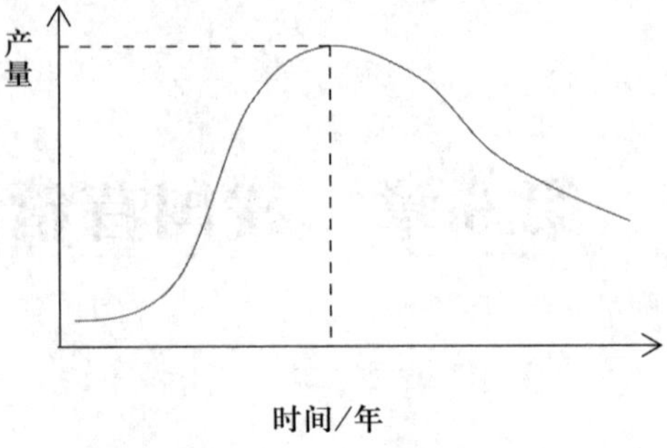

图 6-2　苜蓿产量

6.1.1.2　需求理论

需求的定义是指在一定时期内，消费者在可接受的价格水平下购买某种商品或劳务的意愿和能力。其基本内容是在其他条件不变的情况下，一种商品的需求量与价格之间呈反方向变动，即需求量随着商品本身价格的上升而减少，随商品本身价格的下降而增加，如图 6-3 所示。

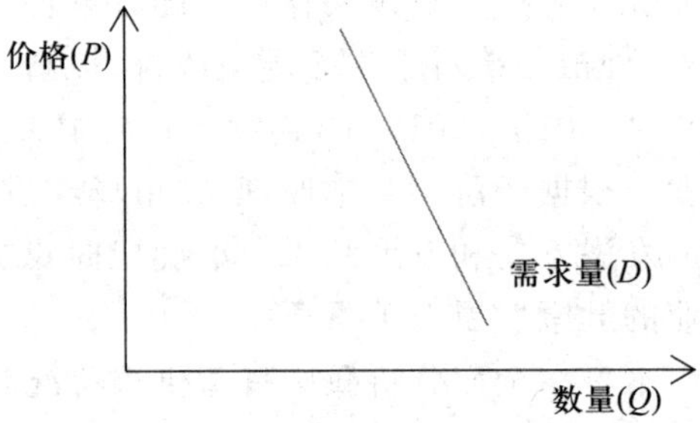

图 6-3　需求曲线

苜蓿的需求主体主要是奶牛养殖户，用途单一，苜蓿需求弹性很小。很小的苜蓿需求变化就会导致苜蓿产品价格剧烈波动。另外，替代品的相对价格也会对苜蓿产品的需求产生影响。比如，秸秆价格十分廉价，即 0.1～0.2 元/千克，而苜蓿干草需要 1.8～3.6 元/千克，较高的苜蓿价格使奶牛散养户很少使用苜蓿。苜蓿需求还受到牛奶价格、牛奶消费数量和质量等级的间接影响。

6.1.1.3　供求均衡理论

均衡的一般定义是指经济事务中的有关变量在一定条件下相互作用所达到的一种相对静止的状态。如供求均衡，每种商品都有市场供给和需求曲线。一般来说，在没有市场干预的情况下，大多数商品会在市场“这只看不见的手”力量下交于一点，这个交点就是通常所说的供求均衡点，如图 6-4 所示。

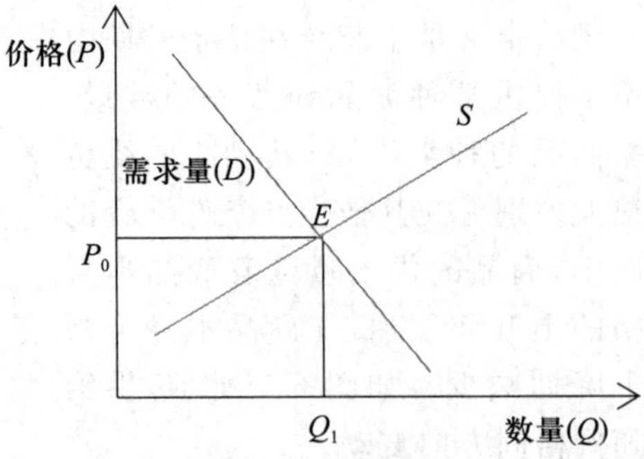

图 6-4　供求均衡

市场供给与需求曲线的交叉点 E 便是供求平衡点(在价格水平为 P_0 时,供给量等于需求量)。供求平衡定理表明的是供求变动对均衡的影响。

1. 苜蓿的需求曲线变动

由于需求弹性小、供给弹性大,当苜蓿需求曲线由 D_1 向右移动(图 6-5)至 D_2 时,价格增加较产量增加小。与国内相比,国外的苜蓿单产和种植面积已经较难提高,供给弹性小,因此,相比国外苜蓿,我国苜蓿价格上具有竞争优势,这就为依靠国内苜蓿供给满足需求提供了理论支持。

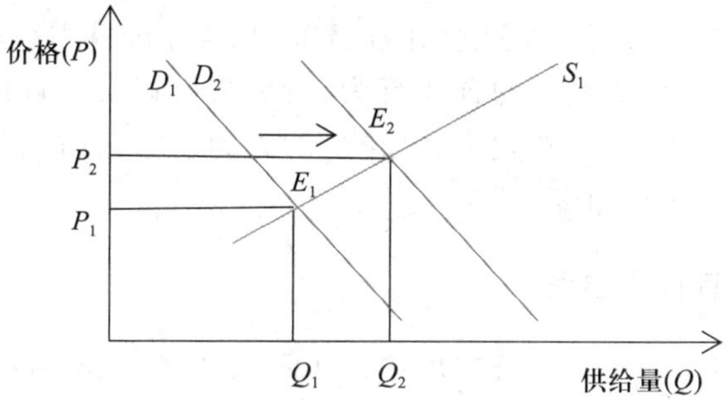

图 6-5　需求曲线移动

2. 供给曲线移动

苜蓿由于需求弹性小和供给弹性大,当供求曲线由 S_1 向左移动(图 3-6)至 S_2 时,价格增加较产量减少大,所以供给曲线向左移动对苜蓿需求方会带来更大的成本风险,因此,需要保障苜蓿供给稳定,降低畜牧业风险。

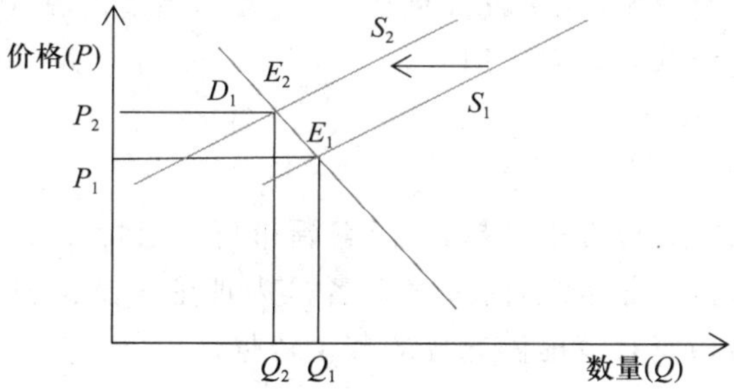

图 6-6　均衡移动

6.1.2　产业经济理论

产业经济学以“产业”为研究对象,研究内容有产业结构、组织、发展、布局和政策等。其主要研究企业内部及其企业之间的组织结构和一定组织条件下企业的经营战略、产出决策、产品定价、非价格策略等行为带来的市场绩效。一个产业的发展受到竞争环境、地域环境，人口，政策等多方面的影响。合理的产业布局有利于产业的长期稳定发展，并且能整合利用现有资源，提高社会生产力，降低环境污染等。

受到经济、技术、国家政策等诸多方面制约，苜蓿产业发展是一个复杂的系统问题。完善的苜蓿产业需要一整套"产前-产中-产后"产业链，要有种业、农机业、交易市场等组成。产业经济理论知识对苜蓿产业的系统化发展产生重要作用。

6.1.3 合作理论

专门研究合作领域经济现象、合作经济部门、合作经济组织和制度运行与变迁规律的专门经济学。核心是人的合作行为，行为规则以合作社原则为主。我国人多地少，合作理论可以节省、有效率，以较少的人力、物力、时间等耗费获得较大产出，对苜蓿产业发展十分重要。

6.1.4 消费者行为学理论

消费者行为学主要通过经济学理论知识和心理学知识对消费者如何选取、购买、使用和处置相应产品或服务所发生的心理活动特征和行为规律进行研究。经济学上主要用基数效用论和序数效用论相结合的方法进行研究。

消费者的购买决策主要由个人偏好、商品价格、替代品价格、未来预期等因素的影响。其中消费品又有必需品、非必需品、奢侈品等。对其研究可以为企业生产提供决策依据，优化配置资源，提供国家宏观经济政策制定的依据。

苜蓿供求主要受牛奶及奶制品影响较大，而牛奶作为食品类生活非必需品，其需求主要受到两方面影响：一是收入水平，二是食品消费占收入比例。分析消费者行为对苜蓿供求变化具有重要作用。

6.1.5 小结

本节对苜蓿供求进行理论分析，了解苜蓿市场供求特点、从理论上弄清苜蓿市场变化原因。再结合产业组织理论、消费者行为理论为下文科学合理分析苜蓿市场、苜蓿产业发展、相应对策提供充分的理论依据。

6.2 我国苜蓿供需状况

6.2.1 苜蓿供给数量

从长期来看，虽然我国苜蓿种植面积和产量呈缓慢上升趋势，但波动很大。20世纪 80 年代末，我国苜蓿种植面积统计值为 1 995 万亩，年产苜蓿干草 500 万吨左右;20 世纪 90 年代到 21 世纪初,因草食畜牧业的快速发展和农业产业政策结构调整,苜蓿种植面积和产量快速上升,2004 年种植面积接近 5 850 万亩,产量达 3 000 万吨;由于补贴政策退坡等多方面的影响,2006—2008 年,农户种植苜蓿意愿下降,种植面积为 5 100～5 700 万亩;2008 年以后,种植面积又呈上升趋势,2017 年的种植面积比 2008 年的种植面积增加了 567.6 万亩,产量达 2 933.6 万吨,2008—2017 年苜蓿情况如表 6-1 所列。

表 6-1　2008—2017 苜蓿种植情况

年份	种植面积/万亩	产量/万吨	单产/(吨/亩)
2008	5 657.9	3 044.5	0.462
2009	5 499	2 540.2	0.405
2010	6 117.8	2 476.2	0.411
2011	5 992.1	2 329.6	0.461
2012	6 250.1	2 879.9	0.349
2013	7 447.9	3 325.1	0.446
2014	7 117.2	3 285.2	0.462
2015	7 066.6	3 214.3	0.455
2016	6 562.0	3 021.3	0.460
2017	6 225.2	2 933.6	0.471

资料来源:《中国草业统计 2006—2010》至《中国草业统计 2017》。

与小麦、玉米等籽实作物相比,全株利用的苜蓿产品(主要是干草)密度很低,因此,运输成本在总成本中的占比很高。在目前的种植区域安排下,苜蓿进入市场流通需要进行长途运输,运费大量增加,苜蓿市场价格被提高,奶牛养殖企业对优质苜蓿干草的需求被抑制。目前进入市场流通的苜蓿比例很低,只有 100 万吨左右,不到总苜蓿产量的 5%。

6.2.2　苜蓿供给质量

目前,我国苜蓿单产低、营养元素含量低。一方面,目前农户普遍采用落后的施肥、收割、管理等技术种植苜蓿,导致我国苜蓿单产较低,单位土地经济产出小,收益低。如表,6-1 所列,我国苜蓿亩产一般为 400 千克左右,2012 年苜蓿亩产下降到 346.7 千克,而美国苜蓿亩产一般为 1 000 千克以上,两者相差达 2.5 倍。另一方面,农户种植决策非常随意。根据 2015 年对黄淮海中小农户种植苜蓿的调查，在种植了粮食作物及经济作物后，仍有闲置土地的情况下，农户才考虑种植苜蓿，且主要种植在不适宜粮食作物生长的沙地、荒地、旱地、盐碱地等土壤，土地养分不足，苜蓿干草质量受到很大限制，粗蛋白质、维生素等营养物质含量偏低。目前，美国苜蓿单位营养价值相当于国产苜蓿的 1.5～2 倍（表 6-2）。目前，我国苜蓿种植陷入"低产出—低投入—低产出"的恶性循环。这样状况不仅不利于苜蓿供给市场的稳定，而且会阻碍苜蓿产业的健康发展。

表 6-2　中美苜蓿营养成分表

项目	CP/%	NDF/%	ADF/%	NEL/%(兆卡/千克)	RVF/%
美国苜蓿(特级)	22	35	28	1.60	180
美国苜蓿(一级)	18	42	33	1.48	150
中国苜蓿(一级)	15	50	41	1.30	90

注：CP 为粗蛋白质；NDF 为中性洗涤纤维；ADF 为酸性洗涤纤维；NEL 为产奶净能；RVF 为相对牧草饲用价值。

6.2.3　我国苜蓿需求状况

国内苜蓿需求逐年增加。随着我国居民收入水平和健康意识的提高，牛奶等高品质蛋白质食品的消费量稳步增加，草食畜牧业对苜蓿的需求量也大幅上升。目前，我国苜蓿的供给量已经远远不能满足国内市场的强劲需求，供求缺口逐年扩大，进而导致进口量的大幅增长。

根据"十三五"草食畜牧业发展规划，2020 年全国奶类产量目标为 4 100 万吨，即泌乳牛（荷斯坦为主）应保持在 600 万头的水平。按照 2020 年奶牛规模化率达到 70%，规模牧场需要饲喂优质苜蓿的泌乳牛将达到 420 万头。按每头泌乳牛一年饲喂 1.5 吨苜蓿，优质苜蓿需求量为 630 万吨。此外，预计肉牛、羊、兔等对优质苜蓿的需求量为 60 万吨。2020 年全国优质苜蓿总需求量为 690 万吨。2020 年我国新增优质苜蓿种植面积 300 万亩，优质苜蓿产量可以达到 360 万吨；按照届时苜蓿进口量 150 万吨，2020 年我国优质苜蓿总供给量为 510 万吨，缺口 180 万吨。目前，我国仍有大量的苜蓿牧草需求未满足，只能通过进口等其他渠道补充。

根据 2008—2018 年，我国苜蓿干草的进口数据（图 6-7），苜蓿干草的进口量总体不断提升。2008 年苜蓿干草的进口量为 1.96 万吨，2018 年苜蓿干草的进口量增加至 138.4 万吨，其间的进口量增长了近 70 倍。

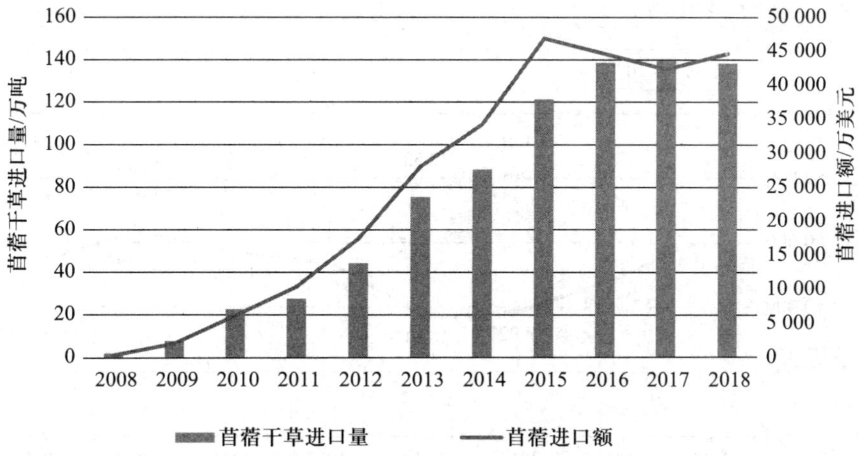

图 6-7　我国苜蓿干草进口情况

（资料来源：中国海关信息网）

6.3　国际市场苜蓿进出口状况

6.3.1　国内外苜蓿供需状况

全球苜蓿种植面积为 36 000 多万亩，虽然各大洲都有种植，但种植面积相差较大，主要集中于北美洲，其中美国苜蓿种植面积第一。2014 年全球苜蓿干草产量接近一亿四千万吨，干草产量前三是北美洲、欧洲、南美洲，其产量分别为 6 333 万吨、3 277 万吨、2 755 万吨。亚洲和大洋洲的干草产量相差不大，分别为 628 万吨和 666 万吨。非洲的干草产量最少，只有 136 万吨。

在苜蓿国际贸易上，美国是当前最大、最稳定的生产者和供应商，美国苜蓿产品出口占全球 1/2 以上；加拿大和欧洲各国也是主要的苜蓿出口商。苜蓿进口的主要地区是亚洲，占总进口量的 99%，其中，自 2008 年以来，中国为最大的苜蓿进口国，日本、韩国也进口较多。由于受到需求增加的影响，苜蓿国际价格从 2008 年的 208.08 美元/吨上涨到 2019 年的 347.42 美元/吨。

牛肉、牛奶是日本、韩国、俄罗斯等国家必不可少的传统食物，而这些国家对畜产品在品质方面有着极高的要求。然而，日本、韩国两国拥有较小的国土面积，土地人均占有率低，土地资源极其有限，畜牧业的牧草需求严重依赖进口。

日本是世界第一大牧草消费国和进口国，从图 6-8 可以看出，2011—2018 年日本仅苜蓿加工产品的进口量就已经远超中国，中国周边国家的苜蓿市场相当之大。

我国居民膳食结构中动物蛋白摄入比例逐年增加，必然带动对牧草需求尤其

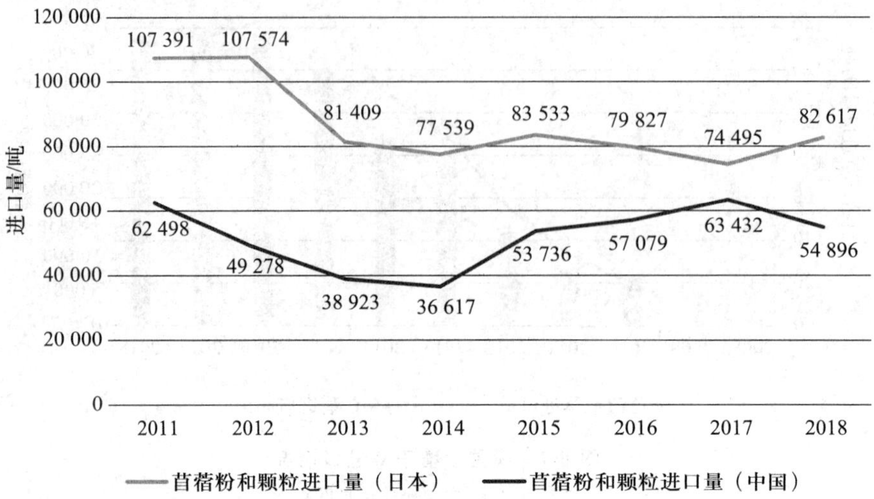

图 6-8　中国和日本两国苜蓿产品进口情况

（资料来源：联合国粮食及农业组织）

是苜蓿这种营养价值极高的牧草需求有着更大的增加。据测算，除了中国，目前国际市场苜蓿干草的需求量约为 50 万吨/年。

在苜蓿价格方面，2012—2016 年，我国苜蓿干草出口价格从平均为每吨 140 美元增至每吨 314 美元，而来自美国、加拿大、澳大利亚的苜蓿干草由于运输距离远，质量高，到岸价格明显高于中国，为 370～420 美元/吨。与仅利用籽实的粮食作物不同，苜蓿能全株利用。但苜蓿的干草密度很小，其运输费用占总成本的比例很高，运输费用很大程度上决定着苜蓿产品的竞争力。我国苜蓿产品在亚洲市场具备明显的地理位置优势，其对提高我国苜蓿产品的国际竞争力具有重要作用。

6.3.2　我国苜蓿进出口情况

2008 年以前，我国为苜蓿净出口国，2008 年后，受“三聚氰胺”食品安全事件的影响，各奶牛养殖企业加强了对奶牛饲料质量的控制，苜蓿需求快速增加，我国变为苜蓿净进口国，并且进口量逐年大幅增加(图 6-9)。2008 年，我国苜蓿进口量仅为 1.96 万吨，2018 年，我国的进口量猛增到 138.4 万吨，上涨了近 70 倍。其主要原因一方面是苜蓿需求量的增加引起进口量的增加，另一方面是对苜蓿质量、交货日期要求的提高带来的进口量上升。根据调查，进口苜蓿一般为特级苜蓿和一级苜蓿，而国产苜蓿一般为二级及二级以下，进口苜蓿的质量明显优于国产苜蓿。另外，每年苜蓿能够刈割 3～5 茬，质量控制能力低，国产苜蓿每茬质量差别较进口苜蓿大，质量不稳定，交货也不及时。对苜蓿质量要求很高的国内大型奶牛养殖企业大多选择质量高、稳定性好、交货及时但价格更高的进口苜蓿。相对而言，国内质

图 6-9　历年苜蓿进口量和进口价格变化表

（资料来源：中国海关信息网）

量较低的苜蓿虽然价格低，但仍不受市场欢迎。我国的苜蓿短缺主要是结构性短缺，在整体短缺的情况下，更多地体现为高端苜蓿的短缺。

自 2008 年我国大量进口苜蓿以来，苜蓿进口价格有所上升，苜蓿进口价格从 2008 年的 208.08 美元/吨上涨到 2018 年的 313.56 美元/吨。

从图 6-9 可知，虽然进口苜蓿的到岸价格总体呈上升趋势，但波动不小，而进口量的上升更为稳健。从其侧面可看出，国内商品苜蓿供给，尤其是高端苜蓿供给严重不足，我国畜牧产业对国外苜蓿的依赖越来越严重。苜蓿进口量和价格快速上升说明市场具有较高的价格接受能力，这正是我国苜蓿产业发展的大好机遇。国内苜蓿需求的快速增长不仅能促进苜蓿产业的快速发展，而且还能增加我国草食畜牧业抵御外部风险的能力，增强草食畜牧业发展的独立性。

6.4　我国苜蓿供求分析

通过对我国苜蓿的供给、需求状况、国际市场状况及我国苜蓿进口状况分析，我国苜蓿供求严重不平衡，供给缺口不断加大。其主要原因有两个方面：一是需求在居民收入水平、食品质量要求、替代品价格提高后大幅增加；二是生产者种植水平低、种植主体分散、运输费用高等多方面导致供给不足。具体有如下几个方面。

6.4.1　影响我国苜蓿需求的因素分析

1. 收入水平提高带动苜蓿需求增加

2000 年以前较低的国民收入对肉蛋奶的需求量和质量要求较低。随着收入水平的逐渐提高及食品安全意识的不断增强，居民对肉蛋奶的食品需求大幅增加。

2. 食品质量要求提高

随着居民对牛奶及奶制品的等级要求提高，各大奶牛企业纷纷加大苜蓿使用量，苜蓿需求量被大幅提高。

3. 替代品价格上涨

近年来，豆粕价格上涨了1/2以上，而使用苜蓿可降低奶牛企业的生产成本，这种情况也导致苜蓿的需求量被增加。

6.4.2 影响苜蓿供给的因素分析

1. 种植技术落后

目前，我国苜蓿还无法达到系统化生产要求，产前—产中—产后都存在一定的问题，如缺乏高产的草种、不具备高效合理的收割技术、缺少苜蓿打捆压缩设备等。很多苜蓿不具备形成商品苜蓿的成熟条件，严重制约了我国苜蓿的供给。

2. 种植主体分散

目前，苜蓿种植的主体为小农户。农户苜蓿种植面积占全国苜蓿种植总面积的90%左右，但其还未形成规模化、集约化生产。苜蓿区域产量不足，不利于苜蓿形成商品进入市场流通。虽然没有确切统计数据，但是我国商品苜蓿占总产量的比例很低是业界的普遍共识。

3. 运输费用较高

国内苜蓿产地与销售地距离较远，运输费用较高。如2011年从我国苜蓿主产地甘肃运往北京、天津的平均运价为1 000多元/吨，运到上海、南京的平均运价为1 200多元/吨，运输成本远高于美国海运到我国沿海港口的运输价格。运输费用的提高严重影响了苜蓿产品的供给，也增加了奶牛养殖企业的成本。

4. 进口产品增加

由于苜蓿产区远离苜蓿主要需求地区，造成苜蓿产品运输成本高，产品缺乏竞争力。沿海地区的消费水平高，奶业发达，对苜蓿需求较大。由于其靠近港口，且苜蓿海运进口运费低廉，沿海地区的奶牛养殖企业大量进口苜蓿。苜蓿进口量的大幅上升对国产苜蓿的供给造成了严重影响。

6.5 苜蓿供求预测

6.5.1 苜蓿进口预测

苜蓿供给由国内市场和国际市场组成，国内市场受运输费用较高、质量参差不齐等因素影响，供给受到限制。我国在短期内解决苜蓿需求主要依靠进口。因此，对未来苜蓿进口量进行预测十分重要。

我国的苜蓿产业发展缓慢，相关统计数据匮乏，难以通过建立精确的计量模型对数据进行分析。通过结合调查资料及海关进出口数据，本书对苜蓿进口量的相关影响因素进行分析，发现居民人均收入和苜蓿进口价格（表 6-3）对苜蓿进口量影响较大。因此，通过建立简单的回归模型，利用表 6-3 的相关统计数据，分析居民人均收入与进口价格对苜蓿进口量的影响。分析采用多元线性回归数学模型：

$$Y=C+\alpha X_1-\beta X_2+\sigma_0 \tag{6-1}$$

式中：Y 为进口量；X_1 为国内人均收入（美元）；X_2 为到港进口价格（美元）；α、β 为回归系数；σ_0 为残差。

$$Y=-41.5802+0.03128X_1-0.2566X_2$$

$$(11.75)\qquad(8.12)\qquad(-9.42) \tag{6-2}$$

模型的其他统计量为：$R^2=0.9599$，调整后 $R^2=0.9439$，F＝59.89，括弧内数值为 t 值。

回归模型的调整后决定系数 R^2 为 0.943 9，说明这两个解释变量对苜蓿进口量的解释能力可达到 94.39％，具有较强的解释能力，F 值为 59.89，表明检验整体方程十分显著。人均收入和进口价格的 t 值的绝对值都大于 8，表明这两个变量对进口量的影响都非常显著。在边际系数中，边际价格系数为－0.26，说明价格是主要影响因素，价格上升 1 美元则进口量会减少 0.26 万吨。人均收入增加 1 美元则进口量就增加 0.03 万吨。

表 6-3　历年人均 GDP 与苜蓿进口情况

年份	人均 GDP/美元	进口价格/美元	进口量/万吨
2008	3 414	280.08	1.96
2009	3 749	282.25	7.66
2010	4 430	270.61	22.72
2011	5 432	332.67	27.6
2012	5 892	385.33	44.2
2013	6 767	369.58	75.56
2014	7 485	387.24	88.4
2015	8 016	386.32	121.34

资料来源：《2009 中国统计年鉴》至《2016 中国统计年鉴》；中国海关信息网。

目前，我国经济发展速度放缓，预计未来 5 年的 GDP 增长率为 6％左右，根据专家的预测，未来苜蓿价格波动相对较小，大概以3%的速度增长。将未来居民人均收入与进口价格估计值代入方程得出未来我国苜蓿进口量预测值，如图6-10所示。2016—2020年我国预计会进口苜蓿量分别为122.17万吨、132.00万吨、142.41万吨、153.45万吨、165.16万吨。

图6-10　2016—2020年5年的苜蓿进口量

6.5.2　国内苜蓿需求预测

目前，我国的奶牛饲喂原料主要是秸秆加精饲料。奶牛长期食用农作物秸秆，所需营养物质跟不上，导致很大一部分奶牛都是在"饥饿"产奶。以秸秆为粗纤维的合成饲料无法满足奶牛高产奶量的需要。在奶牛粗饲料中添加苜蓿不仅能显著增加产奶量，还能提高牛奶品质，改善奶牛的体质，因此，高产奶牛必须依赖优质苜蓿草。各大奶牛企业已经认识到苜蓿的重要性，纷纷增加苜蓿的使用量。未来我国商品苜蓿的主要需求者是各大奶牛养殖企业，所以对奶牛养殖企业苜蓿需求量进行预测尤为重要。

以美国为例，苜蓿在美国集约化奶牛日粮配方中一般占干物质总量的40%左右，奶牛单产水平为8 263千克/头，远高于中国奶牛单产水平4 800千克/头，苜蓿对美国奶业发展的作用至关重要。目前我国奶牛存栏量为1 460万头，按照以高产奶牛需求量为基本需求，我国高产奶牛占总存栏量的20%计算，大约有300万头。一头奶牛一年需要2吨苜蓿干草，那么未来我国的苜蓿市场需求就可能达到600万吨/年。

随着未来肉牛羊、繁殖幼崽、赛马、蛋鸡等产业的发展壮大，其对苜蓿的需求量也会不断地增加。2014年，我国羊存栏量为3亿多头，肉牛存栏量为8 000多万头，保守估计我国未来这些产业对苜蓿的需求量会超过400万吨。估计未来几年我国对商品苜蓿干草总需求量为600万～1 000万吨，在较长时间内，其需求量都会呈持续增加的趋势。

6.5.3 国内苜蓿供给预测

一般来说,只有当一个国家的经济水平发展到一定高度之后,居民对畜牧产品及发展环境的需求增加后,苜蓿产业才能快速发展。其产业发展状况在一定程度上能反应未来国家的宏观经济情况,所以苜蓿产业被很多学者看作一项国家的战略性产业。

作为国际苜蓿市场的主要卖方,美国占国际苜蓿出口量的1/2以上,但2014年美国苜蓿的出口量也只有169.1万吨。我国商品苜蓿需求量会在600万以上,存在较大供给缺口,因此,苜蓿需求仅依靠进口是无法满足的。只有依靠国内苜蓿产业的发展壮大,才能保障我国畜牧业的长远发展。随着我国经济实力的不断提升,苜蓿的需求量越来越大,带动了国际苜蓿价格一路走高。我国开始重视苜蓿产业的发展,并出台种植苜蓿的相关支持政策,我国苜蓿生产的积极性也会提高,商品苜蓿的供给也会相应增加。

我国苜蓿供给主要受到种植区域、种植主体等的限制,未来发展趋势应该是走集约化生产、产销一体化生产模式,所以未来供给量的增加主要依靠以下2个种植主体。

1. 专业合作社

现在的小农户种植模式受到市场信息缺乏,技术落后等问题影响,生产的苜蓿单产低、质量参差不齐、市场价格波动频繁,产业无法发展壮大,不具有长期的发展潜力。而合作社具有信息共享,种植机械共享,在市场上议价能力强,具有种植专业技术等优势。目前很多农户已经意识到合作社的重要性与经济性,随着合作社制度的完善,越来越多的农户加入合作社。因此,苜蓿种植专业合作社是商品苜蓿提供的一大主体,预计会占商品苜蓿供给量的50%以上。

2. 奶牛企业自建苜蓿草场

自建苜蓿草场具有运输距离短,运输费用低,奶牛企业自主生产苜蓿的质量具易于控制,价格稳定,波动小等优势。随着国家加快土地流转政策的推行,越来越多的土地进入流转,这就为奶牛企业自建苜蓿草场,进行集约化生产提供了一个宝贵的机会。近年来,国内消费者对牛奶需求量大幅增加,各大奶牛企业希望使用优质苜蓿喂养奶牛,来提高奶牛的产奶量和牛奶质量。随着土地流转机制的逐渐完善,各大奶牛企业会抓住机会,投入大量资金,自建苜蓿草场。自建苜蓿草场具有较高的市场风险,自建苜蓿草场的苜蓿提供占苜蓿需求量的30%左右。

我国苜蓿的单产与发达国家相比,两者还有很大的差距。随着苜蓿种植专业化和集约化的加强,苜蓿单产还有较大的提升空间,并且在种植意愿增加后,我国种植面积还会进一步扩大,我国商品苜蓿总产量有望能基本满足国内需求。

6.5.4 小结

本节是2016—2020年我国苜蓿的进口量，苜蓿的进口量还会持续增加。因此，依靠进口无法满足国内需求，只有大力发展国内苜蓿产业，才是最终出路。通过对供给进行预测，未来苜蓿供给的增加主要依靠专业合作社和奶牛企业自建苜蓿草场。

6.6 结论和建议

6.6.1 研究结论

本章在对我国苜蓿市场供求情况、产业发展和国际市场情况分析的基础上，以相关经济理论为基础，结合相关数据，运用统计学知识建立相关回归模型，预测未来我国苜蓿进口量、供求变化情况及趋势，并得到了一些结论，具体如下。

1. 苜蓿需求大幅度增加

目前，我国牛奶及奶制品人均消费量不足发达国家的1/2，未来消费量还有很大的增长空间，其衍生出对商品苜蓿的需求量预计会在600万吨以上。

2. 苜蓿短期供给缺口加大

目前，国内需求不断增加，供给由于苜蓿质量、运输等客观条件而不能快速增加，因此，在短期内我国苜蓿供给缺口会越来越大，预计会持续5年。

3. 进口量还会增加

随着人均收入的增加以及居民对肉食品消费欲望增强，我国苜蓿供给在短期内又无法满足，未来还将会长期进口苜蓿，预计我国在2020年苜蓿进口量会突破160万吨。

4. 苜蓿长期供给能满足国内市场

在国家政策和市场需求的带动下，专业合作社和奶牛企业自建苜蓿草场数量会逐年增加，商品苜蓿的供给量会大幅增加，预计我国在10年内的苜蓿供求基本达到平衡。

5. 国内苜蓿具有市场竞争力

随着越来越多的农户和企业进行苜蓿种植，但是我国苜蓿的单产较低与质量较差，其提升的空间较大。在运输距离被减少后，进口苜蓿的价格更低，其市场竞争优势更明显。

6.6.2 苜蓿产业发展建议

苜蓿产业发展是种业、市场、政策等一系列主体整合而成的系统工程。结合我国苜蓿产业发展情况，本章给出以下两个方面发展建议：第一是提高苜蓿有效供给量。其主要是减少运输费用、优化种植主体、推行草畜一体化；第二是提高苜蓿产品质量。其主要是完善市场、研究高产种子、提高种植水平等。这两个方面的发展应该同步进行，但在不同阶段，其侧重点不同。鉴于我国苜蓿产业的首要矛盾是商品苜蓿供给数量严重短缺。因此，我国苜蓿产业发展应先提高市场供给数量；然后，提高苜蓿产品质量；最后，完善产业结构，保障苜蓿产业的稳定健康发展。

6.6.2.1　增加供给量建议

1. 优化种植主体，走集约化、专业化生产模式

我国农户种植苜蓿模式不具有国际市场竞争力，一方面，农户产量少、产地分散、质量层次不齐，制约着苜蓿市场的健康发展；另一方面，没有规模效益，不能为国内市场提供优质高产的苜蓿产品。针对上述问题，可采用加快土地流转，成立专业合作社，采取统种、统收、统管，统售的集约化专业化生产模式，进行连片规模化的生产管理，实现机械化作业，以提高单产、市场竞争力、种植水平，还可以降低生产成本。

2. 奶牛企业自建苜蓿草场，减少企业用草成本

国内苜蓿干草价格居高不下，质量参差不齐，各大奶牛企业对国内苜蓿干草望而却步，纷纷转向进口苜蓿。但仅靠进口苜蓿不利于我国苜蓿产业的发展和农业的可持续发展，也不利于奶牛养殖企业节本增效。如果想要增强国际竞争力，还应发展本土苜蓿产业。奶牛养殖企业自建苜蓿草场可以减少苜蓿干草运输费用以及市场交易费用，解决苜蓿干草质量参差不齐的问题，减少奶牛企业生产原材料的成本，还可以降低国内奶牛企业对国外苜蓿依赖程度，保障我国畜牧业独立健康发展。因此，应该鼓励建立“草畜一体化”的经营模式，使外部问题内部化；对奶牛企业使用已出台一些土地优惠政策，比如，可以对奶牛企业用用地多少给予减免一定纳税额等。

3. 建立运输“绿色通道”，降低苜蓿到厂价格

我国苜蓿的总产量并不低，只是进入市场流通的苜蓿较少。其主要原因是运费太高。因此，要提高商品苜蓿供给量，就需要从降低运输费用着手。我国在蔬菜等农产品运输方面有政策支持，运输车辆走“绿色通道”，运输费用将大为减少。苜蓿对丰富居民“菜篮子”起着越来越重要的作用，也应为苜蓿产品运输开通“绿色通道”，降低苜蓿生产成本，增加市场供给量。通过增加市场供给量，奶牛养殖企业增加国产苜蓿使用量，减少进口量。2019 年，苜蓿种植大省甘肃的部分地区免除了苜蓿产品高速公路运输费，受到市场好评。

4. 建立供求信息沟通平台，确保市场供求平衡

苜蓿种植户与苜蓿需求方之间的信息流通不畅，供求信息无法有效传递是苜蓿价格波动频繁的重要影响因素。农户为规避风险不敢贸然扩大种植面积，供给

受到严重影响。如果以市场需求量来进行合理生产，就需要农户和企业双方了解市场信息，需要建立完善的市场供求信息和沟通渠道。各苜蓿需求方可以出资建立网上需求平台，及时向农户发布需求信息，可让农户有所预期，合理种植，彼此受益，使市场健康稳定发展。政府还应建立全国和地方苜蓿供求信息共享平台，利用专业人员进行市场调研，及时发布相关市场供求信息。

6.6.2.2　产业发展建议

1. 纳入国家战略性发展计划，扶持苜蓿产业发展

我国畜牧业普遍存在猪禽类食粮中家畜食粮比例较高，占70%以上，而我国人均粮食占有量只有世界平均水平的1/2左右，随着居民食物消费越来越非粮化，人畜争粮现象越来越严重。许多发达国家草食畜的比例一般都在60%左右，有的草、食、畜的比例高达80%。畜牧产业结构不合理一直制约着我国畜牧业的健康发展，而调整我国畜牧业产业结构必须首先发展苜蓿产业，为苜蓿产业发展提供支撑。但在制定政策方面需要谨慎，因为在2004年国家农业政策经过调整，加大对粮食作物的农业补贴后我国出现了"毁草种粮"或"毁粮种草"现象，给国家经济带来了巨大损失。为避免上述现象再次发生，可将苜蓿产业纳入国家战略发展计划，并出台一系列苜蓿长期发展政策，以确保苜蓿产业长期稳定发展。

2. 增加苜蓿产业资金补贴，使产业各环节共同发展

在苜蓿产业"产前—产中—产后"各环节进行补贴，促进苜蓿产业链壮大。积极出台苜蓿生产、加工、销售等方面的长期扶持政策，加快苜蓿供给，增加与产业的发展。

(1)实施良种补贴政策　我国苜蓿品种产量、营养价值都偏低，而国外优质苜蓿种子价格贵，普通农户大多没有能力购买，政府应对苜蓿种子进行补贴，促使农户使用优质苜蓿种子以增加产量。

(2)实施苜蓿种植补贴　特别是北方和沿海地区的苜蓿经济效益低于一般粮食作物，补贴能提高农户的种植积极性。

(3)实施苜蓿装备补贴　扶持相关农机厂商和建立农机出租市场，扩大对苜蓿播种、收获等机具的补贴，同时提高补贴标准。

3. 创新补贴形式，建立专项发展基金，充分利用资金

我国农业补贴主要形式是种子补贴、种植面积补贴等。这些补贴形式主要具有转移支付功能，并没有起到经济乘数作用，因此，应该创新补贴形式，使补贴资金能更加有效的运作。建立苜蓿产业发展专项基金，为种草农户提供中小额贴息贷款，扶持苜蓿加工企业建设与技术创新等政策性贷款以及为种业开发、技术服务、信息咨询等业务提供贴息贷款。

4. 建立苜蓿期货与苜蓿保险，稳定产量与价格

期货市场具有套期保值功能，我国很多农产品都有各自的期货品种。苜蓿具

有成为期货产品的特征，如易于长期保存、等级易于区分、价格波动频繁等。政府可在苜蓿收割、仓储等配套设施建设完善后，开始加入苜蓿期货品种，以有效稳定市场，减少价格波动，易于判断市场预期等。

苜蓿是多年生植物，想要达到高产、高品质，则需要资金的大量投入。普通农户没有足够资金，而企业认为风险较高也不敢大量投入。为解决这一问题，政府可以像扶持小麦、玉米种植一样，建立相应的种植保险基金，降低企业和农户的种植风险，促进苜蓿种植的稳定发展。

5. 加大科研投入，完善技术推广机制，提高苜蓿单产与质量

我国苜蓿质量差、产量低是一个亟待解决的问题。提高单产和质量，需要农户使用优质苜蓿种子，采用先进的农业机械并清楚地了解苜蓿播种，如何施肥、收割以及捆绑等专业操作技术。因此，政府应加大科研投入，研发高产优质的苜蓿草种，完善技术推广机制使农户掌握苜蓿生产技术。首先，政府需要加强科研基础设施建设，增加资金投入，改善研发人员工作条件，成立苜蓿种子专项研发项目，组建一批专业的苜蓿种子研发团队。其次，结合我国实际情况，投入资金，研发低成本、低损耗的苜蓿加工设备和适合我国当前苜蓿生产需要的小型化、轻简化的苜蓿收获机械（割草机、翻晒机、打捆机等）。最后，应根据不同地区的实际情况，重点抓好现有主导品种和先进种植技术的推广和应用，鼓励科研人员、推广人员深入苜蓿生产一线，对种植人员进行技术培训。

第 3 部分　我国苜蓿种植业发展影响因素分析与对策建议

苜蓿产业是一个复杂系统。它的发展不仅涉及产业自身发展，而且涉及苜蓿种植主体、种植规模、销售方式、种植区域、发展政策等影响苜蓿种植效益的实际问题。本部分通过分析我国苜蓿产业的各个子系统影响因素，在分别对影响我国的青饲料种植、苜蓿种植的因素进行分析的基础上，对农户苜蓿种植决策、最佳种植规模、营销方式、种植区域的影响因素进行具体分析，并提出相应的对策建议。

第7章 基于Nerlove模型的我国青饲料的供给反应研究

青饲料产业的发展对满足草食畜牧业提质增效、缓解人畜争粮、打造环境友好型种植业具有重要意义。本章通过构建 Nerlove 模型，利用 1997—2016 年我国 22 个省份和 5 个自治区的青饲料播种面积和价格，测算了青饲料播种面积对价格的供给反应，并考察了其他外生因素对青饲料播种面积的冲击程度。根据计算结果，对发展我国青饲料种植提出政策建议。

7.1 引言

随着我国经济的快速发展，人民生活水平不断提高，居民的食物消费水平和消费结构也在不断转变。其主要表现为对原粮的需求不断减少，对肉、蛋、奶及其制品的需求快速增加。据国家统计局相关数据显示，2000 年我国农村居民家庭人均消费粮食超过 250 千克，2018 年人均粮食消费量仅为 140 千克，而同期的农村居民对肉、蛋、奶及其制品的人均消费量从 24.2 千克上升到 42.8 千克，增长率达到 76.9%。为了满足人民对畜产品日益增长的需求，必须大力发展畜牧业。1999—2018 年，我国牲畜总出栏量呈现逐年递增的趋势（表 7-1）。

表 7-1 我国牲畜总出栏量

指标	年份										
	1999	2001	2003	2005	2007	2009	2011	2013	2015	2017	2018
牲畜总出栏量/亿只	83.9	91.9	101.2	112.6	108.9	120.1	127.8	134.5	135.7	144	144.6

资料来源：《中国农村统计年鉴 2000》至《中国农村统计年鉴 2019》。

发展青饲料作物的种植既可为生产优质草食型动物产品提供产业支撑，又可为我国畜牧业的转型升级提供重要保障。青饲料作为饲料的重要组成之一，其主要指可以用作饲料的植物新鲜茎叶，包括天然牧草、栽培牧草、田间杂草、青饲作物等。与粗饲料（作物秸秆等）相比，青饲料含有的营养成分更高，适口性更好，更易于消化;与粮食相比,青饲料不仅营养含量高,而且可以得到全株利用。而饲喂粮食只是利用作物的籽粒,相比而言,青饲料具有更高的利用率。在青饲料的众多种类中,紫花苜蓿等多年生豆科类青饲料还具有固氮,提高土壤肥力的作用,并改良土壤,改善生态环境。同时,种植苜蓿的纯收益是种植小麦的 3 倍左右,种植青饲料还可以促进农民增收,提高种植业经济效益。此外,在草食动物的饲料中添加青饲料不仅能减少饲料粮的消耗量,缓解“人畜争粮”,还能显著提高畜产品产量与安全性。

我国的粮食安全问题主要是饲料粮问题。我国青饲料的需求已经远远超过了供应。青饲料供应的短缺导致中国畜牧业严重依赖饲料谷物、秸秆和其他饲料,这反过来又给中国的农业食品体系带来了一些问题。首先,这些替代饲料品质低(相对于青饲料),大大降低了我国畜牧业的生产效率。例如,美国等国家奶牛的泌乳平均单产达到 9 吨左右,我国奶牛的泌乳平均单产不到 5 吨,且奶牛淘汰周期比美国奶牛淘汰周期短 3～4 年。其主要原因是我国奶牛日粮中优质青饲料不足。其次,对饲料谷物的严重依赖恶化了中国“人畜粮食竞争”的紧迫问题。据官方估计,中国饲料粮消费量占过去 10 年全国粮食消费总量的 40%以上。最后,面对国内青饲料供应不足,中国转向国际供应,以满足国内需求,仅 2016 年就从国外进口了 172 万吨青饲料。2018 年关税的意外增加和全球供应短缺导致中国的饲料成本上涨了 6%。由此,我国畜牧业迫切需要向节粮型、草食型畜牧业转型和升级,以适应畜牧业发展需要,增加青饲料作物种植,推进粮食、经济作物、饲草料(粮-经-饲)三元种植结构的发展成为必然选择。

现阶段我国在青饲料供给方面还存在很大的缺口,需要依赖大量的进口来满足需求。如图 7-1 所示,1997—1999 年,我国青饲料的种植面积仅占农作物种植总面积

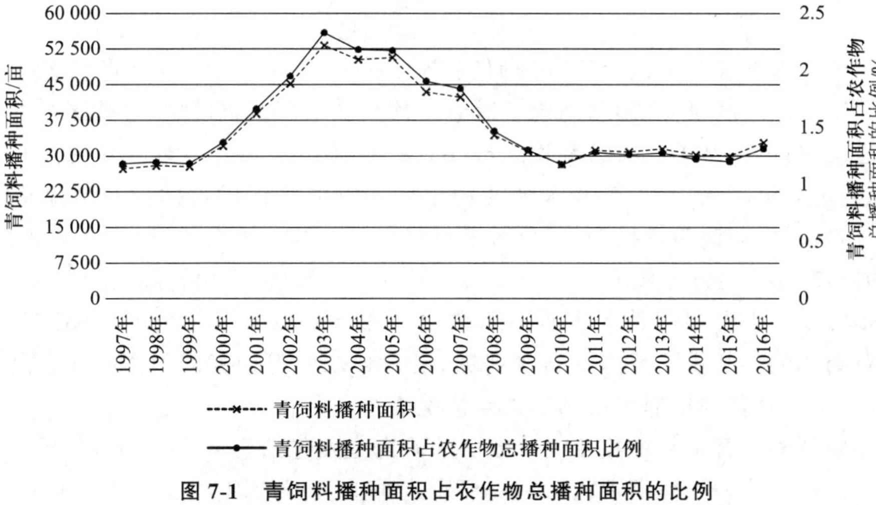

图 7-1　青饲料播种面积占农作物总播种面积的比例

(资料来源:国家统计局)

的1%左右。虽然2000—2003年在国家“退耕还林还草”政策支持下，青饲料种植面积显著增加，在2003年种植比例超过了2%，但是在政策退出之后，种植面积又逐渐减少。随着牲畜年出栏量的不断增加，我国青饲料的供需缺口逐年扩大。

近年来，国家逐渐重视优质青饲料产业的发展，不断推出新的政策来推动种植结构转型。2012年，中央一号文件提出启动振兴奶业苜蓿发展行动。2015年，中央一号文件提出加快发展草牧业，支持青贮玉米和苜蓿等饲草料的种植，开展粮改饲和种养结合模式试点，促进“粮＋经＋饲”三元种植结构的协调发展。2017年，中央一号文件再次明确提出统筹调整“粮＋经＋饲”种植结构。按照稳粮、优经、扩饲的要求，加快构建“粮＋经＋饲”协调发展的三元种植结构。扩大饲料作物种植面积，发展青贮玉米、苜蓿等优质牧草，大力培育现代饲草料产业体系。

由于我国青饲料的需求弹性较小，供给的较小变化就会引起价格很大的变动，而且当前进口青饲料的价格相对较低，这对国内青饲料的市场供给形成了很大的冲击。同时，受我国传统种植模式及土地制度的影响，青饲料产业的发展存在种植总体规模较小，供给主体呈现多元化，产品规格单一等问题，我国青饲料产业发展的主要矛盾为供给方。因此，研究我国青饲料的供给反应，找出影响我国青饲料供给的因素，不仅可以促进饲料作物的供给侧改革，而且对我国实施环境友好型种植，提高草食畜牧业竞争力，缓解人畜争粮，实现农业的可持续发展，均具有重要意义。本章通过收集1997—2016年全国22个省和5个自治区的面板数据，建立回归模型，估计青饲料播种面积对价格的反应程度，并进一步探析价格以外的支持政策等其他因素对青饲料种植的影响。

7.2 国内外关于农产品和青饲料供给反应的相关研究

关于国内外农产品供给反应的研究，Nerlove（1979，1958）首次将动态研究方法应用于农产品的供需研究，创建了适应性预期和局部调整模型，并被国内外学者的广泛应用；范垄基等（2012）利用Nerlove模型研究了我国不同种类粮食的供给反应，通过对全国水稻、小麦和玉米3种粮食作物的主产省份的面板数据进行分析，并加入了农业政策虚拟变量，分析了价格以外的其他因素的影响；钱文荣、王大哲（2015）利用Nerlove模型研究了我国玉米的供给反应，采用省际面板数据，并通过逐步回归法来考察多种因素对玉米供给的影响；Shoko等（2016）利用Nerlove模型对南非的玉米供给反应进行了研究；Shonkwiler等（1985）对Nerlove模型进行了改进，并对美国饲养牛市场的供需情况进行了分析。

国内外关于青饲料中牧草供给方面的研究主要包括于宁等（2009）分析了辽宁省饲草供需及草畜平衡的现状与制约辽宁省草业发展的因素；李佳晓（2012）分区域对我国的牧草供需情况进行了测算；李新、修长柏（2015）分析了内蒙古地区农户种植苜蓿的情况及影响农户种植苜蓿的因素；王文信等(2015)通过构建幼稚价格预期模型，计算了价格对黄淮海地区苜蓿种植面积的影响程度；王文信等(2017)利用 PMP 模型对河北省黄烨市的苜蓿种植补贴效果进行了实证分析，并得出与苜蓿种植面积挂钩的补贴可以起到积极作用；王熙遥、钱贵霞(2018)对中国苜蓿市场的供需情况进行了分析和预测，从全国的视角讨论了苜蓿的供需情况；Van(1990)对美国内华达州的苜蓿干草价格进行了综合预测和比较；Ragalyi 等(2014)分析了降水对牧场针对含有不同养分干草的供给量的影响。

已有研究分析的各种因素对青饲料种植的影响为本章确定影响青饲料种植的因素提供了很好借鉴。但针对我国青饲料供给反应的研究还比较少，且已有研究只是针对我国某一地区的某一种青饲料(如苜蓿等)进行。由于我国不同地区的气候、种植习惯等差别很大，种植青饲料的影响因素也有很大区别，这些分析结果对全国青饲料的供给情况缺乏普遍性。

本章通过对我国青饲料的供给反应研究，找出影响青饲料供给的因素，通过建立相应的青饲料供给反应计量回归模型，估计青饲料种植面积对价格的反应程度，并进一步探析价格以外的因素对我国青饲料种植的影响，为我国青饲料的生产提供对策建议。

7.3　理论基础与假设

7.3.1　理论基础

在微观经济学理论中，价格是市场供求的指示器。在完全竞争条件下，产品的供给量取决于产品的价格、生产所需要的投入品价格以及技术水平等。根据卢卡斯(Lucas)理性预期假说，农户的生产行为是足够理性的，他们可以利用可获得的一切信息来调整自己的生产决策、实现预期收益。农户的生产过程是一个动态调整和决策的过程，农户的供给反应是了解价格杠杆发挥作用机制的基础，农户供给反应在短期内主要受市场价格因素的影响，在长期还受相关政策与自然条件等的影响。本书假定青饲料的生产过程也遵循这一理论。

Nerlove 供给反应模型是相对成熟并得到了广泛应用的农业供给反应模型，它将动态因素和长期效应考虑在内，假定农户在生产过程中存在一个学习和适应的过程，可以根据预期价格来调整种植面积或产出。该模型既可以表示为种植面积的反应，也可以表示为产出的反应，种植面积或产出是预期价格和其他外生变量的函数。本书关注的是相关因素对青饲料种植面积的影响，因此，将青饲料的种植面积作为被解释变量，模型中含有因变量的滞后项和其他解释变量是一个动态自回归模型，其核心方程为(Askari H 和 Cummings J T，1977)：

$$A_t^e = \alpha_0 + \alpha_1 P_t^e + \alpha_2 Z_t + \mu_t \tag{7-1}$$

$$P_t^e - P_{t-1}^e = \beta(P_{t-1} - P_{t-1}^e) \tag{7-2}$$

$$A_t - A_{t-1} = \gamma(A_{t-1}^e - A_{t-1}) \tag{7-3}$$

$$\mu_t \sim (0, \sigma_\mu^2)$$

式中：A_t^e和A_t分别为第t时期的预期青饲料种植面积和实际青饲料种植面积；P_t^e和P_t分别为第t期的预期价格和实际价格；Z_t为第t期影响青饲料种植面积的其他外生影响因素；α_1为青饲料种植对价格的长期供给反应系数；β为适应性调整系数，即农户根据实际价格对预期价格调整的速度和幅度，其取值范围为$0 \leqslant \beta \leqslant 1$；$\gamma$为局部调整系数，其取值范围为$0 \leqslant \gamma \leqslant 1$，这是由于农户在短期内不能根据新的预期价格做出较大幅度的调整，而是进行小范围的局部调整；μ_t为均值为0，方差为σ的随机误差项。公式(7-1)至公式(7-3)，消除不可观测变量A_t^e和P_t^e后，得到简化版的Nerlove方程：

$$A_t = \theta_0 + \theta_1 P_{t-1} + \theta_2 A_{t-1} + \theta_3 A_{t-2} + \theta_4 Z_t + \theta_5 Z_{t-1} + \nu_t \tag{7-4}$$

式中：$\theta_0 = \alpha_0 \beta\gamma$，$\theta_1 = \alpha_1 \beta\gamma$，$\theta_2 = (1-\beta) + (1-\gamma)$，$\theta_3 = -(1-\beta)(1-\gamma)$，$\theta_4 = \alpha_2 \gamma$，$\theta_5 = -\alpha_2(1-\beta)\gamma$，$\nu_t = \gamma[\mu_t - (1-\beta)\mu_{t-1}]$。

供给的短期价格弹性为$\theta_1 \dfrac{\overline{P}}{\overline{A}}$，长期价格弹性为$\dfrac{\theta_1}{1-\theta_2-\theta_3}\dfrac{\overline{P}}{\overline{A}}$，$\overline{P}$和$\overline{A}$分别为根据历年数据计算的价格和种植面积的平均值。

7.3.2 解释变量设置及假设

1. 上一期的播种面积

农户在种植过程中会受到自身种植习惯的影响，本书假设上一期的播种面积会对当期的种植产生正向影响。

2. 上一期青饲料价格

根据蛛网理论，在完全竞争市场中，农产品的当期价格由当期供给量决定，而当期供给量由上一期市场价格决定，大部分农产品具有供给弹性较大，需求弹性相对稳定的特点，即价格变动会导致供给产生剧烈波动。由此可以假设上一期青饲料的价格上升，生产者为追求短期利益会迅速调整种植计划，扩大当期的青饲料种植面积，所以上一期价格对当期的种植是正向影响。

3. 生产成本

在青饲料的种植和生产过程中需要消耗一定的生产资料成本，如化肥、农药、种子、农业机械设备折旧或租用及其他生产服务所需要消耗的费用。生产成本的增加会导致生产者收益的下降，从而会降低种植青饲料的意愿，种植面积就会随之减少，因此，假设生产成本增加对青饲料的种植是反向影响。

4. 技术水平

由于青饲料的种植和收获对机械化服务的要求较高，在其成熟后，为了使养分不过多流失，需要及时收割、晾晒、打捆、贮存等。这些过程均需要相关技术和机械设备的支持，机械化水平的提高一方面可以增加农户种植青饲料的意愿，提高青饲料的供给，另一方面可以降低生产成本，扩大种植规模。因此，假设技术水平的提高对青饲料的种植产生正向影响。

5. 替代作物或竞争作物

我国畜牧业正处在转型期，其发展还需要消耗大量的粮食。受耕地面积的束缚，粮食作物的种植和青饲料的种植存在竞争关系，生产者增加粮食作物的种植，会对青饲料的种植产生挤压。本书选取粮食作物的播种面积来考察竞争作物对青饲料的影响，并假设其对青饲料种植有负向影响。

6. 相关政策

我国的相关政策对青饲料种植的影响非常明显。在"退耕还林还草"政策支持下，1999—2003 年，青饲料的种植面积显著增加，青饲料产业发展很快；2004 年，"退耕还林还草"政策退出后，青饲料的种植面积逐年下降。其原因是 2004 年我国开始推行粮食种植补贴，提高了农民种粮的积极性，青饲料种植受到挤压。2012 年，中央一号文件提出启动实施振兴奶业苜蓿发展行动后，青饲料的种植又有增长的趋势。因此，本书假设鼓励和支持发展青饲料种植的相关政策会对青饲料的种植产生正向影响，并采用虚拟变量来表示这种政策的实施情况（0：未实施；1：实施）。

7. 牲畜出栏量

青饲料的种植受到市场需求的影响。草食动物是青饲料的消费主体，牛羊等牲畜的存栏量是青饲料种植的决定性因素。当期牛羊等存栏量的增加，青饲料的需求也会相应增加。本书以牛的出栏量为代表来估计牲畜的需求对青饲料种植的影响，假设当期牛的出栏量增加，会对青饲料的种植产生正向影响。

8. 自然灾害

农户在选择种植的作物时也会受到当年气候条件的影响。本书选取受灾面积来考察自然灾害对青饲料种植的影响，假设当期受灾面积的增加会对青饲料的种植产生负向影响。

7.4　模型构建与结果分析

7.4.1　实证模型构建

本书将青饲料的种植面积作为被解释变量，根据上述对解释变量的设置构建出实证模型。由于模型中的残差项可能存在异方差问题，因此，不能直接对 Nerlove 模型进行估计，为确保残差项同方差且服从正态分布，需要先对 Nerlove 模型进行对数化处理，且对数—线性供给模型要优于一般的线性模型，更便于结果的分析，故具体的模型形式为：

$$\ln A_t = \theta_0 + \theta_1 \ln P_{t-1} + \theta_2 \ln A_{t-1} + \theta_3 \ln A_{t-2} + \theta_4 \ln Z_t + \theta_5 \ln Z_{t-1} + \theta_6 D_1 + v_t \tag{7-5}$$

式中：A_t 为第 t 时期实际青饲料种植面积；P_{t-1} 为上一期青饲料的实际价格；A_{t-1} 为上一期青饲料的种植面积；A_{t-2} 为上两期青饲料的种植面积；Z 为影响青饲料种植的其他因素，包括农作物总播种面积、粮食作物播种面积、牛出栏量、联合收割机数量、农业生产服务价格指数、受灾面积；D_1 为青饲料种植鼓励政策，其中，1999—2003 年和 2012—2016 年的 $D_1=1$，其余年份 $D_1=0$。

由于面板数据存在省份之间的异质性，本书通过采用豪斯曼（Hausman）检验来确定选择固定效应模型，还是随机效应模型，检验结果中 P 值为 0，因此，拒绝原假设，使用固定效应进行估计。由于模型中含有被解释变量的滞后项，采用最小二乘法（OLS）进行估计可能存在解释变量的内生性、序列相关及多重共线性问题，本书采用 GMM 方法进行模型的参数估计，并借助工具变量消除内生性导致参数估计不一致的问题。通过对供给反应模型的解释变量求相关系数矩阵得知，青饲料的滞后一期面积及当期价格与其他解释变量高度相关，选择青饲料滞后两期的面积和滞后一期的价格作为工具变量进行回归，其余变量保持不变。

7.4.2 数据来源与处理

本书选取 1997—2016 年全国除了农业规模较小的北京、天津、上海、重庆 4 个直辖市以外的其余 22 个省份和 5 个自治区的面板数据进行研究。其中，青饲料的种植面积、农作物总播种面积、粮食作物播种面积、牛出栏量、联合收割机数量、农业生产服务价格指数、饲料价格指数及受灾面积均来源于国家统计局网站（http://data.stats.gov.cn）中的分省年度数据，对青饲料种植进行鼓励和支持的政策主要来自国家的相关政策文件。国内有关青饲料价格按年连续统计的分省数据较少，根据国家统计局网站中对饲料价格指数的指标解释，本章采用饲料价格指数近似作为青饲料的价格指数。由于在各省份 1997—2005 年的农业生产服务价格指数、2016 年联合收割机的数量及受灾面积的相关数据存在缺失，为了保证数据的平稳性，本书采用多重插补的方法对缺失数据进行了插补。为消除通货膨胀对价格影响，本书在价格指数的处理上以 2007 年为基期，指数为 100，对其他年份的价格指数根据 2007 年的数据计算而得。青饲料进口数量和进口额的数据来源于 UN Comtrade 网站。

7.4.3　模型结果分析

本书采用 R 3.4 软件对回归模型进行估计，结果如表 7-2 所列。从估计结果可以看出，模型的拟合程度较好，各因素的系数都比较显著。沃尔德检验(Wald)在 1%的显著性水平下通过检验，这说明采取 GMM 估计比 OLS 估计更有效，用 sargan 统计量检验扰动项与工具变量之间是否存在相关性，P 值为 1，故可以接受“所有工具变量都有效”的原假设，检验结果如表 7-3 所列。

1. 青饲料价格因素对其种植面积的影响

根据回归结果，青饲料种植面积的短期价格弹性为－0.547，通过计算可得长期价格弹性为 1.392。我国青饲料的种植面积在 1%置信水平上受自身上期价格的影响显著，但价格变化对青饲料种植面积调整的短期影响较小，当青饲料价格上升 1%，其种植面积会减少 0.547%，表明青饲料供给缺乏弹性；如果长期内青饲料的价格上升 1%，其种植面积会增加 1.392%，表明青饲料供给富有弹性。短期内的青饲料供给缺乏弹性。其原因是在青饲料价格变动时，农户做出种植决策的调整过程存在一定的黏性，同时，受高进入/退出成本等的影响，轻微的价格变动并不会使青饲料的种植面积产生很大的波动，农户不会在短期内做出积极反应。长期内的供给弹性较大，说明随着时间的延长，农户会根据青饲料自身的价格对青饲料的种植面积进行调整。即使出台鼓励政策，在短期内通过价格措施调整青饲料的种植面积，难度仍然较大。

表 7-2　模型估计结果

解释变量	变量含义	回归系数	Z 值	$Pr(>\|z\|)$
A_{t-1}	上一期青饲料播种面积	0.634***	7.674	0.000
		(0.083)		
A_{t-2}	上两期青饲料播种面积	－0.027	－0.462	0.644
		(－0.059)		
P_{t-1}	上一期青饲料价格指数	－0.547***	－4.586	0.000
		(－0.119)		
D_1	青饲料种植相关鼓励政策	0.177***	4.273	0.000
		(－0.041)		
$TotalA_t$	农作物总播种面积	3.516**	2.209	0.027
		(－1.592)		
$TotalA_{t-1}$	上一期农作物总播种面积	－3.351***	－2.816	0.005
		(－1.190)		
$GrainA_t$	粮食播种面积	－2.185**	－2.392	0.017
		(－0.913)		

续表 7-2

解释变量	变量含义	回归系数	Z 值	$Pr(>\|z\|)$
$GrainA_{t-1}$	上一期粮食播种面积	1.575*** (−0.546)	2.886	0.004
PC_t	农业生产服务价格指数	−0.159** (−0.063)	−2.543	0.011
PC_{t-1}	上一期农业生产服务价格指数	0.034 (−0.083)	0.401	0.688
$CattleN_t$	牛出栏量	0.387** (−0.191)	2.027	0.043
$CattleN_{t-1}$	上一期牛出栏量	−0.043 (−0.191)	−0.226	0.822
$MachineN_t$	联合收割机数量	−0.050** (−0.019)	−2.574	0.010
$MachineN_{t-1}$	上一期联合收割机数量	0.113*** (−0.038)	2.999	0.003
$DisasterA_t$	受灾面积	−0.013 (−0.018)	−0.727	0.467
$DisasterA_{t-1}$	上一期受灾面积	0.068*** (−0.016)	4.143	0.000

注：括号内为标准误差，***、**、* 分别表示在 1%、5% 和 10% 的显著性水平。

表 7-3　检验结果

检验	统计量	P 值
Sargan test	chisq(282) = 27	1
Autocorrelation test (1)	normal=−2.763 032	0.005 726 7
Autocorrelation test (2)	normal=1.011 045	0.311 99
Wald test for coefficients	chisq(16) =883.436 8	<2.22e−16

计算结果表明，上一期青饲料的价格上升，当期青饲料的种植面积反而会下降（系数为负），与预期相反。通过对青饲料进口相关数据分析发现，国内青饲料的价格与进口青饲料的数量和金额之间呈现正向相关关系，即国内青饲料价格上升，进口饲料会大量增加。通过对奶牛养殖企业进行的大量访谈得知，与国产青饲料相比，进口青饲料（主要是紫花苜蓿）不仅粗蛋白质含量、酸洗纤维、中洗纤维含量、相对饲料值等主要衡量指标均明显优于国产青饲料，并且交货及时，产品种类多，更

受奶牛养殖企业的欢迎。尤其在“三聚氰胺事件”后,奶粉加工企业普遍提高了对原料奶质量的要求,为了产品达标,规模奶牛养殖企业普遍采用进口青饲料。当国内青饲料价格上升时,养殖企业更倾向于购买从国外进口的青饲料,国产青饲料需求的减少,国内青饲料的种植面积也减少。

国产青饲料中优质产品比例很低。以苜蓿种植为例,2010 年,全国苜蓿年末保留面积 6 843 万亩,优质苜蓿种植面积仅为 50 万亩。随着奶牛养殖企业对苜蓿质量要求的不断提高,苜蓿进口量急剧增加(图 7-2)。这种状况刺激我国不断提高优质苜蓿种植比例,2017 年优质苜蓿种植面积比 2010 年优质苜蓿种植面积增长 8.2 倍。国产优质苜蓿占比的不断提高造成苜蓿产品平均价格的不断提高。同时,优质苜蓿生产需要大量的专用设备及较高的技术与管理要求,我国众多的中小苜蓿种植户很难达到要求,导致低端苜蓿生产过剩,部分中小苜蓿种植户只能退出苜蓿种植。

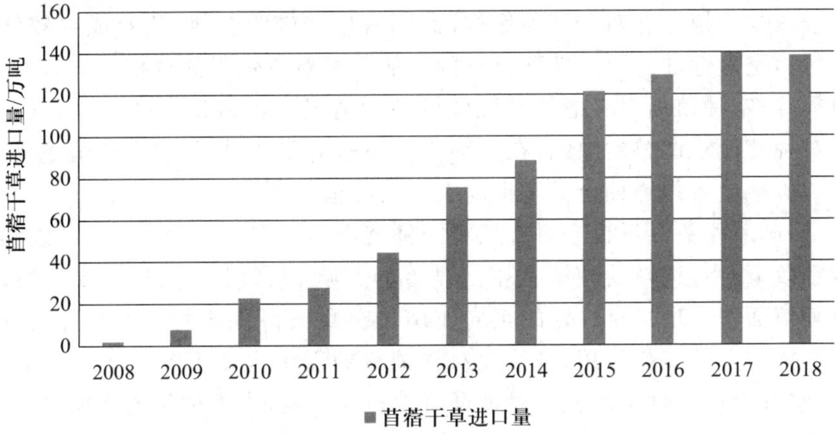

图 7-2　2008—2018 年我国苜蓿干草进口量

(资料来源:中国海关信息网)

2. 其他因素对当期青饲料种植面积的影响

第一,上一期青饲料的播种面积对本期种植面积的影响非常显著,且呈正向相关,系数达到了 0.634,符合预期。其与农户的种植习惯有很大关系。我国农户的生产行为长期受思想观念及经济环境的制约,不会轻易对种植进行调整,具有供给刚性。上两期青饲料播种面积对本期播种面积的影响虽然不显著且影响较小(系数为−0.027),但与预期相反。进一步分析可知,从较长时间来看,青饲料种植者会对种植决策做出反方向调整,以符合目前青饲料种植面积持续波动的现状。

本章还考察了农作物总播种面积和粮食播种面积对青饲料种植的影响,其均符合预期。当期的农作物总播种面积对青饲料的种植有显著的影响,且为正向关系，系数为3.516，青饲料的播种面积会随着总播种面积的增加而增加。这种状况说明当年可能会有一些新开垦的耕地用来种植农作物，如中低产田、四边地、冬闲田等。在退耕还草政策的支持下，这些耕地可能会用来种植青饲料(相对于粮食作物，青饲料对土地要求不高，贫瘠的土地就能生长)。而上一期农作物总播种面积对青饲料的种植有明显的负向影响，则青饲料需求弹性小，种植面积的增加会使价格下降，从而导致当期种植减少。在总播种面积既定的条件下，粮食作物与青饲料是竞争作物关系，当期的粮食作物播种面积对青饲料种植有显著的负向影响，系数为－2.185。自2004年以来，国家实施粮食种植补贴政策，种粮的收益明显提高，粮食播种面积迅速增加，青饲料的种植受到挤压。

第二，青饲料的生产成本，即农业生产服务价格指数对青饲料种植的影响比较显著，系数为－0.159。随着生产成本的增加，青饲料的种植面积会减少，但是减少幅度不大，这就表明农户的种植决策是建立在权衡成本和收益基础之上。在当前农业生产成本普遍上升的情况下，青饲料种植者不会单纯因为青饲料生产成本的提高随意减少种植。相对于其他作物，青饲料生产较为粗放，相对成本较低，农户的生产行为是理性的。上一期联合收割机的数量对青饲料的种植有显著的正向影响，农户在决定种植前会考虑相关机械设备的情况。机械化水平的提高放宽了固定成本对种植面积调整的限制，在劳动价格快速上涨情况下，农户种植更具有灵活性，因此，机械设备的增加会显著提高农户的种植意愿。

第三，国家相关政策也会对青饲料的种植产生影响。从表1-2中可以看出，相关的鼓励政策对青饲料的种植有相当显著的影响(系数为0.177)，政策的实施对青饲料种植面积的增加有一定的正向作用。在我国畜牧业的转型和升级过程中，青饲料发挥重要的支撑作用，畜牧业对青饲料的需求也在不断增加。以牛出栏量为代表，本章考察了牲畜出栏量对青饲料种植的影响，牛出栏量的增加对青饲料的种植具有显著的正向作用。根据回归结果，牛出栏量每增加1%，青饲料的种植面积就会增加0.387%。

第四，自然灾害对农户的种植行为也会产生一定的影响。从回归结果可以看出，上一期的受灾面积对青饲料的种植有显著的影响(系数为0.068)，上一期受灾面积增加1%，当期的青饲料种植面积仅减少0.068%，表明在上一期受灾后，农户会对当期的作物种植进行调整，农户可能会更倾向于选择对种植环境要求更低，对自然灾害抵御能力更强的青饲料作物。

7.5 结论和建议

本章通过对我国22个省和5个自治区的青饲料供给反应进行研究，考察了全国范围内的青饲料种植面积对价格的反应程度及外部因素对青饲料供给的冲击作用，得出如下结论。

在短期内，青饲料种植面积对价格的弹性较小，说明了在短期内在农户对青饲料种植面积的调整存在一定的时滞性，他们不会轻易改变种植策略。或许高昂进入或退出的成本，农民以前对播种面积的决定强烈影响他们目前的决定。在没有其他驱动因素的条件下，我国青饲料的供应往往随着时间的推移而下降。受传统种植思维习惯以及政策导向的影响，我国农户依然以种植粮食作物为主，粮食作物的播种面积对青饲料的种植产生了很大的负向效应，严重制约了我国青饲料产业的发展。

在短期内，价格对青饲料种植的负向影响说明了我国青饲料的高端供给不足，低端供给过剩，政府应该以供给侧结构性改革为契机，使其支持政策向更加有利于满足市场需求的高端青饲料种植倾斜。作为种植主体，农户的种植决策信息十分有限。如果农户能够获取更多可靠的市场信息，他们就能及时并理性地做出种植策略的调整。除了及时的信息披露，政府可以适当地采取一定的措施对农户的种植行为进行引导。

近年来，农业生产成本对青饲料的种植产生了一定的负向效应。农业生产服务价格、化肥、农药、种子等生产资料的价格不断上涨使农业生产进入“高成本”时代，农户在生产过程中会权衡成本和收益。由于青饲料的种植收益相比粮食作物要高，成本的提升不会导致青饲料种植大规模的减少。随着技术水平的提高，机械化服务给农户的生产过程带来了便捷。在当前劳动力价格快速上升的情况下，机械化服务不仅可以有效降低生产成本，而且可以改善产品收获和加工的质量，更好地满足人们对农产品品质不断提高的要求。农机补贴政策的推行会显著提高农户生产青饲料的积极性。在确保相关农机补贴政策的稳定性和连续性的同时，我国政府还需要进一步完善农资供应服务，拓宽种子供应渠道和服务，充分利用互联网销售的便捷，帮助农民科学正确的使用农资和种子。青饲料的收贮需要占用很大的空间，政府可以支持服务组织与当地的生产和加工企业联合对贮藏仓库等的连片建设，集中进行管理、服务和运输。

“退耕还林还草”政策和其他相关政策的出台对青饲料的种植有明显的影响。相比之下，农民播种面积的决定充其量也是适度地响应价格激励。国家对青饲料产业发展的重视对提高农民的种植意愿起到关键作用。在这些鼓励政策的基础上，政府可以进一步实施对青饲料种植的补贴政策，提高农民的生产积极性，进一步扩大我国青饲料供给，缩小供需缺口。在确定的驱动因素中，政府鼓励政策（对青饲料种植的补贴）是最重要的政策，中国的青饲料播种面积因而增加了30%以上。

以上研究结果表明，仅仅依靠市场机制可能无法确保我国可持续的青饲料供应，需要有效的政府干预。政府不仅要保证补贴政策的连续性，而且要进一步提高供给服务质量，拓宽供给服务渠道。由于收获和储存青饲料需要大量的空间，政府可以支持服务组织和地方行政当局建造仓库和提供管理和运输服务。此外，在固定资本投入影响青饲料供应的情况下，青饲料的生产鼓励政策可与能提高其效果的机械补贴相结合。

第 8 章　我国苜蓿种植面积的经济分析

分析影响我国苜蓿产品供给的因素，对于精准调控苜蓿种植，满足草食畜牧业发展，减少饲料粮需求，发展环境友好型种植等具有十分重要的意义。但是我国对苜蓿供给影响因素的实证研究很少，还没有基于苜蓿多年生、运输成本高等特点的供给反应实证分析模型。

本章在对中国苜蓿种植实际情况进行分析的基础上，通过对可能影响中国苜蓿供给的因素进行分析，推导多年生牧草供给反应的理论模型，并运用供给反应实证模型，计算各影响因素对苜蓿供给的影响，为中国的苜蓿种植业发展提供对策和建议。

8.1　引言

长期以来，对于如何提高农业食品质量安全，增加农民收入，保护农业生态环境，一直是我国农业农村发展的重点问题。据中国国家统计局数据显示，2000 年中国居民人均粮食消费量为 188.94 千克，2018 年中国居民人均粮食消费量仅为 127.2 千克，减少了 33%，而同期奶类消费量从 5.36 千克却增加到 12.2 千克，增加了 128%。苜蓿被认为是“牧草之王”，是目前人工种植面积最大的牧草。苜蓿产业成为草食家畜养殖业的基础产业，苜蓿产业可为健康、安全的畜牧业提供有力支撑。由于乳制品生产寿命的延长，牛奶行业可以有效地减少碳排放。对内蒙古、河北、山东和江苏 1 596 家奶牛场的调查表明，2008—2018 年，奶牛场对苜蓿的使用量平均增加了 47%。奶牛养殖规模越大，牛奶质量越高，苜蓿的使用数量就越多。此外，种植苜蓿会增加土壤有机物，改善生态环境。比玉米和小麦亩均收益相比，苜蓿的亩均收益更高。种植苜蓿可以增加农民收入，并能促进我国苜蓿种植业发展具有重要意义。

虽然苜蓿的需求量不断增加，但自 2009 年以来，中国苜蓿种植面积却一直为 4 100 万～4 900 万亩，在 2013—2017 年甚至出现种植面积持续减少的情况。国内苜蓿供给严重不足，只能通过大量进口，满足需求。2007 年中国苜蓿进口量不足 27 万吨，2018 年中国苜蓿进口量则猛增至 138 万吨（图 8-1）。增加苜蓿供给，满足养殖业不断增长的需求，成为近年来中国政府、学者关注的问题。自 2015 年

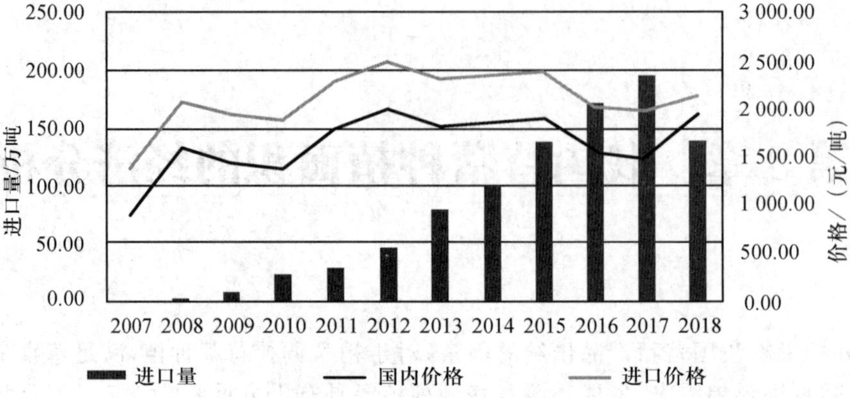

图 8-1　2007—2018 年我国苜蓿进口量、进口价格、国内价格

以来，苜蓿栽培的发展一直是中央一号文件中的重要内容。

目前我国苜蓿供给的研究主要是定性分析，通过定性分析苜蓿种植的作用、意义，提出通过补贴等政策激励苜蓿种植。而我国对苜蓿供给变化影响因素的定性分析很少。王熙遥和钱贵霞（2018）利用 Nerlove 模型研究了苜蓿价格、种植传统以及玉米价格对苜蓿供给的影响；王文信等（2015）通过构建幼稚价格预期模型，计算了价格对黄淮海地区苜蓿种植面积的影响程度；王文信等（2017）利用 PMP 模型对河北省黄烨市的苜蓿种植补贴效果进行了实证分析；倪印锋和王明利（2018）利用区位基尼系数，分析了影响中国牧草产业地理集聚的因素；李佳晓（2012）分区域对中国的牧草供需情况进行了测算；李新和修长柏（2015）分析了内蒙古地区农户种植苜蓿的情况及影响农户种植苜蓿的因素。现有对作物种植面积影响因素的研究集中于小麦、玉米、大豆、棉花、糖料等以及动物产品的供给影响因素的研究。

草牧业发达国家很早就开展苜蓿供给计量研究，研究文献较多。通过构建供给反应模型，Konyar 和 Knaap (1988)分析了加利福尼亚苜蓿种植面积的影响因素；Van(1990)对美国内华达州的苜蓿干草种植面积、价格进行了综合预测分析；Ragalyi 等(2014)分析了降水对牧场含有不同养分干草的供给量的影响。Blake 和 Clevenger (1984)估计了苜蓿面积响应函数，以预测苜蓿的价格；Shumway (1983)估计了得克萨斯州农田作物种植面积的响应函数；Just (1974)估算了加利福尼亚农田作物种植面积响应函数；Knapp (1987)建立多年生作物面积响应模型；French 和 Matthews (1971)，Bateman(1965)，Behrman(1968)，Arak(1969)以及 Baritelle 和 Price(1974)也建立了不同的多年生作物响应模型。

总体来看，中国苜蓿供给影响因素的计量研究文献很少，且已有研究文献都没考虑苜蓿生物学、物理学特征。国外研究虽然考虑了苜蓿生物学特征，但是与中国的国情不同、消费习惯及消费水平差异很大，不能反映我国苜蓿供给的实际，所以研究中国苜蓿的供给影响因素需要构建基于中国特点的计量模型。本章拟从引起中国苜蓿种植面积变化因素的理论分析开始，构建苜蓿供给反应模型；并根据中国苜蓿生产的实际，构建实证模型，利用相关数据，测算种植习惯、价格、成本、土地禀赋、社会化服务水平、经济发展水平、自然灾害、政府政策等因素对苜蓿供给（种植面积）的影响，并结合笔者的相关调查，对计量结果进行分析，为我国制定苜蓿种植业发展政策提供决策参考。

8.2　研究方法

8.2.1　苜蓿供给反应概念模型

苜蓿是一种多年生作物，平均生长寿命为 3～7 年，其具体年限取决于土壤、气候条件和刈割方式等。Blake 和 Clevenger，Shumway 和 Just 估计了苜蓿种植面积的响应函数，但这些研究都没有考虑苜蓿的多年生特性。Konyar 等（1988），Knapp (1987)，French 和 Matthews(1971)，Bateman(1965)，Behrman(1968)，Arak(1969)以及 Baritelle 和 Price(1974)建立了多年生作物供给反应模型。本章建立的概念模型借鉴了 Konyar 等（1988），Knapp(1987)使用的模型。Knapp 的分析是基于规范分析，Konyar 和 Knapp 的分析是实证分析，本章基于中国苜蓿种植实践，将规范分析与实证分析相结合，构建基于我国国情的苜蓿种植规范分析模型。

8.2.1.1　苜蓿供给反应的规范模型

本章基于多年生作物种植的特点，建立规范模型，推导估计苜蓿种植面积反应方程。这个模型考虑苜蓿的年龄分布情况、种植的成本以及在每个苜蓿年龄段中移除的面积。其具体推导如下。

对于长期苜蓿种植者来说，其第 t 年苜蓿种植面积是不同年度新增苜蓿种植面积之和，即

$$A_t = \sum_{i=1}^{n} A_{it} \tag{8-1}$$

式中：A_{it} 为在第 t 年 i 岁的苜蓿种植面积；n 为现有苜蓿的最大年龄数。苜蓿是多年生植物，种植第 1 年需要额外的种子及整地、播种等费用，产量却只有第 2 年的 40%，第 2～4 年产量最高，从第 5 年开始快速下降。考虑到改种费用（苜蓿根系发达，整地成本较高），从第 5 年开始轮作经济性较好，苜蓿种植大国——美国也是 5 年后开始轮作。由于开展大规模种植时间短，我国的苜蓿轮作时间比较混乱。根据本章调查，苜蓿种植企业、合作社及种植大户轮作时间一般 5～6 年，众多小农户轮作周期只有 3 年。

国家苜蓿种植补贴都是规定只补贴新增种植面积，为了能获得更多补贴，有的

苜蓿种植企业选择缩短轮作间隔。众多小农户轮作周期短，其主要原因一是抱有投机心理，一旦价格达不到预期，就转种风险低、技术成熟、收益稳定的粮食作物；二是天灾或人为管理不到位，导致整体的生产能力下降。

假定 t 年新增苜蓿种植面积A_{1t}是预期每亩苜蓿种植收益P_t^*（预期苜蓿价格）和预期苜蓿的竞争作物每亩利润CP_t^*（预期竞争作物价格）及其他影响因素的线性函数，则

$$A_{1t}=b_0+b_1P_t^*+b_2CP_t^*+b_3Z+u_t \qquad (8\text{-}2)$$

式中：b_0，b_1，b_2和 b_3为相应系数；u_t为误差项；Z 为控制变量，包括生产成本、土地禀赋、社会化服务水平、非农收入、天气条件、政府政策等。因此，可以得到第 t 年苜蓿种植面积为：

$$A_{it}=A_{i-1,t-1}-R_{i-1,t-1} \quad \mathrm{i}=1,\cdots,n-1 \qquad (8\text{-}3)$$

式中：A_{it}为第 t 年度的种植超过一年的苜蓿种植面积，它定义第 $t-1$ 年苜蓿种植面积$A_{i-1,t-1}$，减去在 $t-1$ 移除（轮作）的各年龄组苜蓿的面积$R_{i-1,t-1}$。

假设第 t 年不同年龄段的苜蓿移除量为R_{it}是预期下一年度亩均苜蓿收益P_{t+1}^*和预期竞争作物下一年度亩均收益CP_{t+1}^*的线性函数，则得到如下公式：

$$R_{it}=r_{0i}+r_{1i}P_{t+1}^*+r_{2i}CP_{t+1}^*+r_{3i}Z+e_{it} \quad i=1,\cdots n-1 \qquad (8\text{-}4)$$

式中：Z 为控制变量，e_{it}为误差项。

基于公式(2-1)至公式(2-4)，可以得到下列苜蓿供给反应方程：

$$A_t=\delta+\sum_{j=0}^{n-1}(\alpha_j P_{t-j}^*+\beta_j CP_{t-j}^*)+\gamma Z+v_t \qquad (8\text{-}5)$$

式中：δ，γ，α_j和 β_j是估计系数；v_t是误差项。在实证分析中苜蓿轮作年限 n 是需与其他系数一起估计的参数。在公式(8-5)中

$$\delta=nb_0-\sum_{i=1}^{n-1}r_{0i};$$

$$\alpha_j=b_1-\sum_{i=1}^{n-j-1}r_{1i} \quad j=0,\cdots,n-1;$$

$$\beta_j=b_2-\sum_{i=1}^{n-j-1}r_{2i} \quad j=0,\cdots,n-1;$$

$$v_t=\sum_{j=0}^{n-1}u_{t-j}-\sum_{i=1}^{n-1}\sum_{j=1}^{n-1}e_{i,t-j};$$

若 $\mathrm{i}=1,\cdots,\mathrm{n}-1$，$COV(Z_t,Z_{t-j})\neq 0$；若 $\mathrm{i}>\mathrm{n}-1$，$COV(Z_t,Z_{t-j})=0$。

式 8-5 可以通过各种假设来估计，如 Nerlove 型适应性期望、理性期望和幼稚行为等。最常用的是 Nerlove 型适应性期望。

8.2.1.2　Nerlove 模型

将某一种植面积的广义关系表示为：

$$A_t = f(P_t^e, w_t^e) \tag{8-6}$$

式中：A_t 为收获或种植面积；P_t^e 为收获产品的预期价格；w_t^e 为预期的投入价格（成本）。

虽然对农业供给价格反应的计算和分析有着悠久的历史，但 Nerlove 在 1958 年的开创性工作极大地推进了供给反应研究。Nerlove（1958）假设农民的反应是基于价格预期和/或面积调整。更具体地说，Nerlove 的模型由 3 个基本模型组成：

适应性价格预期模型：$P_t^e - P_{t-1}^e = \lambda(P_{t-1} - P_{t-1}^e)$　(8-7)

供给反应模型：$A_t^d = a_1 + a_2 P_t^e + a_3 Z + \mu_t$　(8-8)

局部调整模型：$A_t - A_{t-1} = \gamma(A_t^d - A_{t-1})$　(8-9)

式中：A_t^d 为在 t 年中种植的“期望”或均衡数量；Z 为其他观察到的可能的外生变量；λ 和 γ 为反映预期对观察到的价格和种植量对均衡数量变化响应的期望和调整系数；μ_t 为误差项，其他的调整系数含义与公式（8-6）中的相同。通过迭代式（8-7），P_t^e 可以写成：

$$P_t^e = (1-\lambda)\sum_{i=1}^{t}(1-\lambda)^{i-1} P_{t-i} \tag{8-10}$$

因此，局部调整模型公式（8-9）可以写成如下形式：

$$A_t = b_1 + b_2 A_{t-1} + b_3 \sum_{i=1}^{t}(1-\lambda)^{i-1} P_{t-1} + b_4 Z_t + V_t \tag{8-11}$$

式中：A_{t-1} 作为一个自变量，它可能与误差项有关，这表明公式（8-11）应该用工具变量方法来估计。

假设公式（8-7）中的期望价格系数“λ”等于 1，则自适应期望价格模型变为幼稚望模型，即

$$P_t^e = P_{t-1}. \tag{8-12}$$

对不含控制变量的公式（8-12）进行估计，其系数 $\lambda = 0.997$，表明我国苜蓿种植符合幼稚的价格期望行为，结果与预期相反。本书通过查阅相关资料以及对内蒙古、甘肃、新疆、宁夏主要苜蓿产区进行调查认为造成这种情况有三种可能的原因：①苜蓿是一种多年生作物，农民很难轻易进入/退出苜蓿种植市场。种植苜蓿第 1 年需要额外的种子、土地准备和播种费用，但产量低于第 2 年的 40%。产量在第 3～4 年达到最高，从第 5 年开始会迅速下降。考虑到再植成本（根系发达，整地成本高），经济的苜蓿轮作在第 5 年最好。在美国，苜蓿种植者大都在第 5 年开始轮作。此外，现代苜蓿栽培在中国越来越依赖技术和资本。例如，种植 200 亩苜蓿仅购买农业机械支出就高达 80 万元。如果不种植苜蓿，这些资产中的大多数就没有使用价值。②与苜蓿市场结构有关。中国的很大一部分苜蓿种植面积是由奶农（包括奶牛、羊、肉牛、马、疫用牛等）种植。由于自用，他们一般不会对苜蓿价格

的年际波动和相互竞争的作物价格产生很大的反应，他们主要关心是否有可靠的苜蓿供应来源。③缺乏种植决策信息。由于市场不完善，苜蓿种植户普遍缺乏苜蓿种植的决策信息，种植苜蓿主要看上期价格、追随周围种植者等。因此，式(8-5)可改成幼稚价格期望模型：

$$A_t = \delta + \sum_{j=0}^{n-1} (\alpha_j P_{t-1} + \beta_j CP_{t-1} + \gamma_j CG_{t-j}) + \eta Z + v_t \qquad (8\text{-}13)$$

8.2.1.3　苜蓿种植面积的价格反应

利用广义最小二乘法对式(8-13)进行估计。对不同的 n 值，进行重复估计，得到保留苜蓿的最大年数 n，达到误差平方和最小时 n 的取值为最佳回归估计。计算结果表明，$n=5$ 时，误差平方和最小，这与本书调查结果相一致。美国加州苜蓿农民的实际做法证实了这一结果。

回归结果在如表 8-1 所示。根据回归结果，“模型 1”中的大多数估计参数都是不显著的，其原因是解释变量之间的多重共线性。多重共线性是能够预期到的，因为变量是由滞后的两个价格序列及外生变量产生。多重共线性的存在，导致变量不显著、模型不稳定，以至于出现不显著的估计。尽管存在多重共线性，通过处理仍可获得良好的预测。重新以 A_{t-1} 代替变量 $P_{t-2} \cdots P_{t-5}$ 和 $CP_{t-2} \cdots CP_{t-5}$，对模型进行重新估计。考虑到苜蓿种植面积滞后一个周期，其 A_{t-1} 是后一滞后的苜蓿价格和竞争作物价格的函数，它的值是由 $P_{t-2} \cdots P_{t-5}$ 和 $CP_{t-2} \cdots CP_{t-5}$ 决定的。因此，以 A_{t-1} 代替 $P_{t-2} \cdots P_{t-5}$ 和 $CP_{t-2} \cdots CP_{t-5}$，不会造成多重共线性问题。重新回归的结果见表 2-1 中的“模型 2”，模型 2 的所有估计系数都符合预期，且在 5% 的水平上都是显著的。因此，苜蓿种植面积计算模型的一般形式可以表示为：

$$A_t = \theta_0 + \theta_1 A_{t-1} + \theta_2 P_{t-1} + \theta_3 CP_{t-1} + \theta_4 Z + v_t \qquad (8\text{-}14)$$

在模型公式(8-14)中，其他观察到的是外生变量。如果变量采用对数形式，则系数表示相应的供给弹性。

表 8-1　价格对苜蓿种植面积的影响

变量	模型 1		模型 2	
	系数	标准误差	系数	标准误差
P_{t-1}	0.046	0.182		
P_{t-2}	0.075	0.191		
P_{t-3}	0.049	0.117	0.138	0.009***
P_{t-4}	−0.092*	0.106		
P_{t-5}	−0.131	0.087		

续表 8-1

变量	模型 1		模型 2	
	系数	标准误差	系数	标准误差
CP_{t-1}	0.570	0.510		
CP_{t-2}	−0.892	0.653		
CP_{t-3}	−1.154*	0.628	−1.728	0.031 5**
CP_{t-4}	−1.576**	0.627		
CP_{t-5}	0.038	0.629		
Constant	4.208***	0.093	4.597***	0.085
A_{t-1}	0.301		0.042	
R-squared	0.152		0.218	
Akaike crit.（AIC）	513.637		596.129	
Bayesian crit.（BIC）	551.311		603.826	
Observations	227		133	

注：*** $P<0.01$，** $P<0.05$，* $P<0.1$。

8.2.2　影响我国苜蓿种植面积的经济因素分析

影响中国苜蓿种植面积的因素非常复杂，它既有经济原因，又有资源、气候、政策等因素；既受苜蓿产业自身发展影响，也受关联产业发展的影响；既有长期因素，也有短期因素。综合多年来对苜蓿产业发展影响的持续研究，我们认为影响中国苜蓿种植面积的经济因素主要包括 9 个方面。

1. 上期苜蓿保留面积

每个地区都有适合种植的特定作物。其一旦形成一定的种植规模，将会有效降低生产成本，包括生产、运输、加工和销售成本，特别是特种设备投资成本、新技术学习成本和新种植决策风险。因此，每个地区都有传统作物，这些作物的年种植面积相对稳定。苜蓿是一种豆科植物，具有较强的固氮作用。合理的苜蓿轮作可以有效地减少作物病虫害和杂草。经过一个种植周期后，如果将苜蓿地用于种植玉米和小麦，玉米产量可提高 20%～50%，小麦产量可提高 40%～50%。美国农民选择在最肥沃的土地上种植苜蓿，以提高其生产力，但中国农民经常在中低产田或荒地上种植苜蓿以改良土壤，为以后种植粮食作物做准备。目前，我国已形成了甘肃、内蒙古、新疆、宁夏、黑龙江、河北等六大苜蓿产区。由于受到气候、价格、政策变化等因素的影响，不同年度的产量存在明显波动(图 8-2)。

2. 苜蓿价格

在完全竞争市场条件下，追求利润最大化的农户种植什么作物首先看产品价

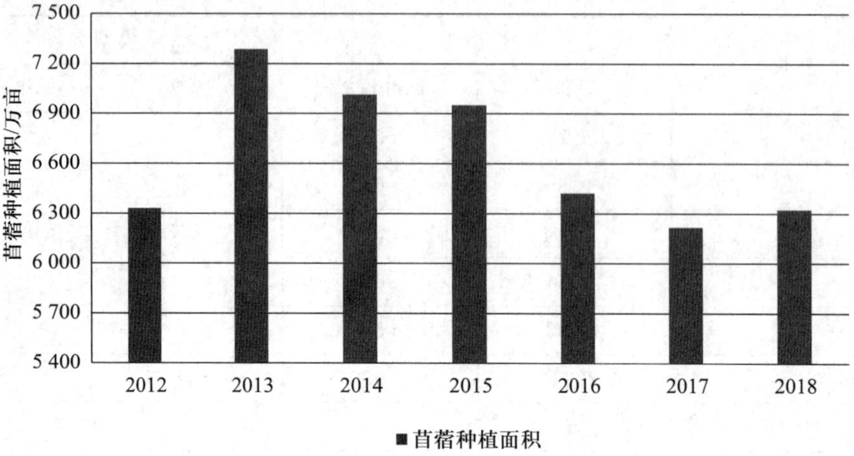

图 8-2　2012—2018 年我国苜蓿种植面积

格。在其他条件不变的情况下，苜蓿产品价格越高，种植者越倾向于种植。微观经济学把商品自身价格作为影响供给的最主要因素。根据前述苜蓿种植户遵循幼稚价格模型，本章以上一期苜蓿价格作为影响本期苜蓿栽培的因素。

3. 竞争作物价格

苜蓿属于大田作物，与其形成竞争关系的主要是粮食作物。这些作物主要包括玉米、稻谷、小麦、棉花、绿豆、谷子、高粱、甜菜等。随着苜蓿种植面积的扩大，其与蔬菜和瓜果的竞争也会逐渐增加，比如，西红柿、黄瓜、西瓜、桃树、杏树、梨树等。它并不会造成当前苜蓿种植面积的年度波动。本章以上年度竞争作物价格作为影响苜蓿种植面积的因素。

4. 生产成本

生产成本是决定苜蓿种植的重要因素，大多数相关作物的研究都使用生产成本作为解释变量，但目前没有苜蓿生产成本的相关数据。根据调查发现，中国苜蓿生产成本占比最高的是运输成本。虽然优质苜蓿干草单价相对玉米、小麦等高很多，但苜蓿干草密度很低，因此，苜蓿单位体积价格很低，运输成本在苜蓿总生产成本中占有很高的比例。民间一直有“百里不运草，千里不运粮”的谚语。本章的调查表明，仅汽油费、过路过桥费就占苜蓿草平均货值的 42%，最高甚至达到 107%，物流成本很大程度上决定着我国苜蓿产品的竞争力。近年快速上涨的汽油价格以及 2012 年后我国出台政策激励种植者扩大种植规模，导致产品运输距离增加。生产成本作为供应变化的指示器发挥着重要作用，而运输成本是此类产品中占比最高的组成部分。

灌溉成本也占据重要地位。灌溉不仅能增加苜蓿产量，而且能提高苜蓿产品质量。2008 年以前由于对优质苜蓿需求不足，农民种植苜蓿基本不用浇水。随着奶牛养殖对苜蓿数量和质量要求的提高,苜蓿种植者不断增加灌溉次数。另外,自2012年以来,政府对购置苜蓿灌溉设施给予补贴,也为增加灌溉面积提供了可能。购置灌溉设施、增加灌溉次数、设备运行成本(电力、柴油价格提高)提高,使得苜蓿灌溉支出快速上升。本章调查发现,2012—2018年,被调查农户的苜蓿灌溉支出平均增加306%。迫于地下水位快速下降的压力,从2019年开始,内蒙古地区开始对苜蓿灌溉用水计收水费。另外,苜蓿生产费用还包括在苜蓿种植和生产过程中的化肥、农药、种子、机械装备购置或租用及其他生产服务等费用。生产成本的增加会导致生产者的利润减少,降低种植面积。

5. 土地禀赋

苜蓿属于土地密集型产品,苜蓿生产对土地依赖性很强。小规模、细碎化的种植模式不仅不利于降低苜蓿生产成本,也不利于提高产品质量。我国农业人口多,农业用地面积小,农民所有的每一块土地都很小,这种情况已成为限制苜蓿种植的重要原因。

6. 社会化服务水平(控制变量)

现代苜蓿种植对设备、技术、资本的要求越来越高。种植高品质的苜蓿需要割草、压扁、烘干、捡拾、翻晒等专用设备,造成苜蓿种植的进入和退出成本越来越高。提高社会化服务水平,可有效降低种植苜蓿的决策成本,从而增加苜蓿种植面积。

7. 非农收入

非农收入水平对苜蓿种植的影响主要表现在两个方面:首先,非农收入越高,居民对草食动物产品需求量越大,带动对苜蓿产品的需求增加,引起使苜蓿供给增加;其次,非农收入提高会引起苜蓿生产条件变化。中国特有的土地使用制度使农户种植规模很小;农业人口非农就业机会少使种植业的机会成本小,农户土地流转意愿低。根据对山东枣庄的苜蓿种植调查发现,由于非农产业不发达,大量劳动力对土地依赖度高,当地土地流转费高达1 200元/亩。过高的土地流转费增加了苜蓿生产成本,苜蓿种植很难扩大规模。随着非农收入提高,农户对土地依赖程度降低,提高了农户的从事种苜蓿种植的机会成本。因此,土地流转费用的下降为苜蓿集中连片、专业化生产以及降低生产成本,提高产品质量均创造了有利条件。

8. 天气条件

农产品的生产对气候条件的依赖程度很高。洪涝灾害等极端天气条件对苜蓿生产造成了不利影响。

9. 政府政策

政府的粮食补贴政策对苜蓿种植有直接的影响。政府增加粮食补贴的力度,农户就会增加粮食种植面积,减少苜蓿种植面积,反之亦然。比如,自2004年国家增加粮食种植补贴以来,农户毁草种粮,2015年增加青贮玉米补贴,大量苜蓿种植户改种青贮玉米。自中国2012年实施苜蓿发展行动计划以来,中国单个农场苜蓿种植规模迅速扩大，苜蓿质量也有了很大提高。本书计算2012年国家制定奶业振兴苜蓿发展行动对苜蓿种植的直接影响。

8.2.3 数据来源及处理

苜蓿种植面积A_t来自中国草业统计。其具体统计指标是指当年年末保留的种草面积。其主要包括安徽、甘肃、贵州、河北、河南、黑龙江、湖北、吉林、江苏、辽宁、内蒙古、宁夏、青海、山东、山西、陕西、四川、新疆、云南19个主要苜蓿种植省份2001—2017年的数据。上一年度苜蓿种植面积A_{t-1}来自中国草业统计。上一年度苜蓿科植面积是指各地区上一年度苜蓿年末种草保留面积。中国没有上一年度苜蓿价格P_{t-1}的统计数据。自2001年开始，我国才开始对苜蓿种植业发展情况进行，截至目前，一直没有关于各省苜蓿价格数据。全国农产品成本收益年鉴中有关于各省每头奶牛每年"青粗饲料费"数据。青饲料主要指可以用作饲料的植物新鲜茎叶，包括天然牧草、栽培牧草、田间杂草、青饲作物等。由于季节限制，奶牛饲养中这部分费用支出较少，规模奶牛场支出更少。奶牛常用的粗饲料包括苜蓿干草、苜蓿青贮、羊草、黑麦草、燕麦草、玉米青贮、玉米秸、大麦秸、小麦秸、稻草、荞麦秸、高粱秸、花生秸、豌豆秸、甜菜梗、棉籽壳等。其中苜蓿干草和青贮苜蓿适口性好、营养价值高、对提高牛奶产量和质量作用很大。

苜蓿干草及青贮苜蓿价格比其他产品高出很多且价格变化大，而其他粗饲料价格低且稳定，且种类较多，可替代性强。因此，每头奶牛每年青粗饲料费变化主要由苜蓿使用量决定。小规模奶牛养殖场很少使用苜蓿，中等规模奶牛养殖企业在苜蓿使用量上随意性很大，其苜蓿的用量随着苜蓿价格的变化而变化：当苜蓿产品价格提高时，减少苜蓿使用比例，增加其他产品比例；当苜蓿产品价格降低时，苜蓿的性价比提高，增加苜蓿使用比例更加划算。

自2008年以来，国家对奶牛养殖的规模要求越来越严，超过200头的奶牛养殖大规模企业占比越来越高。根据调查，大规模奶牛养殖企业每头泌乳牛每天苜蓿使用量2～3.5千克，同一企业基本按固定量喂养奶牛。因此，本章用青粗饲料成本的变化趋势代替苜蓿价格的变化趋势。用当年"青粗饲料费"的价格除以其2001年价格表示苜蓿价格指数。上一年度苜蓿竞争作物的价格CP_{t-1}。本章选择的是苜蓿主产省区，与苜蓿有竞争关系的作物是在苜蓿主产省区的相同生长季节大面积种植且对土壤、水资源、环境等要求相似。在《中国农村统计年鉴2005》《中国农村统计年鉴2009》和《中国农村统计年鉴2018》中按种植面积给出了每省所有作物的种植面积。为计算方便，本节只把种植面积前5位的作物作为苜蓿竞争作物。

本研究参考了钟甫宁等(1988)的替代作物价格的计算方法，以各省各竞争作物的种植面积分别除以竞争作物播种总面积的值作为权重，对竞争作物的价格进行加权求和，得到竞争代作物的价格。各省竞争作物价格计算公式为：

$$CP_{t-1} = \sum_{1}^{5}\left(CP_{t-1}^{R} \times \frac{A_{t-1}^{s}}{\sum A_{t-1}^{s}}\right) \tag{8-15}$$

式中：CP_{t-1} 为 t－1 期加权后得到的竞争作物的综合价格；CP_{t-1}^{R} 为一种替代作物 R 在 t－1 时期的价格；$\sum A_{t-1}^{s}$ 为 t－1 期选择的竞争作物的总面积；A_{t-1}^{s} 为在 t－1 期替代作物的种植面积。

表 8-2 显示了不同年份的 15 个主要苜蓿产区种植面积前 5 位的作物。由于空间限制，仅列出了 2004 年、2008 年和 2017 年 15 个省份的前 5 种作物。

表 8-2　不同年度苜蓿主产省主要种植作物

省份	2004					2008					2017				
	种植作物面积排序					种植作物面积排序					种植作物面积排序				
安徽	水稻	小麦	油菜籽	大豆	玉米	小麦	水稻	大豆	蔬菜	玉米	小麦	水稻	玉米	大豆	蔬菜
甘肃	小麦	马铃薯	玉米	蔬菜	青饲料	小麦	马铃薯	玉米	蔬菜	油菜籽	玉米	小麦	马铃薯	蔬菜	油菜籽
贵州	水稻	玉米	马铃薯	油菜籽	蔬菜	玉米	水稻	马铃薯	蔬菜	油菜籽	蔬菜	玉米	水稻	马铃薯	油菜籽
河北	玉米	小麦	蔬菜	棉花	花生	玉米	小麦	蔬菜	棉花	花生	玉米	小麦	蔬菜	花生	棉花
河南	小麦	玉米	蔬菜	棉花	花生	小麦	玉米	蔬菜	花生	水稻	小麦	玉米	蔬菜	花生	水稻
黑龙江	大豆	玉米	水稻	马铃薯	蔬菜	大豆	玉米	水稻	蔬菜	青饲料	玉米	水稻	大豆	蔬菜	马铃薯
湖北	水稻	油菜籽	蔬菜	小麦	玉米	水稻	油菜籽	蔬菜	小麦	棉花	水稻	蔬菜	小麦	油菜籽	玉米
吉林	玉米	水稻	大豆	蔬菜	花生	玉米	水稻	大豆	蔬菜	花生	玉米	水稻	花生	大豆	蔬菜
江苏	水稻	小麦	蔬菜	油菜籽	棉花	水稻	小麦	蔬菜	玉米	棉花	小麦	水稻	蔬菜	玉米	大豆
辽宁	玉米	水稻	蔬菜	大豆	花生	玉米	水稻	蔬菜	大豆	花生	玉米	水稻	蔬菜	花生	大豆
内蒙古	玉米	大豆	青饲料	马铃薯	小麦	玉米	马铃薯	大豆	小麦	青饲料	玉米	大豆	小麦	马铃薯	青饲料
宁夏	小麦	玉米	马铃薯	水稻	青饲料	马铃薯	玉米	小麦	水稻	蔬菜	玉米	小麦	马铃薯	蔬菜	青饲料
青海	油菜籽	小麦	马铃薯	青饲料	蔬菜	油菜籽	小麦	马铃薯	蔬菜	青饲料	油菜籽	小麦	马铃薯	蔬菜	青饲料
山东	小麦	玉米	蔬菜	棉花	花生	小麦	玉米	蔬菜	棉花	花生	小麦	玉米	蔬菜	花生	瓜果
山西	玉米	小麦	马铃薯	蔬菜	大豆	玉米	小麦	蔬菜	大豆	马铃薯	玉米	小麦	蔬菜	马铃薯	大豆

资料来源：《中国农村统计年鉴 2005》《中国农村统计年鉴 2009》和《中国农村统计年鉴 2018》。

由于没有苜蓿生产成本的数据，因此，本书拟用占生产成本最高的运输成本（RMA_t）来表示生产成本。运输成本由运输距离和运输单价决定，各地区运输单价基本相同，所以运输成本变动主要由运输距离决定。在某一区域，牛奶产量（Q_M）越大，本地苜蓿需求量越大，本地产苜蓿运输距离越短，苜蓿产量（Q_A）越大，向外区域输出的需求就越大，即苜蓿运输距离越远。因此，本章构建变量 $RMA_t = \frac{Q_M}{Q_A}$，表示苜蓿生产成本（运输成本）。

本章用人均耕地占有量表示本省的土地禀赋（PCL_t）、用各地区农业机械化经营总收入占农业收入比例表示社会化服务水平（AMR_t）、用各地区农村居民非农收入占农业收入比例表示生活水平(NAI_{t-1})、用各地区农作物受自然灾害减产达3成以上的播种面积表示极端天气条件(DA_{t-1})、政策变量($DUMY$)为虚拟变量,2012年及以后相关省份为1,其他省份为0(表8-3)。

表8-3　实证模型的变量总结归纳

变量类型	变量名称(英文缩写)	含义	来源	预期符号
被解释变量	苜蓿面积(A_t)/公顷	各地区苜蓿年末保留面积	《中国草业统计2001—2005》至《中国草业统计2017》	
解释变量	苜蓿面积(A_{t-1})/公顷	各地区苜蓿上年末保留面积	《中国草业统计2001—2005》至《中国草业统计2017》	+
解释变量	上一期价格(P_{t-1})/元	各地区青饲料价格除以其2001年价格	《全国农产品成本收益资料汇编2001》至《全国农产品成本收益资料汇编2017》	+
解释变量	竞争作物价格(CP_{t-1})/元	各地区竞争作物价格	《中国农村统计年鉴2001》至《中国农村统计年鉴2017》	+
控制变量	运输距离(RMA_t)	各地区牛奶产量除以苜蓿产量	《中国畜牧兽医年鉴2001》至《中国畜牧兽医年鉴2017》	−
控制变量	本期人均耕地面积(PCL_t)/(亩/人)	各地区农村居民人均耕地面积	《2001中国统计年鉴》至《2017中国统计年鉴》	+
控制变量	本期农机总收入(AMR_t)	各地区农业机械化经营总收入	《2001中国农业机械工业年鉴》至《2017中国农业机械工业年鉴》	+
控制变量	上一期非农收入(NAI_{t-1})/公顷	各地区农村居民非农收入	《中国农村统计年鉴2001》至《中国农村统计年鉴2017》	+
控制变量	上一期成灾面积(DA_{t-1})/公顷	各地区农作物受自然灾害减产达30%以上的播种面积	《2001中国统计年鉴》至《2017中国统计年鉴》	+
控制变量	政策虚变量	2012年及以后相关省份为1,其他年份为0	—	+

8.2.4　苜蓿供给反应经验模型

由于模型中的残差项可能存在异方差问题，因此，不能直接对模型(8-14)进行估计。为确保残差项同方差且服从正态分布，需要先对模型(8-14)进行对数化处理，且对数-线性供给模型要优于一般的线性模型，更便于结果的分析；另外，把控制变量 Z 换成 RMA_t、PCL_t、AMR_t、NAI_{t-1}、DA_{t-1}、$DUMY$，分别代表生产成本、土地禀赋、社会化服务水平、生活水平、自然条件、政府政策，具体的模型形式为：

$$lnA_t=\theta_0+\theta_1 ln A_{t-1}+\theta_2 ln P_{t-1}+\theta_3 ln CP_{t-1}+\theta_4 ln RMA_t+\theta_5 ln PCL_t+ \theta_6 ln AMR_t+\theta_7 ln NAI_{t-1}+\theta_8 ln DA_{t-1}+\theta_9 DUMY \tag{8-16}$$

由于面板数据存在省份和年份之间的异质性，本书通过采用豪斯曼(Hausman)检验，确定需要选择固定效应模型还是随机效应模型。其检验结果中 P 值为 0.000 00，固定效应和随机效应模型不一致，需要使用固定效应模型进行估计。由于模型中含有被解释变量的滞后项，采用最小二乘法(OLS)进行估计可能存在解释变量的内生性、序列相关及多重共线性问题。本章采用 GMM 方法进行模型的参数估计，通过对供给反应模型的解释变量，求相关系数矩阵得知，苜蓿的滞后一期面积A_{t-1}和同残差项υ_t不相关，无须借助工具变量消除由内生性导致参数估计不一致的问题。

8.3　实证结果及分析

8.3.1　变量描述性统计

变量的描述性统计如表 8-4 所示。研究期间苜蓿平均保留面积为 3 109 650 亩，标准差为 4 142 550，平均价格为 2.18 元/千克，标准差为 3.20，样本的种植面积与其价格标准差很大。另外，各区域的竞争作物价格、运输距离、人均耕地面积、农机总收入、非农收入、成灾面积等差别都很大，这就说明中国的苜蓿种植业不同年度之间、不同区域之间存在很大差异，中国的苜蓿产业还处于初级阶段。

表 8-4　变量的描述性统计

变量	平均	标准差	最小	最大
苜蓿保留面积/亩	3 109 650	276.17	0	20 746 050
上一期苜蓿保留面积/亩	3 102 450	274.83	0	20 746 050
上一期价格/(元/千克)	2.18	3.20	0.1	25.02

续表 8-4

变量	平均	标准差	最小	最大
竞争作物价格/(元/千克)	2.40	1.06	−0.64	5.99
运输距离/千米	3.83	8.73	0	99.28
人均耕地面积/亩	62 100	2.87	1.44	231 750
农机总收入/元	1 343 239	1 098 718	28 731	5 856 444
上一期非农收入/元	2 508.99	1 980.64	168.4	12 322.5
上一期成灾面积/亩	828.10	645.49	32.7	4 160

8.3.2 实证结果

本书采用 Stata15 软件对回归模型进行估计，结果如表 8-5 所示。从估计结果可以看出，模型的拟合程度较好，影响苜蓿供给的关键因素的系数都较为显著。沃尔德检验(Wald)在 1%的显著性水平下通过检验，这说明采取 GMM 估计比 OLS 估计更有效，用 sargan 统计量检验扰动项与工具变量之间是否存在相关性，p 值为 1，故可以接受"所有工具变量都有效"的原假设。

表 8-5 经验回归结果

$\ln A_t$	系数	标准误差	t 值	P 值	[95% 置信区间]		Sig
$\ln A_{t-1}$	0.397	0.065	6.11	0.000	0.270	0.524	***
$\ln P_{t-1}$	0.177	0.081	2.78	0.009	0.018	0.336	***
$\ln CP_{t-1}$	−0.107	0.107	−2.17	0.016	−0.102	−0.316	**
$\ln RMA_t$	−0.037	0.011	−3.37	0.001	−0.059	−0.016	***
$\ln PCL_t$	0.486	0.240	2.03	0.043	0.016	0.956	**
$\ln AMR_t$	0.457	0.176	2.60	0.009	0.803	0.112	***
$\ln NAI_{t-1}$	0.404	0.149	2.72	0.007	0.112	0.696	***
$\ln DA_{t-1}$	0.130	0.076	1.72	0.085	−0.079	0.218	*
$DUMY$	−0.367	0.124	−2.96	0.003	−0.609	−0.124	***
常量	0.253	1.964	3.18	0.001	2.403	10.103	***
因变量方差均值			4.277	因变量标准差		1.833	
样本数			275.000	卡方分布		156.528	
Arellano-Bond 检验				Sargan 检验		1.00	
AR(1)0.032 6							
AR(2)0.124 1							

注：*** $P<0.01$，** $P<0.05$，* $P<0.1$

8.3.3　结果分析

1. 种植传统对苜蓿种植起重要作用

根据计量结果，上一期苜蓿的播种面积对本期的种植影响非常显著，且呈正向相关，系数达到了 0.397，符合预期，这就表明上一阶段苜蓿播种面积对本期种植面积有非常显著的影响。受长期种植观念及经济环境的制约，我国农户不会轻易改变种植习惯，农产品具有供给刚性。对于苜蓿种植者来说，苜蓿是多年生作物，且2～4 年时产量达到最大，提前退出种植会降低收益，另外，越来越高的苜蓿种植技术、设备、市场开发成本也会抬高退出成本。据测算，2018 年，甘肃省种植规模 5 亩的农户，种植苜蓿一年后改种其他作物的机会成本（第二年苜蓿种植纯收入＋种植设备折旧）达 19 626 元，种植规模 3 000 亩的农业企业，第二年退出种植的机会成本高达 5 325 200 元。巨大的退出成本的存在使苜蓿种植者不可能因为当年种植收入的减少而轻易放弃种植苜蓿。而对于潜在的苜蓿种植户来说，除了投资成本高外，苜蓿产业链中的种子、播种和收获机械、技术等市场尚未形成。由于进入成本高，风险高，他们不会轻易种植苜蓿。

2. 苜蓿价格对苜蓿种植面积具有正向影响

由于没有苜蓿销售价格数据，本部分计算出的价格影响系数不能精确反映苜蓿销售价格对种植面积的影响，但回归结果仍能基本反映苜蓿价格与种植面积间的关系。根据回归结果，苜蓿种植面积的短期价格弹性为 0.177，通过计算可得长期价格弹性为 0.421，且在 1％置信水平上受上期价格的影响显著。当苜蓿价格上升 1％，种植面积仅增加 0.177％，长期内苜蓿的价格上升 1％，种植面积会增加 0.421％，表明苜蓿生产不管在短期还是在长期都缺乏弹性。短期内的苜蓿供给缺乏弹性主要是在青饲料价格变动时，受传统种植习惯以及苜蓿生长特性的影响，农户种植决策的调整过程存在一定的黏性，同时，优质苜蓿的生产对技术、资本、市场依赖较强，进入成本高，因此，较小的价格变动并不会使苜蓿的种植面积产生很大的波动。随着时间的延长，尽管农户会根据苜蓿的价格对苜蓿的种植面积进行调整，但是由于中国苜蓿只用于饲养高产奶牛，尚无法深加工，需求弹性很小。特别是在三聚氰胺事件后，中国奶牛养殖者对苜蓿提高牛奶质量的作用越来越认可，奶牛养殖者单头奶牛苜蓿饲喂量越来越固定，苜蓿需求弹性越来越小，造成苜蓿价格波动大，很小的苜蓿供给增加就会引起价格的大幅下滑。即使价格上升幅度很大，风险规避型的种植者也不会增加种植面积（图 8-3）。

3. 竞争作物价格对苜蓿供给具有重要影响

上一期苜蓿的播种面积对本期的种植影响非常显著。系数达到了－0.107，与前期分析一致。在苜蓿价格不变的情况下，上一期的竞争作物价格上升 1％，本期苜蓿的种植会减少 0.107％，说明中国农户作物种植决策是基于收益最大化原则

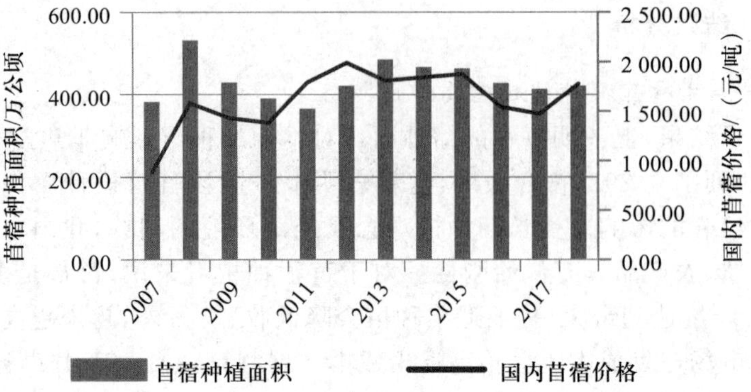

图 8-3　2007—2018 年中国苜蓿种植面积和国内价格

的，即当其他作物价格上涨，种植苜蓿利润低于其他作物时，农民会减少苜蓿种植面积，增加其他作物种植面积。2004 年，中国实施粮食最低收购价以来，随着粮食价格提高，农民种粮积极性提高，苜蓿种植面积快速减少。2003 年，北京地区苜蓿种植面积达到 28.5 万亩，2006 年，北京地区苜蓿种植面积仅剩不足 3 万亩。2015 年随着青贮玉米收益的提高，很多苜蓿种植户开始种植青贮玉米。目前，北京地区仅有零星苜蓿种植。

4. 运输距离对种植决策有重要影响

苜蓿产品运输距离对苜蓿供给有重要影响。根据回归结果，在其他条件不变的情况下，牛奶产量与苜蓿产量比值每增加 1%，苜蓿种植面积会减少 0.037%。根据调查，如果采用低密度捆运输，汽车运输每 1 000 千克超过 0.7 元，就会远超普通货物。如果运输距离超过 200 千米，苜蓿青贮很难盈利。中国苜蓿种植区域集中在甘肃、宁夏、内蒙古和华北平原的小部分地区等土地禀赋好、土地流转成本低的地区。商品苜蓿的主要需求地区为内蒙古、宁夏、河北、天津、山东、上海、江苏、北京、广东、四川、重庆等奶牛养殖集中的地区。根据调查结果表明，2017 年，从我国苜蓿主产地之一的甘肃玉门运往北京、天津的平均运价为 1 200～1 700 元/吨，运输成本超过地头收购价格。2017 年，北京首农集团位于内蒙古赤峰的3 000 亩苜蓿种植基地所产干草运往北京的运输费用高达 270 万元。因为我国大宗商品贸易存在顺差，我国进口货物运价非常便宜。比如，从美国西海岸港口到中国天津港的苜蓿草捆海运费用仅需 20 美元/吨，加上美国苜蓿产品品质高、交货及时，进口苜蓿迅速占领国内市场，中国苜蓿受到国外产品的严峻挑战。2009 年是全国苜蓿供给缺口最大的年份，甘肃省却有 2 万吨苜蓿干草积压。我国北草南运、西草东运的局面不仅增加碳排放，也不利于环保与奶牛场的节本增效。

5. 本期人均耕地面积

人均耕地面积对苜蓿供给有非常大的影响。根据回归结果，在其他条件不变的情况下，与其他地区相比，人均耕地面积每增加1%，该地区苜蓿种植面积会增加0.486%。其主要有2个原因：首先，中国的土地转让成本占生产总成本的比例很高。人均耕地较多的地区土地流转成本较低，因此，基于降低成本考虑，大型苜蓿种植企业选择人均耕地较大的甘肃，宁夏，内蒙古和华北沿海平原地区作为土地集约苜蓿种植的首选地。其次，为了扩大生产规模，提高产品质量，自2012年中国苜蓿补贴政策以来，如果想获得补贴，就需满足生产规模3 000亩以上等前提条件(如3 000亩以上的集中连片种植才能获得种植补贴)。现实中的人均耕地面积小的地区难以找到集中连片的大量耕地。人均耕地较多地区的土地流转比较容易，而且便于进行大规模种植。要获得补贴，苜蓿种植企业只能选择人均耕地较多的地区。

6. 社会化服务能有效增加苜蓿供给

根据回归结果，在其他条件不变的情况下，农机服务收入每增加1%，苜蓿种植面积会增加0.457%。现代苜蓿种植对设备、技术、资本的要求越来越高。种植高品质的苜蓿需要喷灌设备、割草机、搂草机、打捆机、压扁机、高密度二次压缩机、烘干机等专用设备，一般农户很难拿出这么高的投入，即使有这么高的投入，由于种植面积小，也难以承受很高的固定成本。据调查发现，由于价格波动大，种植风险高，为降低退出成本，超过82%的被调查的中小苜蓿种植户希望租赁专用苜蓿生产装备而不是通过购买。

发展社会化服务，可放宽固定成本对种植面积调整的限制。在劳动力成本快速上涨、奶牛养殖对苜蓿品质要求越来越高的情况下，农户种植更具有灵活性。通过社会化服务，降低种植苜蓿的投入和决策成本，这是增加苜蓿供给的有效途径。

7. 提高非农收入比例会增加苜蓿供给

根据回归结果，在其他条件不变的情况下，上一期非农收入每增加1%，苜蓿种植面积就会增加0.404%。从根本上说，中国苜蓿种植面积的增加是由于居民对牛奶、牛羊肉等优质动物蛋白需求快速增加带动的结果。我国种植业收入已达天花板，农民的非农收入在农村发展中会占据越来越重要的地位。非农收入越高，居民生活水平越高，间接带动对苜蓿产品需求的增加。同时，增多的非农就业机会增加了种植业的机会成本，有效降低了土地流转成本，也为规模化、专业化生产，提高苜蓿种植业效益创造了条件。发展非农产业，增加农民就业机会，这是增加苜蓿供给的必然选择。

8. 上一期成灾面积对苜蓿种植具有正向影响，与预期相反

根据回归结果，在其他条件不变的情况下，上一期农作物受自然灾害减产达30%以上的播种面积每增加1%，苜蓿种植面积反而会增加0.130%，与预期相反。本书进一步的调查发现，与粮食作物相比，苜蓿种植对自然条件的要求很低。苜蓿生长周期短，每年可以收获3～6茬，降水量为300毫米就能生长，因此，苜蓿相对

粮食作物有更强的抵御自然灾害能力。在发生自然灾害后，农户把种植其他作物的耕地改种适应性更强的苜蓿，能有效减少经济损失。

9. 苜蓿补贴政策会减少苜蓿供给，跟预期相反

根据回归结果，在其他条件不变的情况下，在2012年国家出台苜蓿发展行动后，苜蓿种植面积反而会减少36.7%，与预期相反。在1999—2003年实施“退耕还林还草”政策后，苜蓿种植面积显著增加，苜蓿供给过剩，价格大跌；在2004年种草补贴政策退出，推行粮食种植补贴后，种粮相对收益高且稳定，苜蓿种植大幅度减少，苜蓿价格快速上涨。这种政府主导的苜蓿产业发展模式形成“潮汐效应”：大规模、强刺激政策—种植面积迅速增加—价格快速下降—政策退出—种植面积快速减少—价格快速上涨—政策强刺激。在当前阶段，尽管补贴政策会加剧价格波动，但也会促进种植面积的增加。

与以往的补贴政策不同，2012年的苜蓿振兴发展行动的核心内容虽然也是增加苜蓿种植补贴，但不是普惠式补贴，它要求只有面积达到3 000亩，且已经形成了实际投资后才能获得政府补贴。这一政策产生了两个后果：第一个后果为少数资本雄厚、技术实力强的农业企业在地方政府支持下通过土地流转建立了集中连片的苜蓿种植基地，获得了大量补贴，也提高了产品质量。然而，由于土地转让（土地转让费达到每亩600～800元）、管理和运输成本的增加，这些种植者不愿进一步扩大种植规模。第二个后果为在2004年停止对中小农户的苜蓿补贴政策并实施粮食种植补贴后，粮食种植相对利润高且相对稳定，大量中小农户由于苜蓿种植规模小、效益低，得不到补贴，不得不退出苜蓿种植。总体来说，现行的苜蓿种植补贴政策促进了苜蓿的规模化种植，有利于缓解我国优质苜蓿供给严重不足的局面，但不利于调动中小苜蓿户的积极性，不利于增加苜蓿的总供给。

8.4 结论和建议

增加苜蓿供给是中国居民生活水平提高的必然要求，种植苜蓿还能够提高奶产业竞争力，对缓解人畜争粮，实现藏粮于地，改善生态环境具有重要意义。

本章基于苜蓿的生物学特性与我国的生产实际，构建了苜蓿供给的理论模型和实证模型，并利用草业、奶牛养殖业、农机工业、农村发展的相关数据，计算、替代实证模型所需数据，对影响中国苜蓿供给的主要因素进行了全面的数量分析。本方法为严重缺乏数据支持的新兴产业分析提供了新思路。其研究结果为我国发展苜蓿种植业、提高农业补贴政策的效果提供了参考。其研究方法对于我国研究多年生果树等经济作物可能有一些一般性的启示。

本研究发现，中国苜蓿种植符合幼稚价格行为；苜蓿种子传统对苜蓿种植有重要影响，且苜蓿种植户在种植周期内没有实现利润最大化，这些都表明我国苜蓿种

植市场尚处于起步阶段；苜蓿价格上升会引起种植面积的扩大；苜蓿供给缺乏价格弹性，竞争性作物的价格则对苜蓿种植面积具有负向影响；运输距离的增加会显著减少苜蓿种植面积，农户扩大苜蓿种植规模会增加运输成本；人均土地面积越大的地区苜蓿种植越多；提高社会化服务水平，会显著促进苜蓿种植面积；发展非农就业，能显著促进苜蓿种植；种植苜蓿对减少农业自然灾害损失具有一定作用；自2012年以来的苜蓿发展政策能够有效提高供给结构，但不利于提高苜蓿供给数量。

根据研究结果，本章得到的政策启示为：促进苜蓿种植市场化发展，提高苜蓿供给效率；通过扩大苜蓿的使用范围，增加苜蓿的价格需求弹性，从而增加苜蓿供给的价格弹性；减少农业人口，增加人均耕地，从而减少苜蓿种植的土地流转费用；推行草畜一体化种植，减少苜蓿的运输距离；制定普惠制苜蓿补贴政策，并充分考虑竞争作物对苜蓿种植的影响。

我国针对苜蓿供给的研究起步晚，研究资料少，统计数据匮乏，本书的大量数据主要是通过对其他产业数据推导、计算而来的间接数据，计量结果不可避免地存在误差。因此，本研究只能对中国苜蓿供给研究提供一个基础框架。期待随着数据不断被完善，并通过后续研究进行不断改进，以便为中国苜蓿种植业发展提供更加精确的对策建议①。

---

① 作者依托中国农业大学中荷奶业研究中心（Sino－Dutch Dairy Development Centre，SDDDC）做的调查。自2006年起，SDDDC都根据不同研究目的对全国的奶牛场进行大规模调查，积累了大量数据。没有特别说明，本书的数据都来自这些调查。2015－2017年主要奶牛粗饲料价格：2015年的棉籽皮价格为0.61元/千克，2016年的棉籽皮价格为0.57元/千克，2017年的棉籽皮价格为0.60元/千克，2015年的燕麦草价格为1.20元/千克，2016年的燕麦草价格为1.22元/千克，2017年的燕麦草价格为1.09元/千克；2015年的苜蓿干草价格为2.36元/千克，2016年的苜蓿干草价格为2.71元/千克，2017年的苜蓿干草价格为3.10元/千克；2015年的甜菜粕价格为1.19元/千克，2016年的甜菜粕价格为1.16元/千克，2017年的甜菜粕价格为1.18元/千克；2015年的青贮苜蓿价格为1.05元/千克，2016年的青贮苜蓿价格为1.22元/千克，2017年的青贮苜蓿价格为1.37元/千克；2015年的国产干草价格为0.98元/千克，2016年的国产干草价格为1.02元/千克，2017年的国产干草价格为0.98元/千克；2015年的秸秆（小麦，玉米）价格为0.47元/千克，2016年的秸秆（小麦，玉米）价格为0.43元/千克，2017年的秸秆（小麦，玉米）价格为0.45元/千克；2015年的青贮玉米秸秆价格为0.46元/千克，2016年的青贮玉米秸秆价格为0.46元/千克，2017年的青贮玉米秸秆价格为0.44元/千克；2015年的其他价格为0.35元/千克，2016年的其他价格为0.35元/千克，2017年的其他价格为0.35元/千克。

第9章 黄淮海地区农户苜蓿种植行为的影响因素分析

由谁来种植苜蓿不仅关系到种植者的利益，还关系到上下游产业及环境改善效果。与苜蓿种植发达国家相比，我国的苜蓿种植主体多元且复杂，主要包括中小农户、家庭农场、种植合作社、农业企业、下游养殖企业等。我国生产力发展阶段特有的土地使用政策、户口政策等决定了中小种植户在我国将长期存在。增加中小种植户的收入也是国家扶贫脱贫，实现乡村振兴的重要内容。当前来看，解决中小农户的苜蓿种植的问题，对我国苜蓿种植业提高发展质量与发展水平、增强国际竞争力至关重要。

数量庞大的中小苜蓿种植户为进行苜蓿产业发展计量研究提供了可能。本书对苜蓿订单种植、补贴效果、种植规模等的研究以中小苜蓿种植户（种植散户）为研究对象。由于其他苜蓿种植主体样本少，共性问题少，因此，本书对这部分种植主体的研究主要在第3部分以案例方式进行阐释。

9.1 引言

黄淮海地区主要涉及北京、天津、山东、河北、河南、安徽和江苏。根据2011年的中国统计年鉴可知，上述地区的2010年小麦、牛奶、牛肉、羊肉总产量分别达到全国的33.41%、36.25%、27.99%，它们是我国的重要粮食和畜产品生产基地。根据中国草业网的数据可知，上述地区有大量的以盐碱地和坡耕地为代表的中低产田，人均耕地面积大，适合大规模种植苜蓿，当地也有种植苜蓿的习惯，种植苜蓿可以为当地畜牧业发展提供支撑。本章对黄淮海地区涉及的5省2市的紫花苜蓿种植面积进行了综合计算，2001年为488.35万亩，2004年为827.76万亩，2006年为661.16万亩，2010年为1 027.04万亩，总的来说苜蓿种植面积是上升的，但是波动较大。2010年紫花苜蓿种植面积仅占全国总种植面积的17.18%，虽然"三聚氰胺"事件发生以来该地区的苜蓿种植有所发展，但是在全国的总体地位并未发生大的变化；大量的奶牛养殖企业靠从国内其他地区及国外进口苜蓿来满足需要，与该区域畜牧业发展需求很不相称。作为优质牧草，苜蓿在一定程度上替代饲料粮——玉米饲料饲喂牛羊，能够有助于解决人畜争粮所导致的粮食安全问题。苜蓿种植面积波动大会导致优质牧草供给的短缺或浪费，不利于畜牧业的发展。苜蓿种植不能本地化，饲料成本高，这种状况严重影响奶牛养殖企业的经济效益。

针对黄淮海地区迫切需要发展苜蓿种植的现状，研究黄淮海地区苜蓿种植面积波动及农户苜蓿种植面积决策差异的影响因素，对于奶业振兴、草食畜牧业的发展、中低产田改造、保障国家的粮食安全均具有重要意义。

9.2　我国苜蓿的种植主体分析

9.2.1　黄淮海地区苜蓿种植主体特征

根据我国的苜蓿种植实际状况，本书把苜蓿的种植主体分为中小农户、种植专业户、种植企业、大型牧场、奶牛养殖企业等，而其他作物包括粮食作物、经济作物(蔬菜、水果等)、中药材的种植主体大体相似。苜蓿作为牧草的一种，苜蓿种植目前主要以农户分散种植为主，全国目前的 5 700 多万亩的苜蓿种植面积，其中一家一户种植面积占总面积的 90%，由企业(包括大型牧场)承包种植的不足 10%。我国特有的土地分配、使用制度、生产力发展水平总体较低、农户受教育水平低、技能单一和农业就业的机会成本很低决定了农户苜蓿种植在相当长时间内将占据主导地位。

现代苜蓿生产是资本技术密集型，但普通农户由于资金投入不足，管理落后，苜蓿种植的品种差异大，导致苜蓿产量低、产品品质差，产品价格相对较低。这种状况又反过来影响农户的种植积极性。苜蓿生产主要以自产自用为主，商品化程度低；家庭农场和专业大户由于技术力量不足，缺乏专业管理人员，市场信息不畅，种植的积极性较低；合作社由于政策扶持力度不足，资金短缺，对社员约束力不够，产品质量难以控制等，无法实现规模化和专业化生产；农业企业的生产人员技术培训不足、技术开发不够导致苜蓿生产的产量低、品质较差，企业运作不合理；奶牛养殖企业种植苜蓿除了为降低养殖成本，其主要是保证苜蓿产品的质量。2010 年前后的大型奶牛养殖企业纷纷到甘肃、内蒙古等主要苜蓿产区种植苜蓿，这些企业往往不把苜蓿种植效益放在第一位。由于土地稀缺，我国的大型牧场很少，而苜蓿种植、管理要求高，大规模种植苜蓿的牧场也很少。

9.2.2　农户苜蓿种植中存在的主要问题

1. 农户构成复杂多样

自改革开放以来，我国对土地实行的是家庭联产承包责任制，这种生产方式导致很难实现苜蓿的规模化、集约化生产。很多养畜户种植苜蓿，多靠人工，生产成本高，技术水平较低，产品的质量低，稳定性差，达不到商品苜蓿的要求。因此，尽管中国的牧草种植面积在最多时达到5 000多万亩，但商品草仅有不到50万吨，距离产业化的需求还很远。本章调查发现，由于不掌握供求信息，中小种植户主要通过苜蓿收购者将产品卖向奶牛场等苜蓿需求者。当市场上苜蓿供给不足时，收草小贩漫天飞，出售者待价而沽，甚至在产品中掺杂质，而当苜蓿积压时，小贩不见踪影，大型收购商(奶企)拒收或人为压价时常发生。苜蓿种子市场问题更加严重，超过80%的种植户不了解苜蓿种子市场，1/2以上的被调查者靠熟人介绍买种子。

2. 农户意识落后无法规模化

苜蓿要实现产业化必须满足2个条件：一是规模要足够大，二是生产加工要机械化。这两个条件互为补充，缺一不可，前者是实现效益的基础，后者是在最短的时间内完成刈割、打捆，保证产品质量，躲避不利天气的必要条件。一般的生产单位很难支付高昂的费用，所以要实现这2个条件需要大企业集团的资金投入或政府的扶持。但是种植苜蓿的地区大多为经济落后地区，小规模的分散种植制约了苜蓿草收储的机械化作业。苜蓿的产前耕地、整地、播种；产中田间管理、刈割、晾晒、捡拾打捆；产后收储等大多采用传统的手工方式导致苜蓿草收割不及时，掉叶现象严重、养分流失多，霉变、发黄的现象经常发生，失去了苜蓿应有的营养价值，甚至对牲畜造成毒害。

3. 农户种植决策主要凭经验，随意性大

我国的苜蓿种植大多分布在西部和华北边远山区、沿海盐碱地，立地条件较差、种植分散，一家一户又没有购置收储、加工等机械设备的条件和动力，基本投入不足。同时由于农业部门提供的信息非常少，农户种植决策主要凭经验，随意性大。与粮食作物相比，苜蓿的需求弹性更小，价格波动更大。根据本章的调查表明，中小农户往往在满足粮食作物及经济作物种植后仍有闲置土地时，才考虑种植苜蓿，而且主要种植在不适合粮食作物生长的土地上，生产效率低，亩均收益低，种植苜蓿的机会成本低，种植决策随意，毁草概率较高，容易造成种植面积大幅变动，引起苜蓿产品价格剧烈波动，苜蓿种植业的健康发展受到严重影响。

作为国家重点扶持对象的饲草合作社组织松散，对社员约束力不强，很难发挥规模优势；饲草加工及奶牛养殖企业由于土地流转费用高(山东枣庄、济南地区土地流转费用为每亩每年1 000斤小麦)，国家不支持资本下乡(2011年苜蓿价格高起时，沧州地区的很多土地流转户拒绝履约，要求收回土地自行种植苜蓿)，造成苜蓿种植业很高的进入壁垒。本章调查发现，黄淮海地区运行良好的饲草专业生产合作社寥寥无几，饲草加工企业已有很多退出苜蓿种植。受国家政策扶持，拿地相对容易的奶牛养殖企业则改种国家补贴多、经济效益更好、种植风险更小的青贮玉米(青贮苜蓿既可以作为整株青贮，在玉米价格高时又可以单独收获籽实)。"振兴奶业苜蓿发展行动”参与者被要求苜蓿种植集中连片，种植面积超过 3 000 亩。这对于广大农区，特别是奶牛养殖业较集中的地区，土地资源相对稀缺且碎片化严重，很难达到项目要求。项目的建设也对技术、资金提出了很高要求，在现阶段很难推广。

9.3　黄淮海地区苜蓿种植面积分析

9.3.1　黄淮海地区苜蓿种植面积分析的理论模型

1. 国外有关基于苜蓿多年生特点的苜蓿供给反应模型

根据 Keith C . Knapp 和 Kazim Konyar(1988)的多年生作物种植面积规范分析方法，苜蓿的供给反应模型主要由以下 4 个方程组成：

$$A_{i,t+1}=A_{i-1},_{t}-R_{i-1,t} \tag{9-1}$$

式中：$A_{i,t+1}$为 $t+1$ 期初第 i 年龄的某种多年生作物的面积；$A_{i-1,t}$为 t 期初第 $i-1$ 年龄的某种多年生作物的面积；$R_{i-1,t}$为 t 期减少的第 $i-1$ 年龄的某种多年生作物的面积。

$$A_{1t}=\beta_n+b_1P_t^*+b_2CP_t^*+e_t^n \tag{9-2}$$

式中：A_{1t}为 t 期初新种植的某种多年生作物的面积；P_t^* 为 t 期的某种多年生作物的产品的预期价格；CP_t^* 为 t 期的其他作物的产品的预期价格；β_n，a_i，b1，b2，e_t^n 为方程结构参数。

$$R_{it}=\beta_r+b_3P_{t+1}^*+b_4CP_{t+1}^*+e_{it}^r \tag{9-3}$$

式中：R_{it}为 t 期减少的某种多年生作物的面积；P_{t+1}^*为 $t+1$ 期的某种多年生作物的产品的预期价格；CP_{t+1}^*为 $t+1$ 期的其他作物的产品的预期价格；β_r，b3，b4，e_t^r 为方程结构参数。

$$A_t=\sum_{i=2}^{n}(A_{it}-R_{it})+A_{1t} \tag{9-4}$$

式中：A_t 为 t 期某种多年生作物的面积；R_{it}为 t 期减少的某种多年生作物的面积；A_{1t}为 t 期初新种植的某种多年生作物的面积；A_{it}为第 i 年龄的某种作物在 t 期的面积。

利用重铸状态空间模型、卡尔曼滤波法和迭代算法，可求解模型中参数值。

2. 简单的供给反应模型

按照 Edwards 和 Johnson 等人提出的固定资产理论，农户拥有固定资产（如耕地、拖拉机、耕牛、农业知识等）的刚性，农业生产的调整不能按照农户预期目标进行及时调整，生产调整需要付出调整成本，Griliches 将其分解为心理成本和货币成本两部分。农户在进行预期产量时由于传统、文化以及需要学习新知识等需要付出一定的心理准备，并为此付出心理成本。心理成本越高，调整速度越慢。与心理成本相对应，农户在进行生产调整时也自然要付出货币成本。Griliches 指出农户生产决策是选择将其调整成本最小化。他将调整成本写成满足下列公式：

$$\mathrm{Min}C_t = a\,(Y_t - Y_t^*)^2 + b\,(Y_t - Y_{t-1})^2 \quad a,b>0 \tag{9-5}$$

式中：C_t 为农户的调整成本；Y_t 为 t 期的农作物产量(或面积)，Y_{t-1} 为 $t-1$ 期的农作物产量(或面积)；Y_t^* 为 t 期的农作物预期产量(或面积)；a，b 分别为心理成本和货币成本的调整系数。

对上式求一阶导数以后得到下列等式：

$$\partial C_t/\partial Y_t = 2a(Y_t - Y_t^*) + 2b(Y_t - Y_{t-1}) = 0 \tag{9-6}$$

最后得到农作物产量(或面积)的实际调整数量是预期调整数量的一个比例函数，即：

$$Y_t - Y_{t-1} = \rho(Y_t^* - Y_{t-1}) \tag{9-7}$$

$$\rho = a/(a+b)$$

式中：ρ 为调整系数。只有当 b 等于 0 时，则不存在调整成本，农户的预期农作物产量(或面积)等于实际农作物产量(或面积)。

在上述局部调整模型中，t 期的预期产量(或面积)Y_t^* 是农户根据自己的生产条件和预期的价格 P_t^* 做出决策，因此，Y_t^* 是 P_t^* 的函数。假定 Y_t^* 与 P_t^* 呈线性关系，则得到如公式：

$$Y_t^* = \alpha + \beta P_t^* \tag{9-8}$$

式中：α 为截距项；β 为长期价格供给反应系数。

由于农业生产的时滞性，t 期的农产品市场价格只有在该期农产品生产完成后才发生，因此，如何构建农户的价格预期成为估计分析农产品供给反应的重要问题之一。经常利用的价格预期模型有 3 种：幼稚预期模型、适应性预期模型和理性价格预期模型。

幼稚价格预期模型(Naive Model)最早是由 Muth(1961)提出。这一模型假定农户不存在学习过程，农户认为当年的作物价格与上一年度相同，只是简单地利用上年的市场价格 P_{t-1} 来进行当年的生产决策。根据这个假定，可以得到下列农产品幼稚价格供给结构公式：

$$Y_t^* = \alpha + \beta P_t^*$$

$$P_t^* = P_{t-1} \tag{9-9}$$

$$Y_t - Y_{t-1} = \rho(Y_t^* - Y_{t-1}) \tag{9-10}$$

通过对上述结构公式进行数学变换，可以得到下列农产品供给反应的简约形式：

$$Y_t = \gamma_0 + \gamma_1 P_{t-1} + \gamma_2 Y_{t-1} \tag{9-11}$$

式中：$\gamma_0 = \alpha\rho$，$\gamma_1 = \beta\rho$，$\gamma_2 = 1-\rho$；γ_1 为短期价格供给反应系数。从上述参数中我们

可以求得农产品生产的局部调整数和长期价格供给反应系数如下：

$$\rho=1-\gamma_2, \beta=\gamma_1/(1-\gamma_2) \tag{9-12}$$

9.3.2　黄淮海地区苜蓿种植面积影响因素理论分析与模型设置

1. 影响因素分析

根据 Knapp. K 等(1990)的研究，棉花价格对于美国加州地区苜蓿种植影响巨大。黄淮海地区小麦、玉米和棉花是能够替代苜蓿种植的作物。因此本节将小麦、玉米和棉花的出售价格设置为苜蓿种植面积的影响因素。

一般情况下，对于一个能够同时供给小麦、玉米、棉花和苜蓿的供给者而言，根据微观经济学原理，在其他条件不变，当小麦、玉米和棉花的出售价格与苜蓿干草出售价格相比，其价格较高时，种植者会倾向于供给小麦、玉米和棉花，这样就使苜蓿种植面积减少，即当其他条件不变时，预期小麦、玉米和棉花的出售价格将会对苜蓿种植面积具有负向影响。

王明利(2010)认为，21 世纪初，我国的苜蓿产业的收购价格主要由出口决定，即苜蓿产品出口价格也可以利用来替代苜蓿干草出售价格。本节将苜蓿产品出口价格设置为影响苜蓿种植面积的影响因素。预期苜蓿产品出口价格对苜蓿种植面积具有正向影响。

将每亩非苜蓿作物的补贴额设置为苜蓿种植面积的影响因素。从收益角度来看，每亩非苜蓿作物(主要是指小麦、棉花和玉米)的补贴将使每亩非苜蓿作物种植的总收益增加，每亩非苜蓿作物种植面积也会增加，而当该地区总耕地面积一定时，非苜蓿作物种植面积增加就会使苜蓿种植面积减少，所以每亩非苜蓿作物的补贴额会对苜蓿种植面积有负向影响。

由于不同地区的自然地理和经济环境存在一定的差异，存在的未知因素对苜蓿种植面积将会产生一定的影响。因此，本节将地区虚拟变量作为影响苜蓿种植面积的因素。

2. 苜蓿种植面积计量模型的选择

苜蓿是多年生豆科植物，需求价格弹性小，长期种植苜蓿要冒价格波动的风险。特别是黄淮海地区的苜蓿种植的价格风险保障机制不完善，苜蓿种植户对当期苜蓿种植保留面积变动决策只是根据上期的实际价格情况来确定当期价格预期和对下一期的价格预期进行决策。此外，K. Konyar 等(1990)和 Knapp (1985)在研究价格对加州苜蓿种植面积影响时，其模型在形式上采用的是多期的价格预期，但实际上在利用数据进行计算时，采用的是幼稚价格预期，得到的结果较为理想。因此，本节认为造成苜蓿种植面积的当期增加和减少的影响因素可能的原因是上期苜蓿种植面积，上期的苜蓿出口产品实际价格，上期每千克小麦、玉米、棉花出售价格和上期每亩非苜蓿作物的补贴情况。

采用幼稚价格预期苜蓿供给模型的双对数形式，苜蓿种植面积的供给反应模型如下：

$$LnY_{it}=\alpha+b_i+\theta_z LnP_{z\ it-1}+\lambda LnEP_{t-1}+\rho Y_{it-1}+\varphi B_{t-1}+\mu_{it} \quad (9\text{-}13)$$

式中：Y 为当年末苜蓿种植保留种植面积（万亩）；P 为作物产品的实际出售价格（元/千克）；EP 为苜蓿产品的实际出口价格（元/千克）；B 为每亩非苜蓿作物（玉米、小麦和棉花）的补贴额（元/亩）；i 为北京、天津、河北、山东、江苏、安徽、河南；t 为年；z 为棉花、小麦、玉米；b 为各个地区的固定效应；μ 为随机变量误差；$\alpha,\theta,\lambda,\rho,\varphi$ 为模型待定系数，其中，当待定系数通过检验时，θ,λ 为短期反应弹性，$(1-\rho)$ 为苜蓿种植局部调整系数。

该模型采用面板估计中的 GLS(Cross Section Fixed, Cross Section SUR)方法估计待定系数。

3. 数据来源

北京、天津、山东、河北、河南、江苏和安徽的苜蓿种植年末保留面积和单位面积产量的数据均来自中国草业统计网，跨度为 2002—2010 年，共 9 年；上述省市的小麦、玉米、棉花的面积和总产量数据来自《2002 中国统计年鉴》至《2011 中国统计年鉴》；上述省市的小麦、玉米、棉花出售价格及作物每亩补贴额来自《全国农产品成本收益资料汇编 2003》至《全国农产品成本收益资料汇编 2011》；苜蓿产品的出口数量和金额数据来自《中国海关统计年鉴 2003》至《中国海关统计年鉴 2011》的苜蓿粉团和颗粒的统计；美元兑换人民币的汇率来自《2003 中国统计年鉴》至《2011 中国统计年鉴》。北京和江苏的苜蓿种植面积的数据因缺失较多而被剔除，最终为模型保留样本为 45 个，包含天津、山东、河北、安徽和河南，上述 5 个省市每年的苜蓿种植总面积占黄淮海地区苜蓿种植总面积的比例在 95%及以上。

4. 主要数据处理

黄淮海地区苜蓿单产＝黄淮海地区苜蓿总产量/黄淮海地区苜蓿总面积

苜蓿产品的出口实际价格＝(苜蓿产品的出口金额×汇率)/苜蓿出口数量

由于《全国农产品成本收益资料汇编 2010》没有统计 2009 年的作物种植的补贴情况，本节用 2008 年的补贴数据来插补 2009 年缺失的补贴数据。各省市的平均每亩非苜蓿作物（棉花、小麦和玉米）的补贴额的计算公式如下：

$$B=(MHB\times MH+XMB\times XM+YMB\times YM)/(MH+XM+YM) \quad (9\text{-}14)$$

式中：B 为平均每亩非苜蓿作物（棉花、小麦和玉米）的补贴额；MHB、MH 分别为每亩棉花种植补贴额和棉花种植面积；XMB、XM 分别为每亩小麦种植补贴额和小麦种植面积；YMB、YM 分别为每亩玉米种植的补贴额和玉米种植面积。

利用河北省 2009 年玉米价格数据插补天津 2009 年玉米价格，然后利用天津 2009 年和 2007 年的玉米价格平均值插补 2008 年天津市玉米价格数据。

9.3.3　计算结果与分析

利用软件 Eviews6.0，苜蓿种植面积的供给反应模型结果如表9-1所列。

表9-1　苜蓿种植面积的供给反应模型结果

变量及常数项	系数值	标准误差	T统计值	T检验概率值
常数项	3.593 0	0.558 121	6.437 610	0.000 0
上期每千克棉花出售价格	−0.716 108	0.198 190	−3.613 245	0.001 0
上期每千克苜蓿粉团及颗粒出口价格	0.750 102	0.770 762	0.973 196	0.337 3
上期每千克玉米出售价格	1.144 373	0.402 938	2.840 072	0.007 6
上期每千克小麦出售价格	−0.737 958	0.365 961	−2.016 491	0.051 7
上期每亩非苜蓿作物补贴额	−0.005 391	0.008 761	−0.615 368	0.542 4
上期苜蓿种植面积	0.503 564	0.140 975	3.571 999	0.001 1
地区固定效应				
天津—C	山东—C	河南—C	河北—C	安徽—C
−1.275 041	0.501 286	0.748 671	1.216 852	−1.191 769
R^2	0.967 343	F统计量		100.712 6
调整后的R^2	0.957 738	F统计概率		0
DW值	2.217 341			

模型的R^2平方和调整后的R^2平方都在0.95以上，F检验在99%置信度下显著通过，DW值约为2.2，除了苜蓿粉团及颗粒出口价格和每亩非苜蓿作物补贴额对苜蓿种植面积的影响在90%置信度水平不显著，其他变量和常数项都显著，总体上较好。这说明黄淮海地区苜蓿种植者对于价格的预期是幼稚的，幼稚价格预期模型是适合用来模拟黄淮海地区苜蓿供给情况。

在其他条件不变情况下，从短期来看，上期每千克棉花出售价格变动10%，苜蓿种植保留面积显著变动约为−7.16%；上期每千克玉米出售价格变动10%，苜蓿种植保留面积变动约为11.44%；上期每千克小麦出售价格变动10%，苜蓿种植保留面积变动约为−7.38%。苜蓿种植的局部调整系数$1-\rho$为0.496 436，这意味着当价格变动时，苜蓿种植保留面积从旧的平衡走向新的平衡需要约2年。在其他条件不变情况下，从长期来看，上期每千克棉花出售价格变动10%，苜蓿种植保留面积显著变动约为−14.32%；上期每千克小麦出售价格变动10%，苜蓿种植保留面积变动约为−14.76%；但上期每千克玉米出售价格变动10%，苜蓿种植保留面积变动约为22.88%。棉花出售价格、小麦出售价格、每亩非苜蓿作物补贴额对苜蓿种植面积的影响为负，苜蓿粉团和颗粒对苜蓿种植面积影响是正的，与预期一致。

根据计算结果,玉米的出售价格对于苜蓿种植面积具有正向影响,这与本节的预期相反。本书对黄淮海地区农户的调查表明,牛羊养殖者(本节提及的牛羊养殖者是指企业或农户或专业养殖户)对于饲料的获取主要通过两种途径:第一种途径是购买饲料;第二种途径是自己生产提供饲料。无论哪种方式都注重成本的控制,会利用成本较低的饲料来饲喂牛羊。李胜利等(2002)的试验表明,每头奶牛每天用5千克苜蓿干草替代等量玉米秸秆,已过产奶高峰期的奶牛经过一段时间饲喂后,其产奶量回升,平均产奶量达到31.7千克/天,比不用苜蓿干草组提高3.2千克/天,且差异极显著($P<0.01$);赵凤立等(2003)在粗饲料中添加20%苜蓿干草饲喂杂交肉羊进行肥育效果的试验表明,加20%苜蓿干草组的胴体较大,平均达24.94千克,高于不加苜蓿干草组。根据翁凌云(2010),在我国的玉米消费中,2000—2008年的玉米饲料消费数量占玉米消费总量的60%以上(图9-1),玉米饲料消费占主导地位,从而在玉米出售价格上升的情况下,牛羊养殖者的玉米饲料成本会随之上升。根据王明利(2010)的调查,2008年,在山东和河北地区,在苜蓿和玉米种植产值相同的情况下,相对于玉米生产成本而言,苜蓿的生产成本很低(表9-2)。黄淮海地区的大部分省市的玉米出售价格在2001—2009年处于上升的态势(图9-1),黄淮海地区大部分省市在2004—2009年的玉米种植总成本处于上升态势(图9-2)。王明利等(2005)在关于北方牧区牧民保护与建设草地行为的研究中指出,单位人工草地建设费用对于牧草种植面积具有显著负向影响。如果牛羊养殖者种植玉米主要是用来提供饲料,则也可以将之看成是种植一种特殊的"牧草"。

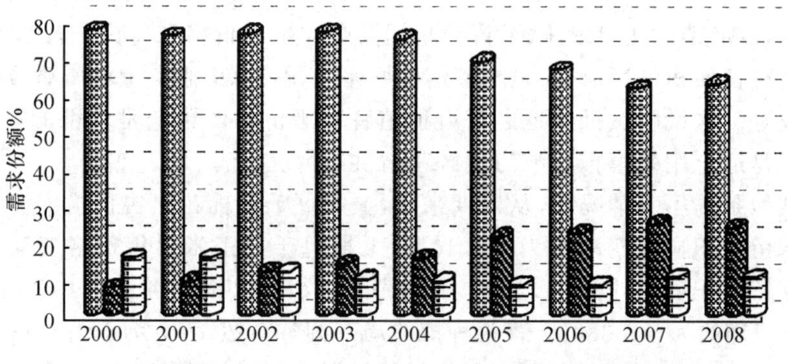

图9-1 2000—2008年玉米消费需求情况

(资料来源:翁凌云(2010)根据有关资料计算得出)

玉米的出售价格导致玉米饲料获得的成本与苜蓿种植获得的成本相比,玉米饲料成本较高,而且在获得相同产值的情况下,苜蓿种植成本比玉米种植成本低,

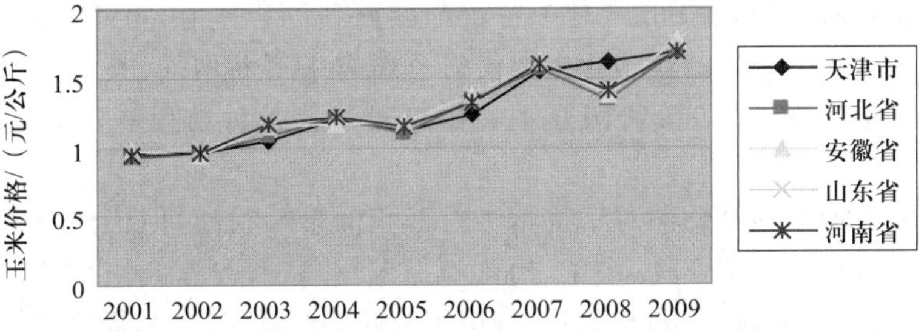

图 9-2　2001—2009 年黄淮海地区大半部分省市的玉米出售价格情况趋势

资料来源：《全国农产品成本收益资料汇编 2002》至《全国农产品成本收益资料汇编 2010》

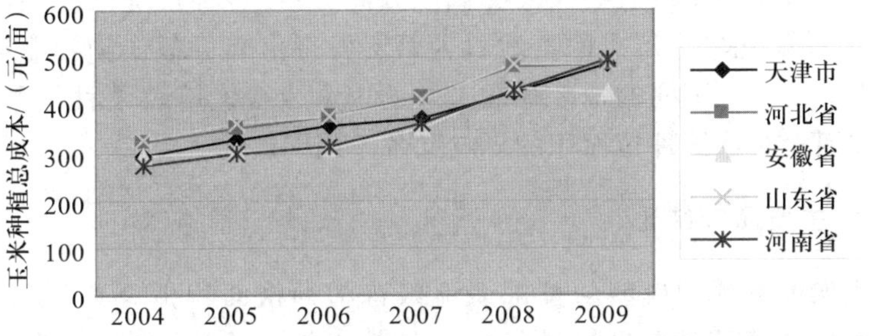

图 9-3　2004—2009 年黄淮海地区大部分省市的玉米种植总成本情况趋势

资料来源：《全国农产品成本收益资料汇编 2005》至《全国农产品成本收益资料汇编 2010》

那么在其他情况不变情况下，一方面，牛羊养殖者为了以更低的成本获得与用玉米饲料饲喂牛羊同样的效果或者比其更好的效果，牛羊养殖者将以较低的成本投入种植苜蓿而减少玉米的种植；另一方面，玉米的成本上升是推动玉米出售价格上升的重要原因之一，玉米出售价格的上升也包含着玉米种植成本的上升。

通过调查发现，农村的劳动力成本是不断上升的。与种植玉米相比，种植苜蓿一直是粗放式的管理，而农户往往更重视对玉米的人工管理，种植玉米的劳动力成本明显大于种植苜蓿的劳动力成本投入，农户更加倾向于苜蓿的种植。综合这两个方面的影响可以看出，玉米出售价格对苜蓿种植面积的影响是正面的，即玉米价格提高会使当地对苜蓿的需求量上升，进而带动苜蓿价格的上升。

表 9-2　2008 年每亩玉米和苜蓿的生产成本和产值情况　　元/亩

地区\作物	苜蓿生产成本	苜蓿产值	玉米生产成本	玉米产值
河北	455	1 260	378.05	628.96
山东	269	1 440	424.40	720.30

资料来源：玉米数据来自 2008 年农产品成本收益年鉴，苜蓿数据为王明利(2010)调查计算出。

苜蓿粉团和颗粒出口价格对于苜蓿种植面积的影响在90%置信度不显著。其原因是国内奶牛企业的集约化生产使得苜蓿需求不断增加,其对苜蓿的收购价格也存在一定的影响,苜蓿粉团及颗粒出口对于苜蓿种植面积的影响显著程度减小。

每亩非苜蓿作物补贴额对于苜蓿种植面积的影响很小,但仍然是负的。其原因是政府对每亩非苜蓿作物(小麦、棉花和玉米)补贴额的综合作用使得农户对每亩非苜蓿作物(小麦、棉花和玉米)的种植收益起到激励作用,从而推动了种植。但是在黄淮海地区,盐碱化较为严重的土地较多,每亩非苜蓿作物(小麦、棉花和玉米)的扩大种植程度有限,农户在种植一段时间的粮食后,其土壤肥力明显下降,此时再种植非苜蓿作物收益就会大大降低。因此,通常再种植一段时间的苜蓿来改良中低产田(盐碱化较为严重的土地),进而使得每亩非苜蓿作物补贴额对苜蓿种植面积的影响很小。不同的地区存在未知的因素也会影响苜蓿种植面积,而每个地区的未知因素对苜蓿种植面积的影响又各不相同。

9.3.4 主要研究结论

基于幼稚价格预期模型的黄淮海地区苜蓿种植面积拟合数据的程度较好,表明黄淮海地区苜蓿种植者的种植决策是基于幼稚价格预期;玉米、棉花、小麦的出售价格显著影响黄淮海地区苜蓿的种植面积,苜蓿产品(粉团和颗粒)出口价格对黄淮海地区苜蓿种植面积的影响并不显著。其影响最大的是玉米出售价格,其次是小麦出售价格,再次是棉花的出售价格。玉米出售价格对黄淮海地区苜蓿种植面积的影响是正面的,小麦、棉花对黄淮海地区苜蓿种植面积的影响是负的。

9.4 影响农户种植苜蓿面积因素的微观分析——以河北省黄骅市和山东省无棣县农户苜蓿种植情况为例

9.4.1 引 言

黄淮海地区苜蓿种植分布构成情况如图9-4所示,主要分布在河北、河南和山东。该地区为典型的农区,农户是苜蓿种植的主体。研究影响农户苜蓿种植面积的因素对黄淮海地区苜蓿种植业发展,苜蓿供给本地化,降低草食畜牧业生产成本,实现本地区农业藏粮于地的发展战略具有重要的现实意义。

9.4.2 调查基本情况介绍

本次调查是由作者及黄骅市、无棣县农牧局技术推广人员、国家牧草产业技术

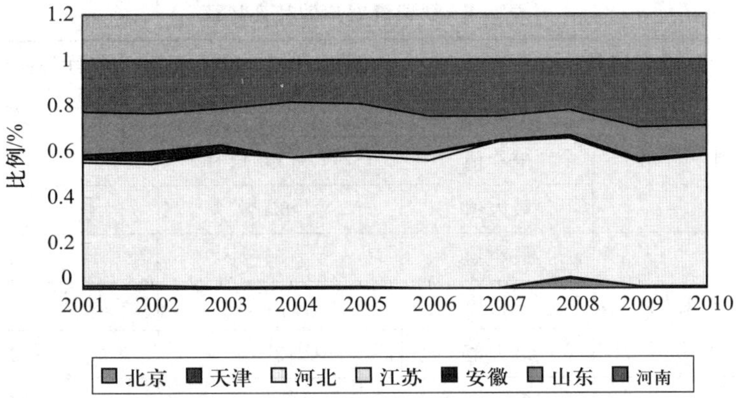

图 9-4　黄淮海地区苜蓿种植分布构成情况

体系沧州综合试验站有关人员共同完成。黄骅市和无棣县都有苜蓿种植的传统。作为探索性的分析调研，本书在无棣县调查了 8 个村，在黄骅市调查了 3 个村，总共发放问卷数量为 120 份，回收的有效问卷为 102 份。从调查情况来看，这两个地区的苜蓿种植户和非苜蓿种植户的主要种植结构如下表 9-3 所列。

表 9-3　苜蓿种植户和非苜蓿种植户的主要种植结构　　户

种植情况	小麦	玉米	棉花	未填写	总户数
苜蓿种植户	61	66	0	14	82
非苜蓿种植	13	16	10	0	20

由表 9-3 可知，棉花种植户都没有种植苜蓿。通过进一步调查山东无棣县有关农户得知，2011 年的棉花出售价格高于苜蓿种植出售价格，有较多的农户便把原来种植苜蓿的地块都用来种植棉花，即棉花和苜蓿是竞争的使用土地的关系，这与第 2 章的研究结果一致。

通过对当地的村领导调查得知，该地区曾用单位面积产量较低的粮食生产用地用来种植苜蓿，即苜蓿和小麦、玉米均有竞争使用土地关系。

经调查发现，在该地区农户家庭中，很少家庭有用苜蓿饲养牲畜的习惯，种植的苜蓿主要用于销售。在苜蓿种植面积大于 0 的农户中，苜蓿面积的最大值为 20 亩，苜蓿面积最小值为 2 亩，苜蓿面积平均值约为 9.28 亩，单位面积的干草产量最高值约为1 000 千克/亩，最小值为 160 千克/亩，平均值约为 651.22 千克/亩。被调查农户的社会特征如表 9-4 所列，通过对村领导的调查得知，劳动力平均年龄为 36 岁，劳动力平均受教育程度为 9.5 年。

表 9-4 被调查农户的社会特征

农户特征		苜蓿种植户特征	非苜蓿种植户特征
户主年龄/周岁	最小值	25	22
	平均值	50.44	52.3
	最大值	65	68
户主受教育程度/年	最小值	5	0
	平均值	7.61	7.85
	最大值	12	12
户主性别/户	男	81	20
	女	1	0
农户总耕地面积/亩	最小值	7	5
	平均值	17.94	13.11
	最大值	35	30
农户人均收入/(元/人)	最小值	2 500	750
	平均值	12 430.35	8 964.21
	最大值	21 666.67	15 000
农户家庭劳动力数量/个	最小值	1	2
	平均值	2.55	2.45
	最大值	5	4

9.4.3 农户种植影响因素分析和模型设置

1. 影响因素分析

由于国内缺乏有关农户种植苜蓿的计量研究，对于影响农户苜蓿种植面积的影响因素的设置可借鉴其他农业技术的采纳研究一样，本节假设农户的苜蓿种植面积受到一系列农户社会经济特征、生产结构特征、制度政策、生态等因素的影响。其中，农户社会经济特征包括农户人均收入、户主年龄、受教育程度、家庭劳动力数量、苜蓿种植风险认知；生产结构特征包括是否接受苜蓿机械服务、家庭总耕地面积、平均每块苜蓿地面积、苜蓿种植经验、苜蓿种植净收益率、家里是否有人外出务工；制度政策包括是否接受过相关技术培训、是否有贷款、对苜蓿种植有关扶持政策的期望、农户与推广牧草种植组织交流过情况；生态因子为对自家土地盐碱化严重程度评价。

2. 模型设置

采用简单的线性回归的模型如下。

$$Y1=F1(X1, X2, X3, X4, X5, X6, X7, X8, X9, X10, X11, X12, X13, X14, X15, X16) \tag{9-15}$$

式中各个变量的含义和符号预期如表 9-5 所列。

表 9-5　变量定义和符合预期

变量名称	变量名称	变量定义	预期符号*
$Y1$	苜蓿种植面积/亩	农户实际种植的苜蓿总面积	
$X1$	农户人均收入/(万元/人)	农户家庭总收入除以家庭人口总数	+
$X2$	户主年龄/周岁	苜蓿种植的主要劳动力实际年龄	−
$X3$	受教育程度/年	户主实际的受教育的年数	−
$X4$	是否接受苜蓿机械服务	接受苜蓿机械服务为 1;不接受苜蓿机械服务为 0	+
$X5$	是否接受过相关技术培训	是否接受过技术培训,是=1,否=0	+
$X6$	是否有贷款	有贷款为 1;没有贷款为 0	−
$X7$	家庭劳动力数量/个	家庭的实际劳动力人数	+
$X8$	苜蓿种植风险认知	0. 不了解;1. 很模糊;2. 较模糊;3. 一般;4. 较清楚;5. 非常清楚	+
$X9$	总耕地面积/亩	农户家庭中各种土地的总面积	+
$X10$	平均每块苜蓿地面积/(亩/块)	苜蓿地总面积除以苜蓿地的块数	
$X11$	自家土地盐碱化严重程度评价	1. 很小 ;2. 比较小;3. 一般;4. 较严重;5. 很严重	+
$X12$	苜蓿种植经验/年	农户种植苜蓿的实际年数	+
$X13$	苜蓿种植净收益率	根据调查中的成本收益数据,苜蓿种植净收益率=(苜蓿单位面积收益−苜蓿单位面积成本)/苜蓿单位面积成本×100。由于农民自身劳动力的成本难以计量,所有的成本数据中没有包括农民自身投入的劳动力成本	+
$X14$	对于苜蓿种植有关扶持政策的期望	不期望=1;中立=2;期望=3	+
$X15$	家里是否有人外出务工	有人外出务工为 1;没有人外出务工为 0	−
$X16$	农户与推广牧草种植组织交流过情况	0. 没有; 1. 偶尔; 2. 经常	+

9.4.4 模型调整和模拟结果

1. 模型变量调整

利用 SPSS17 将上述自变量对因变量做方差分析，发现家里是否有人外出务工、农户与推广牧草种植组织的交流情况与因变量在 95%置信度时显著不相关，因此将上述变量剔除。

2. 调整后模型的模拟结果

利用 EVEWS6.0 得到表 9-6 所示的模拟结果。

表 9-6 苜蓿种植面积模型计算结果

变量及常数项		系数值	Z 统计值		概率值
C		−12.035 4	−2.971 4		0.003 0
$X1$		0.000 097 96	1.661 9		0.096 5
$X2$		0.022 2	0.534 2		0.593 2
$X3$		−0.021 4	−0.133 7		0.893 7
$X4$		0.060 7	0.060 1		0.952 1
$X5$		0.976 4	0.621 0		0.534 6
$X6$		−1.714 1	−0.771 2		0.440 6
$X7$		−0.130 8	−0.290 4		0.771 5
$X8$		0.937 7	2.681 7		0.007 3
$X9$		0.197 6	2.726 2		0.006 4
$X10$		0.443 7	2.269 5		0.023 2
$X11$		1.533 8	2.497 6		0.012 5
$X12$		0.442 0	3.179 0		0.001 5
$X13$		0.013 836	4.479 6		0.000 0
$X14$		1.122 4	1.450 9		0.146 8
R	0.727 0	F 统计者	15.783 9	DW 值	1.606 5

9.4.5 调整后模型的模拟结果及讨论

通过计算结果可知，农户的人均收入对种植苜蓿的面积有正向作用，但是这种作用是非常小的。在保持其他变量不变的条件下，人均收入增加 1 万元，苜蓿种植面积只能增加 0.98 亩，实地调查也证实了这一点。调查区域的经济跟西北、华北地区苜蓿种植地区相比较为发达，很多农户的收入主要来自非农产业，除去占比很低的种植大户和农业专业户，中小苜蓿种植户的收入是村中收入最低的一组。大多数的中小苜蓿种植户看重的是种植苜蓿比种植其他作物费工少，种植苜蓿往往是在粮食作物满足自身需要，可以不耽误打工等条件下的次优选择，而不是追求高的经济效益。这一点也可以从苜蓿种植者的年龄与苜蓿种植面积正相关，其受教育程度与苜蓿种植面积负相关得到印证。根据计算结果，苜蓿种植者的年龄每增加1岁，种植面积可能增加0.022亩，同时，该计算结果显示，随着受教育程度增加，农户趋向于减少苜蓿种植（表9-6）。通过调查数据也可以得出，调查地区从事苜蓿种植的劳动力主要是年龄较大，受教育较少的人群。

是否接受技术培训、苜蓿机械服务对苜蓿的种植没有显著影响，这点是本书没有想到的。通过进一步调查得知，农户反映调查区域的技术培训大多是围绕如何提高苜蓿质量讲授种植理论、新技术，对于增加苜蓿种植效益则较少介绍。当前，国产苜蓿市场还未形成优质优价的收购体系。专家介绍的机械收割技术及最佳收获期收割技术都因为投资大而减少产量，从而未得到农户的广泛接受。

计算结果表明，农户贷款与苜蓿种植无显著影响且负相关，表明贷款户大多把贷款用在苜蓿种植以外的用途上。通过进一步访谈牧草加工营销户得知，由于近年牧草价格大起大落，很多农户都对靠种植苜蓿发家致富不抱希望，不会把有限的贷款投放到风险系数很高的苜蓿种植上。种植户只是在粮食生产、维持家庭生活的基本经济基本收入得到保障后才考虑种植苜蓿，由于不是家庭的主要收入来源，在苜蓿的种子购买、田间管理、水肥及机械投入上都是本着尽量节省成本的原则，尽量减少投入。从劳动力数量与苜蓿种植面积负相关（结果不显著）也能说明，家庭劳动力越多，反而越不种植苜蓿。该调查结果表明，劳动力越多，越容易外出打工或从事其他劳动密集、收益更高的产业（如养猪、种植蔬菜大棚等）。

近年来，苜蓿干草的价格波动非常大。2003年前后，由于苜蓿供给过剩，当地养殖企业少，又没有用苜蓿养殖的习惯，农户的大量苜蓿干草因没人收购而烂掉，甚至被当作柴火烧掉。在2008年“三聚氰胺”事件发生后，大量奶牛养殖企业开始重视苜蓿在奶牛养殖中的重要作用，除了大型奶牛养殖企业，奶牛饲养散户也开始用苜蓿饲养奶牛，苜蓿需求量随之剧增，苜蓿价格也从每千克0.6～0.8元，迅速增加到2.1～2.6元。据此，本书认为苜蓿价格的剧烈波动会在很大程度上影响资本短缺农户的种植积极性。但计算结果表明，苜蓿种植者对种植风险的了解程度对种植苜蓿有显著的正影响，种植户对风险的了解程度每增加一个等级，苜蓿种植面积就会增加0.93亩。为找出其中的原因，作者与自2001年以来一直坚持种苜蓿的黄骅市常郭村支部书记一起，对多年来苜蓿种植效益进行了详细计算发现，虽然种植苜蓿的经济效益与种植玉米、小麦等其他作物相比，其并不具有优势[王明利(2010)认为种植苜蓿有比较好的经济效益]，但是种植苜蓿相对节省劳力与肥料，可以为外出打工，从事其他工作提供条件。尽管苜蓿干草的价格具有很大的不确定性，但是了解这些风险的农户都因为苜蓿种植面积只占总面积的一部分而使其风险可控，所以在当地还是有农户愿意每年种植一定量的苜蓿。

在调查区域里，尽管每位农民的耕地面积较小(0.9～27 亩，沿海地区因为每年增加冲积平原而增加以盐碱地为代表的耕地，所以每户家庭的人均耕地差别较大)，但是每家农户的土地都按等级被分为很多块，严重影响了机械化、规模化运作。其计算结果表明，在保持其他变量不变的情况下，家庭总耕地面积每增加 1 亩，农户的苜蓿种植面积就增加 0.19 亩；每 1 地块平均面积增加 1 亩，农户相应的苜蓿种植面积就会增加 0.44 亩。人均耕地少、地块分散已经成为影响现有土地分配制度下苜蓿种植业发展的重要问题。即使在华北地区县域种植面积最大的黄骅市典型的苜蓿种植村也很难见到集中连片种植苜蓿的情况。零星的一家一户小规模种植既影响到苜蓿产品的质量，又影响到苜蓿种植的效益。为解决这一问题，山东枣庄推行苜蓿种植合作社方式，通过合作社，零散的土地统一种植。河北沧州则试行土地流转，将农户的土地集中起来，通过引进苜蓿种植企业，进行规模化种植。截至目前，只有部分地区收到了较好的效果，种种原因，大部分尝试没有成功。

土壤的盐碱化程度对种植苜蓿有显著的正影响。在保持其他变量不变的条件下，土壤盐碱化每增加一个等级，种植面积就会增加 1.53 亩。苜蓿具有耐盐碱性能，其根部的根瘤菌还具有固氮作用，能显著提高土壤肥力。苜蓿属多年生植物，每种植一个周期(5～6 年)，当再种植其他作物时，就不用使用氮肥了。很多农户在种植苜蓿土壤肥力增加后，往往改种其他经济效益更高的作物，这和美国、加拿大等牧草出口大国的利用水浇条件好的地块种植苜蓿有很大不同。

种植经验对苜蓿的种植也起着很大的作用。在其他变量不变的条件下，种植年限每增加一年，种植面积就会相应增加 0.44 亩。目前，调查区域的苜蓿种植户都是采用传统的种植方法，苜蓿种子靠自己私下淘换，种植、田间管理及收割主要是靠人工。

苜蓿种植效益对于农户种植苜蓿决策也起着重要作用。在其他变量不变的条件下，净收益率每提高 1%，苜蓿种植面积就会增加 0.014 亩，经济效益是农户种植苜蓿的目标之一。截至目前，苜蓿种植的机会成本还是很高。其主要原因还是整个种植业规模小，小麦、玉米等主要粮食作物补贴数额越来越大，又有最低保护价，对苜蓿种植的挤占越来越严重。

尽管很多官员、学者都呼吁对苜蓿种植采取扶持政策，但是苜蓿种植者对于争取政策并未有很大的热情。尽管期望政府的支持政策对于苜蓿种植有正向作用，但是其结果并不显著。根据调查表明，由于种植苜蓿不是家庭的主要经济来源，农户对政府的支持政策并没有抱很大期望。相反，很多农户都抱怨政府的政策。2000 年前后不仅有各项支持政策(良种补贴、退耕还林还草补贴、机械购置补贴等)，还实施行政干预，当地苜蓿种植面积迅速扩大。一系列原因(农户养殖牛羊，只要牛羊能够活着就能够获得补贴，饲喂秸秆的成本非常的低，远远低于饲喂苜蓿成本，使得苜蓿的需求少）导致大量苜蓿干草卖不出去，农民损失惨重。

9.4.6　主要结论

通过计量分析表明，农户的人均收入、苜蓿种植风险认知、总耕地面积、平均每块苜蓿地面积、自家土地盐碱化严重程度评价、苜蓿种植经验、苜蓿种植净收益率对农户苜蓿种植面积具有正向显著的影响；受教育程度、是否有贷款、家庭劳动力数量等因素对农户苜蓿种植面积的影响不显著；其他因素，包括户主年龄、是否接受苜蓿机械服务、是否接受过相关技术培训等对农户苜蓿种植面积的影响也不显著。

虽然农户人均收入水平增长对农户苜蓿种植面积具有显著的正向影响，但是数值非常小，可以忽略不计，从而反映了生活水平的提高对苜蓿种植的影响是长期的、缓慢的。农户对自己家中土地盐碱化严重程度的主观评价对于农户苜蓿种植面积的影响是最大的，即农户种植苜蓿改造中低产田（盐碱化程度较为严重）的土地目的是农户种植苜蓿的重要影响因素。其他显著的影响因素对于农户苜蓿种植面积影响的大小依次为：苜蓿种植风险认知＞平均每块苜蓿地面积＞苜蓿种植经验＞总耕地面积＞苜蓿种植净收益率。苜蓿的收益情况对于农户苜蓿种植面积的影响是非常小的，所以需要通过苜蓿种植补贴等经济手段，刺激农户种植苜蓿的积极性。

9.5　结论和建议

9.5.1　主要结论

本章在对黄淮海地区发展苜蓿种植的意义、农户种植苜蓿的优势与问题的剖析的基础上，利用计量模型对黄淮海地区苜蓿种植面积的波动、农户种植苜蓿面积决策进行了计算分析，主要得出了以下2个方面的结论。

①黄淮海地区苜蓿种植者的苜蓿种植决策是基于幼稚价格预期。玉米出售价格对苜蓿种植面积具有正向影响。在黄淮海地区，作为奶牛的饲料，玉米与苜蓿具有很强的替代关系；棉花出售价格、小麦出售价格显著影响黄淮海地区苜蓿的种植面积，苜蓿产品（粉团和颗粒）出口价格对于黄淮海地区苜蓿种植面积的影响并不显著。对黄淮海地区苜蓿种植影响最大的是玉米的出售价格，其次是小麦的出售价格，然后是棉花的出售价格。

②农户的人均收入、苜蓿种植风险认知、总耕地面积、平均每块苜蓿地面积、自家土地盐碱化严重程度评价、苜蓿种植经验、苜蓿种植净收益率等因素显著正向影响农户苜蓿种植面积；受教育程度、是否有贷款、家庭劳动力数量等因素对黄淮地

区苜蓿种植具有负向影响，但这些影响这些因素并不显著；户主年龄、是否接受苜蓿机械服务、是否接受过相关技术培训等因素对苜蓿种植面积的影响也不显著。

总体而言，人均收入水平的提高会使苜蓿种植面积缓慢增加；农户对自己家中土地盐碱化严重程度的主观评价对于农户苜蓿种植面积的影响是最大的。增加对苜蓿改良土壤作用的宣传，对提高苜蓿种植面积，实现种植业结构调整、环境友好种植具有积极意义；实施苜蓿种植保险，有效降低苜蓿种植的价格风险，其对增加苜蓿种植面积具有积极作用。此外，加大土地流转支持力度，提供有效的技术培训对增加苜蓿种植面积也具有相助作用。

9.5.2 政策启示

①黄淮海地区的苜蓿种植决策基于幼稚价格预期，而不是整个种植周期利润最大化，说明苜蓿产业市场发育不足。政府应当积极培育苜蓿市场，促进苜蓿的专业化生产，提高苜蓿种植的经济效益。

②苜蓿需求随着人均收入的增长而缓慢增长。在政府制定苜蓿产业发展政策时，应首先考虑市场需求，苜蓿需求的价格弹性小，防止过度供给而造成价格的大幅下降。

③政府可以通过完善土地流转或者农村合作社制度，促进耕地和地块的集中，进而促进苜蓿种植业的发展，也可以通过增加有效的技术培训、苜蓿种植作用宣传，降低种植风险等，从而促进农户增加苜蓿种植面积。

④本章对于苜蓿种植面积的测算都是基于经济因素进行的。苜蓿种植具有很大的正外部性。在对苜蓿种植的正外部性进行计算的基础上，应结合经济效果计算，提出苜蓿种植的发展政策，这样更能体现苜蓿种植的综合效益，也更利于苜蓿种植业科学可持续发展。

第 10 章　黄淮海地区农户参与订单种植苜蓿意愿的影响因素分析

黄淮海地区农户种植苜蓿面临的主要问题是“小生产，大市场”的矛盾：农户苜蓿种植规模小，苜蓿生产的各环节信息尤其是产品价格信息匮乏，难以避免生产的盲目性，生产面临极大的价格风险。

订单农业实现了农产品从种植到餐桌的直供，缩短了产业链，但同时也弱化了产品的检测程序，在提升农产品安全性的同时，提升了农业的抗风险能力。区别于传统的“先种植，后销售”的生产模式，订单农业紧跟市场需求，在发挥自己独特的资源优势同时保证了市场需求，保证农户有稳定的种植收益，避免了盲目生产，减少了农产品过剩，避免了农户产品卖不出去的情况。随着互联网的进一步发展，订单农业与互联网逐步深度融合，有效缓解了农产品产销不对称的问题，线上线下共同发力，在拓宽了销售渠道的同时，提高了农产品交易速度。

本章利用调查数据，分析了黄淮海地区苜蓿产业发展概况，通过建立计量模型，进一步分析了黄淮海不同地区农户风险类型、家庭特征和经营特征、对订单种植苜蓿的认知程度以及外部环境对农户订单种植苜蓿参与意愿的影响，提出了推动该地区订单种植苜蓿发展的政策建议。

10.1　引言

农户是黄淮海地区苜蓿种植的主体。本书的前期调查结果表明，由于经济基础差，农户的风险规避心理较强，苜蓿价格的大起大落，成为影响农户苜蓿种植决策的最重要因素。

众多研究成果表明，订单农业的发展有利于解决“小生产、大市场”的矛盾，并减少价格收益波动的风险，这对于生产的稳定发展具有重要意义。2001 年首届中国苜蓿发展大会的召开正式揭开了我国以企业为龙头、以市场为导向、“产学研”一体的苜蓿产业化发展的序幕。订单种植的重要形式之一是合作社。有关研究认为，牧草专业合作社发展尚处于起步阶段，农户多采取观望的态度，自主入社的积极性是较低的。有关研究认为，积极推动牧草专业合作社发展，有利于解决一系列单个农户难以解决的问题，农户种植苜蓿的积极性会大大提高。从而，研究农户订单参与种植苜蓿意愿的影响因素，对于苜蓿的良好发展具有重要意义。

10.1.1 订单农业

订单农业又称合同农业、契约农业，是一种现代化的新型农业生产经营模式。农户根据其本身或其所在的乡村组织同农产品的购买者之间提前签订订单，根据订单要求组织安排农产品生产的一种农业产销模式。签约的一方为企业或中介组织包括经纪人和运销户，另一方为农民或农民群体代表。订单农业具有市场性、契约性、预期性和风险性。订单中规定的农产品收购数量、质量和最低保护价，使双方享有相应的权利、义务和约束力，不能单方面毁约。因为订单是在农产品种养前签订，是一种期货贸易，所以也叫期货农业。农民说："手中有订单，种养心不慌"。随着互联网的进一步发展，订单农业与互联网逐步深度融合，有效缓解了农产品产销不对称的问题，线上线下共同发力，拓宽了销售渠道的同时提高了农产品交易速度。

不过，订单履约有一段生产过程，双方都可能碰上市场、自然和人为因素等影响，也有一定的风险性。在实际运行过程中，订单有可能出现因为农业受自然灾害影响较大，农民的生产出现订单无法完成的情况，或者当减产时，农民违约不卖给收购方。此外，当市面上产量过剩时，市场价格低于订单合同价格，收购方也可能出现违约情况。但比起计划经济和传统农业先生产，后找市场的做法，订单农业则为先找市场，后生产也是一种进步。

10.1.1.1 订单农业的五种形式

①农户与科研、种子生产单位签订合同，依托科研技术服务部门或种子企业发展订单农业。

②农户与农业产业化龙头企业或加工企业签订农产品购销合同，依托龙头企业或加工企业发展订单农业。

③农户与专业批发市场签订合同，依托大市场发展订单农业。

④农户与专业合作经济组织、专业协会签订合同，发展订单农业。

⑤农户通过经销公司、经济人、客商签订合同，依托流通组织发展订单农业。

10.1.1.2 订单农业的主要特征

1. 具备较高的综合生产率

其包括较高的土地产出率和劳动生产率。农业成为一个有较高经济效益和市场竞争力的产业，这是衡量现代农业发展水平的最重要标志。

2. 农业成为可持续发展产业

农业发展本身是可持续的，而且具有良好的区域生态环境。其广泛采用生态农业、有机农业、绿色农业等生产技术和生产模式，实现淡水、土地等农业资源的可持续利用，达到区域生态的良性循环，农业本身成为一个良好的可循环的生态系统。

3. 农业成为高度商业化的产业

农业主要为市场而生产，具有很高的商品率，通过市场机制来配置资源。商业化是以市场体系为基础的，现代农业要求建立非常完善的市场体系，包括农产品现代流通体系。离开了发达的市场体系，就不可能有真正的现代农业。农业现代化水平较高的国家，农产品商品率一般都在90%及以上，有的产业商品率可达到100%。

4. 实现农业生产物质条件的现代化

以比较完善的生产条件、基础设施和现代化的物质装备为基础，集约化、高效率地使用各种现代生产投入要素，包括水、电力、农膜、肥料、农药、良种、农业机械等物质投入和农业劳动力投入，达到提高农业生产率的目的。

5. 实现农业科学技术的现代化

广泛采用先进适用的农业科学技术、生物技术和生产模式，改善农产品的品质、降低生产成本，以适应市场对农产品需求优质化、多样化、标准化的发展趋势。现代农业的发展过程实质上是先进科学技术在农业领域广泛应用的过程，也是用现代科技改造传统农业的过程。

6. 实现管理方式的现代化

广泛采用先进的经营方式，管理技术和管理手段，从农业生产的产前、产中、产后形成比较完整的紧密联系；有机衔接的产业链条，具有很高的组织化程度；有相对稳定，高效的农产品销售和加工转化渠道和高效率地把分散的农民组织起来的组织体系以及高效率的现代农业管理体系。

7. 实现农民素质的现代化

具有较高素质的农业经营管理人才和劳动力是建设现代农业的前提条件，也是现代农业的突出特征。

8. 实现生产的规模化、专业化、区域化

通过实现农业生产经营的规模化、专业化、区域化，降低公共成本和外部成本，提高农业的效益和竞争力。

9. 建立与现代农业相适应的政府宏观调控机制

建立完善的农业支持保护体系，包括法律体系和政策体系。

农户是黄淮海地区苜蓿种植的主体。根据调查结果表明，由于经济基础差，农户的风险规避心理较强，苜蓿价格的大起大落，成为影响农户苜蓿种植决策的最重要因素。本章在国内外已有研究成果的基础上，通过对黄淮海地区农户参与订单种植苜蓿意愿影响因素的实证研究，揭示影响黄淮海地区农户参与订单种植苜蓿意愿的因素，为该地区苜蓿订单种植的发展提供政策建议。

10.2 影响农户参与订单种植苜蓿意愿因素的理论分析

国外的很多大型畜牧企业都有自己的苜蓿种植基地，且农户农业生产信息较完备，很多农业企业也已参与订单种植。因此研究订单种植苜蓿的需求并不迫切，也未见订单种植苜蓿的相关研究。我国特有的土地所有与使用制度决定了养殖企业取得大量土地使用权的交易成本高，通过订单方式取得所需苜蓿是较为可行的方式。但由于目前中小养殖企业普遍实行作物秸秆加精料的饲养方式，牧草养殖还未在全国大面积推广，国内也未见相关农户参与订单种植苜蓿方面的研究文献。根据作者的多次实地调查，借鉴大量的国内外订单农业研究文献，本书认为影响农户参与订单种植苜蓿的因素大致包括：农户特征与经营特点、种植苜蓿的比较效益、苜蓿价格波动、农户对订单种植苜蓿作用的认知以及外部因素等四个方面。

10.2.1 农户特征与经营特点对订单种植苜蓿意愿的影响

一般认为，随着户主年龄的增长，农户接受、掌握订单农业这种新方式的能力就越差；文化程度高的农户学习新技术、新生产方式的能力较强，参与订单农业的可能性大；因为订单种植一般效率较高，能够节约活劳动成本，家庭人口数和家庭劳动力较少的农户可能更倾向于参与订单农业；因为可以降低资金、技术等的准入门槛，家庭财富或收入少、技术匮乏的农户更倾向于参与订单种植；因为能有效降低种植风险，风险厌恶型的农户可能更倾向于参与订单种植苜蓿。

农户从事苜蓿种植的时间越长，对技术、市场信息了解越多，对企业的依赖程度越少，因而越倾向于独立生产经营；在生产过程中需要投入的专用性资产越多、资产专用性程度越强，则农户退出的成本越大，越有可能参与订单农业；考虑到规避风险，该项农产品收入占总收入的比重越大，农户参与订单农业的倾向越大；由于可以有效减少劳动投入，兼业农户更倾向于选择订单种植；苜蓿产业发展初期，对订单种植的效益认识还比较盲目，因此对订单种植苜蓿越了解，农户参与订单农业的可能性越大。

10.2.2 苜蓿的比较效益及价格波动对订单种植苜蓿意愿的影响

黄淮海地区地处环渤海与长三角经济圈，交通发达，农户非农就业机会较多，市场经济发育较为成熟，农户种植苜蓿，面临较大的机会成本。另外，由于种植苜蓿与当地的传统种植作物玉米、小麦、棉花是竞争性的，农户是否安排订单种植苜蓿是基于对种植苜蓿综合经济收益高于(等于)种植其他作物的判断。苜蓿市场价格波动越大，从事苜蓿市场交易的风险越大，对于苜蓿订单种植这种能有效规避价格风险的活动，农户参与订单种植苜蓿的可能性就越大。

10.2.3　农户对订单种植苜蓿作用的认知对种植意愿的影响

经济学家认为，产品认知对于生产者提供产品的意愿有很大影响。被调查者如果了解苜蓿种植的作用、对养殖业的重要意义、国家对牧草产业发展态度以及订单生产苜蓿的主要内容都会对农户的订单种植苜蓿意愿具有正向影响。

10.2.4　外部因素对种植意愿的影响

外部环境主要包括农户的生产环境和生活环境以及当地政府是否支持订单种植苜蓿的政策措施等。苜蓿产品单位密度低，运输成本占比高。因此，种植规模大、交通便利、离企业近的农户对苜蓿收购企业更具有吸引力，而如果当地畜牧业发达，农户选择将苜蓿市场交易的概率就会增加，相应地，与苜蓿收购企业签约的可能性就降低；农户获取相关苜蓿收购信息成本越低，则农户越有可能直接选择市场交易。

如果当地政府采取鼓励订单农业发展的政策，则会使农户参与订单种植苜蓿的成本降低，从而使农户参与订单种植苜蓿的可能性提高。基于以上分析，关于农户参与订单种植苜蓿的影响因素，本书提出以下 4 个假设：①价格风险规避型农户愿意采用订单种植，并按经济效益最大化原则决定是否种植苜蓿；②农户家庭特征和经营特征影响其苜蓿订单种植参与意愿；③农户对订单种植苜蓿的认知程度对种植意愿有正影响；④外部环境对农户苜蓿订单种植参与意愿具有影响。

10.3　数据说明与分析

本章分析所用数据来自笔者对黄淮海地区农户订单种植的实地调查。在国家牧草产业技术体系沧州站、东营站的帮助下，2011 年 8 月，对传统苜蓿种植区域河北省黄骅市、山东省无棣县进行了调查。作为对比，也调查了非传统苜蓿种植区但产业组织化程度较高的山东诸城市和安丘市。在对数据分析过程中，发现调查区域的苜蓿订单种植组织很不完善。为找出原因，在后期除对调查区域进行补充调查外，在国家牧草产业技术体系青岛站的帮助下，2012 年 6 月，又对开展苜蓿合作社种植的典型地区山东枣庄市苜蓿订单种植情况进行了详细调查。在调查区域，为了全面掌握订单种植苜蓿的潜力，除了调查从事特定产业的农户（黄骅市、无棣县、台儿庄区调查种植苜蓿、诸城市调查鸡养殖户、安丘市调查蔬菜（生姜、大蒜种植户）以外，每个村还调查了从事其他产业的农户以及相关企业。

10.4 农户参与订单种植苜蓿决定因素的实证分析模型设定

根据本章提出的4个假设可知，农户参与订单种植苜蓿的意愿由农户的风险特征、家庭与经营特征、对订单种植苜蓿的认知、外部环境特征及其他未知因素共同决定。

$$Y_i = f(C_i, P_i, R_i, K_i, E_i) + e_i \tag{10-1}$$

式中：Y_i为被调查的农户 i 参与订单种植苜蓿的意愿（$Y_i=1$ 表示农户愿意参与订单种植，$Y_i=0$ 则表示不愿参与订单种植）；C_i为农户 i 的风险特征；P_i为农户 i 的户主特征；R_i为农户 i 的家庭经营特性；K_i为农户 i 对订单种植苜蓿的认知程度；E_i为农户 i 面临的外部环境特征；e_i为随机误差项。

由于农户是否愿意参与订单种植苜蓿只有是与否两种情况，即上式的因变量是二项选择型变量，因此，本书采用 Logit 模型对农户参与订单种植苜蓿意愿进行分析。

Logit 模型采用逻辑概率分布函数，具体形式为：

$$\ln\left(\frac{p_i}{1-p_i}\right) = \beta X_i + \varepsilon \tag{10-2}$$

式中：p_i为农户参与订单种植苜蓿的概率；X_i为解释变量向量，包括表示农户 i 的风险特征（C_i），户主特征（P_i），家庭经营特性（R_i），对订单种植苜蓿的认知程度（K_i），外部环境特征（E_i）等；β 为待估计参数向量，代表X_i变化对农户参与订单生产苜蓿意愿概率的影响程度，ε 为随机误差项。

10.5 计量分析结果与分析

运用利用 Eviews6.0 对调查数据进行 Logit 回归处理结果如表 10-1 所示。模型 1 表示利用全部调查样本数据的计算结果，模型 2 表示传统苜蓿种植区（黄骅市及无棣县）的调查样本数据的计算结果，模型 3 表示非传统苜蓿种植区（台儿庄区、诸城市及安丘市）的调查样本数据的计算结果。黄骅市以外的单个调查地区由于调查样本数量少，模型不稳定，没有将单个地区的计算结果列出。从表 10-1 所列各种模型的计算结果看，模型整体检验显著，将上述模型中不显著的变量剔除，虽然数值有所变化，但模型整体检验仍显著，表明模型较为稳定。为使结果简单明了，本章未列出只包含全部显著变量的模型的结果。

表 10-1　影响农户参与订单种植苜蓿意愿因素的 Logit 模型回归结果

解释变量	模型 1		模型 2		模型 3	
	系数值	Z 统计值	系数值	Z 统计值	系数值	Z 统计值
C_1	0.563***	2.647	0.481*	2.118	0.798***	4.382
C_2	0.722*	2.109	0.527	1.647	0.917***	3.166
C_3	0.206*	1.921	0.284***	3.175	0.097	0.533
P_1	0.048	1.510	0.046*	1.805	0.053	1.406
P_2	0.966*	1.802	1.386**	1.839	−0.2018	1.629
P_3	1.147**	1.937	0.091	0.832	1.685***	3.062
P_4	−0.103	−1.213	−0.168**	−1.961	—	—
R_1	−0.000	−0.988	−0.000**	−2.038	0.000	1.469
R_2	0.217***	2.382	0.192***	2.468	0.256***	2.138
K_1	0.906***	2.719	1.126***	2.943	0. 230	1.407
K_2	0.006	0.325	0.002	0.209	0.008	1.079
E_1	0.213*	1.977	0.173	1.162	0.385***	2.896
E_2	−1.407***	−2.740	−1.421**	−2.546	−1.382***	−3.811
E_3	5.639***	3.811	—	—	—	—
常数项	−1.779	−0.918	−1.546	−0.557	−1.961	−1.000
R^2	0.515 7		0.462 6		0.437 9	
F	0		0.000 3		0.007	
LR	71.551 0		62.642 7		60.007 1	

注：***、**、* 分别表示该变量在 1%、5%、10%水平显著。

根据模型的计算结果，可将影响研究区域农户订单种植苜蓿的主要影响归纳如下。

1. 经济效益、不同风险类型对农户订单种植决策的影响

从整体来看（模型 1），在其他变量保持不变的情况下（以下提到某一变量变化，均指其他变量保持不变），种植苜蓿的收益每提高一个等级，愿意采用订单种植的农户数量就会增加 56.3%。其实际情况是自从国家取消农区退耕还林补贴、增加粮食补贴后，种植苜蓿的效益同农作物相比明显偏低，严重影响了农户参与订单种植的积极性。根据调查，2003 年传统种植户中有 31 户参与订单种植，随着相对收益的逐年降低，2012 年只有 8 户与收购企业（个体户）签订了订单。

不同地区的农户对待苜蓿价格波动风险的态度有很大差别。苜蓿产品价格波动对传统苜蓿种植区农户的订单种植意愿没有显著影响,但对非传统苜蓿种植区的农户的订单种植意愿影响非常显著。

外出务工对传统苜蓿种植区有负影响。这些地区的农业以玉米、小麦等种植业为主,缺乏深加工项目,农业附加值低。利用便利的交通条件,当地在周边的京、津等大城市已经形成了多层次的打工网络,外出打工的机会成本低,打工成为这些地区很多家庭收入的主要来源,而非传统苜蓿种植区的农户蔬菜(安丘市)、养殖业(诸城市)及农业合作社(台儿庄区)的收入已经超过种粮收入,由于实施农业产业化经营,区内产业结构得到优化升级,对农业经营人才的需求较为旺盛,外出务工机会成本较大,因而打工对农业的冲击较小(表 10-2)。

表 10-2 分地区户主及家庭的基本特征

农户特征	传统种植区	非传统种植区
户主平均年龄/周岁	51.29	47.81
户主平均受教育程度/年	7.78	8.42
农户平均收入/(元/人)	9 348.21	13 582.16
打工收入比例/%	56.32	45.69
粮食收入占农业收入的比例/%	63.79	35.21

2. 家庭特征和经营特征对农户苜蓿订单种植参与意愿的影响

具体来看,传统苜蓿种植区愿意参与苜蓿种植的农户年龄更大,学历更低。因为传统种植区农业从业者年龄较大,所从事的种植业收入不是家庭收入的主要部分,他们普遍对订单种植产品价格有保证、不需要农户自己为产品寻找销路、并且提供种植技术、"种着省心"感兴趣;但在非传统苜蓿种植区,愿意订单种植苜蓿的农户主要是想通过种植苜蓿获得更多的收入,他们较为年轻,学历主要是初中以上,更愿意学习新的种植方式。在传统苜蓿种植区,除了目前实行的订单种植方式不能有效减少种植户的种植风险外,农户生产年限越长,意味着在苜蓿生产中积累的种植经验及市场销售渠道越多,对订单企业的依赖性越小。

计算结果表明,传统苜蓿种植区农户的订单种植苜蓿意愿与家庭人均收入呈显著负相关。这与在传统苜蓿种植区种植苜蓿跟种植粮食作物相比效益低有关。愿意订单种植苜蓿的农户对收入不敏感,或者他们不是特别看重作物的收益情况,订单种植苜蓿的目的往往是因为订单种植苜蓿"简单、省事,不耽误外出打工"。尽管结果不显著,但非传统苜蓿种植区愿意订单种植苜蓿的农户是收入较高者,这些区域农户商品意识强,为了获得更高收益,愿意尝试并不熟悉的订单种植苜蓿活动。专业农户更倾向于参与订单农业。农户生产的专业化水平越高,生产的专项投入越大,为抵御市场的高风险,农户希望参加订单生产;相反,农户生产的专业化水平越低，生产的相应投入越小，市场风险相应减小。

3. 农户的苜蓿认知对苜蓿订单种植意愿的影响

计量结果表明，农户都希望在盐碱地、土壤肥力低的地块种植苜蓿。苜蓿具有一定程度的耐盐碱性，还可培肥地力。利用这一特点，传统种植区的农户将不能种粮食作物或者种植粮食作物产量低的中低产田种植苜蓿，这主要是由于在土壤条件好的地块种植苜蓿的比较效益低。非传统苜蓿种植区的农户通过听取调研者的宣传，对种植苜蓿的收益有良好预期，愿意订单种植的农户虽然也倾向于利用低产地块，但没有统计上的显著性(没有明显的选择性)。

尽管大量研究结果表明，种植苜蓿具有培肥地力、改善环境、提高畜牧业的发展质量等正外部性，但计量结果表明，农户对苜蓿的了解程度高低对农户参与订单种植意愿没有显著影响。进一步调查表明，农户并不是对种植苜蓿的“好处”漠不关心，超过 86%的被调查者“希望通过种植活动改善环境”，17%以上的被调查者“非常希望自己的环境得到改善”。但是，当问到“为改善环境，每亩减收多少可以承受”时，大部分人给出数额为 10 元以下甚至 0 元，绝大部分人认为(91%)“应当政府出钱为环境改善买单”(表 10-3)。一方面，农户希望自身的种植活动具有正外部性，另一方面，农户又在具体种植何种作物的决策中更倾向于经济效益，反映了被调查农户的矛盾心理，也说明被调查农户的农业生态环境保护参与意识有待提高。

表 10-3　农户环境改善意愿与支付意愿调查

对苜蓿作用了解程度	非常希望改善环境/%	希望通过种植活动改善环境/%	种什么无所谓，挣钱就行/%	改善环境应由政府负责/%	为改善环境愿意减少的亩均收入额/元
不了解	17.4	91.1	95.3	100	13.6
不太了解	16.9	83.8	97.2	98.5	17.5
较了解	17.1	85.7	91.6	96.3	18.8
了解	18.5	86.2	89.4	88.0	34.2
很清楚	100(1 人)	100	100	100	70

注：调查选项为多选项。

资料来源：根据调查数据计算、整理。

4. 外部环境对农户苜蓿订单种植参与意愿的影响

不同地区农户对政府的扶持政策所持态度不同。非传统苜蓿种植区对政府的扶持政策非常期待。计量结果表明，政府扶持政策会使非传统苜蓿种植区农户参与订单种植苜蓿的意愿增加 38.5%。虽然决策目标并不一致，但这些地区的地方政府能有效解决用地协调、基础设施、金融、法制等影响交易费用的企业外部环境的改善,并打造产业链。农户对政府的决策较为信赖。政府扶持苜蓿产业发展政策对传统苜蓿种植区农户订单种植苜蓿意愿影响并不显著。通过对黄骅市电话回访得知,这些地区的苜蓿订单种植都是 2000 年河北省政府强力推行的,基本没有惠农政策,这一政策的目标是通过出口苜蓿产品为该地创汇,苜蓿需求市场还未形成,当苜蓿出口低迷时,农户损失惨重,对政府决策的信赖也降到了低点。农户倾向于在交通条件差的地块订单种植苜蓿(系数为负)。相对于蔬菜、瓜果等收获频繁,对运输要求严格的产品,苜蓿产品运输条件要求低、对搬运时间限制也少,这一特性使得在交通条件差的地块种植苜蓿机会成本低,因而大量农户选择在交通相对不便的地块种植苜蓿。

当地龙头企业对农户的订单种植意愿有非常显著的影响。根据计算结果,保持其他条件不变的情况下,有龙头企业的地区比没有龙头企业的地区农户订单种植意愿高 4.64 倍。传统农户不愿采用订单种植苜蓿的最主要原因是,认为签订订单的企业并不能为农户提供承诺的苜蓿产品价格,换句话说,农户不采用订单种植方式不是因为经济上不划算,而是因为对订单签订企业的不信任。造成这一现象的很大原因在于苜蓿收购企业规模过小,抵御市场风险的能力低。在黄骅和无棣县城区调查的 3 家苜蓿收购企业虽然都有苜蓿收储、加工的能力,但是加工方式仅限于青贮、粉碎等最简单的加工设备,产品附加值低。其中,最大的企业注册资金只有 300 万元,在遇到苜蓿价格大幅下降时,这些个人、企业根本无履约能力。这导致在传统苜蓿种植区域苜蓿产品价格上升时企业(个人)抢购产品,农户不惜违约惜售甚至产品掺假;而产品价格下降时,企业(个人)无力履约纷纷出逃的现象。签约企业信誉低,成为制约传统苜蓿种植区订单种植苜蓿发展的瓶颈。

与传统苜蓿种植区不同,90%以上的诸城市肉鸡养殖户与诸城外贸有限责任公司(151 户全国农业产业化经营重点龙头企业、全国 500 强企业之一)签订了生产肉鸡合同。由于大公司技术、资本及经营实力强,尤其是公司产品包括从肉鸡饲料到肉鸡产品的全产业链经营,企业抵御市场风险的能力大大增强。同时,企业立足于长远发展,违约带来的企业信誉、产品风险很大,所以即使在市场肉鸡收购价格下降很大时,企业仍能按约收购肉鸡,给一家一户为生产单位的农户带来很大信心。诸城外贸有限责任公司养殖产业居于强势地位,并非所有愿意参与肉鸡生产的农户都能得到公司允许,公司对农户的养殖场地、资金、人力及技术都有要求。签约龙头企业良好的信誉,成为诸城农户愿意订单养殖的重要动力。

通过实施土地流转等一系列扶持蔬菜种植基地建设的政策,自 2001 年以来,安丘市的蔬菜订单种植得到迅速发展。这里的签约公司的生产技术、加工能力较强,公司实行差异化产品生产策略,在施肥、浇水、防治病虫害等各环节,这些签约公司都会派专业人员全程监督,负责技术指导,所种出的高品质蔬菜在国际市场十分畅销。这些公司每年年初都与国际大公司签订供应合同,并根据合同组织订单生产。因为有出口合同，企业的履约率一直保持在 95%以上(当地被调查企业的估计)。由于生产的是差异化产品，收购价格普遍比市场价格高 2～3 倍，农户接受企业的高生产要求及技术、资金投入，农户订单种植意愿强烈。

由于与小规模农户的订单合作交易成本很高，而且对小规模农户违约的法律约束比较薄弱，因此企业希望和大规模农户建立合作关系。目前我国的以家庭为生产基本单位的农户，生产规模普遍很小，这些农户资金、技术、信息缺乏，造成生产、销售成本很高，他们比大规模农户具有更强烈的订单种植意愿。为解决这一问题，枣庄市成立苜蓿种植合作社，由合作社与大的奶牛养殖场签约生产苜蓿。这一方式既解决了现有体制下大量小规模农户生产苜蓿专用设备、技术投资不足，导致产品质量低、价格低、用户满意度低的难题，同时生产规模的扩大，有效减少了交易费用，又由于产品在本地销售运输距离短，为规模奶牛养殖企业解决了从外地调运苜蓿产品运输成本高的问题。本地稳定的产品需求，对农户加入种植合作社订单生产苜蓿起到了决定作用。由于苜蓿种植投资大、管理要求高，合作社成员在专用资产使用、苜蓿产品质量方面对合作社的期待与合作社服务提供能力之间存在较大差距，苜蓿种植合作社没有达到预期效果。

10.6　结论和建议

计量模型的计算结果表明，黄淮海不同地区农户风险类型、家庭特征和经营特征、对订单种植苜蓿的认知程度以及外部环境等对农户订单种植苜蓿参与意愿都具有影响，但不同地区的影响路径及影响程度不同。农户人均收入、苜蓿种植面积、风险的认知、交通条件、市场价格的感知效应显著影响农户参与订单种植苜蓿的意愿，负的影响因素为农户人均收入、交通条件，正的影响因素为苜蓿种植面积、风险的认知、市场价格的感知效应。根据实证分析结果，本章提出如下政策建议。

①考虑苜蓿生产的正外部性以及订单生产苜蓿比较效益低的现实，对订单生产苜蓿实施补贴政策有其必要性。通过对参与订单种植苜蓿的农户提供补贴，引导收入较低而且种植面积较大的农户参与订单种植苜蓿，尽可能地防止苜蓿出售给农户带来收益较大减少的波动。

②政府发展专业苜蓿种植户，鼓励专用资产投资，引进龙头企业、鼓励生产高质量的差异化产品。本地发展规模养殖奶牛等对苜蓿有需求的产业等有利于提高农户订单生产的积极性。

③市场发育程度严重制约着订单种植苜蓿影响农户参与订单种植苜蓿的意愿。相对于目前各地制定苜蓿产业发展政策时热衷于异地取经，针对本地区实际制定有利于订单种植苜蓿发展的长远规划更具实际意义。

④在交通不便的地区大力发展订单种植苜蓿，以解决交通不便给苜蓿出售带

来的问题。

⑤健全除了订单种植苜蓿外的苜蓿种植风险保障体系。通过健全风险保障体系,使农户种植苜蓿的收益风险尽可能降低。完善苜蓿市场信息传播渠道,以确保大多数农户能够较为清楚的了解苜蓿价格的波动,进而理性的选择是否参加订单种植苜蓿以规避价格波动带来的苜蓿收益波动的风险。

⑥建立苜蓿种植户和订单提供企业的利益联结机制,有效降低违约风险。

第11章 我国苜蓿种植补贴政策与效果研究

种植苜蓿在改善土壤结构、提高奶牛养殖业等的发展质量与国际竞争力、增强种植业的可持续发展能力方面具有很大的正外部性。对具有正外部性的产业实施补贴，是市场经济发展的必然要求，也是世界各国的通行做法。

本章通过构建PMP模型，以河北省黄骅市为例，计算了我国现行苜蓿种植补贴政策的实际效果。根据计量结果，本章提出了改进我国苜蓿种植补贴政策，提高补贴效率的相关政策建议。

11.1 实施苜蓿种植补贴的必要性

我国对苜蓿种植实施补贴政策，主要是由生产的弱质性和正外部性决定的。对具有正外部性的农产品提供补贴支持，也是世界各国的通行做法。本书认为，我国苜蓿种植中存在以下4个单纯依靠市场无法解决的问题，需要通过实施有效的补贴政策加以解决。

11.1.1 种植苜蓿比较收益低

我国农业生产具有弱质性特征，需要实施农业生产补贴政策。在本书调查区域，2015年之前对主要粮食作物都有种植补贴（134～276元/亩），2016年实行生产者补贴制度后，种粮收益也能维持在同一水平或略有提高。虽然种植苜蓿纯收益较粮食作物高，但小规模苜蓿种植户没有各种补贴，社会化服务也严重不足，这样，种植苜蓿同种植粮食作物相比就失去了比较优势。据调查发现，在提供技术及生产装备服务的前提下，如果每亩补贴100元，中小农户苜蓿种植苜蓿的意愿提高46.2%；如果每亩补贴超过300元，则所有被调查农户都愿意种植苜蓿。

11.1.2 苜蓿种植的风险大

种植规模大，价格合理，除了用来饲养奶牛，国外苜蓿还大量用于饲喂肉牛、马、羊等草食动物。苜蓿需求市场大，需求的价格弹性相对较大。在我国，由于苜蓿产品价格比农作物秸秆及其他牧草高出很多，为节约成本，苜蓿通常只用来饲喂奶牛，特别是高产优质奶牛；国内苜蓿市场容量小，需求缺乏价格弹性，小的供求变化就会使价格剧烈波动。例如，2008 年，由于苜蓿种植减少，北京地区苜蓿价格由 0.6 元/千克上升到 2.0 元/千克。由于种植苜蓿面临很大的价格风险，风险厌恶型的农户普遍不愿种植苜蓿，需要通过适当补贴，有效抵御种植风险。

11.1.3 苜蓿产品受到国外产品的冲击

畜牧业发达国家牧草种植普遍都有各种补贴。以美国为例，作为世界最大的苜蓿生产和出口国，美国的苜蓿种植一直以来享受与种植粮食作物一样的补贴政策。美国苜蓿种植面积是仅次于玉米、小麦、大豆的第四大作物，种植区域相对集中，单个农场种植规模大，有效降低了生产成本。此外，由于我国与美国之间存在贸易顺差，美国到中国的海运能力严重过剩，从美国出口到中国的货物运费较低，大概只有从中国运到美国运费的 1/3。据本书对国内牧草贸易公司的调查，从美国西海岸运往中国东部沿海港口的运费，常年稳定在 250～400 元/吨，有的甚至低于美国国内运费。为有效降低运输成本，草牧业发达国家的苜蓿产地都靠近下游产业。以美国为例，2015 年美国牛奶产量排名前两位的加利福尼亚州和威斯康星州牛奶产量占全美的 30.79%，两州苜蓿产量也达到全国总产量的 30.26%（USDA），产需相当。合理的种植区域分布，使美国的国内运输费用只有 30～50 美元/吨，占货值比例不超过 30%。我国苜蓿种植区域集中在甘肃、宁夏、内蒙古、新疆和华北平原的小部分地区等土地禀赋好、土地流转成本低的地区。这些区域 2008 年之前种植苜蓿主要是满足本地需求，2008 年三聚氰胺毒奶粉事件之后，经济实力强、对牛奶质量要求高的地区的奶企不断加大苜蓿采购量，苜蓿干草外销比例逐年提升。目前商品苜蓿的主要需求地区为内蒙古、宁夏、河北、天津、山东、上海、江苏、北京、广东、四川、重庆等奶牛养殖集中的地区。根据本书调查，2019 年，从苜蓿主产地甘肃玉门运往北京、天津的平均运价为 1 200～1 500 元/吨，部分地区运输成本甚至超过地头收购价格。2019 年，赤峰普瑞牧农业科技有限公司 10 000 亩苜蓿种植基地所产干草运往北京的运费高达 820 万元。2009 年是全国苜蓿供给缺口最大的年份，因为运输成本太高，甘肃省却有 2 万吨苜蓿干草积压。2018 年，我国进口苜蓿 138.4 万吨，而同期我国优质商品苜蓿产量不足 190 万吨。我国脆弱的苜蓿种植业需要通过补贴增加竞争力。

11.1.4 苜蓿种植业健康发展需要补贴政策的引导

我国的苜蓿需求呈现结构性短缺。国内规模奶牛养殖场为保证牛奶质量、获得更高的原奶价格，普遍选择使用价格更高但质量更高更稳定的进口苜蓿。受种子质量不高以及收获加工、储存运输、质量检测等设施设备不完善的影响，国产苜蓿的粗蛋白含量较低、相对饲喂价值不高、产品质量不稳定。2018 年，我国优质苜蓿缺口高达 140 多万吨，进口苜蓿干草价格比国产苜蓿高 300～500 元/吨（图 11-1）仍供不应求，而调查区域的很多低档苜蓿却严重积压。现代苜蓿种植是资本、技术密集型产业，需要增加专项补贴，引导农户、企业改善苜蓿产品结构，以适应市场需求。

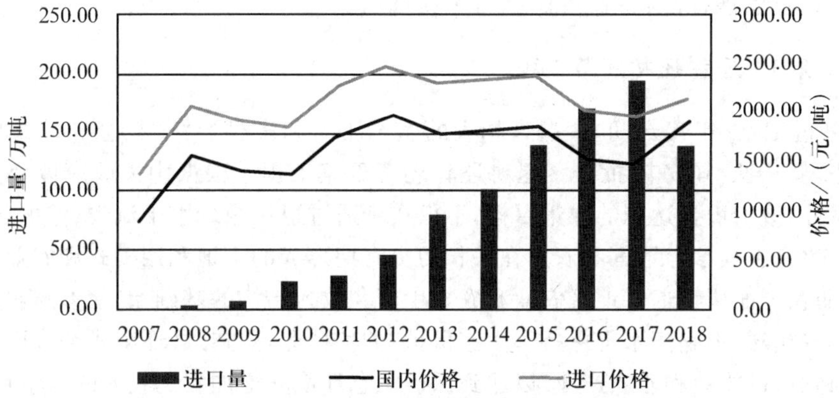

图 11-1　2007—2018 年我国苜蓿进口量、进口价格、国内价格

（资料来源：《中国海关统计年鉴 2007》至《中国海关统计年鉴 2018》）

11.2　我国苜蓿补贴政策变迁

虽然我国有着悠久的苜蓿种植历史，但苜蓿产业在我国仍是一个处于初级发展阶段的产业，发展几经反复。其中一个主要原因是苜蓿种植发展的产业政策变化不定，特别是苜蓿种植补贴政策，政策目标、补贴方式变化快、变化大。

早在 1992 年，根据农业发展形势及农产品需求结构的变化，国务院及时做出《关于发展高产优质高效农业的决定》，提出将传统的“粮食-经济作物”二元种植结构转向“粮食-经济作物-饲料作物”；1993 年国务院审议通过的《九十年代中国食物结构改革与发展纲要》提出将饲料作物生产形成相对独立的产业，加快发展。2008 年“三聚氰胺事件”以后，我国充分认识到饲喂苜蓿对于提升牛奶品质与安全性的巨大作用，密集出台促进苜蓿种植的政策。2012 年，农业部和财政部联合开始实施《振兴奶业苜蓿发展行动》以及《全国节粮型畜牧业发展规划》将利用苜蓿为代表的蛋白资源作为未来 10 年非粮饲料发展的主要任务，2017 年，农业部发布的《全国苜蓿产业发展规划（2016—2020）》提出，到 2020 年，建设优质苜蓿种植基地 600 万亩，增加优质苜蓿产量 180 万吨，优质苜蓿自给率达到 80%。2015 年中央一号文件提出“支持苜蓿等优质牧草种植，开展粮改饲和种养结合模式试点，加快构建粮食、经济作物和饲草料三元种植结构”；2016年，中央一号文件进一步提出“启动实施种植业结构调整规划”“扩大粮改饲试点，加快建设现代饲草料产业体系”；2017年，中央一号文件第一条即提出“种植苜蓿等优质牧草，大力培育现代饲草料产业体系”；2018年，中央一号文件进一步提出“扩大退耕还林还草、退牧还草，建立成果巩固长效机制”。2012年，时任国务院总理温家宝指出“好奶必须有好草，必须大力发展现代苜蓿种植业”；2014年，时任国务院副总理汪洋多次调研草畜一体化发展，并对草业发展提出多项批示。

11.2.1 退耕还林还草工程

20世纪90年代末期，在越来越大的生态压力和多种经济、社会和政策因素的作用下，党中央、国务院批准了退耕还林还草重点工程。根据中央政府以及主管部门的设计，该工程要达到的政策目标，不仅在于通过退耕减少水土流失、保护环境，而且在于改变工程参与地区和农户在较长历史时期形成的土地利用模式和农业生产方式，从而在全面调整退耕地区农业和农村生产和收入结构的基础上，使参与农民逐渐转出那些相对“不利于水土保持和生态保护”的种植业，而转入“环境或经济可持续发展”的林业、畜牧业和非农产业，以达到保护生态环境和增加农民收入的双重目标。

为吸引农民参加退耕还林还草工程，中央政府制定了相当优惠的补偿方案和一系列配套的政策措施，其中包括：①向退耕户提供粮食补贴。实施的标准依流域划分，长江流域每亩地每年补助原粮150千克，黄河流域每亩地每年补助原粮100千克。每0.5千克粮食按0.7元折算，由中央财政承担，补贴年限为生态林8年，经济林5年，草地2年。②向退耕户提供现金补贴。在补贴年限内，现金补贴标准按每亩退耕地每年补助20元安排，用于补贴农民的医疗、教育等方面必要的开支。③向退耕户无偿提供种苗。退耕还林（草）所需种苗，由林业部门负责组织供应。经费标准是每亩地50元。④实行个体承包。⑤实行“退一还二、还三”甚至更多，即农民接受一亩地补贴的条件是必须承担一亩或一亩以上宜林荒山荒地造林种草任务（从对后续相关政策的解读，此规定并非强制性，而是由农户自愿决定）。

从政策规定可以看出，政府的补贴金额是比较优惠的。按当时的粮价每斤0.7元折算，长江流域退耕户粮食补助每亩相当于210元，黄河流域每亩140元，再加上零花钱补贴20元，补贴金额分别达到230元/亩和160元/亩，补贴额要远高于现在100元/亩左右的粮食补贴。除此以外，政策还规定，退耕地上种林种草的收益都归农户。补贴年限也考虑到了各作物的收益周期，生态林补贴年限为8年，而草地当年就能获得收益，补贴年限较短为2年，年限规定到期后根据实际情况还可以继续补助。

如此优惠的政策大大刺激了农户退耕还林种草的积极性，其中全国苜蓿草产品2003年的总种植面积达到了5 700万亩（折算后是380万公顷）。与2000年比，种植面积翻了一番。用于生产苜蓿商品草产品的种植面积达到 50 万亩左右，可以生产苜蓿产品(包括草捆、草块和颗粒)30 万吨左右(此数据来源于全国各苜蓿生产基地和草业公司的种植面积和实际产量，主要统计了作为商品流通的苜蓿产品数量)。而当时我国由于畜牧业发展水平较低，市场需求只有 10～20 万吨，苜蓿产品处于供大于求的局面。

11.2.2 粮食直接补贴政策

自 1998 年以来，我国粮食播种面积和产量连续 5 年下降。2003 年粮食播种面积下降到 149 100 万亩，比 1998 年减少 21 600 万亩，这是新中国成立以来的最低水平。2004 年，考虑到粮食安全，国家出台了激励粮食生产的“一号文件”。国家对粮食的补贴从价格补贴变为了直接补贴，2004 年，粮食直接补贴资金为 116 亿元。后来，又开展了对农民的良种补贴、农机具购置补贴、农资综合补贴等一系列农业政策的改革，补贴总额也不断增加，2011 年“四补贴”总额达到了 1 406 亿元，2018 年，农业支持保护补贴总额超过了 2 200 亿元。

在粮食获得补贴的同时，我国粮食收购价格也在不断上涨，农民种粮的积极性显著提高。2004 年，全国的粮食总产量就增加了近 4 000 万吨(中国粮食统计年鉴)。而我国退耕种草的补贴期限已到，政府没有继续实施补贴，农区苜蓿的种植效益明显低于粮食作物，由农业结构调整而发展的苜蓿生产区域大多出现了“毁草种粮”的现象。其中，东部地区苜蓿产业几乎全军覆灭，南方苜蓿生产则未起先衰，西部地区多数企业发展蒙上了一层阴影。2005 年苜蓿的种植面积就减少了 700 万亩(图 11-2)，全国商品苜蓿草产量跌落到了只有 20 万吨左右的规模。苜蓿种植面积逐年以 30％的幅度在减少。在 2008 年“三聚氰胺”事件发生以前，我国苜蓿种植面积减少到了不到 4 000 万亩，轰轰烈烈的全国苜蓿产业建设落入低潮。2008 年，

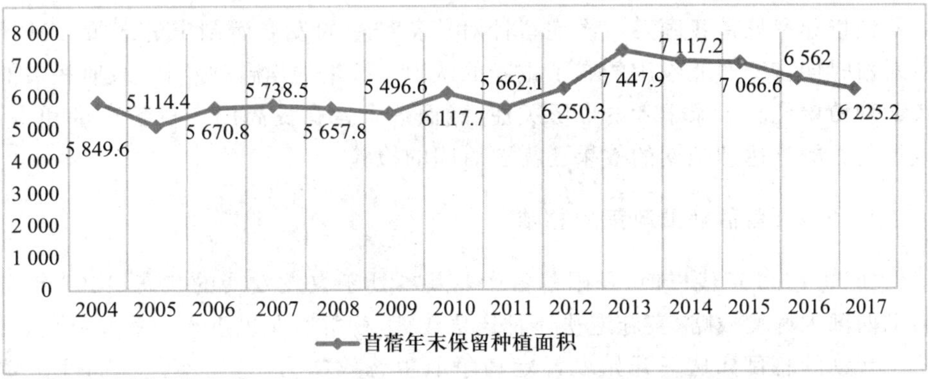

图 11-2 我国苜蓿年末保留种植面积变化情况

[资料来源：《中国草业统计(2001—2005)》至《中国草业统计 2017》)

我国逐渐重视苜蓿产业的发展，2011—2013年苜蓿种植面积呈快速增长趋势，2014—2017年有所回落，但整体变动不大。

11.2.3 振兴奶业苜蓿发展行动

在2008年之后，牛奶质量安全成为国人关注的焦点问题。然而"要彻底解决牛奶质量安全问题，必须从发展优质饲草产业抓起"，以确保饲料来源安全达标。国内大型乳品企业及奶牛养殖户很快意识到苜蓿对奶牛饲喂的重要性，苜蓿草产品市场需求迅速增加，苜蓿干草收购价格明显提高，苜蓿种植面积有所回升。

在此背景下，2010年12月，14位老部长、院士、专家提出《关于大力推进苜蓿产业发展的建议》，建议国家尽快出台各项扶持苜蓿种植政策，针对奶牛规模化养殖区，建立和发展500万亩苜蓿草产品产业基地，实施"苜蓿-奶业安全工程"；针对农户奶牛散养区，实施政策补贴，鼓励农户种草，启动和推动"种植苜蓿、饲喂奶牛"。

相关部门高度重视，经过一年多时间的酝酿，2012年，国家发布的中央一号文件中提出"启动实施振兴奶业苜蓿发展行动"。为配合行动的开展，财政部、农业部联合下发了《2012年高产优质苜蓿示范建设项目实施指导意见》。其主要内容包括：①2012年在苜蓿主产区和奶牛主产区，重点在东北、华北和西北，扶持建设50万亩高产优质苜蓿示范片区。②安排5.25亿元，其中高产优质苜蓿示范片区建设3亿元，生产、收获和加工机械补贴2亿元、良种补贴0.25亿元；③对集中连片3 000亩以上的苜蓿种植按照每亩600元的标准给予补助。④优先考虑具备水源、配套电力等种植灌溉基本条件的单位。⑤项目建成以后，在苜蓿种植的第2年，示范片区苜蓿单产应比当地平均单产水平提高10%以上，旱作400千克，灌溉800千克。

该指导意见是我国第一次完全针对苜蓿产业的发展而制定的政策，表明了政府对新时期苜蓿产业作用的有了重新的认识。政策的出台，吸引了政府相关部门、苜蓿种植单位和专家学者的广泛关注，然而这个旨在提高国产苜蓿产量和质量的政策是否能够达到预期的效果还需要时间的检验。

11.2.4 苜蓿补贴政策的总结

20世纪90年代以前，我国苜蓿产业基本处于自发发展的状态，1997年，国家启动西部大开发战略，实施退耕还林还草政策，苜蓿产业也进入快速发展期。但是这一行动的总目标从一开始就设定为争取生态效益为主，而不是提高经济效益。因此，苜蓿产业在这场行动中一直处于夹缝之中，很难找到正确的发展道路。2004年粮食补贴政策的出台打垮了缺乏经济效益的苜蓿产业，农户纷纷"毁草种粮"，产业进入低谷徘徊。10年中，我国对苜蓿产业的发展始终缺乏准确的定位，对发展动力认识不到位和不充分。2008年的“三聚氰胺”事件惊醒了消费者和奶业生产者，我国政府对苜蓿产业发展的动力和潜力重新进行了思考。

在美国，苜蓿的种植面积仅次于玉米和大豆的种植面积，与小麦种植面积相当，被称为“草黄金”。2009年，美国苜蓿种植面积就达合12 736.5万亩，是我国种植面积3 900万亩的3.3倍，其苜蓿种植业和畜牧业的总产值占到农业总产值的50%～60%。在畜牧业发达的北美地区，信奉这样一个观点：“没有全株青贮玉米和苜蓿就不要养奶牛”。苜蓿在美国集约化奶牛日粮配方中全株青贮玉米和苜蓿一般占干物质总量的40%左右，奶牛单产水平为8 263千克/头，高于中国的奶牛单产(4 800千克/头)。

2008年之前，为节省饲料成本，我国奶牛饲养主要是靠玉米、豆粕等精料加奶牛难以消化的农作物秸秆，只有少部分规模化养殖的奶牛养殖企业才饲喂进口苜蓿。由于长期以来“粮食＋蔬菜”的食物结构以及粮食短缺的影响，我国农民传统上很少有种草的习惯，“种草养畜”没有被我国奶牛养殖户普遍接受和认可，奶牛的生理习性和饲养特点也没有被当时占主流的小奶牛养殖户所掌握。这直接影响着我国奶牛单产水平的提高和牛奶质量安全水平的根本提升。

2008年以后，广大奶牛种养户越来越认清这样一个事实：苜蓿产业是奶业产业链的重要环节，只有草畜紧密结合才能产生更大的经济效益。

1990—2018年，我国农村居民家庭平均每人粮食消费量从262.08千克降低到148.5千克，蔬菜消费量从每人134.99千克降低到87.5千克，而同时期肉禽及制品的消费量从每人12.59千克增加到27.5千克，奶及制品消费量从每人1.10千克增加到6.9千克。奶及制品消费的增加导致2007—2015年我国奶牛养殖数一直呈增长趋势，奶牛的存栏数从1219万头增加到1507万头，奶类产品产量达到了3 296万吨，但2016年至2017年受国际低价原料奶冲击、国内优质牧草供给不足、奶业销售疲软等多重因素影响下奶牛存栏量不断减少，2018年有所回升(表11-1)。2018年国务院办公厅印发《关于推进奶业振兴保障乳品质量安全的意见》提到要促进优质饲草料生产，建设高产优质苜蓿示范基地，提升苜蓿草产品质量，保证优质奶源，助力奶业振兴。从该文件可以看出提高奶牛养殖量对苜蓿草的需求是巨大的，按照产奶牛占奶牛全群55%的比例(以2018年为例)，要保证571万头产奶牛每日6千克苜蓿干草的饲喂量，中国仅奶牛养殖对苜蓿的需求量就将达到1 250.5万吨。如果按平均每亩苜蓿每年产干苜蓿400千克计算，我国需要种植苜蓿3 126.2万亩。如果加上繁殖种猪、兔、赛马和蛋鸡对优质苜蓿的需求，我国优质苜蓿的种植面积需超过4 000万亩。因此，我国苜蓿产业的发展应该以畜牧业发展为契机，以奶业需求为动力，其发展还有很大的潜力。

表 11-1　中国奶业基本情况

项目	年份											
	2007	2008	2009	2010	2011	2012	2013	2014	2015	2016	2017	2018
奶牛存栏量/万头	1 219	1 233	1 260	1 420	1 440	1 494	1 441	1 499	1 507	1 425	1 080	1 038
奶类产量/万吨	3 055	3 236	3 154	3 211	3 263	3 307	3 119	3 277	3 296	3 174	3 149	3 177
牛奶产量/万吨	2 947	3 011	2 995	3 039	3 110	3 175	3 001	3 160	3 180	3 064	3 039	3 075
乳制品产量/万吨	1 787	1 811	1 935	2 159	2 388	2 545	2 698	2 652	2 783	2 993	2 935	2 688

资料来源:《中国奶业统计年鉴 2008》至《中国奶业统计年鉴 2019》。

苜蓿产业是优化资源配置、发展绿色产业的重要内容,还是改善生态环境的重要手段,可直接和间接替代粮食,是“粮经草三元”种植结构的首选饲料作物,苜蓿生产发展在种植业结构调整中显示出越来越重要的作用。通过在反刍家畜日粮中增加苜蓿草饲喂,具有降低甲烷排放量的作用,从而能够缓解温室效应。此外,我国苜蓿草产品进入日本、韩国等国家的市场还具有明显的地理优势。随着社会和经济的发展,这些作用也将渐渐成为苜蓿产业发展的动力。

11.2.5　苜蓿种植补贴对象的定位分析

根据《2012 年高产优质苜蓿示范建设项目实施指导意见》,新政策的扶持对象是苜蓿种植面积超过 3 000 亩的苜蓿种植单位,而农户种植苜蓿没有获得任何补贴。假设 2012 年扶持建设面积达到 50 万亩,且都是新增的种植面积,按第二年亩产达到旱作 400 千克、灌溉 800 千克计算,全部建设项目年增产为 20～40 万吨,增加量远远满足不了国内苜蓿需求的缺口。另外,苜蓿基地生产的饲料产品主要是供给规模化养殖的奶牛,我国散养奶牛的饲料需求和质量安全情况并没有改善。

我国的苜蓿产业政策的制定一定要符合基本国情。2017 年,我国奶业的生产主体为年存栏数低于 50 头的中小牧户,其存栏奶牛头数占奶牛总头数的 97.89%,存栏数大于 500 头的大中型奶牛饲养场饲养奶牛头数仅占奶牛总数的 0.35%(图 11-3),可见,我国奶牛饲养的主体是中小牧户。

从 2018 年部分主要国家奶牛养殖规模对比(图 11-4)可以看出,中国是养殖牧场数最多、但平均规模最小的国家。这是因为我国奶业生产主体目前还是中小牧户,机械化、现代化程度较低,如何进一步提高中小牧户奶牛养殖化水平成为亟须解决的问题。

因此,保证广大中小养牛户所生产奶产品的质量安全是对我国奶产品整体安全健康的有力保障,激发和保护广大中小牧户养牛的积极性是促进我国奶产业发展的主要动力。根据本书调查数据,我国占绝大多数的奶牛养殖户(1～20 头)几乎不用苜蓿,只有规模化养殖户(50 头以上)和企业或农场(100～500 头)才利用苜蓿。这种

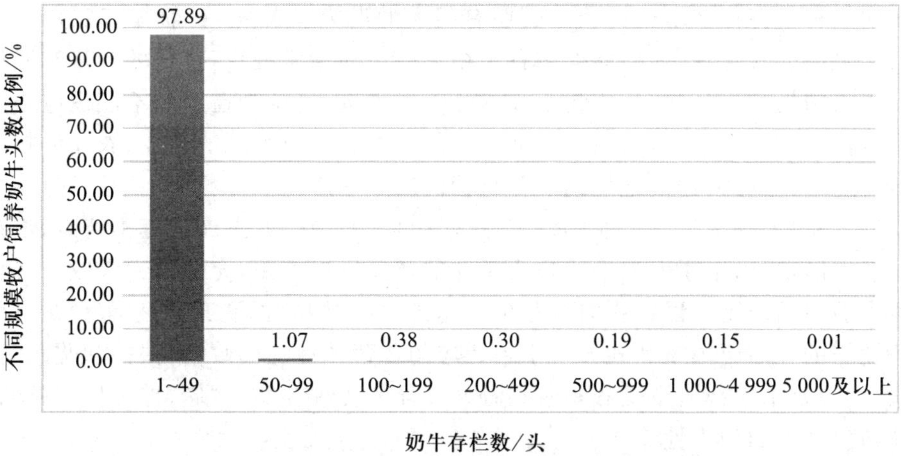

图 11-3　2017 年我国不同规模牧户饲养奶牛头数的比例

（资料来源:《中国奶业年鉴 2018》）

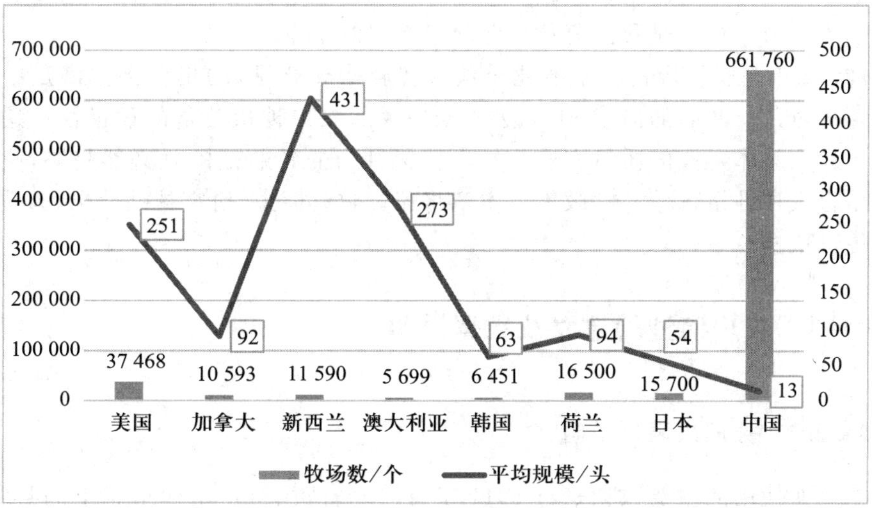

图 11-4　2018 年不同国家规模牧户产奶量的比例

（资料来源:《中国奶业统计年鉴 2019》）

现象严重影响了我国奶产品的安全。随着中小奶牛养殖户认识的提升,对苜蓿的需求正不断增加。我国规模化种植的苜蓿产品目前还满足不了国内规模化养殖的奶牛,更不用说中小牧户养殖的奶牛,因而能够为中小养牛户提供苜蓿支撑的还是广大的一家一户的苜蓿种植者。在我国,一家一户的农户苜蓿种植面积占全国苜蓿种植总面积的 90%,我国的土地资源情况决定了我国苜蓿产业的发展不能照搬西方发达国家的模式,我国苜蓿产业的发展还是应该以农户为主体,发挥农户的积极性。

农户种植苜蓿在增产提质方面还有很大的潜力。首先，目前很多农户对于种植苜蓿是粗放式管理，如果能够像种植粮食一样的精耕细作，苜蓿的产量和质量都会有很大的提升。其次，我国科学技术还不够先进，机械制造产品不能适应小块耕地上的使用，造成了苜蓿收获等方面质量的损失。农户观念的转变、农业科技的进一步发展，将会更大程度地提高农户苜蓿的质量和产量。

综上所述，我国苜蓿产业的发展应该立足于我国奶业发展的基本特点，走符合我国基本国情、以千家万户农牧户为主体的产业发展道路，充分重视农牧户在苜蓿产业发展中的作用。国家在对苜蓿生产基地进行扶持时，更应该考虑对农户苜蓿进行适当的补贴。国家和地方要出台相应的苜蓿种植配套政策，扶持和奖励“种植苜蓿，饲喂奶牛”行动，享受和粮食在种植一样的良种补贴、收储、加工机械补贴，调动苜蓿生产者的积极性。

我国苜蓿产业的发展曾因缺乏准确地定位，导致多次陷入低谷。“三聚氰胺”事件发生后，大家渐渐认识到苜蓿产业是奶业产业链的重要环节，只有草畜紧密结合才能产生更大的经济效益。我国苜蓿产业的发展应以畜牧业发展为契机，以奶业需求为动力。这也是我国苜蓿产业政策制定的基本出发点。

《2012 年高产优质苜蓿示范建设项目实施指导意见》的出台无法满足中小奶牛养殖户对苜蓿产品的需求，也无法调动广大的农户种植苜蓿的积极性。这显然不利于我国整体奶业的质量安全。扩大苜蓿种植的补贴范围是必然趋势，我国应尽快出台农户种植苜蓿补贴政策。本章将通过政策模拟，研究补贴效果，为政策的推出提供依据。

11.3 农户模型的建立及数据说明

11.3.1 数据来源与说明

本章所使用的主要数据来自 2011 年对河北省黄骅市（沧州市辖下的县级市）苜蓿种植农户的调查。本次调查是依托国家牧草产业体系的沧州综合试验站进行的。沧州市是目前全国最大的农区苜蓿种植基地，主要调查地点黄骅市是苜蓿传统种植区和优势种植区，其苜蓿年产量可达 10 万吨。

调查涉及的所有样本乡、村和户都按照随机原则选取，最终涵盖了 3 个样本乡、3 个样本村。经过数据整理，最终获得有效样本 88 户，其中苜蓿种植户 79 户。此次调查的数据包括农户的社会经济特征因素（农户人均收入、户主的年龄、受教育程度、农户对于苜蓿种植的风险认知、家庭劳动力数量等）、生产结构因素（总耕地面积、不同作物的种植面积、各地块详细的投入产出、苜蓿种植经验等）、制度政策因素（农户是否与推广牧草种植组织交流过、是否有贷款、是否接受过相关的农业技术培训、对于苜蓿种植有关政策的期望等),以及生态因素(土地盐碱化严重程度等)。

11.3.2　模型介绍与设定

11.3.2.1　模型介绍

数学规划模型本身虽然在国内很早就被使用,但国内将其作为在实证分析基础上进行政策评价工具的文献却不多见。而在美国及欧洲的农业政策研究中,数学规划模型被用来进行实证分析的尝试以及由此所导致新的技术发展却从未停止过。尤其是 PMP 模型的产生和发展,使数学规划模型用于农业政策分析的能力得到进一步提升。

目前使用较普遍的是由 Howitt(1995)提出的一类以线性规划作为辅助技术的特殊 PMP 模型。同其他模型相比,PMP 模型可以根据观察到的基期资源配置情况自动标定模型,并能够在数据较少的情况下建立模型,尤其适用于没有足够的时间序列数据或者因为结构变动等原因造成时间序列数据不可用的情况。其次,PMP 模型可以通过变动各种参数反映资源、环境或政策变动的特点,因此,可以用于较全面的政策分析。与国内政策评价普遍使用的线性规划方法相比,PMP 模型既能反映出基期实际的观察值,也符合经济学边际收益递减的基本假设,同时还能够保证模型的灵活性,对各种方案做出可靠的预测。

建立 PMP 模型分析政策效果的过程可以分成 3 个阶段:第一,通过线性规划得到基期各种要素的对偶值。第二,根据第一阶段得到的对偶值,计算 PMP 模型目标函数中的各个参数,并建立非线性的 PMP 模型。第三,通过相应的参数变化分析不同的政策方案。

第一步,制作下面的普通线性规划模型。具体模型为:

目标函数:　$$\text{Max } TGM=\sum_{i}(\mathrm{r}_i X_i-\mathrm{c}_i X_i) \tag{11-1}$$

约束条件:　$$\sum_{i} X_i \leqslant b\text{(一般约束条件)}$$

$$X_i \leqslant b_i\text{(标定约束条件)}$$

$$X_i \geqslant 0$$

式中:TGM 为总纯收益;i 为作物品种;X_i 为第 i 种作物的播种面积;r_i 为第 i 种作物的单位收益;c_i 为第 i 种作物的单位可变成本;b 为可利用的总播种面积;b_i 为实际观察到的第 i 种作物播种面积。根据上述模型,可计算得到标定约束条件的对偶值 $\lambda_{cal(\mathrm{i})}$。

第二步,根据标定约束条件的对偶值计算 PMP 模型目标函数中平均成本函数的斜率,并建立 PMP 模型。PMP 模型假定各种作物种植的边际收益是递减的,因此目标函数中平均成本就不再是一个固定值 c_i。因为一般二次函数平均成本函数的斜率是边际成本函数斜率的 1/2,PMP 模型假定边际成本曲线经过原点,即边际成本的

函数形式为 $\gamma_i X_i$，则平均成本函数为 $0.5\gamma_i X_i$。这样 PMP 模型就可表示为：

目标函数： $$\text{Max } TGM = \sum_i (r_i X_i - 0.5\gamma_i X_i^2) \tag{11-2}$$

约束条件： $$\sum_i X_i \leqslant b$$

$$X_i \geqslant 0$$

式中：γ_i 为边际成本函数的斜率，采用对偶理论求 γ_i，其过程如下：

第一步中的原模型(11-1)的对偶方程为：

$$MinTC = b\lambda_{land} + \sum_i [b_i \lambda_{cal(i)}] \tag{11-3}$$

$$\lambda_{land} + \lambda_{cal(i)} + c_i \geqslant r_i$$

$$\lambda_{land}, \lambda_{cal(i)} \geqslant 0$$

式中：TC 为总成本；λ_{land} 为土地约束条件的影子价格；$\lambda_{cal(i)}$ 为标定约束条件的影子价格。

对偶方程的第一项指土地等固定生产要素，可以被看作是固定成本，第二项则代表除土地要素以外的可变生产成本。PMP 采用一般的二次成本函数形式，平均的单位成本就不再是常数 c_i，变为公式(5-3)。相应的对偶方程中可变成本部分，也可以变化为：

$$\text{Min}TC = \text{b}\lambda_{land} + \sum_i 0.5\gamma_i X_i^2 \tag{11-4}$$

$$\lambda_{land} + \gamma_i X_i \geqslant r_i$$

$$\lambda_{land}, \lambda_{cal(i)} \geqslant 0$$

由于 PMP 模型假设认为生产成本等于观察到的成本 c_i 与隐含成本 $\lambda_{cal(i)}$ 之和：$\lambda_{cal(i)} + c_i = \gamma_i X_i$。则方程 5-3 和方程 5-4 的约束条件 $\lambda_{land} + \lambda_{cal(i)} + c_i \geqslant r_i$ 和 $\lambda_{land} + \gamma_i X_i \geqslant r_i$ 是等价的。基期观察到的可变成本和作物播种面积分别为 c_i 和 $\hat{X}$，根据假设条件，观察到的资源配置是最优的，即将观察值带入 $\lambda_{cal(i)} + c_i = \gamma_i X_i$ 仍然成立。$\lambda_{cal(i)}$ 和 c_i 都是已知的，可以求出边际成本的斜率 。

第三步，利用上述建立的 PMP 模型，根据具体政策措施评价的需要，变化模型中的相应参数，计算模型结果并与基期结果进行比较，就可以分析评价政策变动以后的作用效果。

11.3.3.2　模型设定与说明

根据以上介绍，研究对农户种植苜蓿进行补贴的效果，可以建立一个农户 PMP 模型，分析农户在现有资源条件的基础上，如何安排生产、配置资源以及根据不同的补贴额度调整生产。

在建立模型之前，首先要根据实际情况和模型要求设定适当的假设条件。第一，本书要运用模型测算农户在不同的补贴额度下如何进行生产决策，所以假定农户在追求家庭收入最大化的前提下能够自主安排生产，即不存在其他对生产的限制条件。本书调研结果也显示样本户全部能够对自家地块的种植自主决策。第二,资源"竞争性"假设。假设一定时期内,农户的农业生产资源总量是一定的,农户在从事不同农业经济活动时,各种要素资源是相互竞争的。例如,存在土地、劳动力、物质资本投入之间的竞争。第三,农户追求种植业纯收益最大化。另外,本模型采用的决策变量是土地总面积一定的条件下各种作物的种植面积。

考虑到制约农户生产活动的其他经济和技术指标,本书主要从耕地面积、生产成本和可支配收入等方面建立约束方程。由此得到第二阶段非线性函数的一般形式如下:

$$\mathrm{MaxTGM}=\sum_i (r_i + sub_i - 0.5\gamma_i X_i)X_i \quad (11\text{-}5)$$

$$\sum_i X_i \leqslant land \quad (11\text{-}6)$$

$$\sum_i c_i X_i \leqslant income + \sum_i sub_i X_i \quad (11\text{-}7)$$

$$X_i \geqslant 0$$

式中:TGM 为农户种植业纯收入;r 为各作物的单位收益;sub 为与播种面积挂钩的补贴,若在括号外面则为与播种面积不相关的补贴;γ 为线性规划计算的标定系数;X 为各作物的播种面积;$0.5\gamma X^2$ 为可变成本的函数形式;$land$ 为农户可利用的总耕地面积;c 为单位面积的生产成本;$income$ 为农业可支配收入。

各作物的补贴算作收益的一部分,其中小麦、玉米的补贴我们采用黄骅市粮食直补和农资综合直补平均补贴值即每亩 71.03 元,而苜蓿的补贴额我们将会进行不同的赋值来进行模型模拟测算。

所有作物播种面积的总和受到土地资源的限制,约束方程 5-6 建立了农户可以实现的最大播种面积和农户家庭各作物种植面积的函数。由于黄骅市是冬小麦-夏玉米一年两熟耕种制度,我们采用玉米和小麦合并计算的形式,表示同一块耕地上种植粮食作物的收益与成本。

限制条件的面积不采用总面积数据,而采用经过平均计算的"典型农户"的耕种面积数据,这样做是因为本书的研究对象是个体农户,每个农户家庭耕地面积构成非常复杂,既有自己从村集体的承包土地,还有从他人处承包地、替亲友暂时耕种的土地,不同土地的种植决策权及决策方式是不同的。PMP 模型计算所采用数据如表 11-2 所列。

表 11-2　各样本村典型农户种植面积　　亩

地域	苜蓿		玉米+小麦	
	总种植面积	典型农户面积	总种植面积	典型农户面积
常郭乡常郭村	89	4.45	114	5.7
羊二庄镇张八寨村	379	13.1	77	3.85
旧城镇后仙庄村	233	7.5	411	13.2

资料来源:根据调查结果整理,下同。

除土地约束以外,不同作物的生产还需要其他要素的投入,方程 5-7 是对生产成本的约束。假定农户并不从其他来源的收入中补贴对农业的投入,即对种植业生产的投入资金总额以来自种植业的收入为上限。我们以各农户所种面积占总面积的比重为权重计算出各农户生产成本的加权平均数作为“典型农户”的相应数据。收入是根据农户种植各种作物产量和价格进行计算,估计出家庭的种植业收入。PMP 模型计算所采用数据如表 11-3 所列。

表 11-3　各样本村典型农户的成本收益数据　　元/亩

地域	产品	生产成本	单位面积收益	单位面积纯收益差
常郭乡常郭村	玉米+小麦	277.0	1 083.1	219.6
	苜蓿	200.6	786.5	
羊二庄镇张八寨村	玉米+小麦	482.9	1 411.4	247.7
	苜蓿	195.5	876.3	
旧城镇后仙庄村	玉米+小麦	482.6	1 224.6	369.1
	苜蓿	73.7	451.6	

注:①计入成本的费用包括种子费、肥料费、机械投入、农药支出四项。②由于当地基本没有种粮种草大户,农地上的工作都是自有劳动力完成,且不清楚获得每户分配在种植苜蓿和种植粮食作物的劳动力成本(不同种植要求下苜蓿种植的劳动投入不同,但总体上比种植其他作物用工偏少),因而不计入劳动力成本。③多数农户将收获的玉米全部销售,而将收获的小麦全部留作食用或者大部分留作食用,关于这部分收益我们用当地小麦的平均价格与产量相乘得出。④单位面积纯收益差是玉米+小麦的纯收益减去苜蓿的单位面积纯收益。

11.4　农户苜蓿种植补贴效果评价

11.4.1　补贴对农户苜蓿种植行为及收入的影响

对农户种植苜蓿进行补贴的目的在于提高农户种植苜蓿的积极性,增加种植面积,保障畜牧业健康发展,同时能够对农民收入产生正面影响。因此,测算对农户种植苜蓿进行补贴的效率和效果,播种面积和收入的变动是考核的重要指标。

本书考虑 2 种补贴形式:第一种是与播种面积挂钩的补贴,形式如粮食补贴中的直接补贴、良种补贴。根据各样本村的典型样本,通过模型计算出不同强度的补贴对不同地区农户苜蓿播种面积和收益的影响。第二种补贴方式是与种植户当期种植行为没有关系的补贴,它是根据农户往期的种植情况计算的固定补贴额,形式如同粮食补贴中的按计税面积和按计税常产的补贴。这种方式的补贴,其补贴款可能作为一种纯收入且不会影响农户种植作物的选择,也可能随着收入的增加可以通过影响投资能力等方式影响农户的种植行为。2 种补贴的效果如表 11-4 所列。

表 11-4　不同强度的补贴对农户苜蓿种植面积和收益的影响

补贴强度/元	常郭乡常郭村		羊二庄镇张八寨村		旧城镇后仙庄村		固定补贴	
	面积扩大	增收	面积扩大	收益	面积扩大	收益	面积	增收
50	3.1% (0.14)	4.7% (225.9)	0.8% (0.12)	7.8% (657.9)	4.3% (0.3)	4.1% (362.6)	0	50
100	6.1% (0.27)	9.5% (458.5)	1.8% (0.23)	15.6% (1 321.5)	8.5% (0.6)	8.3% (740.3)	0	100
150	9.2% (0.41)	14.4% (698.0)	2.7% (0.35)	23.5% (1 990.9)	12.8% (0.9)	12.7% (1 133.1)	0	150
200	12.3% (0.55)	19.5% (944.3)	3.5% (0.46)	31.5% (2 666.1)	17% (1.21)	17.2% (1 540.9)	0	200
250	15.3% (0.68)	24.8% (1 197.7)	4.4% (0.58)	39.6% (3 347.0)	21.3% (1.51)	21.9% (1 963.9)	0	250
300	18.4% (0.82)	30.1% (1 457.4)	5.3% (0.69)	47.7% (4 033.8)	25.5% (1.81)	26.8% (2 401.9)	0	300
600	6.8% (1.64)	65.3% (3 160.1)	10.6% (1.4)	97.9% (8 275.1)	51.0% (3.6)	59.7% (5 347.1)	0	600

注：第 2～4 列括号外为面积和收益变化的幅度，括号内为相应变化量的绝对值，面积单位为亩，收入单位为元。第 5 列所列数据都为面积和收益变化的绝对值。

从模型计算结果可以看出，采用直接补贴（固定补贴额）的形式，农户种植苜蓿的面积没有变化，而且无论补贴标准怎样变动，都不改变农户的生产结构，补贴款作为农户的一项纯收入。与播种面积挂钩的补贴，则能够产生扩大农户种植苜蓿面积和增加农户收益的效果。

从表 11-4 中的计算结果可以看出，在同等补贴条件下，张八寨村的苜蓿播种面积扩大效果较小，按每亩补贴 50 元的标准，每户苜蓿播种面积增加为 0.12 亩，增长幅度仅为 0.8%。即使增加到每亩补贴 600 元的标准，农户苜蓿播种面积增幅也只有 10.6%。而常郭村和后仙庄村农户种植苜蓿的积极性受补贴的影响比较显著，按 50 元/亩的补贴标准每户苜蓿面积增幅分别为 3.1%和 4.3%；100 元/亩的补贴标准面积增幅分别为 6.1%和 8.5%；150 元/亩的补贴标准面积增幅分别为 9.2%和 12.8%。

总体而言，在同等补贴条件下，张八寨村的苜蓿播种面积扩大幅度是最小的，后仙村苜蓿播种面积的扩大幅度和绝对增加值都是最大的。其原因可从表 11-2 看出，在 3 个样本村的典型样本中，张八寨村是唯一苜蓿种植面积超过粮食种植面积的村，占总耕地面积的比例超过了77%，耕地面积和种植结构的约束限制了张八寨村苜蓿种植面积的扩大。另外，从调查中也能够看出，后仙村种植苜蓿的方式是最粗放的，投入也是最少的（生产成本亩均73.7元，远小于其他两个村），而且与粮食的比较效益相差最大（为364.1元/亩），严重影响了苜蓿的种植面积。

综上所述，在苜蓿种植区，补贴对苜蓿播种面积的扩大效用主要由基期苜蓿种植面积占总耕地面积的比例决定，基期苜蓿种植面积占总耕种面积的比例越大，补贴的效果越不明显。同时，苜蓿种植方式相对落后的村镇，苜蓿种植效益有较大的提升空间，补贴的播种面积扩大效果更加明显。

调查结果同时显示补贴对农户的增收作用比较显著，基本大于播种面积扩大的效果。这种效果在张八寨村尤为明显，补贴标准分别为50元/亩、100元/亩和150元/亩时，该村农户收入的增加幅度分别为7.8%、15.6%和23.5%。在同样的补贴标准下，常郭村和后仙庄村的农户收入增幅分别为4.7%和4.1%、9.5%和8.3%、14.4%和12.7%。

以上模型测算没有将价格变化的因素考虑在内。事实上，价格大幅频繁波动是2003年至今苜蓿产品的主要特征，因而农户面临的价格风险也是非常大的，价格风险成为影响农户种植苜蓿的重要因素。本次调查有关农户订单种植苜蓿的意愿调查表明，近65%的农户最关心的是苜蓿价格有保证（表11-5）。本书接下来利用PMP模型，讨论苜蓿补贴政策分别在苜蓿产品价格波动和粮食产品价格波动的情境下对苜蓿播种面积和农户收入的影响。这就需要设置第四个假设条件，即价格“外生性”假设：假定农户是价格的被动接受者，但对价格变化信息有充分的了解，并根据信息优化生产行为。以常郭村为例，其结果分别如表11-6和表11-7所列。

表11-5　影响农户种植苜蓿的因素

影响因素	价格有保证	产品有销路	资金的支持	技术支持
户数	57	24	2	5

表11-6　苜蓿价格变动对苜蓿补贴效果的影响　　%

苜蓿价格变动	补贴50元/亩		补贴100元/亩		补贴150元/亩	
	面积扩大	增收	面积扩大	增收	面积扩大	增收
−5	0.7	1.0	3.7	5.7	6.8	10.5
5	5.5	8.4	8.5	13.3	11.6	18.4
15	7.9	12.3	10.9	17.3	14.0	22.5

表 11-7　粮食价格变动对苜蓿补贴效果的影响　%

粮食价格变动	补贴 50 元/亩		补贴 100 元/亩		补贴 150 元/亩	
	面积扩大	增收	面积扩大	增收	面积扩大	增收
−5	6.4	−1.5	9.5	3.5	12.5	8.6
5	0.2	11.0	2.8	15.6	5.9	20.4
15	−3.6	17.5	−0.5	22.0	14.0	26.6

通过表 11-6 与表 11-4 的数据比较可以看出，当补贴标准为 50 元/亩时，苜蓿价格下降 5%，苜蓿种植面积扩大幅度由 3.1%降为 0.7%，农户增收幅度由 4.7%降为 1.0%；苜蓿价格升高 5%时，面积扩大幅度由 3.1%升为 5.5%，增收幅度由 4.7%升为 8.4%。补贴标准为 100 元/亩和 150 元/亩有同样的效果。表明苜蓿的价格变动同方向的影响补贴对苜蓿面积的扩大与农户增收的效果，随着苜蓿价格的升高，补贴引起的苜蓿种植面积扩大和农户增收的效果都更显著；反之，则更小。

通过表 11-7 和表 11-4 的数据比较可知，当补贴标准为 50 元/亩时，粮食价格降低 5%，苜蓿种植面积扩大幅度由 3.1%升为 6.4%，农户增收幅度由 4.7%降为 −1.5%；粮食价格升高 5%时，面积扩大幅度由 3.1%降为 0.2%，增收幅度由 4.7%升为 11.0%。补贴标准为 100 元/亩和 150 元/亩有同样的效果。表明粮食价格变动反方向影响苜蓿种植面积的扩大效果，而同方向影响农户增收的效果。随着粮食价格的上升，补贴对苜蓿播种面积的扩大效果降低，但强化了农户的增收效果。表 11-6 和表 11-7 只列出了常郭村的计算结果，对其他两个村的计算结果也得到相同的结论。

通过以上分析，可以得出以下结论：第一，对苜蓿种植户实施面积补贴会提高农户种植苜蓿的积极性，并且能显著增加种植户的经济收益。采用直接补贴的形式不会改变农户的种植结构。第二，补贴对苜蓿播种面积扩大效果和农户增收效果都随苜蓿价格的增高而扩大，降低而减少。但随着粮食价格的上升，补贴对苜蓿播种面积的扩大效果降低，却强化了农户的增收效果。第三，基期苜蓿种植面积占总耕种面积的比例会影响补贴对苜蓿播种面积的扩大效用，比例越小，效果越显著，而苜蓿种植方式相对落后的地方，其补贴的播种面积扩大效果更明显。

11.4.2　对粮食安全影响的测算

我国土地资源稀缺，粮食安全问题不仅是国民经济中“牵一发而动全身”的关键经济问题，而且是事关社会稳定的重要政治问题。由以上模型模拟结果可知，农户补贴会导致苜蓿种植面积的增加，这必然要占用一部分耕地，但是否会威胁到粮食安全？

事实上，1999 年国家实施退耕还林还草工程时所面临的最大担忧就是“粮食安全”问题。时任总理朱镕基曾多次通过讲话来打消大家的顾虑。2000 年，朱镕基总理在中西部地区退耕还林还草试点工作会议上讲到：“我国目前粮食出现阶段性的供过于求，正是以粮食换林草的有利时机”。2001 年，朱镕基总理在全国人大会议上又讲到：“我们不要成天喊粮食安全，要求确保粮食种植面积不减少，那还怎么调整种植结构呢？”本书认为，苜蓿的适度发展不仅不会影响到我国的粮食安全，而且还有利于调整农业种植结构，最终保障粮食安全。

第一，我国每年的饲料用粮消耗达 2 000 亿千克，超过全国粮食总产量的 1/3。随着畜牧业的快速发展，如果不调整饲料结构，饲料用粮还会大幅度增加。苜蓿则可以很好地替代饲料用粮，有显著的“节本增效”作用。奶牛饲料中添加苜蓿可减少粮食（或精料）的用量。国家奶牛产业技术体系首席科学家李胜利的研究结果表明，在当前国内奶牛普遍的饲喂模式下，在中高产奶牛日粮中添加 3 千克干苜蓿可替代 1.5 千克精料。在我国中等农田（具备灌水条件，与种植粮食同等的施肥和灌水条件）中，每亩可产 700～1 000 千克干苜蓿，可替代 350～500 千克的精料，这样便可以减少 1 亩左右的粮食种植。所以，苜蓿的适度种植可以替代一部分饲料用粮的种植，基本不多占用粮田。

第二，饲喂苜蓿可提高奶牛单产，从而减少养牛数量，进而减少对粮食的消耗。美国随着奶牛单产的提高，也存在奶牛存栏数减少的现象。据专家测算，奶牛日粮中添加 3 千克苜蓿对于每头泌乳期产奶 5 000 千克以上的奶牛来说，每日可增产鲜奶 1.5 千克。这样 10 头饲喂苜蓿的奶牛产奶量，相当于不饲喂苜蓿条件下 11 头奶牛的产奶量。若全国 792 万头产奶牛都饲喂苜蓿，产等量的牛奶便可少养 72 万头奶牛；若按每头日供精料 7.5 千克计算，则每年可减少 197.1 万吨的粮食消耗。由此可见，使用苜蓿饲喂奶牛不仅可以提高奶牛的单位产奶量，而且可以减少奶牛饲养量，节约成本（表 11-8）。

表 11-8　奶牛饲喂苜蓿后对粮食安全的影响测算

项目	全国总规模	效果系数	节粮效果
中等农田种植苜蓿	970 万亩	0.7～1 吨/亩	
中等农田种植粮食	−970 万亩	0.35～0.5 吨/亩	
日粮添加 3 千克苜蓿产奶牛	792 万头	日减少 1.5 千克精料的饲喂	433.6 万吨
		日增鲜奶 1.5 千克	197.1 万吨
合计			620.7 万吨

第三，我国的中低产田数量基本占到耕地总量的 2/3 以上，种植苜蓿可以将中低产田改造为良田，更高效地生产粮食。苜蓿根瘤具有强劲的固氮能力，可以疏松

土壤，有效提高土壤有机质和矿物质含量。由于种植苜蓿对土地的要求没有种粮严格，还可以利用大量的盐碱地、撂荒地、山地等种植苜蓿，不会影响到粮食的种植面积。

适度种植苜蓿是不会影响到粮食安全的，除此以外，我们还需要树立正确的粮食安全观。在国际上，只有“食物安全”而没有“粮食安全”的概念。随着近年来国内食品安全诸多问题的出现，学术界呼吁用“食物安全”取代目前“粮食安全”的提法。我国农业生产结构日趋多元化，居民的食物结构不断变化，主要表现之一是对谷物、蔬菜的直接消费不断减少，而对牛奶、肉类等高蛋白食品的需求快速增加。食物安全的范围应扩展为包括肉、蛋、奶产品的安全，以及生产充足和优质安全的肉、蛋、奶所必需的饲草料的安全，以充分满足人民日常摄取的蛋白质营养。从这个方面看，苜蓿生产的增加是对食物安全的有力保障。

综上所述，适度增加苜蓿种植面积有利于保障我国的粮食安全。当然，补贴额过大会造成苜蓿种植面积剧增，这不仅会造成苜蓿生产的供大于求，也将会威胁到粮食安全。以前文估算的“为满足当前我国奶牛养殖业所需苜蓿种植面积 4 336.3 万亩，而实际种植面积为 3 900 万亩”为标准简单测算，苜蓿种植面积应该增加约 11.2%。从模型模拟结果可以看出，常郭村的补贴标准为 150～200 元/亩较为合适，后仙庄村的补贴标准为 100～150 元/亩较为合适，这与粮食补贴额大体相当。各地的基本情况不同，补贴标准的制定也应符合当地的实际。

11.5　结论和建议

11.5.1　主要结论

我国苜蓿产业发展正处于结构升级的关键时期，它明显地受到相关补贴政策的影响。由于我国对苜蓿产业的发展缺乏准确的定位，对发展动力认识不到位和不充分，我国苜蓿产业发展波动明显。在畜牧业大发展的情况下，草畜结合成为苜蓿产业发展的主要动力，也是制定苜蓿政策的基本出发点。为保证我国奶业整体的质量安全，解决苜蓿极度短缺的现状，我国苜蓿产业的发展还应以广大农户为主体。政府应该实施政策补贴，鼓励农户种草，推动“种植苜蓿、饲喂奶牛”的行动。尤其是随着绿色发展、可持续发展理念逐步深入人心，乡村振兴战略的实施，对农户种植苜蓿进行补贴，显得更加必要。

本章测算了农户在不同补贴方式、不同补贴强度下的苜蓿种植行为和收入的变化，得到的主要结论有以下 3 点：第一，对苜蓿种植户采用直接补贴的形式进行补贴不会改变农户的种植结构，而实施按种植面积补贴不仅会提高农户种植苜蓿的积极性，而且能显著增加种植户的经济收益；第二，补贴对苜蓿播种面积扩大效果和农户增收效果都随苜蓿价格的升高而扩大，随着价格降低而减少。但随着粮食价格的上升，补贴对苜蓿播种面积的扩大效果降低，但强化了农户的增收效果；第三，基期苜蓿种植面积占总耕种面积的比例会影响补贴对苜蓿播种面积的扩大效用，比例越小，效果越显著，而苜蓿种植方式相对落后的地方，其补贴的播种面积扩大效果更明显。

另外，适当的苜蓿种植不仅不会影响到粮食安全，还有利于保障我国的粮食安全。这是由苜蓿多方面的作用决定的：一是苜蓿饲喂可以减少饲料用粮消耗，并通过饲喂苜蓿提高奶产量和奶质减少对奶牛总量的需求；二是苜蓿可以改良土壤提高粮食产量且可以在不适合粮食种植的地方进行种植。

基于以上结论，本书认为应当分类实施苜蓿补贴政策：第一，在专业苜蓿种植户较多的地区，由于直接补贴的效果较差，应着重进行基础设施、苜蓿产品信息化建设等的投入，非传统苜蓿种植区则可以按苜蓿种植面积进行种植补贴，激励农户种植苜蓿、增加收入。政府制定补贴政策时应当充分考虑当地的具体情况，防止一刀切。第二，由于补贴效果受苜蓿自身价格及其他作物价格、补贴额的影响，因此，苜蓿种植补贴额度应当随着外部条件的变化而及时做出调整；第三，制定苜蓿种植补贴政策时应综合考虑引起种植面积变化的各种因素，既要防止苜蓿种植面积的大起大落，还要促进下游产业及环境的可持续发展，充分保证苜蓿种植户的稳定收益。

11.5.2 现有苜蓿补贴政策存在的问题

我国居民以粮食、蔬菜为主的食物结构以及长期以来的食物短缺，使以粮为纲的种植理念深入人心，种草养畜理念只是近20年来在居民收入水平大幅提高后，食物结构从碳水化合物为主向安全、营养、健康转变的过程中逐步建立起来的。实施苜蓿种植补贴政策一开始就面临认识上的阻力，加上政策实施时间短，外部环境变化快，政策不可避免地存在这样那样的问题。

1. 补贴目标单一，难以体现苜蓿种植的综合效益

1999—2003年间的苜蓿种植补贴源于国家实施“退耕还林还草政策”，该政策目标主要是改善脆弱的生态环境，苜蓿种植的经济效应、对粮食及牛奶安全的作用等没有引起足够重视；2012年，农业部和财政部联合实施《振兴奶业苜蓿发展行动》，对苜蓿种植进行大规模补贴，其主要目标是拯救因三聚氰胺事件陷入信任危机的国内奶粉产业，试图通过苜蓿种植补贴，增加苜蓿供给，提高牛奶质量，重拾消费者信心；同年发布的《全国节粮型畜牧业发展规划》，增加苜蓿补贴是为保障畜牧业发展及节粮需要。2017年，农业部发布《全国苜蓿产业发展规划（2016—2020）》，实施苜蓿补贴政策是为了提高苜蓿质量，增加产品品种，满足高端牛奶生产的要求。2015年中央一号文件提出“支持苜蓿等优质牧草种植，加快构建粮食、经济作物和饲草料三元种植结构”目标是调整农业结构；2016年中央一号文件提

出“扩大粮改饲试点,加快建设现代饲草料产业体系”,目标是实施农业供给侧结构性改革;2017年中央一号文件提出“种植苜蓿等优质牧草,大力培育现代饲草料产业体系”,目标是优化农业结构及区域布局;2018年中央一号文件进一步提出“扩大退耕还林还草、退牧还草,建立成果巩固长效机制”,目标是推进乡村绿色发展。这些文件提出实施苜蓿种植补贴政策,分别针对某一目标,不能反映苜蓿种植的综合作用,短期内能有效促进苜蓿种植,但不利于苜蓿种植业长远发展。

2. 补贴对象不够全面,影响公平与效率

农业部和财政部自“十二五”开始实施的振兴奶业—发展苜蓿行动是目前为止最大的苜蓿种植补贴项目。补贴的对象是苜蓿生产加工企业、苜蓿种植合作社以及规模奶牛养殖企业,而苜蓿种植主体——中小种植户却不在补贴范围。这个政策的逻辑是现代苜蓿产业发展越来越呈现资金、技术密集的特点,而中小苜蓿种植户资金短缺、种植规模小、技术力量不足,生产的苜蓿品质差,难以满足高端牛奶生产需求。但本书对河北省黄骅市、山东省无棣县的调查表明,影响农户苜蓿种植质量的主要因素不是资金投入及种植规模,而是苜蓿种植收入在家庭收入中的地位、外部能否提供种植管理技术及生产装备支持。河北、山东两省被调查农户均拥有相对较多耕地,苜蓿种植收入占家庭收入比例低都是在满足其他作物种植的前提下,在劳动力不足时才被动选择种植用工少的苜蓿。因为不是主要收入,苜蓿种植中常存在管理粗放、劳动投入不足的现象。由于劳动投入少,新技术、新装备采用较少,导致苜蓿产品质量差。相对而言,甘肃苜蓿种植户的苜蓿种植收入占比高,苜蓿种植管理精细,技术市场相对完善,新技术、新设备的采用率高,因而产品质量较高(表11-9)。

本书针对不同种植主体苜蓿种植影响因素的调查表明,自2004年以来,中小苜蓿种植户很少能获得政府补贴,由于具有比较优势,这些农户最关心的也不是种植补贴。中小苜蓿种植者种植苜蓿最关心的前三个问题依次是价格稳定(42%)、能否得到技术及装备支持(21%)、能否得到补贴(8%)。在同样的补贴数量下,中小苜蓿种植意愿比其他种植主体高出1.7～3.6倍。

表11-9 被调查者基本状况

项目	数值
被调查者平均年龄/岁	53.7(49.9)
平均受教育程度/年	8.1(7.7)
本地区劳动力平均年龄*/岁	52(53)
本地区劳动力平均受教育程度*/年	9.5(8.5)
苜蓿种植面积占耕地面积的比例/%	0.02(0.27)
最高苜蓿种植面积占耕地面积的比例/%	0.21(0.79)

资料来源:调查数据计算所得。带*的部分为来自当地领导的估计值,括号内数值为甘肃玉门的调查数据。

在我国现有土地使用制度下，农户不仅能无偿使用土地，还能得到数量不等的但足以改变其种植意愿的种粮补贴。将大量中小规模苜蓿种植者限制在补贴对象之外，既有失公允，也利于增加苜蓿供给。

3. 补贴区域不合理，增加产品成本

目前国家确定苜蓿生产优势区域的主要依据是该地区有苜蓿种植传统、土地禀赋好。虽然优质苜蓿干草单价相对玉米、小麦等高很多，但由于苜蓿干草密度很低，运输成本在苜蓿总生产成本中占有很高的比例，我国民间一直有“百里不运草，千里不运粮”的谚语。本书对甘肃、内蒙古、山东、河北 23 个草业公司的调查发现，仅汽油费、过路过桥费就占苜蓿干草平均货值的 42%，物流成本很大程度上决定着苜蓿产品的竞争力。为有效降低运输成本，草牧业发达国家苜蓿产地都靠近下游产业。以美国为例，2015 年美国牛奶产量排名前两位的加利福尼亚州和威斯康星州牛奶产量占全美的 30.79%，两州苜蓿产量也达到全国总产量的 30.26%（USDA），产需相当。合理的种植区域分布，使美国的国内运输费用只有 40～70 美元/吨。我国苜蓿补贴区域集中在甘肃、宁夏、内蒙古和华北平原的盐碱化地区等土地禀赋好、土地流转成本低的地区。这些区域种植苜蓿前期主要是为满足本地需求，三聚氰胺毒奶粉事件之后，经济实力强的外地奶企不断加大苜蓿采购量，苜蓿干草外销比例逐年提升。目前商品苜蓿的主要需求地区为内蒙古、宁夏、河北、天津、山东、上海、江苏、北京、广东、四川、重庆等奶牛养殖集中的地区。根据本书调查，2017 年，从苜蓿主产地甘肃玉门运往北京、天津的苜蓿干草平均运价为 1 100～1 300元/吨，运输成本超过地头收购价。2017 年，赤峰首农辛普劳绿田园有限公司 3 000 亩苜蓿种植基地所产干草运往北京的运费高达 270 万元。2009 年是全国苜蓿供需缺口最大的年份，由于运输问题，甘肃省却有 2 万吨苜蓿干草积压。我国北草南运、西草东运的局面不仅增加碳排放，也不利于环保与奶牛场节本增效。

4. 补贴方式不够灵活，影响实际效果

新政策可能存在一些不足。首先，“振兴苜蓿奶业发展行动政策”扶持对象需集中连片种植 3 000 亩以上，且优先考虑具备水源、配套电力等种植灌溉基本条件的单位，这对占中国苜蓿种植面积 90%的一家一户的种植户是不公平的。扶持对象倾向于基本条件好的单位，这将导致补贴款的利用价值低、利用效率不高。同时，还会挤占缺乏灌溉设施、储草棚、农机库等设施建设的小型牧草企业急需的补贴，这样不利于苜蓿种植基础设施建设的推广。其次，各省（自治区、直辖市）的建设面积指标是中央分配下去的，使用的是计划经济的方法。总体来看，分配的指标并不能满足各地申报单位的需求。以黑龙江省为例，该省在《黑龙江省苜蓿产业“十二五”发展规划》中提出要建成苜蓿生产田 1 000 万亩，苜蓿种植示范区 100 万亩，培育 3～5 个苜蓿种植面积 10 万亩以上产业集团等目标。而这次建设项目分配的指标只有1万亩，显然太少。如果满足条件的申请单位较多，而指标不足，难免会造成制度寻租。大量企业跑项目，也会增加运行成本。政府的验收行为也难以保证公开公正。

我国东北、华北和南方地区7—9月为雨热同季，此时的苜蓿干草生产因大量降雨导致难以晾晒和面临霉变等问题，造成干草质量的不稳定和成本的增加。如果7—9月直接将苜蓿做成苜蓿青贮，不但能保存营养，蛋白大于18%，而且品质也好。发达国家在相同的纬度地区（美国东部纽约州、宾夕法尼亚州）也是生产苜蓿青贮。

目前，我国的苜蓿补贴主要是针对苜蓿干草生产，没有针对青贮苜蓿生产的补贴。为了获得补贴，苜蓿种植者不得不在7—9月仍生产苜蓿干草，既增加了成本，又降低了产品质量，苜蓿生产的经济效益和社会效益大大降低。为了改善苜蓿生产条件，进而提高苜蓿产品质量，打井、储草棚建设等成为苜蓿种植补贴的重要内容。项目实施过程中为了保证补贴资金不被挪用，补贴资金都是在项目建设完成并通过验收后才予以拨付。中小苜蓿种植户一般资金短缺，且由于屡次政策难以兑现普遍对新的补贴方式持观望态度。这种事后补贴方式虽然在某种程度上保证资金专用，但也打击了中小种植户的苜蓿种植积极性。

5. 补贴额度缺乏依据，易造成供给大起大落

我国苜蓿主要用作高产优质奶牛的粗饲料，用途相对单一，难以深加工，因而苜蓿需求的价格弹性即使跟粮食相比还要小很多，苜蓿供给小的变化就会引起市场价格大幅波动。1998年国家实行退耕还林还草政策以来我国苜蓿种植面积的变化也反映了这一规律：苜蓿种植补贴—大规模种植苜蓿（粮食种植面积减少）—财政难以兑现（退出补贴）—种植面积减少（供给减少）—价格大幅上升（进口大量增加）—再度实行补贴。因此，单纯增加苜蓿种植补贴数量不仅不能促进苜蓿种植面积持续扩大，反而容易造成苜蓿价格的大起大落，影响农户增收。例如，2004年，在实施苜蓿种植补贴后，2005年，北京地区苜蓿种植面积达29万亩。由于本地奶牛养殖规模较小，造成苜蓿干草积压，价格大降；2006年，苜蓿最低价仅有0.17元/千克。同时，种植面积的迅速扩大使财政不堪重负，2006年开始国家开始取消一切种草补贴，使本就因价格大跌而陷入困境的苜蓿种植者雪上加霜，大量苜蓿种植户毁草种粮；2007年至今，北京地区只有零星苜蓿种植，奶牛养殖场只能从外部大量采购苜蓿，不仅成本高，交货也不及时。

我国苜蓿种植补贴标准还是参照粮食补贴，还没有针对不同补贴数量下不同区域、不同生产主体苜蓿种植行为变化的相关研究。根据本书对苜蓿主产区不同苜蓿生产主体的调查，在同等的补贴数量下，超过82%的现有粮食种植户有改种苜蓿的意愿。为分配有限的补贴额，避免苜蓿种植一哄而上，政策制定者不得不设置诸如种植规模要达到3 000亩以上、补贴仅限于储草棚、水利设施等获取补贴的

前置条件。这些前置条件不仅增加了政策执行成本,还容易产生权力寻租与设施建成后改种粮食的骗补现象。补贴过高不仅会降低资金使用效率和公平性,还会对苜蓿产业的持续发展造成严重影响,必须充分考虑苜蓿种植的经济优势与需求弹性小的特性,对补贴补贴数量与种植面积扩大之间的关系进行分析计算。

11.6 改善苜蓿补贴政策的对策

市场在资源配置中起决定作用。实施苜蓿种植补贴政策是在苜蓿市场发育不足的情况下,对苜蓿种植正外部性及种植业弱质性的补偿。苜蓿产品需求价格弹性小,实施补贴政策对苜蓿价格影响大。因此,出台苜蓿补贴政策一定要慎重。另外,我国的苜蓿补贴政策发展历史短,土地使用制度、自然禀赋与国外有着很大不同,居民的食物消费结构、消费习惯与消费能力也与国外有着巨大差别。我国的苜蓿种植补贴政策应基于我国的特殊国情,充分发挥补贴政策的经济效应、环境效应、社会效应。

1. 明确苜蓿产业战略地位

教育全社会认识到苜蓿产业是我国农业中长期发展战略中必不可少的产业建设内容。把苜蓿的人工种植纳入作物种植体系之中,统一规划、统一管理,转变传统的种草观念,转变生产方式,将种植业的两元结构逐步转变为“粮经草”三元结构,强化科学种草的意识、市场产销意识和长远发展意识,把发展苜蓿生产与种粮、种菜、种棉等放在同等重要的地位来管理经营。做好苜蓿产业总体发展规划和区域布局,尽早出台建设目标、阶段任务、实现途径和相关管理政策,全面推进产业建设工作,使苜蓿产业真正成为优质、高效、安全的新型产业。

2. 建立健全管理体制,发挥政策的协同效应

国家对发展苜蓿产业的功能定位应从单一的推动奶业发展,拓展为发展安全优质畜牧业、增加农民收入、培肥地力、改善生态环境、缓解人畜争粮等。为实现上述功能,除现有的补贴政策主导部门(农业农村部)外,还需要财政、国土、环保、水利、金融、商务等相关部门的参与。建议成立由农业农村部、财政部、国土资源部、环境保护部、水利部、社会保障部、商务部等共同组成的苜蓿产业发展联席会议,具体负责国家苜蓿产业补贴政策制定、业务指导、监督检查等相关工作,发挥补贴政策的协同作用,推动苜蓿产业协调发展。

3. 实行普惠制补贴,实现补贴由过程管理向目标管理转变

将中小苜蓿种植户排除在补贴之外的理由,是中小农户的产品品质差,难以达到生产高端牛奶的要求。本书调查发现,中小规模农户产品品质差的根本原因是苜蓿生产的良种、技术和装备的供给无法保证,产品品质与不同生产主体间不存在必然联系。实行普惠制补贴不仅能杜绝权力寻租现象,还能降低补贴的行政成本,

使补贴发放部门从烦琐且低效的资格审查，转变到产品质量认定上，从根本上实现补贴的质量目标，做到补贴的效率与公平兼顾。自 2014 年以来，天津武清区农机部门利用苜蓿项目补贴，发挥装备优势，在建设苜蓿种植全程机械化示范基地的同时，为周边地区苜蓿生产提供了机械装备服务，既提高了自身收入，还为周边中小苜蓿种植户提高产品质量打下了基础。

4. 引导实施草畜一体化，降低生产成本

我国幅员辽阔，各地区农业生产条件差异巨大。国家应以奶牛、毛皮动物（宠物）、高端肉牛等的饲养量为主要依据，综合本区域土地禀赋、农民增收、土壤改良、粮食生产、路网状况以及不同生产主体状况，按照加快构建种养业优势互补、以养定种、以种促养、兼顾综合效益的思路，对现有苜蓿种植补贴区域进行调整。

通过实施补贴，引导实施“苜蓿种植草产品加工—畜牧养殖—畜产品加工”一体化养殖模式，促进各区域有效降低生产成本。

5. 创新适度规模经营模式，提高苜蓿产品的质量与效益

由于不同区域土地、劳动力、资金、设备、经营管理、信息等生产要素差异明显，取得最佳效益（除了经济效益，还包括环境效益、社会效益等）的土地规模必然不同。因此，应允许不同地区根据苜蓿种植业发展实际，制定不同的补贴规模标准。针对高端苜蓿生产对机械装备要求高、小规模农户难以负担的问题，通过补贴激励各地区创新土地利用模式，健全产业社会化服务体系（农业服务公司、农机合作社、农机服务大户），培育一批带动能力强的生产社会化服务组织，有效降低中小农户高端苜蓿生产门槛。

6. 激发地方积极性，增强产业发展活力

允许不同地区根据苜蓿种植业发展实际，制定不同的补贴方式。例如，土地资源稀缺、流转成本高、中小规模农户占主体的地区，可以重点补贴苜蓿生产技术、装备等社会化服务；雨热同季地区，可以对苜蓿青贮进行补贴等。

允许不同地区根据苜蓿、粮食作物、经济作物的生产成本与种植习惯，合理确定苜蓿种植补贴数量与补贴内容，既要防止补贴额过小导致苜蓿种植面积不足，质量低下，又要防止过度补贴造成其他作物种植大面积减少、苜蓿价格大幅波动。

7. 强化补贴效果的综合效益分析，提高补贴效率

目前我国还没有关于苜蓿补贴效果经济分析的系统论述，现有研究都是基于小样本、特定假设下（比如价格相对稳定，但这一假设实际上并不存在）苜蓿种植的直接经济效益分析。国外苜蓿经济方面的研究，都是基于苜蓿补贴应与粮食补贴具有同等地位的认知。我国短期内还不具备这方面的文化和经济基础，开展基于我国特有的土地制度、饮食文化、生态环境和经济基础的苜蓿补贴效果研究，制定符合我国国情的苜蓿产业发展补贴制度，对于促进我国苜蓿产业健康发展具有重要意义。

8. 强化农牧户发展苜蓿产业的科技支撑

我国分散、小块的土地资源经营系统不同于欧美中等水平或大规模经营的苜蓿生产方式,我国土地资源节约型利用方式对苜蓿土地生产率要求更高。这个特点从品种、栽培技术、收获制度、加工产品、机械到经营方式提出了一系列新要求,应该是小规模集约高效模式。因此,我国应加强面向中小型农牧户的苜蓿产业技术与推广服务体系建设。加强苜蓿产业技术研究和创新,开发面向农牧户的实用型技术及小型机械设备,同时加强苜蓿生产各环节技术的宣传和普及。

第12章　中小农户苜蓿种植规模效率研究

众多苜蓿产业专家认为，苜蓿种植的规模过小，影响了我国苜蓿种植业发展，我国苜蓿产业获得发展必须扩大种植规模。然而，规模多大合适？哪些因素影响我国苜蓿种植规模？学术界、产业界都没有给出回答。研究农户苜蓿种植情况，发现最优种植规模，促进农户合理的投入生产要素实现最优种植效率，对改善我国当前的苜蓿种植现状，提升我国苜蓿产量，壮大我国的苜蓿市场意义重大。

本章以苜蓿种植农户为研究对象，利用河北省黄骅市的农户苜蓿种植调查数据，通过构建DEA模型，对调查区域农户的苜蓿种植规模效率进行了计算；以效率值为因变量，利用Tobit模型，本章对影响规模效率的因素进行了分析计算，为我国苜蓿种植提高规模效率提供政策建议。

12.1　引言

目前，全球苜蓿的种植面积为49 500万亩左右，其中美国、阿根廷等国家或地区的种植面积达到世界苜蓿种植总面积的70%左右，加拿大、法国、意大利等国家占到20%左右，这些国家主要以农场方式种植苜蓿，种植规模较大。我国的苜蓿种植主要以农户分散种植为主，全国目前的5 000万亩左右的苜蓿地大多都是由农户种植的，其中一家一户种植面积占总面积的90%，由企业（包括大型牧场）承包种植的不足10%。因此，在我国，研究农户苜蓿种植行为有着重要的现实意义。

在西方学者的经济学研究中，农业规模经营问题一直是研究的重点。早在1757年，法国学者魁奈就曾指出，小农场运作无法采用最有效的生产方式，因而提出"企业家"经营商业农场的观点。1770年，英国人阿瑟·杨研究证明了农业生产管理和生产要素的比例与生产成本、效益之间的关系问题，提出农业大经营比小经营要好，并提倡农业的大规模生产经营的必要性。

我国对农业规模经营的研究可以追溯到西汉时期，《史记》一书中记载了有关农业规模经营的思想，并在书中多次提到"多财好贾"，明确表示要具有一定量的资本规模，如果农业长期停留在小规模的生产经营，则会停滞不前。周诚(1995)认为，我国农业规模经营既可以通过扩大土地经营面积，增加相应的收益；也可通过耕地集中到种田能手的手中，维持和增加单位面积产量，确保农产品的生产供给。杨素群 (1998)认为在一定的经济、技术、自然条件下，农民可以充分利用各种资源进行合理组合，以获得最佳的经济效益，实现规模效益，并通过限制输入的方式，根据不同的要素投入把适度规模的分为内涵型适度规模和外延型适度规模。其中，通过扩大土地面积来实现规模效益的是外延型适度规模；内涵类型的适度规模，则是指在土地规模受限的情况下，通过适当增加资本、劳动力和技术等要素的投入，实现较高的土地产出和劳动收益。

自 21 世纪以来，我国政府高度重视种植规模对提高农业生产效益的作用。2013 年和 2017 年的中央一号文件都强调实现农业适度规模经营。关于农业经营规模与效率的关系，不同学者有不同的观点看法：一种是正相关关系，一种是负相关关系，还有一种为非正向也非反向的关系。

俞敬忠(1994)认为，土地的规模化经营可以提高劳动生产率和土地产出率，进行规模化生产可以促进当地农民收入的增加，从而从根本上提高农民种植生产的积极性和主动性。张忠根等(1997)认为，较小的农业生产规模，不但增加农业生产的单位生产成本和交易成本，而且非充分利用的农业劳动力和生产因素，限制了农业生产效率的提高。孙自铎(2001)认为，规模化土地管理有利于普及科学技术，通过农业机械来代替劳动投入可以使成本降低，节省农产品单位管理成本，土地产出、劳动生产率都得到提高。王秀清(2002)认为，当前我国土地细碎化分布的事实导致了农民只能小规模生产经营，这使得种植过程中机器成本增加、劳动生产率和土地生产率下降，只有通过土地的规模经营才能提高农业生产效率，降低生产成本，实现规模效益。钱贵霞(2005)基于 3 000 个农民的调查，运用 C-D 生产函数分析得出大型种植面积可以实现规模报酬增加，小规模种植的收益是递减的。罗必良(2000)通过分析现有文献，得出了不同的看法。他认为经济组织影响规模效率维度的因素主要包括生产函数、交易成本、资产专用性、外部性、公共产品、内部管理成本等，并重点针对农田规模问题进行了理论和实证研究，揭示出农业生产的本质不是一个具有显著规模效率的行业，特别是在我们国家人多地少的状况下，现阶段的小规模农民管理是有效的。姚监复(2000)认为，农场规模和生产率成反比，小农场通常具有更高的生产率，单位耕地的产出随着种植面积的增长，其效率是减少的。

也有一些学者认为，效率和农业规模经营之间并不是简单明确的关系。张忠明(2008)通过对吉林省玉米生产进行分析，得出小规模经营和大规模经营的农民效率较高，中等规模的农民有较低的生产效率。万广华(1996)通过建立新的生产函数模型，分析了土地和粮食生产之间的关系。他发现，土地分块与粮食生产呈负相关关系，并认为在现有生产体系下，中国的粮食生产几乎不存在规模经济，增加农民的土地经营规模将无法带来更多的农产品供给，也就无法实现规模效率。

尽管不同学者对农业规模经营与规模效率的观点看法不同，并且多数只是定性的研究了种植规模与效率的关系，但仍对本章规模效率的研究有借鉴意义。本章从定量分析的角度，对苜蓿种植的规模效率进行研究，计算农户苜蓿的最优种植规模，提出实现苜蓿种植规模效率的路径。

12.2　相关概念界定

12.2.1　中小农户

本章所涉及的中小农户是指以个人的劳动投入和生产资料投入为基础，劳动成果归个人所得的一种规模较小的粮食生产经营者，其主要包括一些种粮种草散户和部分种粮规模不足 50 亩的粮食专业户。

12.2.2　规模经济

规模经济(economics of scale)，又称“规模利益”(scale merit)，是指在一定的科技水平下，生产能力会随着规模的扩大逐渐提高，长期平均成本将呈现下降的趋势。亚当·斯密认为，只有当生产经营达到一定的规模时，规模经济才有可能通过专业化的分工实现。

规模经济是通过扩大规模来实现的。通过生产要素的合理配置，可以使企业获得最佳的经济效益。结合本书的研究内容，苜蓿的种植中规模经济是指在随着种植面积的扩大，苜蓿种植的单位生产成本不断下降，生产效率不断上升，使得长期平均成本递减，从而达到最高的生产效率。

12.2.3　经营规模

在经济学分析中，经营和规模各自有着特定的含义。规模主要从事物的数量方面进行定义，即特定限制客体的数量界限。经营一般是指各生产要素投入，如生产资料投入、劳动投入等。在某些特定的生产或经营单位中，合理的投入要素组合在生产和经营中发挥作用。本章中涉及的经营规模是指劳动力、劳动手段、物质投入等生产要素在一个经营区域内的组合方式、投入比例。它与规模经济不是同一个概念，经营规模只是客观地描述生产要素的组合形式，并不代表具有“节约”和“效益”的效应。

12.3.4　规模效率

在种植过程中，技术效率和规模效率共同决定着种植生产效率的提高。规模效率是指生产活动在同等技术条件下，生产规模的变化引起的产量的增减；技术效率则指生产能力或生产技术的进步所引起的产量的增减变化。本书的规模效率是指在既定规模下的单位面积的实际产出量与最大的潜在产出量之间的比率。鉴于本书对农户苜蓿种植效率的分析使用的是数据包络分析法，所以将规模效率定义为一个大于 0，小于 1 的无量纲，以便于比较在不同种植面积下的规模效率。

12.3　基于 DEA 模型的原理与优缺点

12.3.1　DEA 模型原理

数据包络分析法，简称 DEA，它是基于数学编程思想，通过建立线性规划模型，来比较不同的决策单位，得出各个决策单元的相对效率。有关的评价结果的尺度是以决策单元的输入数据和输出数据为基础的。输入的数据是指在决策单元中投入的资源，如资本投入，劳动力投入，厂房投入和设备的消耗等；输出的数据则是指将要素投入生产后输出的结果，如产出的数量、质量、获得的利润等。数据包络分析方法仍然是一种基于 Pareto（帕累托）最优模式来达到最佳效率的方法。作为一种有效的数学规划方法，数据包络分析（DEA）可用来评价一个决策单元有效性。经典的 DEA 模型把决策单元看成是一个“黑箱”，由于其对决策单元的内部运行状况不进行深入探究，所有能够直观地反映出数据计算的结果。

DEA 模型的基本原理是把被评价单位作为一个决策单元（DMU），决策单元组成评价单元群。通过输入和输出的数值进行综合分析，确定有效生产前沿面，并根据各决策单元与有效生产前沿面对比，确定各决策单元的有效性，并使用投影方法显示弱 DEA 有效的改进方向和改进幅度。

1978 年，Charnes 和 Cooper 等人提出了评价决策单元（DMU）有效的第一个 DEA 模型——C^2R 模型。该模型是基于规模报酬不变的前提来研究规模效率的，但现实情况的约束使得规模报酬不变的情况难以实现，后来 Charnes 和 Cooper 等又提出了可变报酬的 BC^2 模型。根据该模型的设定，将综合技术效率分为纯技术效率和规模效率两部分，即综合技术效率等于纯技术效率和规模效率的乘积。DEA 模型可以从投入导向和产出导向两个方向对规模效率进行测度，以便更准确地比较规模效率分析结果。

农业生产易受自然条件和社会因素影响，很难保证规模效率不变，所以本书在计算规模效率时将采用可变规模报酬下的 BC^2 模型。由于并不知道 BC^2 模型在投入导向和产出导向下计算的苜蓿种植规模效率是否一致，所以为了能够更全面的分析苜蓿种植效率，本章也将分别进行这两个方向的数据计算，对比分析苜蓿种植的规模效率。

在DEA模型中，假设有n个决策单元($j=1,2,\cdots,n$)，每个决策单元有m种输入($i=1,2,\cdots,m$)及s种输出($r=1,2,\cdots,s$)。X_{ij}为第j个决策单元的第i项投入，y_{rj}为第j个决策单元的第r项产出。

要得出某一决策单元j_0的DEA有效性与否，可以构造一个由n个决策单元组成的决策单元群，如果该决策单元群的各项产出均不低于j_0决策单元的各项产出，而决策单元群的各项投入均低于j_0决策单元的各项投入，即

$$\begin{cases} \sum_{j=1}^{n} \lambda_j y_{rj} \geqslant y_{rj_0}, (r=1,2,\cdots,s) \\ \sum_{j=1}^{n} \lambda_j x_{ij} \geqslant EX_{ij_0}, (i=1,2,\cdots,m, E<1) \\ \sum_{j=1}^{n} \lambda_j = 1, \lambda_j \geqslant 0 (j=1,2,\cdots,n) \end{cases} \tag{12-1}$$

则该j_0决策单元不处于生产前沿面上。针对基本的DEA模型(12-1)，可以设定计量苜蓿种植规模效率的线性规划模型：

$$\text{Min } E$$

$$\text{S. t.} \begin{cases} \sum_{j=1}^{n} \lambda_j y_{rj} \geqslant y_{rj_0}, (r=1,2,\cdots,s) \\ \sum_{j=1}^{n} \lambda_j x_{ij} \geqslant Ex_{ij_0}, (i=1,2,\cdots,m) \\ \sum_{j=1}^{n} \lambda_j = 1, \lambda_j \geqslant 0 (j=1,2,\cdots,n) \end{cases} \tag{12-2}$$

在模型(12-2)中：①若E<1时，则j_0决策单元非DEA有效；②其他，j_0决策单元DEA有效。

12.3.2　DEA方法评估效率时的优缺点

DEA模型在评价规模效率时有以下主要优点：①计量单位不同对其规模效率计算没有影响。多个输入和输出的指标同时存在时，不用对输入和输出指标的单位进行统一化处理，单位可以是绝对数值也可以是相对的比率，只要求被评估的各决策单元使用相同的计量单位。②对于非有效的决策单元，可以进一步分析出进行调整的方向和数值。③该模型可以自动排除统计误差对有效前沿面的影响。DEA模型的优点是可满足计算农户苜蓿种植规模效率时输入输出数据单位多样、需要对非有效决策单元调整方向的要求，本书对苜蓿种植规模效率进行计算采用DEA模型。

这一模型也存在一定的缺陷：①只能评估决策单元的相对效率，无法判断决策单元的实际效率；②指标选取不当，会影响到前沿面的形状和位置，从而影响决策

单元的效率;③要想了解决策单元非有效的原因,仍需进一步分析;④DEA方法评价决策单元时,有数量限制,一般要求决策单元的数量至少要等于输入项目和输出项目总和的2倍,否则会影响到DEA效率的精度;⑤该方法只适用于分析产出量为正数的情况,如果产出数值为负数,则不能使用该模型计量。

为解决DEA模型无法评价影响决策单元非有效的情况,本书在对农户种植苜蓿的规模效率的影响因素分析时,采用DEA-Tobit两阶段分析法计算非有效决策单元具体的调整方向和调整的幅度,以实现最优规模效率。

12.4 农户苜蓿种植规模效率分析

12.4.1 数据来源

本书所使用的数据来自2011年对河北省黄骅市苜蓿种植户的相关调查。河北省是全国苜蓿种植的主要基地,调查地黄骅市是河北省苜蓿种植的传统优势区,通过对它的调查分析能为全国苜蓿种植规模效率研究提供借鉴。

本书调研地黄骅市是河北省沧州市苜蓿种植的主要基地,黄骅市作为沧州市典型的苜蓿种植地带,现有耕地面积为72.6万亩,紫花苜蓿的种植面积达到16.9万亩,年产苜蓿干草为15万吨,年产值达3.5亿元以上,占黄骅市农业生产总值的30%以上。苜蓿加工收购企业有20多家,基本形成完整的产业发展体系。

12.4.2 调研数据分析

问卷调查的样本乡、村、户的选择都是按照随机原则选定的,包括3个样本乡、3个样本村(表12-1)。通过对问卷的调查整理,最终获得82户有效样本。

表12-1 各样本村典型农户的种植面积 亩

地域	苜蓿		玉米+小麦	
	总种植面积	典型农户面积	总种植面积	典型农户面积
常郭镇常郭村	89	4.45	114	5.7
羊二庄镇张八寨村	379	13.1	77	3.85
旧城镇后仙庄村	233	7.5	411	13.2

数据来源:根据调研数据整理。

从调查农户的基本情况看,82个被调查苜蓿种植户中务农劳动力主要是2~3人,占到总调查样本的82.93%。被调查家庭平均务农劳动力为2.59个,其中家庭中有1人从事苜蓿种植的占3.66%,2人的为50%,拥有3个家庭务农劳动的为32.93%,家庭中4人从事苜蓿种植的占10.98%,务农劳动力为5人的占2.43%。

12.4.3　农户苜蓿种植规模效率的分析指标选取

根据问卷调查的基本情况和对已有文献的借鉴，本章以每亩苜蓿的销售收入为输出指标，销售收入为苜蓿每亩产量与当年的销售价格的乘积；以每亩苜蓿种植过程中的直接费用、间接费用、每亩苜蓿种植花费的工时为输入指标，其中直接费用包括每亩苜蓿种植所用的种子、肥料、农药等费用，间接费用为每亩苜蓿种植所花费的机械投入等。

采用 DEA 方法中的 BC^2(规模报酬可变模型)，用 DEAP2.1 版本计算苜蓿种植的技术效率、纯技术效率和规模效率。

本章对调查数据分析时并不是对所有的农户投入产出情况进行一一计算。由于样本数量较多，以每个农户为单位计算苜蓿种植的效率既不符合现实也缺乏科学性，并且这样分析不能从这些农户的生产行为得到有价值的信息。因此本书在计算苜蓿种植效率时，根据调查的实际种植面积，将苜蓿的种植面积分为以下几组：1～2(≤2)亩、3～4(≤4)亩、5～6(≤6)亩、7～8(≤8)亩、9～10(≤10)亩、11～12(≤12)亩、13～14(≤14)亩、15～16(≤16)亩、17～18(≤18)亩和 19 亩。各项输入和输出指标用各个分组的均值计算。采用 BC^2 模型分别从投入导向和产出导向分析了苜蓿种植的技术效率、纯技术效率和规模效率，以使结果更加准确。

12.4.4　农户苜蓿种植规模效率的实证分析

本书采用 Coelli 小组开发的 DEAP2.1 软件计算苜蓿农户种植的技术效率、纯技术效率和规模效率。投入导向下和产出导向下的技术效率、纯技术效率和规模效率计算结果见表 12-2 和表 12-3。

表 12-2　投入导向下的技术效率、纯技术效率与规模效率

种植区间/亩	技术效率	纯技术效率	规模效率	规模报酬
1～2	0.647	1.000	0.647	irs
3～4	0.575	1.000	0.542	irs
5～6	0.792	1.000	0.792	irs
7～8	0.573	0.973	0.589	irs
9～10	0.691	0.968	0.714	irs
11～12	0.803	0.977	0.822	irs
13～14	0.861	0.974	0.884	irs
15～16	0.938	0.985	0.952	irs
17～18	1.000	1.000	1.000	—
19	0.787	0.956	0.824	irs
平均值	0.767	0.983	0.780	

注："irs"为规模报酬递增，"—"为规模不变。

表12-2直观地显示了投入导向下的苜蓿农户种植的技术效率、纯技术效率和规模效率的计算结果,从表12-2中可以看出,17～18亩这个区间农户的技术效率、纯技术效率和规模效率均为1,这说明在此种植区间下,农户在苜蓿种植中投入的全部要素是有效率的,实现了DEA有效。而其他种植区域的规模效率都没有达到1,没有实现DEA有效。因此得出,17～18亩区间是种植的最优规模。根据调查数据显示,只有3.66%的农户种植的苜蓿面积达到最优水平,92.68%的农户种植土地面积低于这一数字,另有3.66%的农户种植面积高于这个数字。10组种植区间的平均规模效率为0.780,有4组种植区间规模效率低于这一数值,其余6组的规模效率高于平均值。

由于本书侧重研究苜蓿种植农户的规模效率,所以在此不对技术效率和纯技术效率做深入探讨。规模效率实现DEA有效的只有17～18这个区间,规模报酬呈递增趋势,这符合在长期生产过程中,规模报酬呈现的阶段性特征:当生产规模从很小的规模开始逐步扩大时,生产面临的是规模报酬递增的阶段。自长期以来调查地区形成了精耕细作的传统劳作方式,大多数农户家庭是在自己土地上进行苜蓿的种植,亩均劳动力、生产资料投入过多。伴随着经营土地面积的扩大,种植报酬能随着种植面积的增加不断增加。

表12-3　产出导向下的技术效率、纯技术效率与规模效率

种植区间/亩	技术效率	纯技术效率	规模效率	规模报酬
1～2	0.647	1.000	0.647	irs
3～4	0.575	1.000	0.575	irs
5～6	0.792	1.000	0.792	irs
7～8	0.573	0.675	0.849	irs
9～10	0.691	0.750	0.922	irs
11～12	0.803	0.850	0.945	irs
13～14	0.861	0.869	0.992	irs
15～16	0.938	0.946	0.991	irs
17～18	1.000	1.000	1.000	—
19	0.787	0.797	0.988	drs
平均值	0.767	0.889	0.870	

注:"irs"为规模报酬递增,"drs"为规模报酬递减,"—"为规模不变。

表12-3显示了产出导向下苜蓿农户种植技术效率、纯技术效率和规模效率的数据分析结果,17～18亩这个区域农户的技术效率、纯技术效率和规模效率均为1,这说明此规模的苜蓿种植的全部要素投入是有效率的,实现了DEA最优。其他区域的农户规模效率都没有达到1,没有实现DEA有效。这10组的规模效率

平均值为 0.870，其中有 4 组规模效率值小于平均值，绝大多数种植区间并且在规模报酬在 17～18 亩达到最优后，随着面积的扩大规模报酬开始下降，这符合规模报酬在继续扩大生产规模后，进入规模报酬递减阶段的特征。

对于非有效种植区间的规模效率而言，投入导向下与产出导向下的结果还是有着差异的。首先，产出导向下的规模效率均值为 0.870，明显高于投入导向下的均值 0.780。其次，在规模报酬的变动趋势上，两者有着明显差异。投入导向下是规模报酬递增的，而产出导向下呈规模报酬递增后又递减的趋势。但不可否认的是，不管是投入导向还是产出导向确定的最优规模都是 17～18 亩。

根据苜蓿种植效率计算结果，给出了投入导向下和产出导向下各个变量调整的方向和数值，具体调整分别如表 12-4 和表 12-5 所列。

表 12-4　投入导向模型测评结果投影

决策单元	投入产出量	初始值	镜像投射量	松弛量	投影目标值
7～8 亩	每亩产值	524.100	0.000	0.000	524.100
	劳动投入	26.500	−0.710	−1.870	23.920
	直接费用	120.600	−3.233	0.000	117.367
	间接费用	73.200	−1.962	0.000	71.238
9～10 亩	每亩产值	641.100	0.000	0.000	641.100
	劳动投入	27.400	−0.875	−1.814	24.712
	直接费用	125.100	−3.995	−7.902	113.204
	间接费用	74.200	−2.369	0.000	71.831
11～12 亩	每亩产值	746.500	0.000	0.000	746.500
	劳动投入	26.500	−0.600	−0.188	25.712
	直接费用	117.500	−2.661	−2.601	112.238
	间接费用	74.500	−1.687	0.000	72.813
13～14 亩	每亩产值	807.700	0.000	0.000	807.700
	劳动投入	26.700	−0.693	0.000	26.007
	直接费用	119.800	−3.111	−1.793	114.896
	间接费用	75.600	−1.963	0.000	73.637
15～16 亩	每亩产值	879.600	0.000	0.000	879.600
	劳动投入	27.100	−0.397	−0.247	26.456
	直接费用	118.600	−1.739	0.000	116.861
	间接费用	75.800	−1.112	−0.175	74.513
19 亩以上	每亩产值	750.000	0.000	0.000	750.000
	劳动投入	28.100	−1.233	−1.136	25.731
	直接费用	125.000	−5.483	−7.157	112.360
	间接费用	76.200	−3.342	0.000	72.858

注：模型显示结果。

表 12-4 给出了投入导向下非 DEA 有效农户投入和产出的调整范围和方向，可以看出，造成大多数种植区间规模无效的原因是直接投入与间接投入不合理，尤其是直接费用投入过多，从而使各个要素之间的配置比例失调。因此，要实现 DEA 有效，就必须通过调整各区间的要素投入量，实现投入与产出配比的合理化。按一定比例减少相关投入，可以实现既定产出下的投入最小化。其中直接投入需要调整的最大值出现在 19 亩以上区间，为 12.64 元（|－5.483|＋|－7.157|＝12.64），过多的直接投入造成了资源的浪费，影响了规模效率。在投入指标中，劳动投入的冗余较少，这可能与本书选取的苜蓿种植的劳动工时投入指标有关。

表 12-5　产出导向模型测评结果投影

决策单元	投入产出量	初始值	镜像投射量	松弛量	投影目标值
7～8 亩	每亩产值	524.100	252.709	0.000	776.809
	劳动投入	26.500	0.000	－0.619	25.881
	直接费用	120.600	0.000	－7.309	113.291
	间接费用	73.200	0.000	0.000	73.200
9～10 亩	每亩产值	641.100	213.991	0.000	855.091
	劳动投入	27.400	0.000	－1.081	26.319
	直接费用	125.100	0.000	－9.091	116.009
	间接费用	74.200	0.000	0.000	74.200
11～12 亩	每亩产值	746.500	132.075	0.000	878.575
	劳动投入	26.500	0.000	－0.050	26.450
	直接费用	117.500	0.000	－0.675	116.825
	间接费用	74.500	0.000	0.000	74.500
13～14 亩	每亩产值	807.700	122.251	0.000	929.951
	劳动投入	26.700	0.000	0.000	26.700
	直接费用	119.800	0.000	－0.773	119.027
	间接费用	75.600	0.000	－0.411	75.189
15～16 亩	每亩产值	879.600	50.083	0.000	929.683
	劳动投入	27.100	0.000	－0.364	26.736
	直接费用	118.600	0.000	0.000	118.600
	间接费用	75.800	0.000	－0.647	75.153
19 亩以上	每亩产值	750.000	191.200	0.000	941.200
	劳动投入	28.100	0.000	－1.300	26.800
	直接费用	125.000	0.000	－6.000	119.000
	间接费用	76.200	0.000	－0.900	75.300

注：模型显示结果。

根据表 12-5 产出导向模型的测评结果投影可以得出,过多的直接投入导致苜蓿种植的要素投入比例不协调,影响了最优规模效率的实现。对于非 DEA 有效的种植农户来说,为了实现最优的技术效率、纯技术效率和规模效率,需要调整投入项的差额和方向,这与投入导向下调整基本一致,主要是需要减少直接投入。间接费用只需在个别区间做相应的调整,调整的数额不是很大。劳动投入大部分需要调整,但是调整变动的数额较少。在产出导向下可以看出,非有效的决策单元均存在明显的产出不足,其中产出量增加最多的是 7~8 亩的区间范围,每亩产值将增加 252.709 元。

12.5 农户苜蓿种植规模效率影响因素分析

12.5.1 影响农户苜蓿种植规模效率的变量分析

上一节对苜蓿农户种植规模效率情况进行了分析研究,得到了苜蓿种植户的最优种植规模。但仅得到这个最优种植规模是不够的,因为我们无法知道怎样才能达到这一最优规模。这就需要对得出的规模效率数据进行进一步的分析,分析其他种植区间的种植农户为何没有达到最优种植规模,也就是要分析在苜蓿种植中影响规模效率的因素,提高苜蓿农户的种植规模效率。进行农业生产规模效率的探究,正确地对农业生产的各项投入进行分类,将投入作为生产成本,全面评价苜蓿农户种植的规模效率,并且确保选择的投入指标要科学、完整、全面,尽可能地包含所有在苜蓿种植中投入的成本。

很多专家学者对影响农业规模种植的因素进行过深入系统的研究,获得了大量的研究成果。不同学者对农业种植规模效率的影响因素有不同的看法。田新建(2005)认为物质要素、劳动力和技术进步是影响粮食生产效率的三个最主要因素;宋伟、陈百明、陈曦炜(2007)的研究认为,经营耕地的规模、资本投入、稻秆还田和钾肥的施肥水平对粮食单产有正的影响,而农户的劳动力投入、兼业状况等没有显著的影响,氮肥的添加情况对单产则有显著的负影响;靖飞(2008)在分析江苏省水稻产出情况时,得出影响水稻产出效率的主要因素是土地,然后是化肥的使用,随着近些年水稻种植技术的提升,水稻品种的优良对水稻产出也用正的影响作用;张忠明(2008)通过对吉林省种粮土地规模效率研究,发现种植户的年龄和土地的碎片化对粮食作物规模效率有显著影响,种植户户主年龄的增长和拥有地块数量的增多,对规模效率产生负的影响。已有文献对影响粮食种植规模效率的因素分析,主要是集中在投入的劳动力状况、各种直接和间接的投入和土地等方面。

上一节分别从投入导向和产出导向对苜蓿农户的种植规模效率进行了分析,测算出了不同种植规模下的土地规模效率。但考虑到实际种植的现实状况,自然环境、自然灾害等外部环境因素的变动是不能由农户控制的,而各种投入因素,无论是直接投入、间接投入,劳动投入,都是能够在生产过程中根据种植需要进行灵活调整的。同样,产出指标(产值)是较难调整的,即使想进行调整也不是能较快实现的,所以本章选取投入导向下计算出的种植规模效率作为被解释变量,进行影响因素的分析。解释变量主要从种植苜蓿的投入方面进行考虑,结合对调查区域苜蓿种植情况的全面了解,本章把主要的投入变量归纳为四类,并提出相应的假设。

1. 劳动投入

考虑到调查地区人多地少(虽然高于全国平均水平,但跟世界平均水平相比,人均土地规模小),户均占有 2.3 亩耕地,农户苜蓿种植生产主要靠精耕细作,劳动效率低下。这里的劳动投入主要是农户在从事苜蓿种植投入的工时。因此,提出以下研究假设:

假设 1:种植户投入的劳动工时与种植规模效率呈负相关关系,劳动工时的增加会降低规模效率。

2. 直接投入

直接投入即直接费用,主要包括种植苜蓿过程中种子费用、化肥费用、农药费用等投入,因此,提出以下研究假设:

假设 2:苜蓿种植中直接投入与种植效率呈正相关关系,随着种子、化肥、农药投入的增加,规模效率会提高。

3. 间接投入

间接投入即间接费用,主要指在苜蓿种植中使用的机械租赁费、维修费、水电费用等。因此,提出以下研究假设:

假设 3:苜蓿种植过程中间接投入与规模效率呈正相关关系,规模效率随着间接投入的增加而提高。

4. 土地投入

土地投入主要指苜蓿的种植面积(亩)。因此,提出以下研究假设。

假设 4:种植苜蓿的面积越大规模效率越高。有关规模效率、各种投入的描述性分析如表 12-6 所列。

表 12-6　描述性统计分析

规模变量	最小值	最大值	均值	标准差
规模效率	0.532	1	0.754	0.163
劳动投入/天	23.1	28.1	26.19	1.510
直接投入/(元/亩)	110.3	125.1	119.25	4.225
间接投入/(元/亩)	71.1	76.2	73.92	1.916
种植面积/亩	2	20	10.542	5.966
土地块数	2	11	5.817	4.646

资料来源:调查数据整理。

12.5.2　计量模型和分析方法

由上一节对规模效率的研究，得出规模效率的数值是介于 0～1 之间的，具有被切割或截断的特点，采用普通最小二乘法(OLS)进行回归分析，将导致参数估计的偏差不一致，为了避免偏漏，通常采用受限因变量模型进行估计。Coelli T. J(1998)在 DEA 分析的基础上衍生了一种两阶段方法(Two-stage Method)：第一阶段，采用 DEA 方法评估决策单元的效率值；第二阶段，以上一阶段得出的效率值作为被解释变量，以影响因素作为解释变量，应用 Tobit 回归模型进行回归分析。这一模型非常符合本章对影响规模效率因素的研究需要。

Tobit 模型是主要应用于被解释变量受限制时的一种分析方法，其概念最早由诺贝尔经济学奖获得者 James. Tobin 教授在 1958 年基于极大似然估计提出的一个回归模型，针对的是受限因变量情况下，分析耐用品的消费现象。当因变量被截断或删失时，运用极大似然法概念的 Tobit 模型分析效率影响因素是一种较好的选择，并且 Tobit 回归还有一个很好的特性就是回归解释变量可以是连续型数值变量也可以是 0 或 1 型的非连续变量。

当前 DEA-Tobit 两阶段分析法在分析效率和影响因素方面在国际上得到了广泛的使用。我国从 2000 年以后才逐步开始对 DEA-Tobit 两阶段分析法展开运用，目前该分析方法已在银行、保险、医疗卫生、教育科研、工业等诸多领域使用，特别是在金融和公共部门应用得较多，在农业领域运用的较少。本章用 DEA-Tobit 两阶段分析法苜蓿规模效率进行分析，根据 DEA-Tobit 模型，建立的苜蓿农户种植规模效率影响因素分析模型如下：

$$y_i^* = \beta_0 + \sum_{j=1}^{k} \beta_j x_{ij} + \varepsilon_i$$

$$\begin{cases} y_i = y_i^*, if\ y_i^* \in (0,1], \\ y_i = 0, if\ y_i^* \in (-\infty, 0) \\ y_i = 1, if\ y_i^* \in (1, +\infty) \end{cases} \tag{12-3}$$

式中：y_i 为 DEA 模型得到的第 i 组种植区间的规模效率数值；y_i^* 为潜在规模效率，服从正态分布；β 为模型待估参数；X_{ij} 为影响规模效率的各种因素。

12.5.3　农户苜蓿种植规模效率影响因素分析

12.5.3.1　计量模型估计结果

利用 stata11.2 软件，将影响因素代入 Tobit 模型进行验证，计算结果如表12-7 所列。

表 12-7 Tobit 模型估计结果

解释变量	系数	标准误	T 值	显著性	95%的置信区间	
					下限	上限
劳动投入/天	−0.068 3	0.027 9	−2.44	0.050	−0.136 7	0.000 0
直接费用/(元/亩)	−0.022 2	0.005 1	−4.38	0.005	−0.034 6	−0.009 8
间接费用/(元/亩)	0.113	0.039 1	2.86	0.029	0.016 2	0.207 6
种植面积/亩	0.007	0.011 5	0.62	0.556	−0.021 1	0.035 4
卡方值	19.89		显著性		0.000 5	
似然值	11.93					

注:置信度为 95%。

Tobit 模型的计量结果显示,卡方值为 19.89,显著性为 0.000 5,远小于 0.05 的显著水平,说明非常显著。大部分变量在 5%的显著水平下通过了检验。通过这些影响因素的显著性分析可以看出,劳动投入、直接费用、间接费用是影响首蓿种植规模效率的主要因素,对种植规模效率有较显著的影响。

12.5.3.2 影响规模效率的因素分析

1. 首蓿种植的劳动投入(工时)与规模效率密切相关

从影响方向上看,两者呈负相关关系,这与本章预期一致。表明目前农户在首蓿生产中,虽然劳动投入较粮食作物小,但仍属于"精耕细作",单位土地上较多的劳动投入完成了较少的田间劳动。减少劳动投入,能提高首蓿种植的规模效率。

2. 直接费用是影响首蓿种植规模效率的重要因素

从影响方向上来看,两者呈负相关关系,表明直接投入越多,规模效率越低,这与本章的预期不一致。经过进一步调查,本书认为这主要是在首蓿种植过程中不合理的种子、化肥、农药等的投入,使得投入要素比例不协调,要素投入过剩,从而导致种植的规模效率下降。为了增加亩产产值,获得更多的收益,农户投入了较多的生产要素,没有遵循种植规律,致使规模效率降低。在粮食作物种植中也存在同样的问题。

3. 间接费用对规模效率有正影响,与预期一致。间接投入的越多,规模效率越高

现代高产优质首蓿刈割、压扁中越来越依赖机械设备。一般情况下,首蓿应在孕蕾末期或初花期进行刈割(刈割装备带压扁功能),经晾晒加工后其蛋白质含量可以达到 18%以上,符合产品的出口标准(不能低于 17%)。而 2011 年前当地传统的首蓿收获是采用圆盘式或往复式割草机,都不带压扁设备,虽然能够完成首蓿的收获作业,但由于首蓿的脱水干燥期长,造成蛋白含量的损失很大,不能保证首蓿产品的质量,因此及时的割草压扁收获对提高首蓿质量是十分必要的,不仅能提高产量更能保证收获的首蓿质量,还能显著提高每亩首蓿产值,有助于亩均规模效

率的增加。

4. 种植面积对规模效率的影响不显著

这并不是说该因素在苜蓿种植过程中就不重要，调查发现，由于承包的地块分散，农户种植的苜蓿经常分成好几块。因此，即使种植苜蓿的总面积较大，但单块苜蓿的面积仍然很小，这影响了种植效率。调查的农户数据显示，苜蓿农户拥有的土地地块为 2～11 个，土地细碎化程度高，影响大型机械的使用，不利于苜蓿机械进田进行收割作业，阻碍了机械的使用和新技术的推广与应用。而该研究设定的影响变量是以农户家庭苜蓿种植面积进行分组的，忽略了地块种植分散的现实，所以呈现不显著的结果。

12.6　结论和建议

12.6.1　主要结论

通过对调查区域农户的苜蓿种植规模效率计算及对影响规模效率的因素计量分析，得出了以下主要结论。

1. 调查地区农户苜蓿种植的规模效率较高

无论从产出导向还是投入导向下计算，平均规模效率都达到 0.78 以上。部分决策单元的规模效率没有实现 DEA 有效，这主要是在种植过程中，各要素的投入比例不协调。要实现最优规模，就必须在直接费用、间接费用、劳动投入方面做出相应调整，提高投入要素的产出转化率，增加规模效率。

2. 苜蓿种植规模效率受到多种因素的影响

其主要包括种植过程中投入的直接投入、间接投入、劳动投入这 3 个因素。计算显示，直接投入与规模效率呈负相关关系，间接投入与规模效率呈正相关关系，劳动投入与规模效率呈负相关关系。

3. 种植者存在年龄偏大、种植技术水平低，专用收获、加工装备投资回报率低等问题

土地使用制度导致的土地细碎化严重制约了规模效率的提高。总体来看，有效率的种植规模仅为 18 亩，规模偏小，且达到这一规模的农户比例很低，现有条件下调查区域农户的劳动投入不足，苜蓿粗放种植、低水平管理，苜蓿种植距现代苜蓿种植业要求还差很远。

12.6.2　对策和建议及研究展望

1. 对策和建议

通过前文对苜蓿种植农户的规模效率及影响因素的分析，结合调研的数据分

析结果,从以下几个方面提出对策建议。

①为了实现17～18亩这一最优种植面积,农户需要增加苜蓿种植面积,通过土地流转和承包经营的方式,提高种植规模。政府应当创造土地置换等条件,完善关于土地流转的相关政策,让农户能够集中连片种植苜蓿,推进苜蓿种植的规模化经营。

由于土地承担着农民的生活保障、医疗保障和养老保障的职能,农户对土地流转非常关注,土地流转难度大。在进行土地流转时,必须完善土地流转制度,积极为农户扩宽就业门路,提供相应的社会保障制度,这样才能够实现土地流转的顺利开展,避免土地纠纷和矛盾。政府要强化领导,建立健全各级土地流转管理机构,制定科学合理的土地流转制度,对农户土地流转提供资金支持,提供税费方面的优惠,保证农户流转土地权益的实现。实现苜蓿的规模经营,不仅有助于规模化的种植管理,更有助于实现土地的化零为整,提高种植效益。

②提高苜蓿种植收获过程中机械的使用。本书调查发现,黄骅市一茬苜蓿收割面积在13万亩左右,2012年,除了大片的雇用畜牧局等单位的大型收割设备外,其余零散种植的农户大多以人工、小型拖拉机的方式收割,一块不足5亩的地块人工往往要收割2～3天,收割效率低下,劳动任务繁重。以常郭镇为例,全镇总共拥有的小型苜蓿收割机械不足20台,远远满足不了全镇1.5万亩的收割需要。为了提高苜蓿收获质量,应加大种植收获过程中苜蓿机械的使用,提高收获效率,增加种植收益。

③明确苜蓿产业的重要战略地位。转变传统的种草观念,改变粗放的苜蓿种植生产方式,把当前种植业的“粮食作物-经济作物”二元结构,转变为“粮食-经济作物-牧草”三元结构,建立科学的种草方式,把发展苜蓿产业放到同种粮等同等重要地位进行经营管理,提升苜蓿产业的综合产值,全面推进苜蓿产业建设工作,使其成为质优、高效、生态的新型朝阳产业。

同时,在推广普及苜蓿种植过程中,对应的政策补贴应及时到位,政府应逐步提高补贴覆盖水平,借鉴当前种粮补贴措施,逐步推行与种植面积相符合的补贴,引导苜蓿种植业的健康发展,防止价格大幅度波动引起的种植面积的大起大落,保证苜蓿种植农户的稳定收益。

④苜蓿种植户应提升栽培技术,在苜蓿种植过程中加强管理,保证苜蓿从种植到收获的质量;应鼓励农户主动学习苜蓿栽培种植的专业技术,把学到的生产技术应用到苜蓿的种植过程中;在相关苜蓿专业技术人员的指导下,合理调整苜蓿种植的要素投入,实现最优规模效率。同时,政府需规范苜蓿种子市场,提供现代种植技术培训,发展苜蓿种植专业户。

2. 研究展望

本章计算农户苜蓿种植规模效率所用的数据来自本书2011年对河北省黄骅

市苜蓿种植农户的调查。从计算模型可以看出，影响农户苜蓿种植规模效率的因素很多，而每个影响因素都是在不断变化的。从根本上说，农户苜蓿种植的规模效率随着生产力发展水平和政府政策的变化而不断变化。

随着农业机械化水平的不断提高、农民外出打工越来越方便、土地流转政策越来越完善、国家的土地适度规模经营政策的推进，苜蓿规模化种植的成本越来越低，相应地苜蓿规模种植的收益也越来越高。苜蓿产业规模化经营是必然趋势，农户苜蓿种植的规模效率也会随之不断变化。近年来当地苜蓿种植农户不断减少、单个种植户户均苜蓿种植规模的不断扩大也说明了这一点。基于此，应当对农户苜蓿种植的情况不断进行跟踪调研，对不同时点的规模效率进行计算，为政府制定苜蓿适度规模化经营政策提供依据。

第 13 章　我国苜蓿种植区域集聚特征及其影响因素研究

产业聚集是产业化过程中的必然产物，是产业国际竞争力的重要来源和集中体现，而产业国际竞争力又是产业聚集的终极目标，实现产业集聚是提高产业国际竞争力的前提。但是产业过度集聚又会产生运输成本上升、水资源紧张、人力成本上升等问题。

随着苜蓿产业不断发展，我国的苜蓿种植也不断向生产优势区域集聚。但目前对我国苜蓿种植区域集聚的研究很少，已有研究大部分停留在定性分析层面，严重影响苜蓿发展规划的实施。

本章运用生产规模指数、产地集中度指数、莫兰指数，分析我们苜蓿生产区域集聚特征；并运用空间计量模型，分析我国苜蓿生产区域集聚的影响因素，为实现我国苜蓿种植适度集聚、促进苜蓿种植业发展提供依据。

13.1　引言

随着种植面积和产量的不断增加，我国苜蓿生产空间布局出现了新的变化。张英俊等(2013)的研究表明，我国已经形成了西部灌溉苜蓿产业带和农牧交错带雨养苜蓿产业带。2017 年，我国苜蓿年末种草保留面积前 5 个省份为新疆、甘肃、陕西、内蒙古、宁夏，其总面积为 5 026.56 万亩，占全国总保留面积的 80.9%，存在明显的区域集聚现象。

现代苜蓿生产除了对自然条件的依赖较强外，对资金、技术、基础设施的要求也越来越高。我国幅员辽阔，各地区自然条件及社会经济差别很大。然而，哪些区域具有苜蓿生产优势？各产区的苜蓿种植与下游产业(畜牧业)之间的联系情况如何？苜蓿生产区域集聚的特征和影响因素又是什么？这些都是做好苜蓿产业发展规划首先需要回答的问题。

我国对苜蓿生产空间分布的研究很少，已有研究大部分停留在定性分析的层面，缺少对我国苜蓿主产区空间分布的定性研究，严重影响苜蓿发展规划的实施。本论文首先，运用生产重心指数、地理联系率、区域比较优势指数，分析我国苜蓿生产布局时空变化；其次，运用生产规模指数、产地集中度指数、莫兰指数，分析我们苜蓿生产区域集聚特征；最后，运用空间计量模型，分析我国苜蓿生产区域集聚的影响因素。

13.2　经济集聚的理论基础

经济集聚是指同一产业在某个特定地理区域内高度集中，产业资本要素在空间范围内不断汇聚的过程。关于农业生产布局和农业产业集聚，国内外很多学者在理论和经验两方面做过大量研究。随着农业的不断发展，集聚对象的研究也从最初的粮食作物，逐渐扩展到经济作物、养殖业等领域。本章首先对农业生产布局和产业集聚相关理论进行梳理和总结，然后从苜蓿产业发展、农业生产布局和农业产业集聚等三个方面，梳理和评述国内外相关经济集聚文献。

13.2.1　优势理论

13.2.1.1　绝对优势理论

英国政治经济学家亚当·斯密在 1776 年提出“绝对优势理论”，该理论认为由于不同国家和地区在自然资源、技术条件和生产要素方面存在差异，从而在生产同一种产品时，存在生产成本和劳动生产率差异。生产成本低、劳动生产率高的地区相对于其他地区就具有了“绝对优势”。亚当·斯密认为，每个区域都有自己的生产成本低、劳动生产率高的产品，只要将生产要素投入到具有“绝对优势”的产品上，与其他地区进行“绝对优势”商品交换，则使本地区获得利益最大化，从而使各地区实现利益最大化。“绝对优势理论”的一个缺点是，它无法回答当一个国家在任何产品上都不具有“绝对优势”时，应该如何进行国际贸易的问题。

13.2.1.2　比较优势理论

针对“绝对优势理论”存在的问题，英国政治经济学家大卫·李嘉图在其 1817 年发表的著作《政治经济学及赋税原理》中提出“比较成本贸易理论”，即“比较优势理论”。该理论认为，当一个国家或地区在所有产品上都不具有“绝对优势”时，可以生产具有“相对优势”的产品参与国际分工与贸易，从而实现利益最大化。“比较优势理论”存在的一个缺陷是将劳动生产率作为单一要素进行地区差异分析，忽略了其他要素对国际分工和贸易的影响。

13.2.1.3　要素禀赋理论

瑞典经济学家赫克歇尔和俄林在 20 世纪初对“比较优势理论”进行了修正和扩展，提出了“要素禀赋理论”。“要素禀赋理论”认为，影响产品在不同地区具有“比较优势”的原因不能只考虑劳动要素，还要考虑土地、资本和其他生产要素的影响。正是由于各地区存在土地、资本、劳动等各种要素禀赋差异，从而形成区域间的比较优势，进而推动国际分工和贸易的发展，实现利益最大化。

比较优势理论以要素禀赋为视角，分析了国际分工和贸易的存在和发展。根据比较优势理论进行产业布局可使资源配置达到最优水平，同时实现福利水平最大化。我国幅员辽阔，不同地区土地、气候等自然资源、道路、交通基础设施以及经济社会发展水平差别很大，只有充分发挥各地区比较优势，才能使资源配置更加合理，作为一种牧草，苜蓿生长除了对土壤、气候等自然条件依赖较强外，相较粮食作物，由于运输成本占比很高，苜蓿种植对道路交通以及种植规模、加工技术也有更高要求。因此，苜蓿种植区域只有遵循比较优势原则，充分考虑苜蓿的特点，才能实现市场经济条件下我国的苜蓿产业高效、持续、稳定发展。

13.2.2 区位理论

13.2.2.1 古典区位理论

古典区位理论主要包括农业区位论和工业区位论。1826 年，德国经济学家冯・杜能在其著作《孤立国与农业和国民经济的关系》一书中提出"孤立国理论"，为农业区位理论奠定了基础。"孤立国理论"认为地租收入最大化决定农产品布局，而地租收入受农产品价格、生产成本尤其是运输成本影响。杜能假设各地农产品价格、生产成本和运输条件相同，因此地租收入只受运输距离影响，运输距离越小，运输成本越小，地租收入越大。不同的产品根据最适运输距离，环绕城市中心形成同心圆状农业布局结构，即著名的"杜能圈"。1914 年，德国经济学家特奥多尔・布林克曼在"独立国理论"的基础上发表《农业经营经济学》，进一步完善了农业区位理论。布林克曼认为，农业生产集约度决定农业生产效益和农业区位布局，在适当的生产集约度范围内生产，才会取得生产效益最大化。除了农场的地理位置，当地的自然条件、生产经营者的个人素质、国民经济发展水平等因素对农业生产集约度也具有非常重要的影响。

13.2.2.2 新古典区位理论

新古典区位理论主要包括中心地理论和动态区位论。1932 年，德国地理学家沃尔特・克里斯泰勒发表其著作《德国南部中心地原理》，提出"中心地理论"。该理论认为每一种产品都有其合适的运输范围，根据产品的最大运输范围将产品划分等级，同时将城镇也按大小等级进行划分。六个农村按照正六边形规则均匀地排列在城镇周围，六个城镇同样按照正六边形规则均匀地排列在高级城镇的周围。因此，根据城镇等级，形成低级以高级为中心环绕的区位布局。1940 年，德国经济学家奥格斯特・廖什发表著作《经济的空间秩序》，提出"动态区位论"。杜能、布林克曼、韦伯的区位研究从供给的角度分析区位问题，假定收益不变，根据生产的最小成本确定最优生产布局。但是在实际生活中，收益会随着价格的变化而变化。廖什从需求的角度研究，认为利润最大化，即总收益高于总成本的部分，是决定生产布局的最重要因素。并在克里斯泰勒“中心地理论”的思想基础上，应用一般均衡理论，建立了一种宏观的、动态的区位理论。

随着经济、社会、技术的发展，区位理论也在不断丰富和发展。基于供给角度的成本最小化和基于需求角度的利润最大化目标，生产区位布局不仅受到运输成本、地租收入的影响，还受到自然资源条件、市场结构、产业规模、技术条件、劳动力素质、政策等因素影响。

13.2.3　新经济地理学理论

传统新古典经济理论一般都忽视现实的空间效应，不考虑运费，假定把生产要素从一个空间转移到另一个空间不需要费用。在假定完全竞争和规模报酬不变的情况下，只能用“外部经济”在一定程度上解释产业集聚。在空间经济的研究基础上，以保罗·克鲁格曼为代表的经济学家，将空间因素纳入经济学的研究中。1991年，克鲁格曼发表《报酬递增和经济地理》，标志着新经济地理学的诞生。新经济地理学以不完全竞争和规模递增为假设前提，认为是运输成本和报酬递增共同作用影响产业集聚。克鲁格曼通过构建“核心-周边”模型，将影响产业集聚的因素分为吸引力和排斥力，而运输成本是最主要的影响因素。运输成本降低会促进规模经济，形成集聚；运输成本的增加则会阻碍产业在空间上的集聚。此外，由于集聚特有的“路径依赖”，克鲁格曼认为产业在空间上的集聚还受到历史原因、初始环境和偶然事件的影响。Anlesin(1998)通过构建空间权重矩阵，在定量分析经济活动的过程中引入空间效应，为新经济地理学提供了强有力的实证支撑。空间计量经济学在截面数据和面板数据的回归模型中处理空间自相关性和空间异质性，有效地解决了在传统经济计量过程中存在的偏差，增加了模型估计结果的可信度。

各学派通过不同的研究视角，对产业集聚进行了研究。农业产业因其同时具有自然生产属性和社会再生产属性，农业产业集聚不仅受到自然资源禀赋的影响，同时受到社会经济发展的影响。因此，农业产业集聚的影响因素包括自然因素、技术因素、经济因素、社会因素等方面。

13.3　我国苜蓿种植的区域分布

苜蓿生产需要良好的土地条件。只有按照粮食作物精耕细作的条件生产，才可能实现苜蓿的生产效益。由于我国保护基本耕地面积的国策和粮食经济作物生产的长远需求，苜蓿生产用地不可能占用良田农地。大部分苜蓿生产用地被开发于荒地、旱地、沙地、盐碱地，这些用地基本属于不适合用于粮食作物生产的土地，这一状况也导致我国现有的苜蓿生产改良程度低，生产效率低，管理成本高。从我国苜蓿生产的现状来看，宏观层面有种植区域不合理，政策供给不足等问题；中观层面有产业发展不完善,技术开发不足等缺陷;微观层面有种植主体权责不明,规范化和规模化较难等难点;同时我国苜蓿市场也存在发展不成熟,供需失衡等问题。

由于历史原因及饮食习惯,目前我国的商品苜蓿产地集中在甘肃、宁夏、内蒙古和华北平原沿海等土地资源相对丰富、资本相对稀缺地区,而国产商品苜蓿草的主要需求地区为内蒙古、宁夏、河北、天津、山东、上海、江苏、北京、广东、四川、重庆等地区的大城市周边奶牛养殖区,不合理的苜蓿产地分布容易造成局部地区苜蓿供求失衡,陕西和河南生产的苜蓿被当地市场消化。

2015 年,甘肃、内蒙古、新疆、宁夏、黑龙江、河北等 6 省(份)的优质苜蓿种植面积占全国的 89.8%,形成了甘肃河西走廊、内蒙古科尔沁草地、宁夏河套灌区等一批十万亩以上集中连片的优质苜蓿种植基地。苜蓿种植面积超过 1 万亩的县有 405 个,其中,排名前 100 位的优质苜蓿生产大县产量占到全国的 72.8%。一批苜蓿草业企业快速发展,在一些区域形成了种加销一体化的发展模式 。

根据苜蓿的种植特性、区域生产情况,结合全国畜牧业发展规划,我国将苜蓿种植大体上可以分为西北、东北、华北和南方 4 个区域。我国幅员辽阔,各区域社会经济发展差异大,面临的苜蓿产业发展条件和需解决重点问题也不相同:东北区域需要重点解决苜蓿冷害问题,提高成活率;西北地区缺水,重点推行节水灌溉措施;华北地区雨热同季,雨季收获的产品易发生霉烂变质,重点在提高收获效率;南方地区气温高、降水量大,解决湿热和田地间排水成为首要问题。由于产品密度低,苜蓿运输成本高。我国苜蓿种植大部分分布于西部内陆省份,例如,河套地区、河西走廊,这些地区都是优质牧草的优良产地,但苜蓿需求方大多分布在南方大中城市,运输成本很高,影响企业效益,也严重制约着苜蓿产业发展。

13.4 我国苜蓿生产布局变化研究

该部分主要通过运用不同指标,计算分析我国苜蓿生产布局现状、变化趋势以及存在的问题。首先,通过计算苜蓿生产重心,分析我国苜蓿生产重心的演变轨迹;其次,通过计算苜蓿供求地理联系率,分析我国苜蓿供给与苜蓿需求在地理分布上的联系;最后,运用效率、规模和综合比较优势方法,分析我国苜蓿生产在不同区域和不同省份之间的比较优势,分析其变化以及存在的问题。

13.4.1 我国苜蓿生产重心演变分析

13.4.1.1 重心指数

重心源自物理学概念,后来被广泛应用于经济研究领域。苜蓿生产重心是指苜蓿产量或面积分布在某个区域上的力矩平衡点。全国苜蓿生产重心会由于任何一个地区的苜蓿生产情况的变动而发生移动。具体来说，当某一地区的苜蓿播种面积或者产量相对其他地区增加时，苜蓿生产重心就会朝着这一地区的方向发生移动。反之，当某一地区的苜蓿播种面积或者产量相对其他地区减少时，苜蓿生产重心就会朝着这一地区相反的方向发生移动。通过计算不同年份苜蓿生产重心坐标，绘制全国苜蓿生产重心变化路径，即可以定量分析我国苜蓿生产重心移动距离，也可以直观表达我国苜蓿生产重心移动方向。

1. 重心计算

重心计算公式如下：

$$X_t=\frac{\sum_{i=1}^{n} M_{it} X_i}{\sum_{i=1}^{n} M_{it}} \qquad Y_t=\frac{\sum_{i=1}^{n} M_{it} Y_i}{\sum_{i=1}^{n} M_{it}} \tag{13-1}$$

式中：X_t为第 t 年苜蓿生产重心的经度值；Y_t为第 t 年苜蓿生产重心的纬度值；X_i为 i 省省会所在地的经度；Y_i为 i 省省会所在地的经纬度值(数据来源于谷歌地图)；M_{it}为 i 省第 t 年苜蓿产量或面积，n 为省份数量。

2. 重心距离计算

重心距离计算公式如下：

$$\mathrm{D}=\mathrm{E}\times\sqrt{(X_s-X_d)^2+(Y_s-Y_d)^2} \tag{13-2}$$

式中：D 为两重心之间的距离；E 为常数，取值为 111.111 千米。当计算不同年份苜蓿重心移动距离时，X_s和Y_s分别表示 s 年苜蓿生产重心坐标的经度和纬度；X_d和Y_d分别表示 d 年苜蓿生产重心坐标的经度和纬度。

13.4.1.2　我国苜蓿生产重心及牛羊存栏量重心轨迹演变分析

根据整理后的数据，利用 ArcGIS 软件计算苜蓿面积、苜蓿产量并运用 Excel 计算重心距离、绘制移动轨迹。

1. 苜蓿种植面积重心演变轨迹

根据重心法计算出的 2001—2017 年我国苜蓿种植面积重心的经度和纬度、重心移动距离、方向如表 13-1 所列，图 13-1 是根据计算结果描绘的我国苜蓿生产重心的演变轨迹。

表 13-1　2001-2017 年我国苜蓿种植面积重心移动距离和方向

年份	经度/°	纬度/°	距离/千米	方向
2001	106.625 2	40.096 8	—	—
2002	106.988 2	40.072 2	40.425 8	东南
2003	107.602 9	39.920 4	70.351 72	东南
2004	107.244 4	39.721	45.580 25	西南
2005	110.092 4	39.587	316.794 2	东南

续表 13-1

年份	经度/°	纬度/°	距离/千米	方向
2006	109.734	39.869 9	50.733 21	西北
2007	109.702 6	39.965 5	11.180 51	西北
2008	110.232 9	39.569 6	73.531 22	东南
2009	110.283 3	38.220 2	150.037 7	东南
2010	106.553 5	38.822 4	419.788 7	西南
2011	106.385 6	38.301 3	60.831 18	西南
2012	105.135 8	38.274 4	138.898 7	西南
2013	103.214 7	38.746 7	219.811 5	西北
2014	103.417 8	38.905 1	28.618 4	东北
2015	103.261 2	38.957 2	18.337 68	西北
2016	103.392 9	38.750 9	27.194 88	东南
2017	102.767 7	38.646 3	70.432 12	西南

数据来源:《中国草业统计(2001—2005)》至《中国草业统计 2018》。

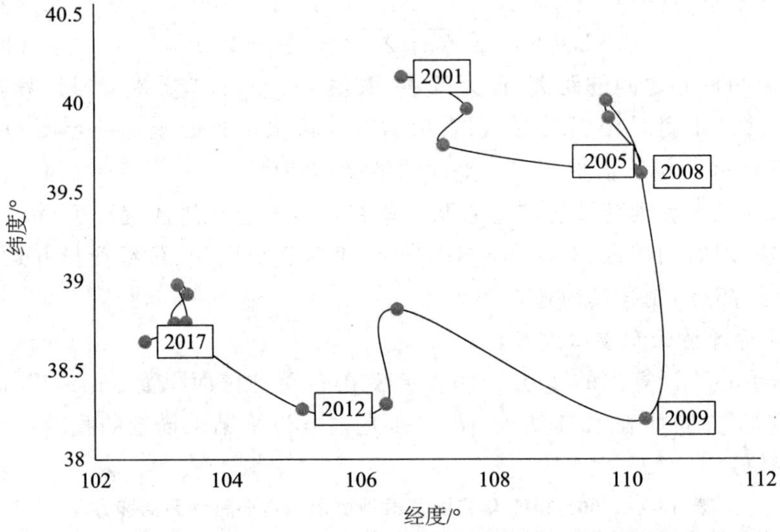

图 13-1　2001—2017 年我国苜蓿种植面积重心移动轨迹

[资料来源:《中国草业统计(2001—2005)》至《中国草业统计 2018》]

总体来看,我国苜蓿种植面积的重心移动范围为东经 102.767 7°～110.283 3°,北纬 38.220 2°～40.096 8°,东西方向移动的范围大于南北方向的移动范围。2001—2017 年苜蓿种植面积重心总体向西南方向移动,移动的距离为 457.91 千米，年平均距离为 26.94 千米。

从分阶段来看，我国苜蓿种植面积重心的演变轨迹表现出两个明显的阶段：第一阶段：2001—2009 年，我国苜蓿种植面积重心向东南方向移动，8 年一共移动了 456.82 千米。其中，2001—2005 年主要向东移动，移动距离为 389.38 千米；2005—2009 年主要向南移动，移动距离为 153.34 千米。第二阶段：2009—2017 年，我国苜蓿种植面积重心向西北方向移动，8 年一共移动 836.41 千米。其中，2009—2010 年移动的距离最大为 419.79 千米。

苜蓿种植面积重心的演变轨迹的分阶段分析更能反映我国苜蓿生产的变化。2001—2009 年，我国的苜蓿种植由传统的西北等土地资源丰富的地区，转向经济相对发达，对牛奶等草食动物产品需求大的地区。在这一时期，日本、韩国等周边国家对苜蓿的大量需求以及农业换取外汇的需求，也促使地方政府大力发展苜蓿种植，这一阶段主要以满足苜蓿供给数量为主要目标。在 2008 年以后，国家、奶企充分认识到饲喂高质量苜蓿对于提高牛奶质量的极端重要性，加上大量出口日韩的苜蓿因为不合格被退回，苜蓿生产者损失惨重，促使国家加大对优质高产苜蓿种植的补贴。在奶牛养殖企业提高质量要求及国家政策扶持下，气候更加适合高品质苜蓿生产的甘肃、新疆、宁夏、内蒙古等地区苜蓿种植面积迅速增加。

2. *苜蓿产量重心演变轨迹*

根据重心法计算的 2001—2017 年我国苜蓿种植产量重心的经度和纬度、重心移动距离、方向如表 13-2 所列，图 13-2 是根据计算结果描绘的我国苜蓿生产重心的演变轨迹。

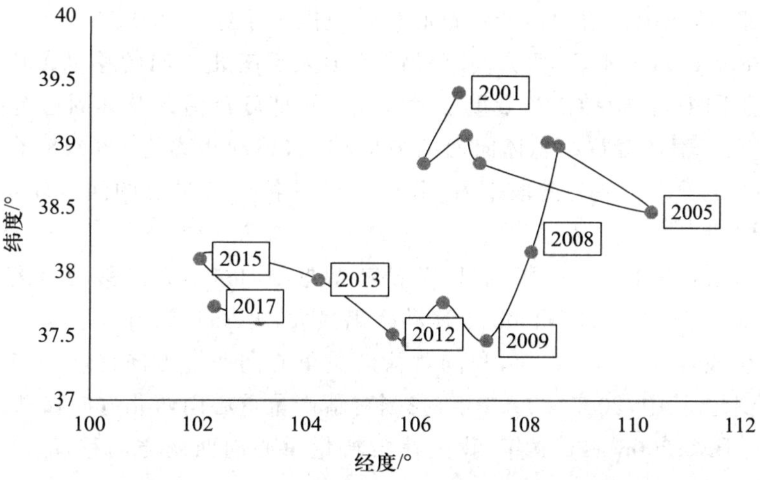

图 13-2　2001—2017 年我国苜蓿产量重心移动轨迹

［资料来源：《中国草业统计（2001—2005）》至《中国草业统计 2018》］

表 13-2 2001—2017 年我国苜蓿产量重心移动距离和方向

年份	经度/°	纬度/°	距离/千米	方向
2001	106.765 4	39.406 8	—	—
2002	106.130 7	38.853 7	93.542 25	西南
2003	106.903 2	39.073 6	89.243 11	东北
2004	107.149 7	38.857 8	36.401 68	东南
2005	110.318 5	38.476 4	354.629 7	东南
2006	108.395 9	39.024	222.118	西北
2007	108.597 7	38.993 2	22.681 86	西南
2008	108.105 4	38.163 9	107.157 2	西南
2009	107.288 4	37.467 9	119.251 9	西南
2010	106.495 1	37.767 3	94.213 04	西北
2011	105.853 8	37.458 8	79.071 54	西南
2012	105.574 8	37.518 8	31.708 71	西北
2013	104.215 2	37.944	158.281 8	西北
2014	102.551 4	38.143 2	186.186 7	西北
2015	102.027 8	38.105 8	58.325 94	西南
2016	103.132 5	37.637 4	133.322 1	东南
2017	102.292 3	37.735 2	93.985 78	西北

资料来源:《中国草业统计(2001—2005)》至《中国草业统计 2018》。

总体来看,我国苜蓿种植产量重心移动范围为东经 102.0278°～110.3185°、北纬 37.4588°～39.4068°,东西方向移动的范围大于南北方向的移动范围。在我国行政区域版图中,苜蓿种植产量重心大致在宁夏回族自治区及其周边范围。2001-2017 年我国苜蓿产量重心总体向西南方向移动,移动距离为 530.58 千米,8 年平均移动 31.21 千米。从分阶段来看,我国苜蓿种植产量重心的演变轨迹表现出 3 个明显的阶段。

第一阶段:2001—2005 年,我国苜蓿产量重心向东南方向移动,4 年一共移动 408.10 千米。其中 2004—2005 年移动距离最大,为 354.63 千米。

第二阶段:2005—2009 年,我国苜蓿产量重心向西南方向移动,4 年一共移动 354.84 千米。其中,2005—2006 年,我国苜蓿产量重心向西北方向移动,移动距离为 222.12 千米;2006—2009 年,我国苜蓿产量重心向西南方向移动,移动距离为 212.22 千米。

第三阶段:2009—2017 年,我国苜蓿产量重心向西北方向移动。8 年一共移动了 555.92 千米,整个过程改变了 5 次方向。2009—2010 年,向西北方向移动了

94.21 千米，2011 年，向西南方向移动了 79.07 千米，之后连续 3 年向西北方向移动了 376.18 千米，2015 年向西南方向移动了 58.33 千米，2016 年向东南方向移动了 133.32 千米，2017 年，向西北方向移动了 93.99 千米。

13.4.2　我国苜蓿生产与消费空间关系分析

作为优质饲草，苜蓿只有通过加工、运输最终到达养殖场，才能由畜牧业消费。尤其是苜蓿干草密度小，运输成本占总成本比例很高。因此，苜蓿生产与畜牧业区域分布具有很强的关联性。通过对苜蓿生产与畜牧业空间分布的对比分析，可以掌握我国苜蓿供给与需求的空间差异。

地理联系率通过比较两个经济要素相似程度的差异，反映整体区域内两要素的联系情况。本章以地区苜蓿产量和牛奶产量为指标，计算苜蓿“生产-消费”地理联系率，分析苜蓿生产与下游产业在空间分布上的联系情况。苜蓿产量代表苜蓿的供给，奶牛是我国苜蓿的主要消费者，牛奶产量可以反映奶牛养殖规模，进而可以量化苜蓿的需求。其公式为：

$$L = 100 - \frac{1}{2}\sum_{i=1}^{n}|G_i - P_i| \tag{13-3}$$

式中：L 为地理联系率；G_i 为 i 省苜蓿产量占全国苜蓿总产量的百分比；P_i 为 i 省牛奶量占全国牛奶总量的百分比。L 值的大小表示联系密切程度，L 值越大，苜蓿生产与下游产业在空间分布上的联系越紧密。

图 13-3 是根据我国苜蓿“生产-消费”地理联系率计算结果绘制而成。计算出的地理联系率均值为 51.43，从总体来看，苜蓿“生产-消费”地理联系率处于中等水平。说明我国苜蓿生产与下游产业（需求端）在区域之间仅仅达到比较一致的水平，苜蓿种植大省与奶牛养殖大省之间存在一定差异。具体来看，2001—2007 年，我国苜蓿“生产-消费”地理联系率波动不大，趋于平稳；2005 年达到峰值，值为 62.43；2007—2014 年，我国苜蓿“生产-消费”地理联系率呈下降趋势，由 2007 年的 62.05 下降到 2014 年的 39.60；2014—2017 年，我国苜蓿“生产-消费”地理联系率波动不大，趋于平稳，但都处于 45 以下。由此可知，我国苜蓿种植业与奶牛养殖业地理分布存在差异，这会导致苜蓿运输距离增加，增加苜蓿的运输成本，使苜蓿产业竞争力降低，也不利于下游产业节本增效。

13.4.3　我国苜蓿生产区域比较优势变化分析

13.4.3.1　区域比较优势

1. 效率优势指数

效率优势指数反映某时期某区域内某种作物土地生产率与全国平均水平的比值。它可以体现当地自然资源禀赋与物质和技术投入情况，本章采用的苜蓿生产

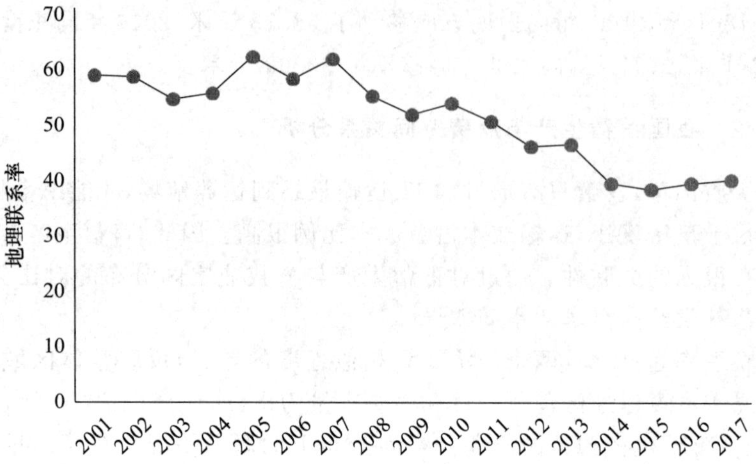

图 13-3　我国苜蓿“生产-消费”地理联系率

效率比较优势指数计算公式如下：

$$PAI_i = \frac{AP_i}{AP} \tag{13-4}$$

式中：PAI_i为 i 地区苜蓿生产效率优势指数；AP_i为 i 地区苜蓿单位面积产量；AP 为同期全国苜蓿平均单位面积产量。$PAI_i>1$，表示 i 地区苜蓿与全国苜蓿单产相比具有比较优势；$PAI_i<1$，表示 i 地区苜蓿单产与全国苜蓿单产相比不具有比较优势。PAI_i值越大，表示 i 地区苜蓿生产效率比较优势越大。

2. 规模优势指数

规模优势指数是指某时期某区域内某种作物种植面积在区域内所占比重与全国平均水平的比值，可以体现市场、资源、制度的共同作用，本章采用的苜蓿生产规模比较优势指数计算公式如下：

$$SAI_i = \frac{GS_i/TS_i}{GS/TS} \tag{13-5}$$

式中：SAI_i为苜蓿规模优势指数；GS_i为苜蓿种植面积；TS_i为全部农作物的播种面积；GS 为全国苜蓿种植面积；TS 为全国所有农作物种植面积。$SAI_i>1$，表示 i 地区苜蓿种植规模具有比较优势；$SAI_i<1$，表示 i 地区苜蓿种植规模不具有比较优势。SAI_i值越大，表示 i 地区苜蓿种植规模比较优势越大。

综合优势指数综合了效率和规模两方面因素，在反映某地区某作物生产优势程度方面更加全面。本章采用的苜蓿综合优势指数计算公式如下：

$$TAI_i = \sqrt{PAI_i \times SAI_i} \tag{13-6}$$

式中：TAI_i为 i 地区苜蓿生产综合优势指数；PAI_i为苜蓿生产效率优势指数；SAI_i

为苜蓿规模优势指数。$TAI_i>1$,表示 i 地区苜蓿种植具有综合比较优势;$TAI_i<1$,表示 i 地区苜蓿种植不具有综合比价优势。TAI_i 值越大,表示 i 地区苜蓿种植综合比较优势越大。

13.4.3.2　我国苜蓿生产区域优势变化分析

1. 不同区域比较优势变化

本章根据《全国苜蓿产业发展规划(2016—2020 年)》中的区域划分方法 ,分别对不同区域的区域比较优势进行测算分析。

效率比较优势指数计算结果如图 13-4 所示。2001—2017 年,四个区域中只有东北区及内蒙古区的平均效率比较优势指数小于 1,即效率低于全国水平;其他三个区域的平均效率比较优势指数均大于 1,即效率高于全国水平。其中效率比较优势最高的为南方区,平均效率比较优势指数为 1.88;其次为华北区,平均效率比较优势指数为 1.34;再次为西北区,平均效率比较优势指数为 1.05。东北及内蒙古区和西北区的效率比较优势变化相对平稳,华北区的效率比较优势波动下降,而效率比较优势最高的南方区则波动比较大。

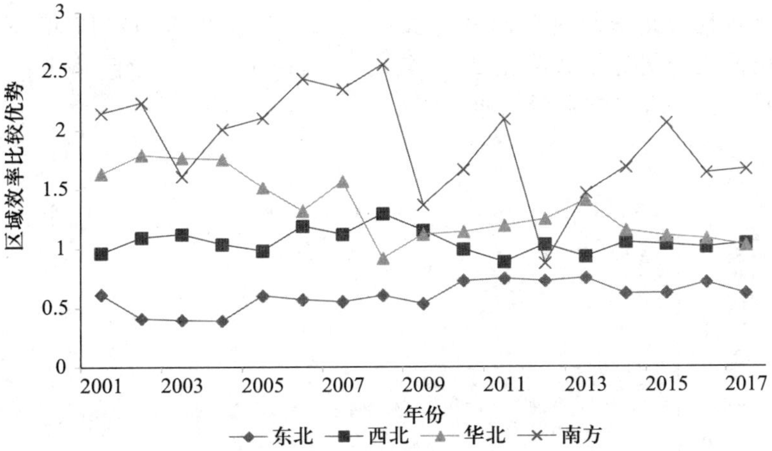

图 13-4　2001—2017 年我国苜蓿生产分区域效率比较优势

[资料来源:《中国草业统计(2001—2005)》至《中国草业统计 2018》]

规模比较优势指数计算结果如图 13-5 所示。2001—2017 年,四个区域中西北区的规模比较优势最高,其平均规模比较优势指数为 4.77,远远高于全国平均规模;其次为东北及内蒙古区,其平均规模比较优势指数为 1.32,高于全国平均规模;其次为华北区,其平均规模比较优势指数为 0.62,低于全国平均规模;最后为南方区,其平均规模比较优势指数为 0.10,远远低于全国平均规模。从变化趋势上看,2001—2008 年,西北区波动下降,然后在 2008—2017 年波动上升,并处于上升趋势;2001—2007 年,东北区处于平稳趋势,且平均规模比较优势指数在 1.8 左

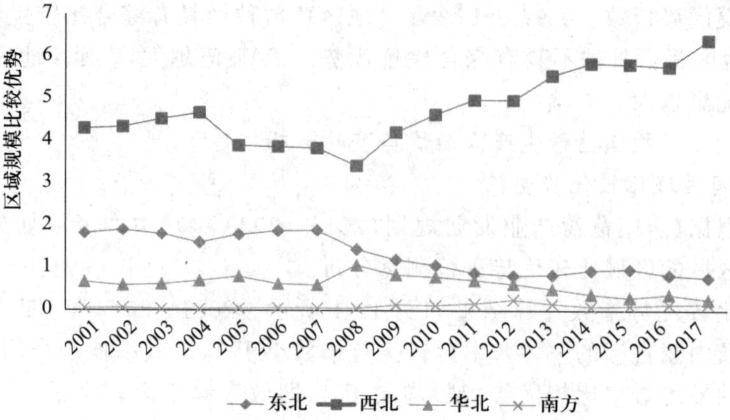

图 13-5　2001—2017 年我国苜蓿生产分区域规模比较优势

[资料来源:《中国草业统计(2001—2005)》至《中国草业统计 2018》]

右,在 2007—2008 年一直处于下降趋势,规模比较优势指数下降到 2017 年的 0.78;2001—2007 年,华北区处于平稳趋势,规模比较优势指数在 0.65 左右,2008 年,规模比较优势指数超过全国平均水平,为 1.07,在 2008—2017 年一直处于下降趋势,规模比较优势指数降至 2017 年的 0.26;2001—2017 年,南方区规模比较优势波动不大,一直稳定在较低水平。

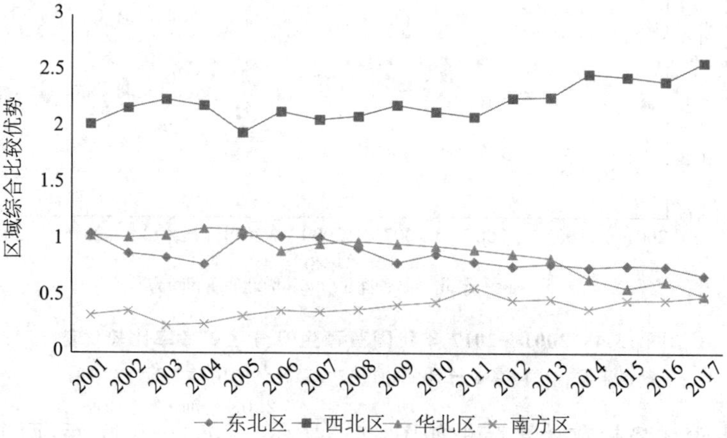

图 13-6　2001—2017 年我国苜蓿生产分区域综合比较优势

[资料来源:《中国阜业统计(2001—2005)》至《中国草业统计 2018》]

综合比较优势指数计算结果如图 13-6 所示。2001—2017 年,西北区平均综合比较优势指数为 2.23;其华北区平均综合比较优势指数为 0.89;东北和内蒙古区平均综合比较优势指数为 0.86,;南方区平均综合比较优势指数为 0.41。从波动趋势来看,2001—2011 年,华北区处于稳定趋势,其平均综合比较优势指数在

2.1左右，在2011—2017年波动上升，上升至2017年的2.58；华北区一直处于波动下降状态，2001—2005年综合比较优势大于全国水平，从2006年开始，综合比较优势低于全国水平并波动下降，下降至2017年的0.51；东北及内蒙古区处于波动下降趋势，但下降幅度不大，2001—2008年，综合比较优势在全国平均水平上下波动，2008年开始波动下降，下降至2017年的0.69；虽然南方区平均综合优势较低，但处于波动上升水平，从2001年的0.34波动上升至2017年的0.50，并具有上升趋势。

结合3种比较优势来看，西北区的效率比较优势处于全国平均水平，但是由于人均土地面积大、土地有利于集中连片种植，其规模效率优势远远大于全国平均水平，在效率和规模的共同作用下，其综合比较优势是全国范围内最高的区域；华北区效率比较优势处于全国平均水平之上，但是由于人均土地面积小，苜蓿多种植在坡地、荒地、沙化地及沿海滩涂等地力低下地块，其规模比较优势在全国平均水平之下，在效率和规模共同作用下，综合比较优势在全国平均水平之下；东北及内蒙古区由于气候严寒，苜蓿单产低，效率比较优势低于全国平均水平，但是其规模比较优势在全国平均水平之上，在效率和规模共同作用下，其综合比较优势和华北区大致相同，在全国平均水平之下；由于水热条件好，南方区具有较高的效率比较优势，但是人均耕地面积小且多山，其规模比较优势远远低于全国水平，其效率上的优势不足以弥补规模上的不足，所以其综合比较优势处于全国平均水平之下。由此可以看出，我国苜蓿生产在区域间普遍存在效率与规模的矛盾问题。2001—2017年，我国苜蓿生产具有效率优势的省份如表13-3所列。

表13-3　2001—2017年我国苜蓿生产具有效率优势的省份

年份	效率比较优势＞1的省份
2001	江苏(4.01)、西藏(2.67)、山东(2.23)、河北(2.23)、河南(2.22)、天津(2.00)、重庆(1.80)、湖北(1.78)、山西(1.34)、辽宁(1.14)、吉林(1.11)、宁夏(1.11)、四川(1.04)、新疆(1.00)
2004	贵州(4.41)、江苏(3.97)、山东(3.09)、西藏(2.31)、河南(2.21)、河北(2.21)、四川(2.19)、重庆(1.99)、天津(1.98)、湖北(1.77)、山西(1.32)、新疆(1.19)辽宁(1.10)、吉林(1.10)、宁夏(1.10)、甘肃(1.07)
2007	贵州(4.06)、江苏(3.41)、重庆(2.04)、山东(2.03)、河南(2.03)、四川(2.03)、河北(2.03)、湖北(1.83)、天津(1.81)、甘肃(1.58)、新疆(1.37)山西(1.21)、辽宁(1.01)、吉林(1.01)
2010	贵州(4.56)、江苏(3.03)、山东(2.32)、重庆(2.15)、云南(2.14)、四川(1.93)、天津(1.87)、湖北(1.84)、河南(1.75)、青海(1.47)、山西(1.37)、辽宁(1.23)、甘肃(1.10)
2013	江苏(3.24)、贵州(2.32)、安徽(2.26)、重庆(2.22)、云南(1.97)、河南(1.90)、山西(1.80)、湖北(1.76)、四川(1.74)、山东(1.65)、天津(1.64)、青海(1.36)、甘肃(1.18)、辽宁(1.10)

续表 13-3

年份	效率比较优势>1 的省份
2016	贵州(2.15)、江苏(1.98)、重庆(1.83)、湖北(1.78)、云南(1.61)、安徽(1.58)、河南(1.54)、山西(1.26)、甘肃(1.19)、天津(1.09)
2017	重庆(4.71)、湖北(2.44)、四川(2.39)、江苏(1.91)、云南(1.71)、贵州(1.70)、河南(1.55)、安徽(1.40)、天津(1.34)、宁夏(1.33)、甘肃(1.15)、山西(1.04)

资料来源:《中国草业统计(2001—2005)》至《中国草业统计 2018》,《2002 中国统计年鉴》至《2018 中国统计年鉴》。

2. 不同省份比较优势变化

根据我国苜蓿种植区域分布以及数据的可获得性,本研究选取 22 个苜蓿主产省份作为研究对象,包括山东、重庆、天津、河北、甘肃、山西、内蒙古、陕西、辽宁、宁夏、吉林、黑龙江、云南、江苏、新疆、安徽、河南、湖北、四川、贵州、西藏、青海。计算结果见附录 5,为了使文本简洁,本章仅选择相关年份进行解释。

表 13-4 列出了 2001—2017 年我国苜蓿生产具有效率比较优势的省份。其间我国具有苜蓿种植效率比较优势的省份总体变化不大,平均每年具有效率比较优势的省份数量为 13.5 个。效率比较优势指数均值为 1.42,说明我国苜蓿主产区省份的效率比较优势高于全国水平。其中效率比较优势指数最高的是贵州省,其值为 3.33;最低的省份为内蒙古,其值为 0.57,是主产省份内唯一一个低于 1 的省份。2001—2017 年持续具有生产效率优势的省市 7 个,分别为天津、山西、河南、江苏、湖北、重庆、贵州。

表 13-4　2001—2017 年我国苜蓿生产具有规模优势的省份

年份	规模比较优势>1 的省份
2001	西藏(7.82)、内蒙古(7.40)、新疆(5.90)、甘肃(5.56)、宁夏(4.76)、山西(2.98)、陕西(2.38)
2004	宁夏(7.87)、内蒙古(5.62)、新疆(5.49)、甘肃(4.49)、陕西(3.75)、山西(2.17)、河北(1.17)
2007	宁夏(12.02)、内蒙古(6.45)、甘肃(4.81)、陕西(3.08)、山西(1.94)、新疆(1.87)、河北(1.15)、辽宁(1.12)
2010	宁夏(11.15)、西藏(8.85)、甘肃(5.84)、新疆(3.75)、内蒙古(3.37)、陕西(2.81)、青海(2.63)、山西(1.77)、河北(1.56)
2013	西藏(10.31)、宁夏(8.84)、新疆(6.41)、甘肃(5.14)、陕西(4.27)、青海(3.30)、内蒙古(2.50)、山西(1.62)、河北(1.04)
2016	宁夏(10.44)、西藏(9.04)、甘肃(6.43)、新疆(5.25)、陕西(5.05)、青海(3.37)、内蒙古(2.14)、山西(2.03)、辽宁(1.17)
2017	宁夏(10.68)、甘肃(7.56)、西藏(6.93)、陕西(5.69)、新疆(5.67)、青海(2.55)、内蒙古(2.08)、山西(1.88)

资料来源:《中国草业统计(2001—2005)》至《中国草业统计 2018》,《2002 中国统计年鉴》至《2018 中国统计年鉴》。

表 13-5 列出了 2001—2017 年我国苜蓿生产具有规模比较优势的省份。其间我国具有苜蓿种植规模比较优势的省份总体变化不大，平均每年具有规模比较优势的省份数量为 8.5 个。规模比较优势指数均值为 1.74，说明我国苜蓿主产区省份的规模比较优势高于全国水平。其中规模比较优势指数最高的是宁夏，其值为 9.39；最低的省份为江苏省，其值为 0.15。2001—2017 年持续具有生产规模优势的省市有 6 个，分别为宁夏、甘肃、山西、内蒙古、陕西、新疆。

表 13-5　2001—2017 年我国苜蓿生产具有综合优势的省份

年份	综合比较优势>1 的省份
2001	西藏(4.57)、新疆(2.43)、宁夏(2.30)、甘肃(2.28)、内蒙古(2.22)、山西(2.00)、河北(1.40)
2004	宁夏(2.95)、新疆(2.56)、甘肃(2.19)、山西(1.69)、河北(1.61)、内蒙古(1.43)、山东(1.11)
2007	宁夏(2.92)、甘肃(2.76)、内蒙古(1.91)、新疆(1.60)、山西(1.54)、河北(1.53)、辽宁(1.07)
2010	宁夏(3.20)、甘肃(2.54)、西藏(2.11)、青海(1.97)、新疆(1.85)、陕西(1.61)、山西(1.56)、内蒙古(1.45)、辽宁(1.09)
2013	宁夏(2.93)、甘肃(2.47)、新疆(2.24)、青海(2.12)、西藏(2.09)、陕西(1.89)、山西(1.71)、内蒙古(1.31)、辽宁(1.02)
2016	宁夏(3.05)、甘肃(2.76)、西藏(2.60)、新疆(2.16)、陕西(2.16)、青海(1.78)、山西(1.40)、贵州(1.18)、内蒙古(1.11)
2017	宁夏(3.77)、甘肃(2.94)、陕西(2.34)、新疆(2.28)、西藏(1.95)、青海(1.52)、山西(1.40)、内蒙古(1.11)

资料来源:《中国草业统计(2001—2005)》至《中国草业统计 2018》,《2002 中国统计年鉴》至《2018 中国统计年鉴》。

13.4.4　小结

结合 3 种比较优势来看，天津、江苏、河南、湖北、重庆、贵州 6 个省(市)具有效率比较优势，但是不具有规模比较优势。其效率比较优势不足以弥补规模比较优势的不足，所以不具备综合比较优势。新疆、内蒙古、宁夏、陕西、甘肃 5 个省(区)具有规模比较优势，但是不具备效率比较优势，其规模比较优势可以弥补效率比较优势的不足，所以具备综合比较优势，只有山西省同时具备三种优势。由此可以看出，我国苜蓿生产在不同省份之间存在效率与规模的矛盾问题。自 2001 年以来，我国苜蓿生产区域布局变化特征明显，同时也存在很多问题，主要包括如下 3 个方面。

1. 生产重心

我国苜蓿生产面积重心总体向西南方向移动,具体经过了"东南-西北"两个阶段。苜蓿产量重心总的移动方向与面积重心方向大致相同,都向西南方向移动,具体经过"东南-西北"两个阶段。

2. 地理联系率

我国苜蓿"生产-消费"地理联系率处于中等水平,说明我国苜蓿生产与畜牧业之间存在区域差距,即种植苜蓿较多的省份,畜牧业不发达;畜牧业发达的省份,种植苜蓿较少。这进一步增大了苜蓿运输的压力,影响苜蓿产业竞争力,同时增加下游产业成本,降低了下游产业的国际竞争力。

3. 区域比较优势

总体来看,我国苜蓿生产效率比较优势和综合比较优势区域较为稳定,规模比较优势呈现上升趋势,说明相对其他作物,我国苜蓿生产规模呈逐渐增加趋势。分区域来看,南方区具有效率比较优势,西北区具有规模和综合比较优势。从各省份来看,天津、山西、河南、湖北、重庆、江苏、贵州等省份持续具有效率比较优势,山西、内蒙古、陕西、甘肃、宁夏、新疆等省持续具有规模和综合比较优势。

结合三种比较优势,不同地区和省份的苜蓿生产在效率与规模之间存在矛盾。南方区具有效率优势,但不具有规模优势,具体到省份为天津、江苏、河南、湖北、重庆、贵州、云南 7 个省(市);西北区具有规模优势,但不具有效率优势,具体到省份为新疆、宁夏、内蒙古、陕西、甘肃 5 个省(区)。

由此可知,我国苜蓿发展规模与当地自然资源、基础设施、生产技术、社会经济条件、苜蓿需求不协调,发展模式有待于进一步优化。

13.5 我国苜蓿生产区域集聚特征

我国苜蓿生产具有明显的区域集聚特征。本部分通过计算我国苜蓿生产规模指数、产地集中度指数和莫兰指数,对我国苜蓿生产区域集聚特征进行描述性统计分析,总结我国不同区域、不同时间的苜蓿生产集聚特征。

13.5.1 我国苜蓿生产规模指数变化

规模指数指某地区苜蓿播种面积占全国苜蓿播种面积的比例,比例越大说明生产规模越大,集聚程度越高。其计算公式如下:

$$PS_i = \frac{area_i}{\sum ares_i} \tag{13-7}$$

式中:PS_i为 i 地区苜蓿生产规模指数;$area_i$为 i 地区苜蓿播种面积。

根据公式(13-7)计算的我国苜蓿生产规模指数见附录表 5,我国苜蓿生产规模指数前六位的省份及其生产规模指数总值如表 13-6 所列。由表 13-6 可知，我国苜蓿生产主要集中在内蒙古、河北、新疆、甘肃、陕西、山西、宁夏等省份。2001—2017 年排名前六位的省份生产规模指数均值为 81.31，说明我国苜蓿播种面积前六位的省份占据全国苜蓿播种面积的 81.31%，集聚特征明显。

表 13-6 2001—2017 年我国苜蓿生产规模指数前六的省份 %

年份	生产规模指数前六位的省份
2001	内蒙古(32.82)、甘肃(15.96)、新疆(15.63)、山西(8.51)、陕西(8.00)、河北(6.13)
2002	内蒙古(32.44)、新疆(14.98)、甘肃(14.73)、陕西(9.22)、山西(7.70)、河北(5.47)
2003	内蒙古(29.70)、甘肃(14.35)、新疆(13.79)、陕西(11.87)、山西(7.09)、河北(6.74)
2004	内蒙古(26.09)、新疆(15.44)、甘肃(12.90)、陕西(12.05)、河北(8.00)、宁夏(7.14)
2005	内蒙古(28.65)、甘肃(15.14)、陕西(10.74)、宁夏(9.26)、河北(9.20)、山西(7.53)
2006	内蒙古(32.91)、甘肃(13.80)、陕西(10.76)、宁夏(9.84)、山西(6.90)、河北(6.50)
2007	内蒙古(33.54)、甘肃(13.90)、宁夏(11.00)、陕西(9.59)、河北(7.64)、山西(5.46)
2008	内蒙古(25.70)、河北(19.85)、甘肃(13.23)、宁夏(9.94)、陕西(8.58)、山西(6.83)
2009	内蒙古(19.29)、甘肃(17.84)、宁夏(10.87)、陕西(10.39)、河北(9.27)、山西(6.93)
2010	内蒙古(17.41)、甘肃(17.20)、新疆(13.15)、宁夏(10.25)、河北(10.05)、陕西(8.65)
2011	甘肃(18.70)、内蒙古(14.03)、陕西(13.53)、新疆(11.06)、宁夏(10.67)、河北(8.89)
2012	新疆(16.85)、甘肃(16.73)、内蒙古(12.23)、陕西(11.47)、宁夏(9.25)、河北(7.69)
2013	新疆(24.04)、甘肃(15.37)、陕西(13.11)、内蒙古(12.96)、宁夏(8.04)、河北(6.55)
2014	新疆(23.23)、甘肃(17.12)、陕西(15.63)、内蒙古(14.79)、宁夏(8.57)、山西(4.71)
2015	新疆(23.88)、甘肃(17.70)、陕西(15.36)、内蒙古(14.82)、宁夏(8.67)、山西(3.67)
2016	新疆(21.55)、甘肃(19.13)、陕西(15.12)、内蒙古(11.88)、宁夏(9.32)、山西(5.28)
2017	新疆(23.33)、甘肃(19.82)、陕西(16.16)、内蒙古(13.11)、宁夏(8.45)、山西(4.70)

资料来源：《中国草业统计(2001—2005)》至《中国草业统计 2018》。

我国苜蓿种植主要省份生产规模指数变化趋势如图 13-7 所示。内蒙古、新疆、河北三省(区)波动比较大，内蒙古波动下降，新疆波动上升，河北先波动上升然后波动下降；甘肃、宁夏、陕西和山西波动相对平稳。2001—2010 年，内蒙古连续十年生产规模指数位居全国第一，之后波动下降后稳定在全国第四。2001—2011 年，新疆苜蓿生产规模指数波动较大，2012—2017 年连续六年位居全国第一。甘肃波动平稳，近年来一直位居全国第二位。陕西波动上升，近五年稳定在全国第三位。

分区域苜蓿生产规模指数变化如图 13-8 所示。从地区来看，我国苜蓿种植主要集聚在西北地区。2008 年为一个时间节点，2001—2008 年，各地区苜蓿生产规模指数呈现平稳趋势。2008 年之后，西北区苜蓿生产规模指数大幅度上升，最高

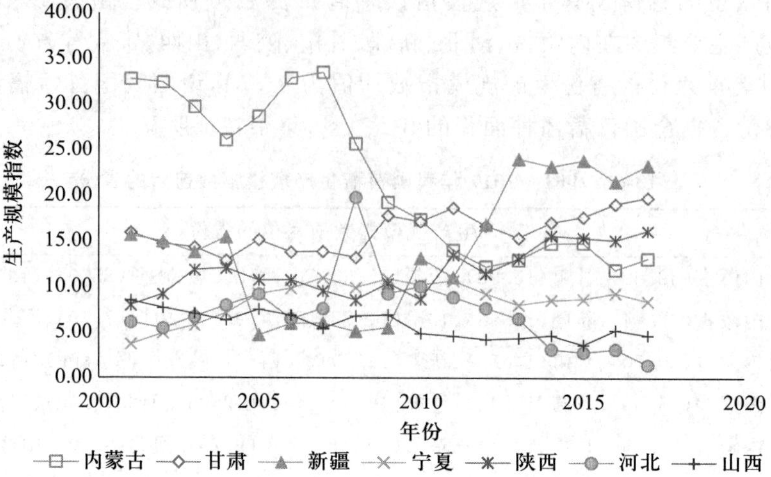

图 13-7　苜蓿种植主要省份生产规模指数变化趋势

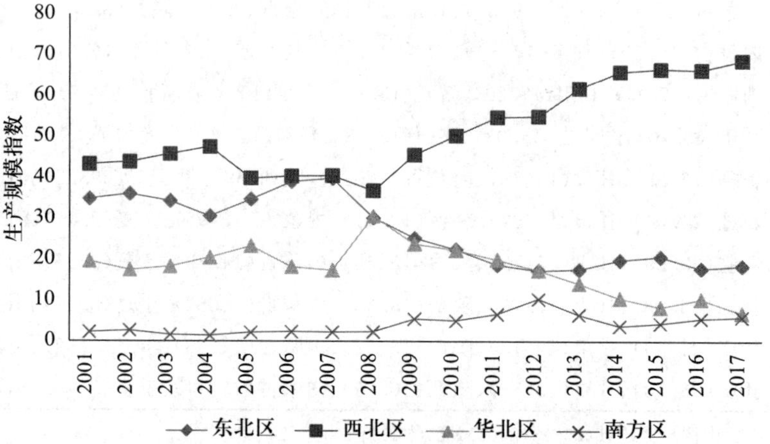

图 13-8　分区域苜蓿生产规模指数变化

值到达 2017 年到 69%；东北和华北地区苜蓿生产规模指数呈现下降趋势，东北区下降到 20%以下，华北区下降到 10%以下，南方区呈现上升趋势，由 2008 年的 2.3%，上升到 2017 年的 5.9%。

2008 年以前，我国苜蓿生产区域较为分散，产品除了满足肉牛、奶牛、羊等牲畜需要外，还用于饲喂马、驴等役用动物。2008 年以后，一方面，国家提高了原奶收购标准，同时强制实施规模化奶牛养殖，对优质苜蓿的需求迅速增加；另一方面，国家相继出台《振兴奶业苜蓿发展行动》《全国苜蓿产业发展规划(2016—2020)》等一系列政策，地方政府也配套出台一系列措施，对苜蓿规模种植(大于 3 000 亩)进行补贴，西北地区土地禀赋好、便于土地流转，苜蓿种植发展迅速；受玉米种植高额补贴影响，同期更利于玉米种植的东北和华北地区苜蓿种植反而减少；安徽等南方地区受强劲的苜蓿需求（主要是牛奶生产）拉动，苜蓿生产也快速增加。

13.5.2　我国苜蓿产地集中度指数变化

计算苜蓿产地集中度系数，可以从总体上量化我国苜蓿生产集聚程度高低以及变化情况。苜蓿产地集中度系数公式如下：

$$G=\frac{\sum_{1}^{6} P_i(U_{i-1}+U_i)}{10\ 000}-1$$

$$U_i=\sum_{i=1}^{6} Y_i \tag{13-8}$$

式中：P_i（%）为每组地区的数量和地区总数量的比值；Y_i（%）为每组内所有地区苜蓿种植总面积和全国苜蓿播种总面积的比值；U_i（%）为Y_i（%）累加值；G 为我们苜蓿产地集中度系数，系数越大表明我国苜蓿产地越集中。本章将各地区按照苜蓿生产规模指数分为 6 组，以 2017 年为例，计算我国苜蓿产地集中度系数如表 13-7 所列。

表 13-7　2017 年我国苜蓿产地集中度系数

比重分组	P_i/%	Y_i/%	U_i/%	G
10%以上	18.18	72.42	72.42	—
7%～10%	4.55	8.45	80.87	—
5%～7%	0	0	80.87	—
3%～5%	4.55	4.70	85.57	—
1%～3%	31.82	11.69	97.26	—
1%以下	40.90	2.74	100	—
Σ	100	100	—	0.67

资料来源：《中国草业统计 2017》。

根据式（13-8）对我国的苜蓿产地集中度系数进行计算，结果如图 13-9 所示。2001—2017 年，我国苜蓿产地集中度系数整体波动不大，平均为 0.64，说明我国苜蓿种植区域集聚一直处于比较高的程度。其中，随着我国退耕还林还草政策的实施，各地大力发展以苜蓿为主的牧草产业导致 2001—2005 年我国苜蓿产地集中度系数逐年下降，由 0.71 下降至 0.65；随着退耕还林还草政策的退出，人多地少的区域开始毁草种粮，2005—2008 年我国苜蓿产地集中度系数逐年上升，由 0.65 上升至 0.68，传统苜蓿种植区的地位得到恢复。

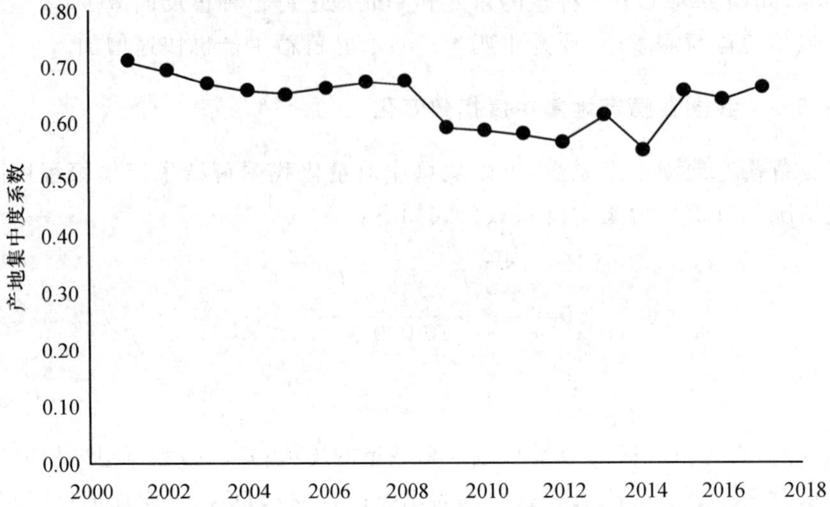

图 13-9　2001—2017 年我国苜蓿产地集中度系数

随着规模奶牛、高产奶牛养殖对苜蓿质量要求的不断提高，传统苜蓿种植区苜蓿品质无法达到品质要求，苜蓿出现结构性短缺，一方面，高端苜蓿供不应求，对美国等的苜蓿进口高度依赖，另一方面，甘肃玉门等传统苜蓿种植区的低品质苜蓿存在积压，很多中小种植户被迫退出。2008—2014 年，我国苜蓿产地集中度系数波动下降，由 0.68 下降至 0.55。随着国家对规模苜蓿种植支持力度的不断加大，西北、内蒙古等地区的苜蓿种植技术、管理得到很大改善，种植效益不断提高，以种植大户、奶业企业、养殖企业等为代表的新苜蓿种植主体快速增加。2014—2017 年，我国苜蓿产地集中度系数波动上升，由 0.55 上升到 0.67。

13.5.3　我国苜蓿生产莫兰指数变化

13.5.3.1　莫兰指数

全局莫兰指数(Moran's I)可以衡量变量在空间分布中的总体相关性，其计算公式如下：

$$I=\frac{n\sum_{i=1}^{n}\sum_{j=1}^{n}w_{ij}(x_i-x_j)(x_j-\bar{x})}{\sum_{i=1}^{n}\sum_{j=1}^{n}w_{ij}\ (x_j-\bar{x})^2} \tag{13-9}$$

式中：x_i、x_j 为变量在区域 i 和区域 j 的具体值；$\bar{x}$ 为变量在总体范围内的均值；n 为研究的区域个数；W_{ij} 为空间权重矩阵，表示不同区域之间的相邻关系。其一般形式为当区域 i 和区域 j 相邻时，$W_{ij}=1$；当区域 i 和区域 j 不相邻时(包括 $i=j$)，

$W_{ij}=0$。

$$W=\begin{bmatrix} w_{11} & w_{12} & \cdots & w_{1n} \\ w_{21} & w_{22} & & w_{2n} \\ \vdots & & \ddots & \vdots \\ w_{n1} & w_{n2} & \cdots & w_{nn} \end{bmatrix} \tag{13-10}$$

全局莫兰指数的取值范围为[−1,1]。$I>0$ 表明变量在整体上存在正相关性，即存在"高-高"集聚和"低-低"集聚现象，I 值越接近于 1 说明正相关性越强。$I<0$ 表明变量在整体上存在负相关性，即存在"高-低"集聚和"低-高"集聚现象，I 值越接近于−1 说明负相关性越强。通常利用统计量 Z 检验空间单元之间的相关性。

$$Z=\frac{1-E(I)}{\sqrt{VAR(I)}} \tag{13-11}$$

式中：$E(I)$为全局莫兰指数的期望值；$VAR(I)$为对全局莫兰指数取方差值。全局莫兰指数可以从整体上反映变量是否存在空间相关性，其局限性为无法呈现各区域具体相关性程度。比如在一部分区域为显著正相关，一部分为显著负相关的情况下，全局莫兰指数只能将两者进行加总，根据各区域相关性强度，得出一个总体的相关性，这样可能会出现莫兰指数为零的情况。

局部莫兰指数针对局部区域的具体属性，描述其与相邻区域的关系，从而反映是否存在空间异质性。其计算公式如下：

$$I_i=\frac{(x_i-\bar{x})}{s^2}\sum_{j=1} w_{ij}(x_j-\bar{x}) \tag{13-12}$$

式中：I_i取正值表示"高-高"或者"低-低集聚，取负值表示"低-高"或者"高-低"集聚。通过 LISA 集聚图，更加直观地对局部集聚特征进行描述分析。

13.5.3.2　我国苜蓿生产莫兰指数水平

本章使用 GeoDa 软件计算 2001—2017 年我国苜蓿生产全局莫兰指数，计算结果如表 13-8 所列。2001—2017 年我国苜蓿生产全局莫兰指数全部大于 0，且全部通过显著性检验，说明我国苜蓿生产存在显著正相关，即存在"高-高"或者"低-低"集聚现象。我国苜蓿生产全局莫兰指数变化如图 13-10 所示，从中可以看出，2001—2017 年我国苜蓿生产全局莫兰指数呈现波动上升趋势，说明我国苜蓿生产区域相关性越来越强，空间集聚效应越来越显著。

全局莫兰指数说明我国苜蓿生产在整体上存在正相关性，但是不能具体说明某一地区存在的具体的集聚类型。2001 年、2013 年、2017 年有 9 个省份苜蓿生产具有显著局部相关性，2004 年有 11 个省份苜蓿生产具有显著局部相关性，2007 年和 2010 年有 10 个省份苜蓿生产具有显著局部相关性。

表 13-8 2001-2017 年我国苜蓿生产全局莫兰统计值

年份	全局莫兰指数	平均值	方差值	Z
2001	0.261 4	−0.031	0.104 4	2.801 2
2002	0.312 4	−0.031 1	0.107 6	3.191 3
2003	0.286 5	−0.030 7	0.107 5	2.951 2
2004	0.252 4	−0.031 6	0.104 8	2.71
2005	0.428 8	−0.025 4	0.110 8	4.099 4
2006	0.325 9	−0.030 9	0.106 4	3.353 3
2007	0.279 1	−0.028 8	0.103 8	2.966 4
2008	0.385 8	−0.025 5	0.106 1	3.877 8
2009	0.456 5	−0.028 1	0.101 5	4.773
2010	0.474 8	−0.028 2	0.105 1	4.785
2011	0.355 7	−0.028 4	0.101 2	3.797 1
2012	0.490 3	−0.025 7	0.105 5	4.890 5
2013	0.425	−0.029	0.101 7	4.464 4
2014	0.394 8	−0.029 3	0.099 3	4.270 8
2015	0.371 6	−0.030 2	0.097 1	4.189
2016	0.375 5	−0.027 5	0.101 6	3.967 1
2017	0.412 7	−0.028 7	0.100 5	4.393 2

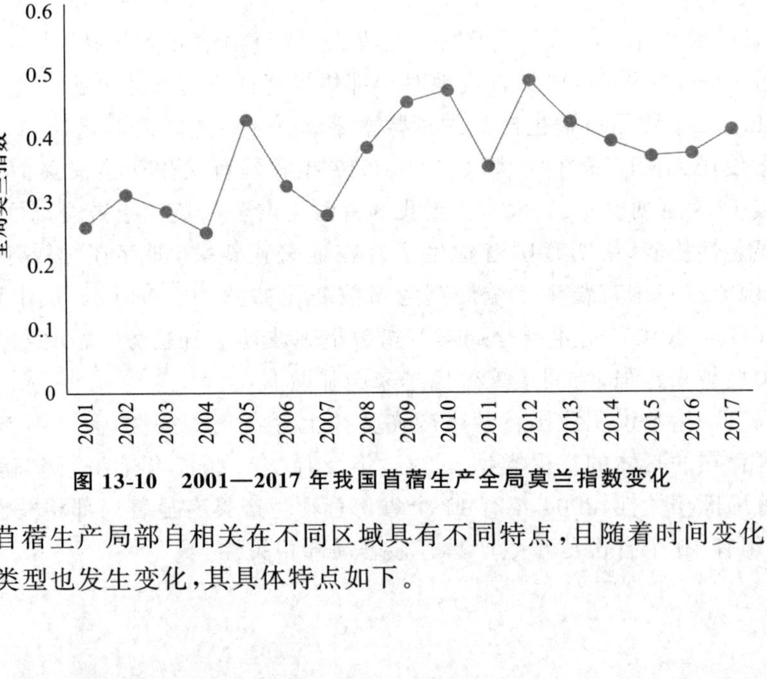

图 13-10 2001—2017 年我国苜蓿生产全局莫兰指数变化

我国苜蓿生产局部自相关在不同区域具有不同特点，且随着时间变化，每个区域的集聚类型也发生变化，其具体特点如下。

1. “高-高”集聚

本章所选取的6个年份中,“高-高”集聚型地区基本稳定。2001年为陕西和宁夏,2004年为陕西、宁夏和内蒙古,2007年为陕西、宁夏、内蒙古和辽宁,2010年为陕西和宁夏,2013年为宁夏和内蒙古,2017宁夏和内蒙古。其中宁夏始终呈现“高-高”集聚,陕西和内蒙古区有4年呈现“高-高”集聚类型。

2. “高-低”集聚

本章所选取的6个年份中,有3年出现了“高-低”集聚。2001年和2004年都为甘肃,2007年为甘肃和新疆,2010年、2013年、2017年没有出现“高-低”集聚类型。

3. “低-高”集聚

本章所选取的6个年份中,“低-高”集聚型地区数量基本稳定,但是集聚区域却发生了变化。2001年为黑龙江和辽宁,2004年为黑龙江、辽宁和青海,2007年为黑龙江,2010年为黑龙江、辽宁和青海,2013年为青海和西藏,2017年为青海和西藏。2010年之前,“低-高”集聚区主要在东北区,2010年之后,“低-高”集聚区主要在西南区。

4. “低-低”集聚

本章所选取的6个年份中,“低-低”集聚型地区基本趋于稳定。2001年为湖南、江西、广西、广东,2004年为浙江、福建、江西、广东,2007年为浙江、江西、广东,2010年和2013年为浙江、福建、江西、湖南、广东,2017年为安徽、浙江、江西、福建、广东。“低-低”集聚型主要出现在我国东南地区。

13.5.4　小结

本节根据2001—2017年我国苜蓿种植面积、苜蓿产量等数据,通过计算我国苜蓿生产规模指数、产地集中度指数、莫兰指数等3个指标,对我国苜蓿生产区域集聚的时空特征进行统计分析。其主要结论如下。

1. 生产规模指数

通过计算生产规模指数可知,我国苜蓿生产主要集中在内蒙古、宁夏、新疆、河北、甘肃、陕西、山西等省份,苜蓿播种面积前六位的省份占据全国苜蓿播种面积的81.31%,具有显著的集聚特征,集聚主要区域为我国西北地区。我国主要的苜蓿生产省份中,内蒙古、新疆、河北的生产规模指数波动较大,甘肃、宁夏、陕西、山西的生产规模指数波动比较平稳。西北地区苜蓿生产规模指数呈上升趋势,华北和东北地区逐渐下降,南方区逐渐上升。

2. 产地集中度指数

通过计算产地集中度指数可知,2001—2017年我国苜蓿产地集中度指数平均为0.64,说明我国苜蓿生产区域集聚处于较高水平。我国苜蓿产地集中度指数呈现先波动下降，后波动上升的趋势，说明我们苜蓿生产区域集聚程度先波动下降，后波动上升。

3. 全局莫兰指数

通过计算我国苜蓿生产全局莫兰指数可知，2001—2017 年，我国苜蓿生产具有显著自相关性，即存在“高-高”和“低-低”集聚。且相关性呈波动上升趋势，空间集聚效应显著上升。我国苜蓿生产“高-高”集聚区域变化基本稳定，主要在陕西、宁夏、内蒙古等西北地区，“低-低”集聚区主要在东南地区。

13.6 我国苜蓿生产区域集聚的影响因素

13.4、13.5 部分的研究表明，我国苜蓿生产存在显著的区域集聚现象。我国苜蓿生产区域集聚具体受到哪些因素的影响？回答这个问题，对于掌握我国苜蓿生产区域集聚的形成机制，促进我国苜蓿产业健康快速发展具有重要意义。本部分首先根据相关理论基础，梳理出影响苜蓿生产区域集聚的相关因素，并根据苜蓿自身特性和相关参考文献选取合适变量进行合理量化。然后使用一般面板模型，对我国苜蓿生产区域集聚的影响因素进行实证分析。最后在我国苜蓿生产区域空间相关性研究的基础上，选取合适的空间计量模型，对我国苜蓿生产区域集聚的影响因素进行实证分析。

13.6.1 影响我国苜蓿生产区域集聚相关因素的理论分析

不同的学派分别从不同的角度对产业集聚的形成原因进行了大量研究，并形成了不同的理论。“赫克歇尔-俄林”理论（“H-O”理论）认为各地区生产要素不同，生产要素富裕的地区可以降低生产成本，从而形成比较优势，进而促进产业集聚。马歇尔外部性理论主要从规模经济、劳动力共享和知识外溢角度解释产业集聚。克鲁格曼新经济地理学理论认为运输成本降低可以促进产业集聚，目前被公认为是对产业集聚最成功的解释。国内外关于产业集聚的研究不仅提出了要素禀赋论、外部性理论和规模经济解释产业空间集聚，而且还综合比较优势理论、外部性理论和新经济地理学理论构建产业集聚分析的理论和计量模型。

不同于制造业和服务业，农业生产同时具有自然生产属性和社会再生产属性。作为自然生产过程，农业生产要受到自然资源禀赋、要素投入、基础设施建设的影响；作为社会再生产过程，农业生产要受到经济发展水平、市场需求、产业政策等因素的影响。王艳荣和刘亚政（2011）的研究表明，不同的自然资源禀赋可以改善产业的内外部环境，促进产业的竞争和合作，进而形成农业产业集聚。本部分结合我国经济发展和苜蓿自身特性，从自然资源、要素投入、经济因素、市场形势、产业政策等方面对我国苜蓿生产区域集聚的相关影响因素进行理论分析，并为接下来选择和设置变量提供依据。

1. 自然资源

自然资源禀赋是影响种植业地理集聚的基础性因素。农业生产首先是自然生产的产物,是人类利用自然生产自身生存需要的物质的过程。人类生存需要有机物,植物是将自然界的无机物转化为有机物的载体。自然资源是植物生长的必要条件,包括土壤、水分、光照、温度等条件。土壤是植物生长的载体,可以起到固定植物的作用。同时,植物根部从土壤中吸收水分、气体和营养物质。植物通过光照进行光合作用,将水分和二氧化碳等无机物转化为有机物。温度是植物进行一系列活动的必要条件。不同的作物,不同的品种,不同的生长阶段,对自然条件的要求也有所不同。

我国幅员辽阔,自然资源丰富且复杂多样。不同地区的自然条件不同影响着我国农业分布,甚至在同一地区的不同海拔高度都对农业生产产生影响。苜蓿为温带植物,喜欢温暖半干燥气候,具有较强的耐寒性。苜蓿的生长的不同时期需要不同的温度条件,种子在5～6℃时就可以发芽,并且在12～20℃时可以快速萌发,最适宜生长温度为15～21℃。苜蓿为中生植物,主根粗壮,具有很强的抗旱能力。苜蓿对水分要求较高,年降水量300～800毫米的地区最适宜栽培,降水量过多或者长时间积水不利于苜蓿生长。苜蓿为长日照植物,需要充足的光照才能生长良好。光照时间增加,苜蓿干物质积累量相应增多。苜蓿最适宜的土壤条件为中性偏微碱性、土质疏松、排水良好。

2. 要素投入

农业要素投入是指在自然资源不能满足农业生产需要时,为了获得所需农产品,必须投入的各种生产要素,包括肥料、种子、灌溉、农业机械化等方面的投入。生产要素投入对产业集聚形成具有重要作用。无论是传统农业还是现在农业,一旦离开了种子就无法进行农业生产。我国自然资源丰富且复杂多样,不同的种子具有不同的环境适应能力,只有将合适的种子种植到合适的环境中,才能实现农业的高产优质。农业机械化投入可以提高劳动生产率、降低生产成本、提高农产品的档次、增强农产品竞争力。同时,农业机械化可以促进不同地区的农业生产结构调整,对农业产业集聚具有重要作用。

我国苜蓿种业发展水平落后。国内良种供给不足,80%以上的种子来自国外进口,特别是优质种子,并且草种结构不合理,进口草种更适合在土壤、热量和水分条件好的地区种植。而我国需要大量耐寒、抗旱、耐瘠薄的草种,此种情况导致我国苜蓿单产低、质量差、效益不高,进而影响我国苜蓿生产区域集聚。苜蓿生产中的收获环节,需要较高的技术要求。在苜蓿生长过程中,产量和营养物质量不断变化,苜蓿收获时期特别重要。在苜蓿孕蕾末期或者初花期收割,经晾晒加工后,苜蓿粗蛋白含量最高。同时,每年收割次数以及留茬高度对苜蓿产量以及连续收割能力有很大影响。机械化收割牧草可以在最适合的时期收获苜蓿，通过压扁、晾晒、打捆等工艺，不但可以提高苜蓿质量，还有利于苜蓿甘草的运输，降低运输成本，同时有利于苜蓿连续收割和规模种植。因此，苜蓿生产环节的要素投入，不但可以减少劳动力成本，还可以提高苜蓿产量和质量，进而提高苜蓿产业竞争力，促进苜蓿生产区域集聚。

3. 经济因素

按照亚当·斯密"绝对优势"理论，不同的作物品种应该按照比较优势，在各自最适宜的地方种植。随着经济社会的发展，农业生产不仅仅只是为了充分利用自然资源而获得绝对优势。就其本质而言，人们是通过农业生产获得产品，然后在商品交换的过程中获得更多的服务。因此，农业生产也是一种社会再生产，农业生产布局要受到经济因素的影响。根据大卫·李嘉图"相对优势"理论，人们进行农业生产会根据比较优势的不同而追求利润最大化。农业生产比较优势可以从两方面来考虑，一方面是农业产业内部，不同作物之间的比较优势；一方面是农业生产与非农业生产之间的比较优势。

由于在同一时间、同一块土地上只能生长一种作物，不同作物之间就具有了竞争性。农户会根据不同作物的经济效益、规模、操作难度等综合考虑，选择最具比较优势的作物进行生产。如果种植苜蓿的比较优势大于其他作物，人们会更倾向于种植苜蓿，反之人们会选择种植其他作物。

非农产业发展主要体现在城市化和工业化水平。城市化和工业化的发展不但可以为农业生产提供了技术支持，还可以提供更多的非农就业机会，使农业生产资本和劳动力的机会成本大幅提高。假设农户是"理性人"，他们会选择从事使自身收益最大化的产业。当从事农业生产的收益大于非农业收入，农户会选择从事农业生产。反之，农户会选择放弃农业生产而选择收益更高的行业。工业化和城市化的发展还会通过改变需求结构，进而影响农生产布局。同时，不同地区的工业化和城市化发展水平不同，会导致农业产业在不同地区间进行转移，从而影响农业产业布局。

4. 市场形势

市场需求对农业生产有重要影响。根据供求理论，在供给不变的情况下，当外生因素影响商品的需求增加时，商品的需求曲线右移，均衡数量和均衡价格上升，均衡价格上升会引起供给增加。反之，需求减少，需求曲线向左移动，均衡数量和均衡价格下降，均衡价格下降导致供给减少。因此，在市场经济条件下，需求的变化对农业生产有重要影响。

不仅奶牛养殖需要优质苜蓿，皮毛动物的养殖中也大量使用苜蓿草粉。饲喂苜蓿可以增加獭兔、狐狸、貂等的体重，提高毛皮质量。另外，在母猪妊娠期适当饲喂苜蓿，可以提高分娩成功率，提高母猪免疫力。在饲料中添加苜蓿草粉可以降低生猪养殖成本，提高养殖效益。在蛋鸡养殖中适当添加苜蓿，可以提高蛋鸡产蛋率，使蛋黄重量增加，胆固醇占比下降，提升鸡蛋质量。随着人们对优质食品的需求增加，特种养殖对苜蓿的需求也会快速增加。

目前，我国苜蓿种植面积已经具有一定规模，商品草种植面积也不断增加。但是从整体来看，我国苜蓿供给不能满足市场需求，特别是优质苜蓿的需求量远远大于供给量。苜蓿市场需求的变化，一定程度上会影响当地苜蓿种植面积的变化，进而影响整体苜蓿产业集聚。

5. 产业政策

每个国家为了本国的经济结构更加合理，都会根据经济现状，对不同产业制定相关政策，鼓励或者限制产业发展。苜蓿作为一种优质饲草，不仅对我国农业结构调整具有重要意义，对保障国家粮食安全、推进生态文明建设也具有重要作用。为此，国家非常重视苜蓿产业发展。2012 年，农业部和财政部启动实施“振兴奶业苜蓿发展行动”。项目选择东北地区黑龙江、吉林、辽宁，西北地区陕西、甘肃、宁夏、新疆、内蒙古，华北地区河北、天津等 10 省（市、区）作为优质高产苜蓿示范区，使得我国西北地区苜蓿种植面积和产量大幅提高。2016 年，农业农村发布《全国苜蓿发展规划（2016—2020）》，规划立足于苜蓿特性和自然条件，结合奶业发展和当地生产条件，将全国苜蓿产业划分为西北、华北、东北及内蒙古和南方四个区域，对不同区域设置不同发展目标。建设优质苜蓿生产基地，提高苜蓿良种水平，推进苜蓿生产机械化，促进种养结合发展。因此，苜蓿产业政策对不同区域苜蓿种植面积产生了重要影响，进而影响苜蓿产业区域集聚。

13.6.2　变量设置

13.6.2.1　被解释变量

本研究的被解释变量为苜蓿生产区域集聚指数。根据已有研究，空间集聚指数法在衡量集聚指数的学术研究中应用比较普遍。根据我国苜蓿生产区域集聚情况以及现有研究中的普遍做法，本研究选取苜蓿生产规模指数作为苜蓿区域集聚指标。苜蓿生产规模指数指某地区苜蓿播种面积占全国苜蓿播种面积的比例。比例越大说明生产规模越大，集聚程度越高。

13.6.2.2　核心解释变量

本文选取运输成本作为影响苜蓿生产区域集聚的核心解释变量。根据新经济地理学，运输成本是影响产业集聚的主要因素。作为一种草本植物，商品苜蓿单位体积重量较轻，因此，运输费用在商品苜蓿总价值中占据很大比例。

由于具体的运输成本数据难以获得，学术界通常使用“运输距离”作为运输成本的量化指标。骆许蓓（2003）提出“调整距离”的概念，同时考虑“运输距离”和交通运输便利程度对运输成本的影响。“调整距离”的具体定义为“运输距离”和运输相对便利程度指数的乘积，运输相对便利指数为交通运输网密度的倒数。调整距离越长，运输成本越高。商品苜蓿的具体运输距离无法获得，本论文通过计算各地区省会到全国牛奶产量重心的距离作为运输距离的替代量。全国牛奶产量重心代表苜蓿的需求中心,各地区省会代表各地区供给中心,二者之间的距离可以在一定程度反应苜蓿从产地到销地的距离。然后,计算各地区交通运输网密度倒数,构建交通运输便利程度指数。因此,本研究定义苜蓿运输成本为运输距离和运输便利程度指数的乘积。

13.6.2.3 控制变量

根据以上理论分析可知,我国苜蓿生产区域集聚受到自然资源、要素投入、经济因素、市场形势和产业政策等多方面因素影响。因此,本章根据不同影响因素,选择以下控制变量分析我国苜蓿生产区域集聚形成原因。

1. 气温和降水量

自然资源条件为农业区域布局的形成和变化提供了基础和前提。苜蓿主根粗壮,具有很强的抗旱能力,年降水量 300～800 mm 的地区最适宜栽培,降水量过多或者长时间积水不利于苜蓿生长。苜蓿喜欢温暖半干燥气候,具有较强的耐寒性,种子在 5～6℃就可以发芽,并且在 12～20℃可以快速萌发,最适宜生长温度为 15～21℃。因此,本章选择各地区气温和降水量作物控制变量。气温取各地区年均气温,降水量取不同地区每年从天空降落到地面上的水积聚的深度,两指标的测量区域均为各地区省会城市。

2. 种子面积和牧草机械收获量

要素投入为农业生产提供了重要保障,是影响农业产业集聚的重要因素。根据我国各地环境特征,研发适应性的苜蓿良种,加强种质培育,可以缓解我国苜蓿良种不足的问题,有利于各地区苜蓿产业发展。优质苜蓿的生产对生长、收获以及加工各个环节要求非常严格,机械化生产对收割、压扁以及进一步加工,保障苜蓿质量起着关键作用。因此,本研究选择各地区苜蓿种子田面积和牧草亩均机械化收获量作为控制变量。种子面积是指各地区每年用于苜蓿留种的种植面积。牧草机械收获量是指各地区每年使用机械化收获牧草的数量。

3. 城镇化水平、非农就业和竞争作物收益

经济因素对农业产业集聚有重要影响。城镇化的发展可以为农业生产提供技术和资金支持,促进农业发展;非农就业机会和农业生产形成竞争关系,进而影响农业生产。收益是不同作物优势比较的重要因素,竞争作物的收益高,农户会更倾向于选择种植竞争作物。因此,本章选择城镇化水平、非农就业和竞争作物收益作为控制变量。城镇化水平是指一个地区城镇化达到的程度,通常用城镇人口占总人口的比例来表示,比例越高说明城镇化水平越高。非农就业机会通常使用二、三产业产值占比表示,占比越高,表示非农就业机会越多。苜蓿竞争作物众多,难以具体量化,本研究选择各地区种植面积比重前三的作物,将每种作物的亩产收益按种植面积进行加权平均,作为苜蓿竞争作物收益的量化指标。竞争作物收益越高,

越不利于苜蓿产业集聚。

4. 牛奶产量

市场需求对种植业集聚具有重要影响，市场需求增加会带来供给的增加。运用牛羊存栏量作为苜蓿需求的量化是在理论上考量苜蓿需求。本章进行苜蓿生产区域集聚的实证研究，选择苜蓿的实际需求作为量化指标。苜蓿的主要消费者为奶牛，奶牛养殖数量很大程度上代表了对苜蓿产品的实际需求。在单产不变的情况下，奶牛养殖数量多，牛奶产量就会增加。因此，本章用各地牛奶产量作为苜蓿市场需求的量化指标。牛奶产量高的地区，对苜蓿的需求增加；反之，牛奶产量低的地区，对苜蓿的需求降低。

5. 产业政策

农业政策对苜蓿产业的发展具有重要影响。特别是 2012 年以来，国家推行农业种植结构改革，制定了一系列有助于苜蓿产业发展的政策。因此，本研究以 2012 年为时间节点，设置政策虚拟变量，2012 年以前设为 0，2012 年之后设为 1，验证产业政策对我国苜蓿产业集聚的影响。综上所述，结合理论分析、苜蓿特性以及数据可获得性，本章的变量设置如表 13-9 所列。

表 13-9　变量设置

变量	变量定义
集聚指数	各地区苜蓿播种面积占全国苜蓿播种面积的比例
运输成本	各地区运输便利程度指数和运输距离的乘积
气温/℃	各地区日均气温
降水量/毫米	各地区年平均降水量
种子面积/亩	各地区苜蓿种子播种面积
机械收获/万吨	各地区亩均机械化收获牧草数量
城镇化水平	各地区城镇人口比重占总人口比重
竞争作物收益/元	各地区竞争作物亩产收益
牛奶产量/吨	各地区年产牛奶总量
非农就业	二、三产业产值占总产值的比重
政策	虚拟变量，2012 年之前为 0，2012 年之后为 1

13.6.3　模型构建和数据来源

13.6.3.1　模型构建

1. 一般计量模型

根据相关理论分析，本论文设置一般面板模型如下：

$$psi_{it}=\beta_0+\alpha_1 trans_i+\beta_i\sum_{j=1}^{9}X_i+\delta_i+\lambda_t+\varepsilon_{it} \tag{13-13}$$

式中：psi_{it}为各地区苜蓿生产区域集聚指数；$trans_i$为各地区苜蓿运输成本；X_i为控制变量，包括气温、降水量、种子面积、机械收获、城镇化水平、竞争作物收益、牛奶产量、商品草面积、苜蓿产业政策。δ_i为个体效应；λ_t为时间效应；ε_{it}为随机扰动项；i为不同省份；t表示年份；α、β为估计系数。

2. 空间计量模型

经研究发现，我国苜蓿生产全局莫兰指数在5%的显著性水平下，显著为正，说明我国苜蓿生产存在显著的区域正相关性。根据新经济地理学理论，地区间的距离越近，其经济行为的关联性越强。因此，研究产业集聚不能忽视地区间的交互效应。空间计量经济学在模型中引入地区间的相互关系，通过空间权重矩阵对基本线性回归模型进行修正，可以有效解决传统经济计量过程中存在的偏差，增加模型估计结果的可信度。因此，本章采用空间计量模型对我们苜蓿生产区域集聚的影响因素进行分析。

最为一般化的空间计量模型为空间杜宾模型（SDM），其基本假设为某地区的被解释变量变化除了受到本地区解释变量变化的影响，还要受到其相邻地区解释变量变化的影响。模型形式如下：

$$y=X\beta+WX\delta+\varepsilon \tag{13-14}$$

式中：y为被解释变量；X为解释变量；$X\beta$为本地区解释变量的影响；β为系数向量；$WX\delta$为相邻区域解释变量的影响；δ为相应系数；W为空间权重矩阵。

空间面板杜宾模型的形式如下：

$$y_{it}=\rho w'_i y_t+x'_{it}\beta+W X_i\delta+\mu_i+\gamma_i+\varepsilon_{it} \tag{13-15}$$

空间杜宾模型的一般性体现在：当$\delta=0$时，模型为空间滞后模型（SLM）；当$\delta+\rho\beta=0$时，模型为空间误差模型（SEM）。空间滞后模型的理论形式为：

$$y=\rho Wy+X\beta+\varepsilon \tag{13-16}$$

空间误差模型的理论形式为：

$$y=X\beta+\varepsilon$$
$$\varepsilon=\lambda W\varepsilon+\mu \tag{13-17}$$

根据以上变量设置，本章利用空间杜宾面板模型研究我国苜蓿生产区域集聚影响因素的具体形式如下：

$$psi_{it}=\rho W psi_{it}+\alpha_1 trans_i+\alpha_2 W trans_i+\beta_i\sum_{j=1}^{9}X_{i,j,t}+\delta_i W\sum_{j=1}^{9}X_{i,j,t}+\mu_i+\varepsilon_{it} \tag{13-18}$$

式中：psi_{it}为各地区苜蓿生产区域集聚指数；$trans_i$为各地区苜蓿运输成本；$X_{i,j,t}$为控制变量，包括气温、降水量、种子面积、机械收获、城镇化水平、竞争作物收益、牛奶产量、商品草面积、苜蓿产业政策；ρ、α_1、α_2、β_i、δ_i为相关估计系数；μ_i为地区效应；

ε_{it} 为随机误差项。由于在解释变量中含有被解释变量的空间滞后项，与传统回归模型中解释变量严格外生的假设相违背，使用 OLS 得到的结果有偏且不一致。根据 Lee 和 Yu(2010)的研究，本章采用最大似然估计法进行估计。

空间权重矩阵的构建，即设 W_{ij} 为空间权重矩阵，表示不同区域之间的相互关系，其公式如下：

$$W=\begin{bmatrix} w_{11} & w_{12} & \cdots & w_{1n} \\ w_{21} & w_{22} & & w_{2n} \\ \vdots & & \ddots & \vdots \\ w_{n1} & w_{n2} & \cdots & w_{nn} \end{bmatrix} \tag{13-19}$$

本章为了全面研究我国苜蓿生产区域集聚成因，分别考虑区域之间的距离和经济关系，构建距离权重矩阵和经济权重矩阵，其定义如下。

①距离权重矩阵。在一般情况下，两地区之间的距离越近，关联性越强。普通的邻接矩阵将相邻的省份设为 1，不相邻的省份设为 0，这样的做法存在一定的不足。由于我国各省份面积大小不一，比如，新疆和西藏相邻，安徽和河南相邻，北疆和藏南之间的距离远远大于安徽东部和河南西部的距离，但是二者之间权重相同，这样会导致许多本没有相互作用的地区，却被赋予空间权重。距离权重矩阵，通过计算省会城市之间的距离，可以有效解决这个问题。具体设置如下：

$$W_D=\begin{cases} 1 & d_{ij}<d \\ 0 & d_{ij}\geqslant d \end{cases} \tag{13-20}$$

式中：d_{ij} 为两省会之间的距离；d 为本研究所涉及的省会之间的平均距离，值为 1 281.53 千米。

②经济权重矩阵。经济发展水平会对不同区域的产业发展产生影响。因此，在考察苜蓿产业区域集聚时，有必要将经济因素纳入空间权重矩阵。根据林光平等(2005)的研究，本研究使用人均 GDP 作为考量区域经济水平的指标。经济权重矩阵设置如下：

$$W_E=w_{ij}\times E_{ij}E_{ij}=\begin{cases} 1/|\overline{Y_i}-\overline{Y_j}| & i\neq j \\ 0 & i=j \end{cases} \tag{13-21}$$

式中：w_{ij} 为普通邻接矩阵，$\overline{Y_i}$ 和 $\overline{Y_j}$ 分别表示不同区域的人均 GDP。根据本章所涉及的时间，各地区人均 GDP 取值为 2011—2017 年人均 GDP 的平均值。

13.6.3.2　数据来源

本章采用的数据为 2001—2017 年省级面板数据。其中，苜蓿播种面积、苜蓿产量、苜蓿种子播种面积数据来自《中国草业统计 2001—2005》至《中国草业统计 2018》，气温，降水量，二、三产业产值，各地区城镇人口和总人口数来自《2002 中国统计年鉴》至《2018 中国统计年鉴》，竞争作物亩产收益来自《全国农产品成本收益汇编 2002》至《全国农产品成本收益汇编 2018》，各地区机械化收获牧草数量来自

《2002中国农业机械年鉴》至《2018中国农业机械工业年鉴》，牛奶产量来自《中国奶业年鉴2002》至《中国奶业年鉴2018》。根据研究需要，对于个别缺失数据，取前后年份平均值替代。研究中将黑龙江农垦数据归于黑龙江省，新疆建设兵团数据归于新疆维吾尔自治区。各变量描述性统计结果如表13-10所列。

表13-10 各变量描述性统计

变量	均值	标准差	最小值	最大值	样本量
集聚指数	4.545 3	6.557 7	0.001 9	32.923 9	374
运输成本	12.11	1.24	9.17	16.38	374
气温	12.35	4.188	4.3	19.8	374
降水量	680.813 1	353.994 4	74.9	1 908.7	374
种子面积	5.196 6	18.516 9	0.001	119.1	374
机械收获	124.031 6	270.572 2	0.001	1 592.51	374
城镇化水平	46.816 8	12.297 7	22.3	82.93	374
竞争作物收益	599.99	650.512 2	−74.23	5 339.46	374
牛奶产量	130.437 7	184.670 6	2	912.2	374
非农就业	0.874 7	0.048 2	0.729 9	0.990 9	374
政策	0.294 1	0.456 3	0	1	374

13.6.4 实证分析

13.6.4.1 面板估计分析

1. 一般面板估计分析

首先，对面板数据进行Hausman检验、组间异方差的Wald检验、组内自相关的Wooldridge检验、组间同期相关的Pesaran检验。检验结果如表13-11所示，Hausman检验通过了1%的显著性水平检验，说明应该选择固定效应模型。Wald检验通过了1%显著性水平检验，说明存在组间异方差；Wooldridge检验通过了5%的显著性水平检验，说明存在组内自相关；Pesaran检验通过了5%的显著性水平检验，说明存在组间同期相关。

表13-11 检验结果

指标	检验值	*P*值
Hausman	39.17	0.000 0
Wald	1 773.55	0.000 0
Wooldridge	17.257	0.000 4
Pesaran	−2.022	0.043 2

使用可行广义最小二乘法(FGLS)、面板矫正标准误(PCSE)和 Driscoll-Kraay 标准误(SCC)方法都可以对以上问题进行处理。FGLS 渐进有效,但是不够稳健;PCSE 更加稳健,但是只有在 T 趋于无穷大时才渐进有效。Driscoll-Kraay 标准误(SCC)即具有稳健性,在 T/N 不够大的情况下也具有有效性,更适合异质性面板的估计。因此,本章采用 Driscoll-Kraay 标准误(SCC)方法进行估计,估计结果如表 13-12(第 4 列)所列。

表 13-12　固定效应估计结果

变量	混合回归	广义最小乘法	面板矫正标准误	标准误	系统 GMM
L. 集聚指数	—	—	—	—	0.439***
					(9.10)
运输成本	−0.330 1***	−0.252 6***	−0.363 5***	−0.396***	−0.506***
	(−4.11)	(−10.10)	(−4.32)	(−3.93)	(−5.26)
气温	−1.21***	0.051	0.01	−0.97***	−0.935**
	(−3.40)	(0.43)	(0.03)	(−6.63)	(−2.29)
降水量	0.042***	0.227***	0.296***	−0.51***	−0.094
	(0.32)	(7.10)	(2.65)	(−5.74)	(−0.75)
种子面积	0.113 4***	0.06***	0.08***	0.251***	0.095
	(6.01)	(9.58)	(3.16)	(11.46)	(4.39)
机械收获	−0.117***	−0.119***	−0.129***	−0.11***	−0.107***
	(−5.84)	(−11.91)	(−5.37)	(−6.12)	(−4.28)
城镇化水平	−1.80***	−0.783 6***	−1.34**	−2.27***	−2.77***
	(−5.79)	(−4.01)	(−2.31)	(−17.99)	(−6.93)
L. 竞争作物收益	0.042 4	0.07***	0.05	0.063	0.045
	(1.16)	(6.93)	(1.25)	(1.35)	(0.96)
牛奶产量	0.403 5***	0.114**	0.515*	0.409 8***	0.265 9*
	(4.20)	(2.28)	(1.67)	(5.72)	(1.79)
非农就业	0.395 9	−0.432	1.40	−3.83***	−0.196
	(0.03)	(−0.72)	(0.98)	(−3.75)	(−0.09)
政策	0.269 4***	−0.016	0.126	0.56***	0.08
	(2.75)	(−0.57)	(1.16)	(3.73)	(0.74)
R^2	0.694 4	—	0.904 8	0.748 1	—

注:*、**、***分别表示 10%、5%和 1%的显著性水平。()内为统计 *Z* 值

根据估计结果,本章的核心解释变量,运输成本的估计系数为−0.396,通过了 1%显著性水平检验。说明运输成本对我国苜蓿生产区域集聚具有显著负影响,即

运输成本越低，越有利于苜蓿生产区域集聚。新经理地理学理论认为，只要运输成本低于由集聚收益，集聚就会产生，并且在规模经济的作用下不断自我强化。根据相关调查，2017 年，从甘肃运往北京的商品苜蓿平均运输成本为 1 100～1 300 元/吨，运输成本超过苜蓿收购价格。我国商品苜蓿的运输成本过高，导致我国苜蓿产业竞争力下降，进而影响苜蓿生产布局。因此，运输成本的降低，对我国苜蓿生产区域集聚具有促进作用。

从控制变量来看，气温、降水量、种子面积、机械收获、城镇化水平、牛奶产量、非农就业、政策均对我国苜蓿生产区域集聚具有显著影响。①气温的估计系数为－0.97，通过了 1％显著性水平检验，说明气温越高，越不利于我国苜蓿生产区域集聚。②降水量的估计系数为－0.51，通过了 1％显著性水平检验，说明降水量对我国苜蓿生产区域集聚具有显著负影响，降水量越高，越不利于苜蓿生产区域集聚。③种子面积的估计系数为 0.251，通过了 1％显著性水平检验，说明种子面积对我国苜蓿生产区域集聚具有显著正影响。留种面积越多，越有利于苜蓿生产区域集聚。④机械收获的估计系数为－0.11，通过了 1％显著性水平检验，说明机械收获对我国苜蓿生产区域集聚具有显著负影响，即机械化水平越高，越不利于苜蓿生产区域集聚。

估计结果与理论不符，主要的原因可能是我国苜蓿主产区单位草场面积的亩均机械投入量太少，而且机械标准化、自动化水平低，小型机械占比很多，只适合小规模生产和加工。①城镇化水平的估计系数为－2.27，通过了 1％显著性水平检验，说明城镇化水平对我国苜蓿生产区域集聚具有显著负影响，城镇化水平越高越不利于苜蓿区域集聚。②非农就业的估计系数为－3.83，通过了 1％显著性水平检验，说明非农就业对我国苜蓿生产区域集聚具有显著负向影响，即非农就业机会越多，越不利于我国苜蓿生产区域集聚。③牛奶产量的估计系数为 0.409 8，通过了 1％显著性水平检验，说明牛奶产量对我国苜蓿生产区域集聚具有显著正影响，即牛奶产量越高，越有利于我国苜蓿生产区域集聚。④政策的估计系数为 0.56，通过了 5％显著性水平检验，说明政策对我国苜蓿生产区域集聚具有显著正影响。

竞争作物收益不显著的原因，一方面，我国部分地区苜蓿生产的目的为培肥地力，苜蓿主要种植在贫瘠地、盐碱地、滩涂地等中低产田；另一方面，在内蒙古、新疆等苜蓿主产区，受气候和种植习惯的影响，大部分苜蓿为常年种植。这两方面的原因导致苜蓿与名义上的竞争作物，在本质上并不存在竞争关系，因此，估计结果不显著。

2. 动态面板估计分析

在设定变量的时候，模型可能会因为遗漏变量，或者现有变量自身存在异方差和内生性。因此，在一般面板估计的基础上，构建动态面板模型，选择系统 GMM

估计方法，削弱异方差和内生性。模型具体形式如下：

$$psi_{it}=\beta_0+\gamma_1 psi_{i,t-1}+\alpha_1 trans_i+\beta_i \sum_{j=1}^{9} X_i+\delta_i+\lambda_t+\varepsilon_{it} \quad (13\text{-}22)$$

估计结果如表 13-12（第 5 列）所示，上一期的集聚指数对当期苜蓿区域集聚具有显著正向影响，说明苜蓿生产区域集聚存在显著惯性特征。一方面，由于苜蓿作为一种多年生牧草，它的最佳种植年限为 3～5 年；另一方面，由于农户在生产过程中形成的路径依赖。在估计结果中，作为核心解释变量的运输成本，对苜蓿生产区域集聚具有显著负向影响，结果符合预期。与 SCC 模型估计结果相比，运输成本估计系数的绝对值增高，说明在不考虑异方差和内生性时，可能会低估运输成本对苜蓿生产区域集聚的影响。

13.6.4.2　空间面板估计分析

1. 模型设定形式检验

首先对空间面板模型进行 WALD 检验，分别假设 $H_0:\delta=0$ 和 $H_0:\delta+\rho\beta=0$。检验结果如表 13-13 所列。根据检验结果，距离权重矩阵、经济权重矩阵的 WALD 检验在 5%显著性水平上都拒绝了两种假设，因此本研究选择空间杜宾模型来分析我国苜蓿生产区域集聚的影响因素。其次，对空间面板数据进行 Hausman 检验。在距离权重矩阵条件下，拒绝原假设，选择固定效应；在经济权重矩阵条件下，不能拒绝原假设，选择随机效应。

表 13-13　空间面板数据检验结果

矩阵	指标	检验值	P 值
距离权重矩阵	Hausman	23.60	0.008 7
	Wald-error	47.78	0.000 0
	Wald-lag	56.32	0.000 0
经济权重矩阵	Hausman	－44.35	—
	Wald－error	132.65	0.000 0
	Wald－lag	189.55	0.000 0

2. 估计结果分析

本论文使用 stata15.0 软件对对空间杜宾模型进行估计，估计结果如表 13-14 所示，在距离权重和经济权重下空间自回归系数（Spatial rho）均通过了 1%显著性水平的检验，表明各地区间存在空间溢出效应，与前文全局莫兰指数检验结果相符合。由于空间杜宾模型存在空间滞后项，估计系数不能直接反映解释变量与被解释变量的关系。

表 13-14　空间杜宾模型估计结果

变量	距离权重矩阵		经济权重矩阵	
	直接效应	间接效应	直接效应	间接效应
运输成本	−0.074 5 (−0.76)	−0.31*** (−2.84)	−0.243 6** (−2.48)	−0.237 9* (−1.70)
气温	−0.815** (−2.39)	−1.14*** (−2.88)	−0.415 3 (−0.88)	0.530 6 (0.87)
降水量	0.34*** (3.21)	−0.13 (−1.44)	0.163 1 (0.98)	0.256 1* (1.83)
种子面积	0.067 4* (1.79)	−0.073 2* (−1.92)	0.102 3*** (2.71)	−0.045 (−1.39)
机械收获	−0.076** (−2.23)	0.083** (2.40)	−0.16*** (−5.05)	−0.15*** (−2.95)
城镇化水平	−2.33*** (−4.99)	−1.09** (−2.11)	−1.17*** (−3.51)	2.57*** (7.11)
竞争作物收益	0.017 (0.26)	−0.02 (−0.30)	−0.005 (−0.08)	0.001 (0.01)
牛奶产量	0.497** (2.18)	−0.235 (−1.24)	0.33** (2.10)	−0.44** (−2.14)
非农就业	0.25 (−0.10)	5.29** (2.37)	−0.160 8 (−0.06)	0.278 6 (0.08)
政策	0.723** (2.30)	−0.549** (−2.49)	0.152 8 (0.99)	−0.20 (−1.00)
变量空间效应	0.298 9*** (13.10)		0.359 9*** (14.83)	
R^2	0.285 4		0.272 9	

注：*、**、***分别表示10%、5%和1%的显著性水平。()内为统计 Z 值

Le Sage and Pace(2008)利用模型自身偏导数和交叉偏导数计算得到直接效应、间接效应和总效应，来反映解释变量和被解释变量的关系。直接效应表示解释变量对本地区被解释变量的影响，间接效应表示解释变量对相邻区域被解释变量的影响，总效应表示解释变量对全部地区被解释变量的影响。研究解释变量对相邻地区的空间溢出效应是本章采用空间杜宾模型的根本出发点，因此，本章对空间杜宾模型进一步分解，来重点分析在不同权重下各解释变量对不同地区的效应。

根据效应分解结果，在距离权重条件下，运输成本的间接效应估计系数为

－0.31，通过了1%显著性水平检验。说明两省会之间的距离越近，运输成本降低，越有利于相邻地区的苜蓿生产集聚。实际上，两地区的距离越近，越能共享运输成本降低带来的红利。因此，在距离权重条件下，运输成本的降低，对相邻地区的苜蓿生产集聚具有显著的促进作用。

在经济权重条件下，运输成本的直接效应估计系数为－0.243 6，通过了5%显著性水平检验；间接效应估计系数为－0.237 9，通过了10%显著性水平检验。说明运输成本降低，不但有利于本地区的苜蓿生产集聚，而且两地区间的人均GDP差距越小，越有利于相邻地区的苜蓿生产集聚。两地区的经济水平差距越小，产业结构就越相似，要素投入以及基层设施建设水平基本相当。从而运输成本越低的地区，越容易出现产业集聚，进而带动相邻地区的产业集聚。

从控制变量来看，在距离权重条件下，气温、机械收获、城镇化水平、非农就业和政策具有显著空间溢出效应；在经济权重条件下，降水量、机械收获、城镇化水平、牛奶产量具有显著空间溢出效应。

在距离权重条件下，气温直接效应和间接效应均显著为负，说明随着气温的降低，本地区苜蓿生产集聚水平提高，相邻地区的苜蓿生产集聚水平也相应提高。种子面积的直接效应在距离权重和经济权重条件下，均显著为正，间接效应在距离权重条件下显著为负，说明种子面积越多，对本地区的苜蓿生产集聚越有利，由于种质资源的区域适应性，导致相邻区域的苜蓿集聚程度降低。

机械收获的直接效应在距离权重和经济权重条件下均显著为负，反映出我国苜蓿主产区机械化投入不足的问题；在距离权重条件下，间接效应显著为正，说明两省会距离越近，机械化投入对相邻地区苜蓿产业集聚越有利；在经济权重条件下，间接效应显著为负，说明两地区经济水平越相近，机械化投入对相邻地区苜蓿集聚具有反向影响。城镇化水平的直接效应在距离权重和经济权重条件下，均显著为负，说明城镇化水平越高，越不利于苜蓿产业集聚；在距离权重条件下，直接效应显著为负，说明两省会距离越近，城镇化水平对相邻地区越具有负向影响；在经济权重条件下，直接效应显著为正，说明两地区经济水平越相近，城镇化水平对相邻地区苜蓿集聚具有正向影响。

牛奶产量的直接效应在距离权重和经济权重条件下，均显著为正。说明牛奶产量越高，当地的苜蓿需求量越高，从而促进苜蓿产业集聚；间接效应在经济权重条件下显著为负，说明两地区经济水平越相近，需求量的增加会降低相邻地区的集聚水平。在距离权重条件下，政策直接效应显著为正，间接效应显著为负，说明政策对当地苜蓿产业集聚具有正向促进作用，两省会距离越近，政策对相邻地区的苜蓿集聚具有负向影响。

13.6.5 本章小结

我国苜蓿生产呈现出显著的集聚现象，但是已有文献缺乏对苜蓿生产区域集聚影响因素的实证研究，厘清影响我国苜蓿生产区域集聚的因素，对我国苜蓿生产布局具有重要意义。本章首先根据农业生产区位理论、比较优势理论和新经济地理理论，并结合苜蓿生产特性，分别从自然资源、要素投入、经济因素、市场形势和产业政策方面分析对苜蓿生产区域的影响，并选取运输成本作为核心解释变量，选取气温、降水量、种子面积、机械收获、城镇化水平、竞争作物收益、牛奶产量、非农就业、政策作为控制变量。然后，构建一般面板模型，对我国苜蓿生产区域集聚的影响因素进行实证分析，最后。在我们苜蓿生产具有空间相关性的基础上，选择空间计量模型进行分析；经过检验，选择随机效应的空间杜宾模型，在距离权重和经济权重条件下，重点分析各解释变量对不同地区的直接效应和间接。

研究结果表明，我国苜蓿生产区域集聚受到多方面因素共同影响。一般面板数据估计结果表明，降低运输成本可以促进我国苜蓿生产区域集聚。在考虑空间相关性的基础上，运用空间杜宾模型，实证结果表明，在距离权重和经济权重条件下，运输成本均对我国苜蓿生产区域集聚具有显著负向的空间溢出效应。同时气温、降水量、种子面积、机械收获、城镇化水平、牛奶产量、非农就业、政策均对我国苜蓿生产区域集聚具有显著影响。并且在距离权重条件下，气温、机械收获、城镇化水平、非农就业和政策具有显著空间溢出效应；在经济权重条件下，降水量、机械收获、城镇化水平、牛奶产量具有显著空间溢出效应。

根据研究结果，综合我国苜蓿当前分布现状，以及苜蓿区域布局优化的政策要求，未来调整苜蓿生产布局，需要综合考虑自然和社会经济多方面因素的变化。特别是苜蓿主产区，应当充分考虑商品苜蓿的运输成本。通过加强基础交通设施建设，提升交通便利程度；推行草畜一体化，缩短运输距离；推行深加工，提高产品密度；开通苜蓿产品运输绿色通道等，争取降低苜蓿运输成本，提升产业竞争力。

13.7 结论和建议

本章在全面分析国内外苜蓿产业经济以及农业生产集聚研究的基础上，基于我国苜蓿生产区域变化过程及其存在的现实问题，对我国苜蓿生产区域集聚的时空特征和影响因素进行了全面系统的分析论证，旨在把握我国苜蓿生产布局以及区域集聚形成的机制。首先，运用生产重心指数、地理联系率以及比较优势指数，全方位、多角度的分析我国苜蓿生产布局变化情况，探寻我国苜蓿生产布局的变化规律以及存在的问题；其次，通过计算我们苜蓿生产规模指数、产地集中度指数和莫兰指数，总结分析我国不同区域、不同时期的苜蓿生产集聚特征；最后，基于我国苜蓿生产区域集聚影响因素的相关理论分析，构建我们苜蓿生产区域集聚影响因素的省级面板数据计量模型，分析我国苜蓿生产区域集聚的影响因素。本章将对前文的研究结果进行归纳总结，并在此基础上提出相关的政策建议，为制定科学合理的苜蓿产业发展规划提供参考。

13.7.1　主要结论

1. 我国苜蓿生产区域时空差异显著

自 2001 年以来，我国苜蓿生产面积重心和产量重心都向西南方向移动，面积重心和产量重心的移动方向和速度大致相同，说明西南部地区的苜蓿种植面积和产量占全国的比重增加。通过计算我国苜蓿“生产-消费”地理联系率，发现我们苜蓿生产与畜牧业生产空间分布存在区域差异。这种苜蓿生产与消费之间的不平衡性，会加大苜蓿产销的运输成本。

自 2001 年以来，我国苜蓿生产效率比较优势和综合比较优势趋于稳定，规模比较优势呈现上升趋势。说明我国苜蓿生产规模化水平不断提高，生产区域更加集中，规模优势的增加没有抵消效率优势的稳定趋势，无法带动综合比较优势的提高。我国苜蓿生产具有优势的地区和省份相对稳定，形成了相对稳定的优势产区。但是没有一个区域持续具有三种比较优势，只有山西省持续具有三种比较优势。说明我们苜蓿生产区域优势还有待于进一步提高。规模比较优势和效率比较优势之间的地区和省份差异，说明我国苜蓿生产规模与当地农业自然资源、科学技术投入等不够协调。

2. 我国苜蓿生产区域集聚特征明显

从总体来看，我国苜蓿产地集中度指数为 0.64，说明我国苜蓿生产区域集聚整体处于较高水平；我国苜蓿生产全局莫兰指数为正，说明我国苜蓿生产具有显著自相关性，存在“高-高”集聚和“低-低”集聚特征。从具体来看，我国苜蓿播种面积前六位的省份占据全国苜蓿播种面积的 81.31%，主要分布在我国西北地区，重点集聚在内蒙古、新疆、甘肃、陕西、山西、宁夏、河北等省份；通过计算局部莫兰指数可以得知，我国苜蓿生产“高-高”集聚主要为陕西、宁夏、内蒙古等西北地区，“低-低”集聚区主要在东南地区。

3. 我国苜蓿生产区域集聚受多种因素影响

运输成本对我国苜蓿生产区域集聚具有显著负向影响，同时具有显著负向的空间溢出效应。气温、降水量、种子面积、机械收获、城镇化水平、牛奶产量、非农就业、政策均对我国苜蓿生产区域集聚具有显著影响。并且在距离权重条件下，气温、机械收获、城镇化水平、非农就业和政策具有显著空间溢出效应；在经济权重条件下，降水量、机械收获、城镇化水平、牛奶产量具有显著空间溢出效应降。

13.7.2 政策建议

1. 因地制宜，充分发挥区域优势

随着我国苜蓿生产区域越来越集中于西北和东北地区，应当巩固优势产区的规模比较优势，推广优质苜蓿示范基地，发展苜蓿干草，实现规模化生产。

考虑到西北和东北地区效率优势不高的情况，一方面，要着力推进培育苜蓿新品种。通过对国外优质种质资源的引进、消化和国内品种的挖掘、创新，培育优质高产、抗病抗逆、营养高效的新品种。根据不同地区的自然环境和生态条件，针对性培育适应性强的新品种。在西北和东北等规模优势区域建设良种繁育基地，培育出适合我国西北和东北等地区种植的苜蓿新品种，提升苜蓿种植效率。另一方面，要加强基础设施建设和技术创新。完善苜蓿草地基础设施建设，提高草地蓄水保熵和节水灌溉水平，加强数字化、精准化和智能化管理，增强苜蓿旱情和长势监测、精量播种、精准灌溉技术的研发投入，改善苜蓿生长环境，提升单位产量。同时要充分发挥南方地区效率比较优势，利用好当地水热条件，推广农闲田和冬闲田种植苜蓿，发展青贮苜蓿。

2. 降低运输成本，提升产业竞争力

根据集聚理论，降低运输成本有利于苜蓿生产区域集聚。但是由于我国苜蓿供给和需求之间的区域差异，我国商品苜蓿的运输成本居高不下，严重降低了我国商品苜蓿的产业竞争力，同时也影响到下游产业的发展。因此，未来优化苜蓿生产布局，应当充分考虑运输成本对苜蓿种植的影响。我们可以采取这些措施：①推行草畜一体化，缩短商品苜蓿运输距离。以养定种，种养结合，苜蓿种植和畜牧业界面耦合。探索不同畜牧品种和苜蓿品种之间的匹配，从草畜一体化的角度探索研究最合适的种养规模。②推进深加工，降低苜蓿产品单位质量运输成本。推进苜蓿深加工技术，将苜蓿加工成草粉，提高产品密度；在主要苜蓿输出地区，推广使用高密度打捆设备，降低苜蓿产品单位质量运输成本。③加强基础交通设施建设，提高交通便利程度。④开通苜蓿运输绿色通道，减少交通费用。

第 14 章　我国苜蓿产业发展的对策建议

14.1　苜蓿产业的相关对策建议

1. 建立健全管理体制，发挥政策的协同效应

国家对发展苜蓿产业的功能定位应从单一的推动奶业高质量发展，拓展为发展安全优质畜牧业、增加农民收入、培肥地力、改善生态环境、缓解人畜争粮等。实现上述功能，需全产业链各环节共同发力，因此，除当前的农业农村部外，苜蓿产业管理部门还需要财政、国土、环保、水利、金融、商务等相关部门的参与。建议成立由农业农村部主导，上述其他部门共同组成苜蓿产业发展联席会议，具体负责国家苜蓿产业政策制定、业务指导、监督检查等相关工作，发挥政策的协同作用。

2. 实行普惠制种植补贴，实现补贴由过程管理向目标管理转变

取消现行苜蓿种植补贴限制条件，同一地区的不同苜蓿种植主体实施相同的补贴，使补贴发放部门从烦琐且低效的资格审查转变到产品质量认定及苜蓿生产服务上，从根本上实现补贴的质量目标，做到补贴的效率与公平兼顾。

3. 允许不同地区根据苜蓿种植业发展实际，确定不同的扶持方式

在土地资源稀缺、流转成本高、中小规模农户占主体的地区，重点降低土地流转成本，扶持苜蓿生产技术、装备等的社会化服务；在雨热同季地区，对苜蓿青贮也实施补贴，使苜蓿种植发挥最佳效益。

允许不同地区根据苜蓿、粮食作物、经济作物的生产成本与种植习惯，尤其是本地苜蓿需求，合理确定苜蓿种植补贴数量与补贴内容既防止补贴额过小导致苜蓿种植面积不足，质量低下，更要防止过度补贴造成其他作物种植大面积减少，苜蓿价格大幅降低、产品积压。

鼓励各地政府机构为中低产田改造、恢复生态、环境改善等实施特殊的苜蓿种植支持政策。比如，在阿鲁科尔沁地区，2010 年前存在大量因过度放牧导致的大面积沙化退化草地。为恢复植被，当地政府以每亩 3～35 元的价格外包草地，前提是苜蓿种植面积占总承包地的 70%以上。经过不到 10 年的苜蓿种植，土壤有机

物质含量、含水量大幅增加，当年严重退化的草场得到了迅速恢复。当地土地市场土地流转费2010年每亩只有40～50元，2019年每亩超过300元。自2015年以来，甘肃许多地区将种苜蓿养畜与扶贫结合，规定贫困户种植苜蓿可以得到政府补贴。贫困户的承包农地得以休养生息，通过种植苜蓿养畜，提高了自家畜产品品质，更受市场欢迎，产品价格提高，收入有了明显增加。

4. 加强对补贴与苜蓿种植关系的研究，充分考虑竞争性作物的影响

目前我国还没有对苜蓿补贴经济效果分析的系统论述，现有研究都是基于小样本、特定假设下(价格相对稳定，但这一假设实际上并不存在)，苜蓿种植的直接经济效益分析。国外苜蓿经济方面的研究，都是基于苜蓿补贴应与粮食补贴具有同等地位的认知。我国在短期内还不具备这方面的文化和经济基础，因此，应开展基于我国的土地制度、饮食文化、生态环境和经济收入的苜蓿补贴效果研究，制定符合我国国情的苜蓿种植补贴制度。

对苜蓿的需求分析要充分考虑苜蓿需求的价格弹性小，在对苜蓿种植补贴与种植面积/产量之间的关系、种植面积/产量与价格间的关系进行大量分析计算的基础上，详细分析苜蓿种植补贴与收入之间的关系以及竞争性作物的种植面积变化。根据对山东、河北等小养殖户的调查发现，超过47%的养殖户不知道苜蓿的作用，69%的养殖户没有完善的储草设施。政府应加大苜蓿作用的宣传，引导中小养殖户用苜蓿饲喂牲畜及苜蓿储草设施建设，增加苜蓿的需求价格弹性，减小价格波动。

14.2 苜蓿产业的结构调整建议

1. 调整种养结构，整合苜蓿产业资源

积极调整种养结构，实行草田轮作制，大力发展草地畜牧业，注重苜蓿种植的生态效益。充分利用农区坡地和零星草地，建设高产、稳产苜蓿草地，提高苜蓿产出能力，增强农区、农牧交错区苜蓿产业的发展，引导和鼓励苜蓿以就地消化为主，外销售为辅，继续巩固和扩大传统主产区苜蓿发展成果和种植面积的不断增加，推进苜蓿产业带与奶牛养殖带、肉牛养殖带的结合，扭转目前我国产苜蓿地区不养牛、养牛地区不产苜蓿的不合理局面。

继续加强干旱、半干旱区苜蓿发展，积极提升苜蓿的种植水平，以增加产量和改善品质为重点，推进苜蓿的产业化发展；同时要重视民族地区、边疆地区、贫困地区、易灾地区和革命老区等土地资源相对丰富地区，开发利用中低产田、退耕地、盐碱地和贫瘠地等资源，选择抗逆性强、优质高产的苜蓿品种，采用先进的栽培管理技术进行重点突破。

把苜蓿规模化种植、标准化管理基地建设与奶牛等畜牧养殖小区、标准化养殖

场、家庭牧场建设结合起来，作为畜产品基地建设的重要组成部分抓紧、抓好；为满足畜牧业发展对优质饲草的需要，要把苜蓿生产纳入优质耕地作物生产的范畴，防止为增粮而翻草地、毁苜蓿田的做法，并在条件较好的地区进行苜蓿产业发展试点示范，推进奶-草一体化发展。

2. 引导实施草畜及奶加工一体化，降低生产成本

以当地奶牛、毛皮动物/宠物、高端肉牛等的养殖为主要苜蓿种植依据，综合土地禀赋、农民增收、土壤改良、粮食生产、路网等基础设施状况以及不同生产主体，以提高苜蓿种植的综合效益为前提，以养定种、以种促养、生产与加工兼顾的思路，对现有苜蓿种植区域进行调整。随着我国居民对低温奶需求的快速增加，国内各大奶企纷纷在城市周边设厂，苜蓿种植企业也应适应这一变化，及时调整种植区域，减少苜蓿运输距离，降低成本。

通过政策与资金扶持，引导苜蓿种植参与"苜蓿种植草产品加工-畜禽养殖-畜产品加工-产品销售"一体化发展模式，促进各区域有效降低生产成本。自2010年以来，安徽、云南等南方地区相继引种苜蓿，改写了过去淮河以南无法规模种植商品苜蓿的历史，但远远无法满足需求。

3. 转变传统观念，推广三元种植结构

树立"藏粮于草"的观念，推广"粮经草三元结构"农业种植新模式。应摒弃种草占用粮田，从而影响国家粮食安全的传统观念，转变"重农轻牧"思想，树立"节粮于草""藏粮于草""取粮于草"的基本观念，改变现有农业种植结构，把"以粮为主"的农业种植模式调整为"粮草并重""粮经草三元结构"的农业种植新模式，用高品质、高产出的牧草饲养方式代替传统的耗粮型饲养方式，减少肉食转化对粮食的依赖。大力宣传和推广"粮经草三元结构"种植模式，充分利用不同地区的荒滩、荒地等闲置资源，充分利用苜蓿对中低产田的改造作用和对土壤的改良作用，以更好实现粮食高产稳产。

4. 积极推行供给侧调整

苜蓿产业供给侧调整对稳定苜蓿市场价格具有非常重要的作用，也是我国的重要制度优势，对苜蓿供给侧改革的建议主要包括4个方面：一是进行生产调控，鼓励符合发展目标的种植主体加大投入，增加进入苜蓿产业的退出成本；二是充分利用各大养殖场的闲置储草能力，通过政府购买服务的形式，在苜蓿过剩时对供给进行调控；三是充分利用国际市场调节供求，周边国家如日本、韩国等也有大量苜蓿需求，可以利用地理上、价格上的优势，在国内苜蓿产量过剩时，通过加大对上述国家的出口，对苜蓿产品供给进行调节。四是根据国内苜蓿生产情况，适当调整苜蓿产品的进口税增加国产苜蓿供给。

建议加大对苜蓿种植家庭农场、苜蓿种植大户等对苜蓿产业专用资产投入的补贴力度，在全国各大草食畜牧业中心及草业中心建立苜蓿存储基地，成立专门研

究机构对我国的苜蓿进出口政策进行研究，促进苜蓿高效供给。

14.3　提高苜蓿供应效率

科学合理规划，因地制宜，并充分发挥牧草生产区域优势，以解决苜蓿区域供给失衡等突出问题为出发点，对我国苜蓿生产布局进行优化。在稳定现有苜蓿主产区的基础上，结合草食畜牧产业带，发展苜蓿种植，扩大华中、东北等区域的苜蓿种植；结合国家正在实施的奶牛优质饲草基地建设项目，进一步推进此项目建设，扩大项目实施区域，扩展扶持苜蓿品种的范围。进一步巩固现有的苜蓿基地建设，扩大苜蓿种植规模，优化苜蓿品种。在全面了解我国草地资源开发潜力的基础上，实行草地资源开发，对北方的海河低平原、黄河沿岸、黄河三角洲、苏北沿海平原和淮北平原区、滩涂地等进行开发利用；对南方草山草坡资源进行开发。逐步形成规模化、集约化和产业化的苜蓿生产格局，以实现增加我国苜蓿生产供给的目标。

进行上述苜蓿生产区域布局后，苜蓿生产地与需求地之间的矛盾会有所缓和但不会消失。为提高苜蓿供应效率，应当把苜蓿草产品与其他鲜活农产品放在同样的地位，享受绿色通道政策优惠，其运输时间和运输效率直接关乎畜牧业生产。让苜蓿草产品走绿色通道，以保证奶牛和家畜及时获得优质饲草，减少中间成本，增加种植苜蓿农户的经济效益。

14.4　扶持新型种植主体，培养加工龙头企业

我国苜蓿种植主体的特点为小农户种植户居多，根据苜蓿种植业出现的问题，在种植主体方面，应积极构建农业社会化服务专业合作、股份合作等多种形式的农民合作社，鼓励工商资本发展适合企业化经营的现代苜蓿产业，尝试多种形式的适度规模经营。在当前一家一户的分散种植情况下，很难对苜蓿种植的数量和质量进行监督和标准化，农民联手合作，连片规模化生产，采取统种、统管、统收、统售，进行连片规模化生产管理，方便机械化作业，保证技术到位，实现科学种、科学管、科学收，提高生产水平和综合效益。

扶持建立苜蓿专业合作组织等新型种植主体是为种植苜蓿的农户提供社会化服务的良好形式，国家及地方财政针对新型种植主体，可以更加便捷地提供必要的补贴、设施设备服务，实现合作社的统一规范种植制度、统一供种、统一种植、统一收割打捆、统一收购等，在一定程度上可以解决制约当前苜蓿草发展的突出问题。

苜蓿产业的持续快速发展离不开龙头企业的带动。苜蓿草种植户需要寻找稳定的市场需求，需要向其提供社会化服务、优良苜蓿品种和先进适用的技术推广，这样他们才能一心一意从事专业化苜蓿种植，并提高其生产效率。苜蓿草龙头企

业的培育主要应在设备购置上给予补贴，在贷款融资、税收征收等方面给予与其他农业企业同样的优惠政策。当地政府应积极行动，制定出台一系列优惠政策，帮助和扶持当地已经建成具备一定加工能力，并形成一定生产规模的重点企业，使其成为真正的龙头。依托龙头企业的发展，实施苜蓿产业的规模化、专业化、集团化大生产，从而开拓国内、国际苜蓿市场。

14.5　发展苜蓿产业链

1. 加大育种科研投入，满足我国苜蓿种植的个性化需求

国家应加大苜蓿育种的科研投入，挖掘抗逆、生长发育和品质相关重要功能基因，通过基因编辑技术来优化特定性状，满足国内苜蓿种植多样化需求；通过分子辅助标记优化杂交育种的组合，加快育种进程，提高苜蓿的产量和质量。通过解析雄性不育的机制，制造更多的雄性不育材料；努力开发恢复系和保持系，建立起三系配套的杂交育种体系，充分利用杂交育种的优势，为苜蓿种植业发展奠定基础。

2. 建立苜蓿种子及产品监测体系，降低交易成本

建立健全的牧草种子质量监督检验机构与网络，制定各项种子检验制度，定期进行种子质量的抽查检验，保证苜蓿种子生产者、使用者和销售者的合法利益。加快制定苜蓿品种、生产、加工、质量安全、包装、贮运方面的标准，制定苜蓿产品质量安全法律法规，完善苜蓿产品质量安全执法体系等，为苜蓿产品市场发育提供法律支撑。

政府应加大对苜蓿良种选择、产品品质辨别的培训，提高苜蓿生产者、消费者对苜蓿种子及产品品质的感官评定能力，以适应当前情况下苜蓿生产、消费的需要。

3. 加大科研投入，鼓励苜蓿科技创新，促进科研成果的转化应用

科研投入是苜蓿产业持续发展的重要前提。针对我国苜蓿产业科研投入整体不足、科研水平低的现状，国家每年可以对影响我国苜蓿产业发展的重大技术及管理问题、产业发展的瓶颈问题进行针对性、系统性地增加投入。在提高整体科研水平的同时，力争在影响苜蓿产业发展的关键领域取得突破。建议相关部门设立苜蓿产业发展科技专项资金，重点扶持苜蓿育种、生产检测设备研发等影响苜蓿产业发展的重大技术及管理问题，保障苜蓿产业持续发展。

加强科研基础设施建设，改善研发条件和手段，迫切需要优质高产的苜蓿新品种、资源利用率高的苜蓿栽培模式、低成本低损耗的苜蓿加工调制技术与设备和小型轻简化的苜蓿收获机械（割草机、翻晒机、打捆机）。从长远看，要建立苜蓿优良品种不断涌现、栽培技术不断改进、收获加工技术不断提高的创新机制，并且研发出符合我国国情的除草、除虫剂及相关的种植栽培技术体系。

提高我国苜蓿单产水平一方面要精心选育高产、优质、牧草型新品种,另一方面要加快完善新品种新技术的推广体系建设。根据不同生态区的实际,重点抓好现有主导品种和综合配套技术的推广应用;同时还要适当引进、筛选和推广适宜品种,建立适合不同生态条件下主导苜蓿品种高产、优质、抗逆、节本的栽培技术体系和适宜产品的收获、加工调制技术;建设一批新技术试验示范基地,展示苜蓿新品种、新技术、新成果,同时加强规模化、标准化、机械化试验田建设,兼顾配套农机及设备购置等。

针对目前科研成果转化率低的问题,以现有科教、推广系统为主,不断加大科研成果推广投入力度,鼓励科研人员、推广人员深入苜蓿生产一线,对种植人员进行技术培训。

4. 研发适应我国情况的生产机械和产后加工机械

针对我国机械化程度低这个问题,首先,国家需要加大对于苜蓿产业的投入和开发,研发出符合我国国情的质优价廉的苜蓿生产机械和产后加工机械。其次,政府可以通过对用户购买相关苜蓿机械进行补贴,鼓励农户在苜蓿种植中用机械化生产代替人工。最后,我国政府可以推行苜蓿的规模化种植政策。苜蓿的规模化种植使得苜蓿生产能够形成规模经济,且生产规模的扩大有利于苜蓿生产机械化程度的提高。当前,我国苜蓿生产规模小,也因此造成了许多问题:

我国苜蓿生产较为分散,而要打通苜蓿产品市场,对于分散的种植户来说有着诸多的不便:一是种植规模小,无法形成足以影响市场供求的商品量,难以抵御市场的风险;二是信息不灵通,难以及时准确的预测市场未来的变化;三是进入市场的交易成本高。种植分散,造成了种植者找不到用户,用户找不到产品,产需脱节的局面难以克服。我国苜蓿的主要市场集中在长三角地区及北京等大城市,而主要产地为新疆、吉林等北部省份,产销区域远距离分置,导致运输成本过高,从而降低我国苜蓿的市场竞争力。

对于规模化种植问题,本研究认为国家在继续城市化建设,解放农村剩余劳动力的同时,加快农地制度改革的主要目的是解决农村土地流转问题,再配之以政策引导,为苜蓿的规模化种植提供前提条件。此外,国家也可以通过鼓励并扶持一些中介组织来缓解我国苜蓿生产分散所带来的问题。这些中介组织负责沟通小生产与大市场的对接,起到桥梁和纽带作用,它们一头向市场延伸,搜集和分析市场信息、疏通流通渠道,开辟国内外市场;另一头向生产延伸,根据市场供求状况,通过生产购销合同和技术服务来引导和扶持种植户进行苜蓿种植。

14.6 其他问题

影响苜蓿产业发展的因素,包括生产环境(自然环境、经济环境和社会环境)、生产者意识和素质、生产技术水平、市场、产业的相对经济效益优势、产业的社会效益和生态效益等。而其中产量和质量是用于衡量产业发展状况的两个指标。产量代表产业的规模，质量代表产品的技术含量和市场接纳程度。戚志强(2008)指出，我国在苜蓿草产品质量管理方面的研究基础非常薄弱，只是形成部分产品如草粉、草捆的行业标准，企业生产技术规程的制定尚在探索中。苜蓿产品质量管理系统尚未成型。而对于苜蓿研究者和生产者来说，草产品质量管理体系的构建和应用已经刻不容缓。在我国苜蓿产业发展中，草产品质量良莠不齐的现象日益凸现，已经导致了市场秩序和价格体系混乱，成为该产业发展的瓶颈。

而市场秩序和价格体系的混乱反过来又影响苜蓿种植者的一些选择，例如，一些苜蓿种植者为了获得较高的苜蓿产量而推迟苜蓿的刈割时间，从而导致苜蓿草产品的粗蛋白质含量下降，品质降低，形成重量不重质的现象。因此，国家也应该尽快制定出完善的苜蓿质量控制体系，早日形成优质优价的收购体系。

第4部分　国外苜蓿产业发展借鉴及国内苜蓿产业发展案例分析

长期以来，我国的生产力水平低下，农业产出难以满足需要，国家、人民都一直为填饱肚子而努力。碳水化合物是廉价高效的食物资源。在饮食里大量加入碳水化合物可有效缓解食物资源不足的状况，粮谷类成为我国居民膳食中蛋白质的主要来源。于是，小麦、玉米、薯类等含淀粉高的粮食作物成了我国种植业的主体。随着改革开放，我国生产力水平的快速提高，居民收入水平迅速提高，优质、安全、美味成为居民食品消费的新热点。牛奶、鸡蛋及各种肉类逐渐成了我国居民膳食中蛋白质的主要来源。为了生产足量的动物蛋白，大量粮食被用作饲料粮，我国饲料粮短缺的程度远远超过口粮，我国的粮食短缺主要是结构性短缺。与只能利用籽实的粮食作物相比，苜蓿等牧草能够全株利用，土地产出效率高。在同样的耕地中，种草所生产的营养当量相当于种粮食的3～5倍。自1992年以来，我国就出台措施鼓励发展牧草种植，建立更加合理的粮食作物—经济作物—牧草三元种植结构。由于我国大规模种植牧草的历史较短，我国牧草产业发展起伏大，发展质量不高。草牧业发达国家有着悠久的种草养畜历史和丰富的发展经验。这些国家大多实现了牧草全产业链的生产调控。它们的发展经验可为我国牧草产业发展提供经验和借鉴。

我国特殊的国情决定了我国的牧草（主要指苜蓿）产业有着自身的发展特点，包括发展基础千差万别、发展目标多元、发展方式多样等，以种植主体多元化为例，我国的苜蓿种植主体包括中小农户、种植专业户、农业种植企业、大型牧场、奶牛养殖企业等，这些不同造成了很难从理论上一一分析清楚。特别是大型苜蓿种植企业除了自身各有特点，数量还很少，难以运用大量企业数据通过数学模型进行量化分析。因此，本书通过对调查的典型对象以案例形式进行分析展示，力图让读者对我国的苜蓿种植业有全面的认识。

基于以上两方面认识，本部分别介绍国外苜蓿产业发展的文献和调查案例。

第 15 章　国外苜蓿产业发展概况

苜蓿产业化的实质在于利用现代化的技术进行专业化商品生产。苜蓿产品除用于种子外，主要产品包括干草捆、草饼、草粉及草颗粒等饲料产品。

自 20 世纪以来，随着社会生产力的发展和科学技术的创新，欧洲的一些国家和美国已开始重视草业的发展，将其看作“绿色黄金”“立国之本”。许多发达国家的草地牧业产值已占到农业总产值的 50%以上，有的草地牧业产值高达 80%。苜蓿作为世界上栽培历史最悠久、种植面积最大、利用价值最高的优质牧草，其产业化日渐兴起。据统计，20 世纪 70 年代初，全世界苜蓿种植面积为 49 500 万亩，其中美国的种植面积最大，达到34 260 万亩，其次是阿根廷、苏联和加拿大，种植面积分别为 11 250 万亩、7 650 万亩和 3 000 万亩。种植面积大于 1 500 万亩的国家还有法国和意大利。苜蓿在美国被视为与粮食作物同等重要的农产品，种植面积仅次于玉米和大豆的种植面积。

在世界苜蓿产业化进程中，美国、俄罗斯一直处于领先地位，加拿大、法国紧随其后。2007 年，美国和加拿大是世界苜蓿种子的两大生产国，美国年产种子 5.22 万吨，总产值为 2.185 万美元，不仅能满足本国的需要，还能用于出口；加拿大年产苜蓿种子 9 000 吨，其中 1/3 被出口。2007 年，苜蓿草粉世界总产量已达 2 000 万吨，以俄罗斯最多，年产达 700 万吨，其次是美国和法国，年产量均为 200 万吨。苜蓿产品出口国为美国和加拿大。1990 年，美国出口苜蓿产品达 131.1 万吨，1992 年，美国出口苜蓿产品为 153.8 万吨，加拿大的苜蓿出口量分别为 58.8 万和 78.4 万吨。比较而言，美国在草捆出口上占优势，加拿大在脱水产品上略胜一筹。目前，亚洲已成为世界上最大的苜蓿产品进口市场。2007 年，其产品约 70%来自美国，20%来自加拿大，其余的苜蓿产品主要来自新西兰和澳大利亚。20 世纪 90 年代，进口苜蓿产品的基本组成为：草颗粒 30%，草块 30%，草捆 40%，且草捆进口量呈上升趋势。韩国、新加坡等国家以及中国香港与中国台湾地区的苜蓿进口规模呈发展态势，世界苜蓿进口市场超过 300 万吨，金额大于 5 亿美元。

2014 年，全球苜蓿的种植面积为 4.95×10^{8} 亩左右，其中美国、阿根廷等国家的种植面积占到世界苜蓿种植总面积的 70%左右，加拿大、法国、意大利等国家占到世界苜蓿种植面积的 20%左右，这些国家主要以农场方式种植苜蓿，种植规模较大。

2016 年，国际第一大苜蓿出口国美国出口草产品达 492 万吨，占国际市场的 53%；第二大出口苜蓿国家为西班牙，2016—2020 年每年苜蓿出口量都在 100 万吨以上，虽然期间有些小幅度波动但总体较为平稳。

在国际市场上，一方面，主要的苜蓿产品进口国家和地区为中国、日本、韩国。日本对牧草产品的需求量较大，而其他一些东南亚国家也有需求。韩国是当今牧草产品的第二大消费国。另一方面，大多数的伊斯兰国家农业资源匮乏，它们是世界市场上较大的苜蓿草产品消费国，如沙特阿拉伯等国家。这些国家大批的羊群所需的饲草主要依靠进口，这些国家大量赛马所需的主要粗饲料也是苜蓿。

15.1　西班牙的苜蓿生产

西班牙地处欧洲西南部的伊比利亚半岛，经济发达。西班牙占地约 50.53 万千米^2，其中农业面积占到近 60%，草地及牧场占 35.82%。在欧洲，西班牙领土面积仅次于俄罗斯、乌克兰和法国。长期以来，西班牙是以农业为主的国家，其畜牧业发展历史悠久，从 20 世纪 70 年代起，畜牧业总产量在西班牙农业总产量中的比重基本维持在 40%左右。

其主要气候类型包括大西洋气候（坎塔布里亚及加利西亚）、大陆性气候（中部高原）以及地中海气候（东部和南部的地中海地区以及巴利阿罩群岛）。这三种气候类型在季节变化、温差及降水三方面存在明显差异，对农业发展产生极大影响。总体来说，西班牙北部畜牧业更发达，种植业主要集中于南部地区；在内陆高原灌浇地大量种植玉米和小麦，畜牧业也能得到良好发展。西北部降水丰富，牧场草地生长良好，畜牧业（特别是奶牛业）发达。东南部地区属于地中海气候，大量出产葡萄、柑橘及油橄榄。根据西班牙的自然条件以及农业生产现状，西班牙大体可以划分为 4 个农业区：西北部混作农业区、内地粗放耕作和牧羊区、地中海沿岸农业带以及南部谷物与经济作物区。

西班牙是全球第三大牧草出口国（前三位依次是美国、澳大利亚、西班牙），第二大苜蓿出口国（前三位依次是美国、西班牙、加拿大）是阿联酋苜蓿第一大供应商。西班牙作为欧洲主要的苜蓿生产商，其脱水苜蓿年产量约为 160 万吨，其中 70%～75%用于出口。在授权向中国出口苜蓿的 7 个国家中，西班牙也是唯一一个可以同时向中国出口脱水苜蓿干草和苜蓿颗粒的国家。

15.1.1　西班牙苜蓿草产业概况

西班牙苜蓿草年出口量为 100 万～110 万吨，其主要目的地为欧盟和沙特阿拉伯、阿联酋等西亚国家以及日本、韩国等东亚国家。早在 2004 年，西班牙商品苜蓿年生产可以达到 230 万吨，之后由于玉米、大豆等其他作物的经济效益较好，苜蓿种植面积逐渐萎缩。2014 年，西班牙种植面积总计为 3.30×10^6 亩，商品苜蓿产量 150 万吨，主要种植区域位于埃布罗河流域，55%的西班牙商品苜蓿来自阿拉贡区域。西班牙的商品苜蓿主要分为草捆和颗粒两种，在其总产量中，20%为颗粒，80%都是苜蓿干草捆。其总产量份额的 60%～70%用于出口，其余产品内销。

2014 年，西班牙正式启动对与中国的苜蓿干草出口。2014 年 6 月，国家质检总局与西班牙农业、食品与环境部草签了《中华人民共和国质量监督检验检疫总局与西班牙农业、食品与环境部关于西班牙苜蓿草输华安全卫生条件的议定书》。西班牙总共有 72 家苜蓿生产企业，其中 64 家是西班牙脱水苜蓿制造商协会会员企业，24 家苜蓿企业已经获得西班牙农业、食品与环境部考核批准，确认有向中国出口的资格。西班牙脱水苜蓿分特优级、一级、二级，特优干紫花苜蓿草梱粗蛋白质含量为 18%以上，三个等级具体的酸性洗涤纤维（ADF）、中性洗涤纤维（NDF）、粗饲料相对值（RFV）等参数指标有区别。

15.1.2 考察西班牙苜蓿企业及研究所

1. 西班牙最大的苜蓿生产商 NAFOSA 公司

西班牙苜蓿主要种植在埃布罗河流域和卡斯提亚-莱昂地区，分布于阿拉贡大区、卡斯提利亚-莱昂大区以及加泰罗尼亚大区，其中 80%土地配套灌溉设备，苜蓿总产量为 300 万吨，脱水苜蓿年产为 160 万吨左右，70%～75%苜蓿产品用于出口。

位于西班牙东北部莱里达的 NAFOSA 公司是西班牙第一家向中国出口苜蓿草产品的出口商。该公司建于 1940 年，80%的苜蓿产量来自企业自有的田地，商品出口 30 多个国家，是西班牙乃至欧洲最大的苜蓿生产、制造和出口公司。

西班牙苜蓿分春秋两次播种，其播种通常是冬季谷物收获以及春天种植玉米之后，其中 95%为阿拉贡生态型，平均种子播量为 2～2.3 千克/亩，每年可刈割 5～6 次，有能力增加产量应对出口市场需求。

在收获季节，收割机将脱水苜蓿切割成 10～20 厘米，刈割后田间晾晒 48 小时左右，采集时的湿度为 30%～35%，之后运至加工厂，进行第一次取样检测，根据首次质量检测结果确定该批次牧草用于脱水，还是干草生产。一旦进入脱水程序，针对中国市场使用后普遍投诉的杂质困扰，NAFOSA 公司重点介绍了其脱水过程中过滤石头等杂质的环节与设备，同时进行第二次随机取样检测产品质量。所有商品在入库前进行第三次取样检验，确定该批次牧草的质量指标及安全水平，并出具报告随产品反馈给客户。该公司运至中国的脱水苜蓿规格为每捆 700 千克，这样一个 12 米的集装箱可以载重 24 吨，通过中欧专列运至中国。在物流成本上尽量做到空间利用最大化，经济实惠，以减少客户因远途运输而产生的价格顾虑。

NAFOSA公司决策科学、流程合理、品控严格的经营方式对参与目标市场的良性竞争极为有利，值得中国企业仿效。

2. 西班牙脱水苜蓿生产商VENSO公司

与田间自然干燥苜蓿相比，脱水苜蓿的主要优势是避免了天气对苜蓿收割的影响，减少了苜蓿的田间损失，可增强草产品的质量稳定性。

VENSOS. A. 是由Pedro VendrellReales先生于1966年创办的家族企业，他是Almacelles脱水技术的创始人，在西班牙首先创建了现代化脱水体系。作为整个欧洲最大的脱水苜蓿加工厂，其拥有最先进的设备，加之拥有自己的土地和生产流程的全称管控，年产苜蓿干草十万吨，其中包括混合料、禾草、燕麦、麦秸等；拥有苜蓿颗粒（蛋白质含量＞17%，散装或者25kg袋装）和苜蓿干草（蛋白质含量＞18%）两条生产线，在2014年第一批具有对华出口资质。

苜蓿脱水生产线由进料口、干燥炉、传送带、压捆机（制粒机）、包装设备等组成，可组装完成一体化生产。田间收获晾晒2天左右的苜蓿在捡拾切段后，运回工厂进行人工脱水干燥。人工干燥在可循环三次的圆柱形干燥炉中进行，高温烘干工艺烘干筒入口温度约为800 ℃，循环三次后出口温度约150 ℃，干燥时间约为10分钟，水分可由进料时的30%～35%降低至12%以下。烘干苜蓿草段经不同生产线进行制粒或打捆。

采用脱水工艺生产的苜蓿干草由于干燥时间短，营养物质损失少，颜色能够保持鲜绿，满足需求方对饲草采购上的感官要求。脱水苜蓿的烘干工艺需要应用大量的能源，如烘干1吨含水35%的苜蓿需要燃烧200千克煤释放的热能。在注重减轻碳排放的欧洲，生物质能源的应用非常突出。利用沼气、能源草等可再生能源替代部分化石能源可减少碳排放，又可减少加工成本。脱水苜蓿加工厂主要使用的生物质能源有：沼气（甲烷）、农林业加工废弃物（橄榄核、杏核、木屑等），以及专门种植的能源草（芒类为主）。其中意大利以沼气为主，法国以木屑、能源草为主，而西班牙则是大量使用橄榄核、杏核等农业加工废弃物。生物质能源的应用为烘干苜蓿生产提供了廉价的可再生能源。能源草的种植既可以为苜蓿加工提供丰富的能源来源，又可使企业获得部分碳排放权，平衡加工企业的碳排放指标。这种循环经济模式和生态保护优先的理念值得学习。

3. 西班牙萨拉戈萨地中海农学研究所

西班牙萨拉戈萨地中海农学研究所是国际地中海高级农艺研究中心旗下的一家研究所，其主要从事可持续农业、食品和营养安全、农村等领域的培训和基础研究。该研究所位于阿拉贡地区，占地3 000亩，有250多名研究人员，一直注重国际化办学发展。该研究所在地中海13个成员国政府间的农学、兽医学等优势学科方面开展的合作研究、培训项目和国际交流非常活跃，以期实现自身资源与海外优质资源的有机整合。该研究所建有学术礼堂和国际留学生课堂，其国际化科研和培训项目的扎实推进对地中海地区紫花苜蓿的品种多样性、育种进展、区域分布、种植面积、年产量以及经过认证的草种类型都有深度研究。老牌的农业大国西班牙农业研究基础深厚、科研力量雄厚、注重人才培养和对外交流的国际化视野,为其科研成果的巩固和国际市场开拓打下了扎实基础,也使西班牙牧草产业在欧洲国家中成为佼佼者。

4. SPRAYFO 奶牛饲养场

位于马德里附近的 SPRAYFO 奶牛饲养场属于家庭农场,在其牧场周围种植小麦、玉米、苜蓿等作物自用。该场拥有 GEA 40 位转盘挤奶机,奶牛存栏 460 头,其中产奶牛 386 头、小牛 339 头;日粮是 7 千克青贮苜蓿+33 千克脱水苜蓿;每天挤奶 2 次、日单产量为 40 千克,而奶价是 0.33 欧元/升(约合人民币 2.64 元);牛粪沉积腐熟 6 个月后还田处理。

据西班牙 INATEGA 公司资深奶牛营养专家 Pablo Llorente 介绍,中国牧场使用的苜蓿草主要有三种产品:一是苜蓿青贮,但水分含量较高不适于远距离运输;二是从美国等国家进口以及中国自己生产的晒干苜蓿需要在田间晾晒较长时间,对气候要求高;三是由西班牙进口的脱水苜蓿在工厂进行工业化加热烘干而成。与晒干苜蓿相比,西班牙生产的脱水苜蓿在外观上有一定差异,但并不影响它成为一种具有卓越营养品质的苜蓿产品,如果使用得当,不会影响奶牛产奶量等生产性能。另外,经过试验,西班牙脱水苜蓿也可以大量替代浓缩大豆饼,且不影响生产性能。脱水苜蓿在加工过程中经过多次除杂,保证了产品的卫生质量,并且更利于贮存。加之,脱水苜蓿产品因为烘干后纤维更短,因此,在搅拌车中搅拌时间更短,更有利于节约时间和能源。

与脱水苜蓿相比,晒干苜蓿需要在田间晾晒时间更长。影响苜蓿质量的主要因素是苜蓿的收获时间而非加工方式。因为工艺不同,脱水苜蓿有别于晒干苜蓿,在使用脱水苜蓿时就不应照搬晒干苜蓿干草的使用方式。西班牙企业根据不同市场需求生产不同质量的苜蓿产品,其出口至中国的脱水苜蓿的规格一般为 400 千克/捆,这样尺寸的捆包使产品暴露得少,有利于保护苜蓿商品。

15.1.3 对我国发展苜蓿草生产的启示

1. 稳定的行业企业是现代草业发展的生力军

西班牙众多苜蓿生产企业采用家族式经营模式,都有几十年的经营历史,经营者沿袭了家族多年的种植、加工生产、管理的优良传统,企业步步推进,稳固发展。欧洲草业生产企业可以几十年甚至上百年的存在并发展,这与稳定的土地使用制度、稳定的市场需求及制度保障不无关系。家族式企业的管理成员均有强烈的荣誉感,年轻一代的管理者都有高等教育背景,熟悉生产技术与市场管理,都愿意积极参与到企业管理中,为企业发展注入了新鲜的活力。

此外，欧洲草业行业组织在加强企业与政府的沟通联系中起到的作用巨大，行业协会与企业组织紧密结合，总结行业问题，反映行业诉求，担当政府与企业的桥梁和纽带作用也是我国学习的重点。比如，在欧盟干草协会的努力下，政府开始实施一项 120 欧元/公顷的种植补贴方案，这是行业协会通过产业发展需要、结合企业诉求来影响当地经济和政府政策走向的典型案例。同时，协会也负责与世界其他相关组织、协会交流和分享，这为中国草业协会今后大踏步地开展国际交流提供了样板。

2. 先进的机械设备是实现现代草业工业化发展的硬件

现代草业生产以集约化、机械化、规模化的生产方式为特点。近年来，我国苜蓿产业发展起步较高，其基本实现了田间种植的规模化以及整地、播种、灌溉、收获等各作业环节的机械化，但是仍存在"重种植，轻加工"的现状，草产品加工尚处于起步阶段。草业生产布局受地域、气候影响较大，从而形成草产品收获过程中的耗损较大、产品质量不稳定等现状。纵观欧洲草业发展，从田间到加工车间，机械化程度高，通过热能烘干苜蓿鲜草，加工成不同的产品形态，草产品质量稳定，实现了草业的工厂化生产。"种植—加工"一体化生产是我国未来草业的发展方向，引进和研制烘干系统、草捆二次加压、草颗粒生产线等一体化设备，在规模化、集约化和机械化的基础上，实现现代草业的工业化，有助于我国苜蓿草产业的持续、稳定和健康发展。

3. 全产业链式生产，推动草产业可持续发展

欧洲"种草—生产加工—牧场饲养牲畜—奶制品生产"构成了一条全产业链，通过产业链的延伸与整合，苜蓿种植加工、牲畜饲喂、奶制品加工、草产品贸易等一家家企业被串联起来，拥有专业化的分工和更加密切的协作参与市场竞争，产业链长，附加值增加多。在该产业链中，苜蓿种植与草产品加工作为草畜全产业链的第一生产车间，其质量安全将会越来越得到重视。我国推行的"振兴奶业苜蓿发展行动"计划，正是这种"草—畜—加工"结合的全产业链式生产，使苜蓿草产业得以迅速发展。以"振兴奶业苜蓿发展行动"计划为契机，进一步将以苜蓿为代表的草产品生产与肉牛、肉羊等产业有机结合，系统发展，整个草地农业系统将会得到改善。

4. 合理的土地利用制度，为粮草兼顾型草地农业发展提供保障

西班牙农业生产制度中主要采用三圃制进行草田轮作，即牧草、粮食作物和休闲地进行轮换种植，草田轮作的方式既改良了土壤，土地生产能力达到最优化，种植作物多样化；在产值增长的同时，生态也得到平衡，与任继周、李文华等院士提出的由耕地农业向粮草兼顾型农业发展的思路相吻合。特别在当下养殖业环保问题日益突出、环境保护压力不断加码的背景下，我国草产业的发展在根本上要从耕作模式的改变开始，发展粮草兼顾型草地农业，提高营养体农业的转化率，全面保证食品安全。

5. 行业协会的作用潜力巨大

在全球经济增速放缓的大背景下，中国政府提出“一带一路”、供给侧结构性改革等发展思路，为各个行业的纵深发展提供了新的视角和方向。为缓解2008年以来“三聚氰胺事件”对中国奶牛养殖业的毁灭性打击，为奶牛寻找更多优质饲草，弥补国内苜蓿草产能不足的短板，为借鉴全球农业方面的技术经验，加速中国草业发展步伐，快速提升草牧业发展水平，同时也为了能扩大中国草产业及企业在世界上的影响力，2013年9月17—26日，中国畜牧业协会草业分会会长卢欣石应欧盟干草协会的邀请，参加了西班牙塞维利亚举办的欧盟牧草会议和法国巴黎举办的欧盟牧草座谈会，向与会的企业家和专家学者全面介绍了中国草产业的发展现状与未来趋势，并就中国牧草产业发展情况与欧盟国家进行了交流。

这次走出国门，宣传推介中国畜牧业和草产业发展现状的友好访问，使得中国养殖业的潜在需求和巨大市场机会为西班牙业界所了解。2014年5月18—20日，西班牙阿拉贡自治区对外局组织相关企业和协会代表来中国参加了第十二届中国畜牧业博览会，同时与中国畜牧业协会、中国畜牧业协会草业分会建立了进一步联系。

通过访问，不但让我们了解了西班牙苜蓿的人工干燥及深加工技术，打通了中西草业互相往来的要道；而且为进一步推动中欧干草贸易合作，缓解美国对华出口苜蓿一枝独秀、一家独大的局面发挥了重要作用。这一成果的达成是国家间行业协会密切关注市场动态、心系企业发展、多方寻求发展机遇的一次具有前瞻性和战略性意义的成功合作。大多数西班牙种植户对中国巨大的市场潜力认识严重不足，普遍认为中国有500万头奶牛的养殖规模是天文数字、不可思议。通过互访、互通与对话交流，中西两国苜蓿草产品的贸易与加工技术交流顺利开展，中国草产业及草业协会所发挥的作用以及在世界舞台上所展露的姿态为日后争办世界苜蓿大会打下了扎实基础。

15.2 澳大利亚和新西兰草业管理对我国的启示

15.2.1 新西兰畜牧业发展

在过去的160多年中，新西兰草地畜牧业发展大体可概括为4个阶段：①1840—1882年为早期产业扩张阶段，生产方式较为原始，产业目标主要是羊毛生产；②1883—1919年为产业产品多元化与外向型国际市场形成阶段；③1920—1970年，新西兰真正建立起了以豆科牧草为基础的新西兰草地畜牧业发展模式；④1971年至今为高品质与高附加值产品生产的新型产业发展阶段，草地畜牧业也真正成为最有活力的国家支柱产业之一。

1. 新西兰牧草管理

新西兰草地面积为1 386万公顷，约占国土面积的52%，其中65%以上的面积为人工草地。人工草地比例高，质量好，一直被称为“世界上最好的牧场”，并且人工种植的草地和改良的草地还在以每年150万亩的速度递增。新西兰草地的主要草种有黑麦草、鸭茅、绒毛草等，豆科的苜蓿、三叶草、白脉根等。春季的草种主要是黑麦草，夏季以后的草种是三叶草，这样有利于调整牧草的需要和延长生产周期。

新西兰大量采用禾本科牧草与豆科牧草白三叶、苜蓿、百脉根等牧草混播。这种混播方式不仅提高了牧草的蛋白质含量，牧草营养价值被提高，同时又由于豆科牧草的固氮作用，提高了土壤的肥力，促进了禾本科牧草的生长，从而减少了化学氮肥的施用，保护了农业生态环境。牲畜的营养主要从天然生长牧草中获得，不需要补充任何添加剂，畜牧食品的污染被减少，迎合了市场对卫生安全绿色食品的需求增长趋势，增强了市场竞争力。

新西兰80%的牧草种类来自欧洲，这些牧草长期在当地生物、气候及土壤等因素的作用下，多数成为当家草种；也有些种成为当地的杂草。新西兰草地畜牧业获得巨大成功的原因之一就是他们很好地解决了草地第一营养元素N的问题，其中通过充分发挥豆科牧草的生物固氮作用是一个非常重要的途径。专家估计每年仅豆科牧草白三叶给新西兰创造的经济价值就超过2亿美元，而生物固氮作用的发挥主要是通过建立白三叶与黑麦草混播草地来实现的。在产业发展过程中，新西兰人积累了丰富的混播草地牧草种群生态调控经验，如当多年生黑麦草与白三叶混播时，白三叶所占比例以20%～30%为最佳，而且这种混播草地的盖度能在较长年份内维持在100%的水平上。此外，新西兰为了满足国内及国际市场需求，还建立起了一个比较完备的草种繁育及销售体系。

为了全面提升草地的生态经济功能，新西兰十分重视草地植树。他们已驯化出一些适合不同类型草地建植的树种，草地植树已初见成效，并在一定程度上发挥了特有的作用，即降低风速、减少水土流失、改善牧场生态环境；可以获得优质的木材产品，扩展了产业收入渠道，增强了产业抵御风险的能力；生产的树叶可作为家畜季节平衡的补充饲料；可极大地改善牧场自然景观。

2. 新西兰的畜产品

新西兰的畜牧业依靠提高单产来增加效益，畜产品增长主要依靠单产的提高。畜牧业以放牧为主，人工草场的比例大，人工草场面积超过天然牧场1倍。新西兰政府十分重视天然草场的保护、改良和合理利用，严格限制载畜量。新西兰的牧场规模比较小，经营方式比较集约化。

新西兰饲养的畜种已全部实现良种化，并按照各地的降水量、温度与自然条件饲养不同畜种，实行区域性专业生产。目前有近3/4的牧场以经营某一产品为主，专业化大大提高了劳动生产率。机械化代替了繁重的体力劳动，如牧草的种植和管理、饲料加工、挤奶、剪羊毛、屠宰和加工、运输、冷冻等，其主要依靠机械设备完成。

15.2.2 澳大利亚与新西兰牧草管理特点

1. 先进的管理牧草技术

新西兰培育的人工草场一般可利用20～30年，适宜的气候是它的内因，科学的管理是它的外因，内因虽然是决定因素，但要通过外因才能起作用。培育草场，需选用最适品种和最佳配比，同时长期管理，达到草畜平衡。延长草地寿命要有计划轮流停牧结籽，一般每4～5年1次，种子自落在草地内，通过牲畜蹄踏入地内发芽生长补充植株。新西兰管理草场的技术可用16个字来概括，即"以栏管畜、以畜管草、以草定畜、草畜平衡"，这就是新西兰草地畜牧业的管理奥妙。

(1) 以栏管畜　澳大利亚和新西兰两国的草场只要用来放养牲畜，必建围栏，栏丝通电，电栏围畜。围栏是牲畜的圈舍，终生都在栏内生长。草场的牧草被规划成片，通过控制采食量，牧草供应与家畜需求应尽可能达到平衡。制定合理载畜量，使牧草能被充分利用，同时能达到家畜生产性能指标。场主根据自己牧场面积大小、生产能力、养畜多少来确定每块围栏的面积，在围栏铁丝上接通高压(5 000～6 000伏)低电流的电。在使用前，先有意让牛羊在最敏感(如鼻镜)处触电，它们看到围栏就怕，不敢碰撞，规规矩矩、老老实实地在围栏圈内吃草、休息。新西兰放牧方式主要是电围栏分片轮牧。

(2) 以畜管草　在刚放过牧的草场内难免会留下一些营养价值较差的茎叶或非优良牧草植物，若用生产畜(如泌乳牛)继续放养会导致奶产量和品质下降。把非生产畜(如停奶牛)放进刚放过牧的草场内吃草，既充分利用了资源，又供给了牲畜维持生命需要的饲草，更达到了不花小工费清除劣质草的目的。

(3) 以草定畜　按照牧草的生长曲线计算，每块草地在一定的时间内长多少草，这些草够多少头畜吃，就只放多少头；不能多放，放多了，草不够吃，产奶量下降；草场过牧，容易退化。如果畜多草少，就把生产性能较低的畜停产来调节草场。以草定畜，以获得利润为目标这是草地畜牧业经营者最大的生意经。

新西兰人最大的感悟就是畜牧业的辉煌得益于优质高效的人工草地。通常牧场主对牧草产量两周测一次，以便能更精确地监测牧草产量，以真正实现以草定畜的目标。通过加快周转，发展季节畜牧业，并做好长期气象预报，以做好灾害年份大量出栏工作，减少饲草压力，最大限度减少行业损失。牧场经营者最常说的一句话就是"我的草能产多少奶"，而不是"我的牛能出多少奶"。经营者对草地畜牧业最直观、最本质的认识就是获得利润。这方面就存在投资风险问题。为此，牧场主产业经营目标也就不把家畜存栏、畜产品产量等指标放在首要位置，而是把降低风险，获取高额利润放在第一位。

(4) 草畜平衡　怎样才能达到草畜平衡，可用一个数学计算方法来表达。在新西兰，一年四季都在长牧草，只有快慢之分。平原草场放牧前的覆盖量大约每亩有干物质草(鲜草 80℃，24 小时)2 500 千克，其放牧后的最低生长覆盖量要保留 1 600千克(这时草茬高为 5～7 厘米，过多过高会影响下次质量；过少过低属重牧，易导致退化)，即每公顷能提供 900 千克干物质草供牛吃，产奶牛平均每天每头吃 18 千克，900 千克内有 50 个 18 千克，也就是说每公顷可供 50 头产奶牛吃 1 天或 100 头吃半天，这就是理论上的草畜平衡。在生产中，新西兰的牧民也是通过这样管理来达到平衡的。

目前，新西兰的土壤专家和计算机专家已联合开发出一个适合草场建设需要的地球信息系统。运用这一系统对每块土地的基本数据进行综合处理，农场主便可在耕作、管理时，准确地进行施肥、灌溉、品种运用、产量预测等实际操作。该系统的进一步开发和使用将对下世纪新西兰提高农牧业产品质量和效益产生深远影响。

就经济效益而言，新西兰的围栏种草发展牧业的生产管理方式较美国的管理模式还胜一筹。新西兰生产的肉牛、肉羊全部依靠品质优良、营养丰富的牧草，美国则要依靠大量的粮食饲料，其经济效益低于新西兰。

2. 机械化管理

除挤奶外，澳大利亚、新西兰畜牧业的生产是机械化操作，专业团队服务。补播或更新草场可找有免耕播种机的人播种。草场除杂先用非生产牛吃掉较高的牧草，再把装有除草剂的除草机用拖拉机拖动在有杂草的草场上除杂。其原理是除草机中部有一个横卧式，内装的除草剂能浸到外表面的滚筒，经过时，牧草低，杂草高，触叶吸收而被杀死。

人工很贵，场主尽量不用小工或不用经济效益不高的小工。如优质草场上抽穗草较多，牲畜吃不完，就用割草机割完丢在草场内，或边割边打成草粉放在草场内作肥料。当牧草生长淡季时，用萝卜作补充饲料也不用小工，用轮牧方式饲喂，根据畜群需食量和草场供给量的差数，计算需多少面积的萝卜，就用软丝电缆临时拉围，牛把萝卜叶吃掉，萝卜有半截长在地上面，牛用脚踢，萝卜被拔出吃掉。把牧草背在牛背上过冬也是不花小工费的一种方法，在秋天用较多的草让牛吃饱长膘，冬天，在草不够吃的时候，将体内脂肪分解、供给以维持需要拖过牧草淡季。澳大利亚、新西兰两国的草就是要直接变成畜产品，不用优质草来养非生产和低产畜。

3. 发挥政府与协会的作用

在实施种草养畜中，澳大利亚、新西兰以市场为导向，效益为中心，科技为依托、产业化经营为突破口，做到了产—加—销结合，贸—工—牧一体化。其中协会、公司、连锁店、科研单位等中介组织担负起了产业化龙头的重任。其一方面带领农场主去开拓千变万化的市场，另一方面又指导农场发展生产，把市场与生产结合起来，解决了生产什么，为谁生产，生产多少的问题，促进了畜牧业发展，推动了畜牧业现代化进程。但澳大利亚、新西兰的协会、公司、科研单位、连锁店等龙头组织的产生、发展都离不开政府的政策支持和财政支持。如澳大利亚联邦农庄主协会，下设奶制品公司、奶制品研究中心、动物保健协会、奶牛群改善协会等单位负责管理全国的奶牛发展事业。政府对协会的支持既有政策支持，又有财政支持，其主要体现在政府将奶牛及产品的税收划归协会所有，自收自支，政府税务部门派税务人员协助协会收税，其工资等费用由税务部门负担。

同时，联邦政府财政按奶牛及产品的税收额给予 1∶1 的匹配支持。它们支持协会的特点是产后支持，即发展了奶牛生产了奶产品，实现了交换、创造了税收后，政府才给予支持。新西兰的联合乳品公司，下设乳品研究公司、畜牧发展公司、乳品研究院负责新西兰的乳品生产，加工和销售。公司与农场鉴定了契约，保护价收购农民的牛奶，公司与农场真正形成了利益共享，风险共担的共同体，还有新西兰的农业研究院主要负责新西兰农业（主要是畜牧业）市场研究、品种研究开发，指导农场利用、转化科研成果等，与农场也签订了契约，形成了市场—科研—生产一条龙服务。

4. 严格的一体化管理

澳大利亚、新西兰一是坚持牧草种植当年不放牧；二是规定了牧草生命安全线，动物只能在安全线以内放牧；三是它们坚持环保设施齐备，做到了变废为宝。每个农场都建有废物处理设施和系统，通过处理后，动物的屎尿等废物成为草地的最佳肥料。

它们处理草地杂草、老草的方法很经济。处理草地杂草、老草的方法有很多，既包括人工割、机器割，也有让它自己死掉。但经过认真对比试验，选择了最经济的一种办法，即先放牧空怀母牛，让它们把高出的杂草、老草吃掉，然后再放牧羊群。因为人工割成本最高，机器割为 100 澳元/亩，直接放羊吃为 2 澳元/亩（羊不吃老草杂草，老草杂草浪费掉了）。它们对动物产品质量也有很高的要求，即发现哪头奶牛的牛奶质量不符合要求，就马上把它杀掉。

15.2.3 启示

①新西兰草地管理值得借鉴，特别是要意识到草种选择的重要性。各国气候、地理情况大不相同，我国各地种植环境也存在很大差异。因此，各地应有目的地对牧草品种进行试验，依据海拔、气候等条件筛选出几个适合当地气候环境的优质高产牧草品种，扶持几个繁种基地，有计划生产，实行财政补贴，低价供应，方便种草农户，为退耕还草，恢复生态和种草养畜创造良好条件。

②在我国奶类产品消费大幅增长的环境下，“以栏管畜、以畜管草、以草定畜、

草畜平衡"的草畜一体化管理值得推行。

③在退耕还林还草的土地内，应充分利用资源，用刈割收草补加精料圈养商品牲畜的方法，使退耕近期能见效益。

④政府与协会的作用不容忽视。重视协会、公司、连锁店、科研单位等中介组织的龙头作用，为农户提供技术指导与市场信息，而这些组织的形成与发展都离不开政府的政策和财政支持。

15.3　加拿大的苜蓿种子管理

近年来，加拿大苜蓿种植面积呈快速上升，种子业稳步发展，种子产量迅速增长，生产管理体系日趋完善，很值得我国借鉴。

加拿大国土面积大，其中有 73.95×10^8 亩人工播草草场和天然草场，包括天然牧场为 2.34×10^8 亩，人工牧场为 6.60×10^8 亩，生产苜蓿 9.31×10^7 亩。加拿大把苜蓿作为一种非常的作物来对待。在草业科研、教学、技术开发、育种、种子生产、苜蓿产品生产和苜蓿产品市场的开发等方面投入了巨大的资金和人力，形成了体系健全的产业化格局。

加拿大的苜蓿种子生产认证要通过严格的政府检验标准。其认证、分级和检验已经形成一整套机制。其认证由加拿大食品检测局和加拿大种子生产者协会合作进行，对全国种子生产者，加工商实施第三方检验审定。CSGA 是加拿大多种农作物唯一的种子系认证机构，某些高质量的种植采用特殊的质量保障和身份识别体系。

15.3.1　苜蓿种子生产认证管理

加章大苜蓿种子生产管理十分规范有序，凡从事苜蓿种子生产必须严格遵循国家制定的种子管理条例，并获得种子生产者协会的认可。如要进行苜蓿原种的生产，就必须具有种子生产协会授予的生产认证书，并具有种子种植者协会会员的资格。在生产者具备生产苜蓿种子的条件合格后，由该协会提供种子生产的技术规程和生产物质。

15.3.2　首褚种子生产基本流程

加章大土地面积广阔，苜蓿种子生产规棋大，机械化程度高，生产设备先进。其种植模式通常是在前茬作物中混播苜蓿种子，在农作物收获后，进行苜蓿草地的强化管理，作为苜蓿刈草地利用。新苜蓿地的前 3～4 年以收割牧草为主，当苜蓿地植株稀琉，在杂草基本干净后，便用于种子生产田，并立即投放苜蓿切叶蜂，以提高苜蓿的受粉率和种子生产量。当苜蓿种子田利用 3～5 年，需要改种其他作物时，便在种子田补播草种，加大苜蓿密度，提高苜蓿营养体产量，等到翻耕季节，便把苜蓿深翻在地里作为绿肥利用，而后再种植农作物。

15.3.3 苜蓿种子生产技术管理

加拿大苜蓿种子生产中都要依赖苜蓿切叶蜂来进行传粉，所以相对其他草种生产的技术性要强。加拿大的苜蓿品种名来源于原种名，苜蓿品种的原原种数盆很少，提供给种子生产者的苜蓿种子只是基础种。种子生产者用基础种子生产出来的种子经过种子生产者协会检验为合格的种子才可以作为商品种子投放市场，提供给农场用于生产饲料。

加章大苜蓿种子生产者没有繁育任何苜蓿种子的主动权，只有根据协会给予自己的原原种和基础种的数量，来选择繁殖什么品种的苜蓿种子。现在种子生产者协会掌握的主要苜蓿新品种有安克、阿尔冈金、润布勒、阿匹卡、特立克、拜瑞、和平、德里兰德、蓝茎兰德等。

加拿大苜蓿繁种地由 Secan 协会安排。凡有灌溉条件的种地一定要排水良好。轻壤土最适宜苜蓿种子生产，要避免在土层浅薄、贫瘠的土地或具硬盘层的孩盐地上生产种子。为避免原种生产时的混杂，必须要在种子繁育地的两侧设立隔离作物，邻近农田的种植史也要调查清楚。一般繁育合格种子的生产地在前 2 年没有种过苜蓿；繁育基础种子的生产地在前 5 年没有种植过苜蓿。

清理和平整土地对苜蓿种子生产是十分重要的。清茬可提供坚实干净的种床，平整的土地则保证图平整土地可保持土壤水分。苜蓿种子的生产可使用禾草播种器或麦类播种机安装条播盘来播种，一般播量要调到低播量。苜蓿种子播种不能太深，通常以 1 厘米为最好，在轻壤土上可稍深一点。

加拿大的苜蓿混播技术很发达，为实现高产和提高草食家畜对草地的利用效率，在人工草地建设中常常采用苜蓿混播。已开发出一些用于苜蓿混播的技术软件极大地方便了农民和销售苜蓿种子的公司。其常见的混播组合有紫花苜蓿＋梯牧草＋无芒雀麦；紫花苜蓿＋沙生冰草；紫花苜蓿＋鸭茅等。混播作物可减少土壤水分损失和杂草危害，播种当年能增加一定的收益，但也与苜蓿幼苗争水、争肥、争光照。伴生作物可减少当年的苜蓿种子产盈，有时能影响到第 2 年。

采用这些方法能减少混播伴生作物与苜蓿的竞争，如使用有效氮 35～39 千克/公顷，当混播伴生作物单独播种时，将其播量减半；苜蓿和伴生作物按照适宜深度分别播种，先纵向播种伴生作物，然后横向播种苜蓿。提前收割伴生作物用于青饲，使苜蓿在晚夏秋初得以完成生长发育，苜蓿播种前要对种子进行根瘤菌接种。苜蓿对播种期的要求不太严格，但早春播种可使苜蓿在播种当年得到良好发育，在秋季播种也是可行的。播种以条播为好，行距不能小于 60 厘米，苜蓿植株过密，则会降低苜蓿种子的产量。

在加拿大，苜蓿种子收获一般使用联合收割机直接收获，这样既可避免因气候和刈割、晾晒而造成的种子损失，又可防止站立的苜蓿被漏割或被轮胎压坏。苜蓿植株太干，其种荚的损失是不可避免的。在使用联合收割机收获苜蓿种子时一般应注意在秋初早霜来临时，可促使苜蓿植株提前干燥，应把握时机抓紧收获。利用脱叶剂可加快苜蓿成熟和提早收获期，掌握最适收获时间。正确掌握联合收割机的使用方法，试验调整收割机的纹轮、卷筒、行进速度和滚筒速度等。

加拿大苜蓿种子田的产种量一般是 550～800 千克/公顷。在灌溉条件下，产量较高的品种在有良好管理的情况下，种子产量可达 677～900 千克/公顷，不同苜蓿品种的产籽能力源于其不同的内在因素和管理水平。但在没有投入苜蓿切叶蜂进行授粉的情况下，苜蓿种子产量仅为 50～70 千克/公顷。

加拿大是世界上最大的苜蓿颗粒出口国，仅次于以苜蓿出口的美国。苜蓿也主要生产两种苜蓿产品：脱水的苜蓿颗粒和晒干的苜蓿颗粒。大部分的苜蓿脱水工厂建在萨克斯其万省和亚伯达省。而这里 85%～90%的产品主要用于亚洲的出口市场。苜蓿草的加工质量主要取决于加工的技术，目前加拿大在整个苜蓿干草的生产中的收割、晾晒、打捆（压缩打捆）、包装、搬运、贮藏各个环节实现了机械化，技术含量高。

15.4　日本的牧草产业发展及对我国的启示

15.4.1　日本粗饲料业生产

1999 年，日本肉、蛋、奶（包括乳制品）的年人均消费量分别是 28.0 千克、17.3 千克、91.0 千克。其中畜牧业的贡献率（自给率）如表 15-1 所列，除了奶类和鸡蛋处于高水平之外，肉类只能满足需求量的 54%。在用来生产自给畜禽产品的饲料原料中，大部分的谷类、60%的粗饲料来自国外。

表 15-1　日产动物产品自给率以及自给率目标

自给率	牛肉	猪肉	鸡肉	鸡蛋	奶类
1999 年	35.4	60.6	67.3	96.0	92.3
2010 年	38.0	73.0	73.0	98.0	94.0

大量进口饲料原料的主要原因是没有足够的耕地。虽然从 20 世纪 70 年代到 20 世纪末一直致力于扩大牧草和饲料作物的栽培面积，如开发草地、改稻田为草地等，但收效甚微。在 30 年中仅增加了 66.6 万亩（1970 年是 1 350 亩）。这是因为日本需要保证大米的自给，存在着畜牧业与水稻争夺耕地的问题。

正是因为饲料作物耕地不足以及气候高温多湿多雨、梅雨季节长等自然因素不利于晒制保存，所以每年生产的 3 743 万多吨青饲料（表 15-2）几乎全部青贮（北海道晒制部分干草）。

表 15-2　粗饲料耕作面积与产量(1999 年)

粗饲料种类	面积/万亩	产量/万吨
禾本科牧草	367.95	1 055
禾、豆科混播牧草	840	2 034.5
青刈玉米	148.5	479.5
青刈高粱	38.7	150
青刈燕麦	9.9	24.92
合计	1 416.6	3 743.92

1999 年，存栏乳牛为 176.5 万头，其中经产牛为 115 万头，未经产牛为 61 万头；肉牛为 282.3 万头。每头牛占饲料作物耕地为 3 亩，占有自产青饲料 8.9 吨。如果按 80％的水分计算，每头牛占有自产干物质粗饲料 1.7 吨。在理论上，一头产奶8 000 千克的经产乳牛的年间干物质饲料耗量为 6.8 吨，其中粗饲料为 3.7 吨，粗饲料缺口为 2 吨。而实际上每头经产乳牛消耗 2. 5 吨进口粗饲料。这样算来只经产奶牛全国每年就要消耗 287 万吨的进口粗饲料。

如表 15-1 所列，日本提出了 2010 年的畜禽产品自给率的目标。要达到这些目标，必须在各方面下功夫，但无疑还需要增加粗饲料的进口量。

15.4.2　进口粗饲料的分类

如图 15-1 所示，进口的粗饲料分植物副产品、加工渣滓、牧草三大类。几乎全部的植物副产品和甘蔗渣、部分甜菜渣和水果渣、部分牧草用作肉牛粗饲料。大部分牧草和甜菜渣、水果渣以及少量稻草用作乳牛的粗饲料。当然，马、猪、鸡、兔以及观赏动物（动物园和家庭）也消耗大量粗饲料，但主要是优质牧草产品。

- 植物副产品
  - 稻草
  - 玉米秸秆、芯
  - 其他（谷草等）
- 加工渣滓：甜菜渣、甘蔗渣、水果渣等
- 植物副产品
  - 稻草：单播草捆、混播草捆
  - 草块：大块、小块
  - 粉粒
    - 草粉
    - 颗粒

图 15-1　进口粗饲料的分类

牧草产品按加工形式分草捆、草块和粉粒三种：草捆又叫作“干(牧)草”，进口量最大，主要是禾本科牧草。草块主要是混播草块，一般含苜蓿干草 75%～80%。草粉和颗粒是用苜蓿草一种草制造的产品。

15.4.3　牧草进口量

日本 2000 年的牧草产品进口量见表 15-3。干草进口量最大，全年进日 300 多万吨，其主要来自美国、加拿大、澳大利亚。来自中国的干草产品主要是东北的羊草，占日本干草进口量的 3%左右。

表 15-3　2000 年日本牧草产品进口量　　万吨

类别	月份												
	1	2	3	4	5	6	7	8	9	10	11	12	合计
干草	28.4	20.2	15.9	14.7	15.8	29.9	27.7	27.6	25.9	30.9	31.8	31.4	300.2
草块	4.9	4.9	4.9	3.7	4.6	7.5	7.4	7.4	7.7	7.5	7.7	4.8	72.9
苜蓿粉+颗粒	3.3	3.2	4.8	7.8	2.9	2.0	4.5	4.6	5.3	2.7	3.2	3.1	40.5

注：作者对原数据做了四舍五入。

草块进口量为 73 万吨，基本与往年相近。如果草块中含苜蓿草 75%，进口的 73 万吨草块中就有苜蓿干草约 55 万吨。苜蓿粉和苜蓿草颗粒的进口量是 40 多万吨。由于没有详细资料显示苜蓿粉和苜蓿颗粒的各自进口量，因此，把二者结合算起来一并列出。

从以上数据不难推算出，日本苜蓿草产品的需求量占牧草产品进口总量的 44%以上，其中纯苜蓿产品(草粉、颗粒)占 16%，与其他牧草的混合产品占 28%以上。

15.4.4　贸易的形式与价格

消费末端的干草价格由当时进口的日元汇率(主要是对美元)、交易阶段、产品加工程度、用户所处的地理位置以及消费量等因素决定。

1. 日元汇率

根据日元对美元汇率与干草、草块的关系，CIF(到岸价)随汇率的变化而变化。但是如果海运费或美国国内的气候等自然条件造成干草减产时，即便是汇率下降(日元增值)，CIF 价也有可能不随汇率的变化而变化。

2. 交易阶段

交易阶段又分 FOB(Free on board，离岸价)、CIF(Cost insurance and freisht，到岸价)以及批发价。

①FOB 价又叫船上交货价。顾名思义这是在出口国港移交产品时的价格。

价格内容包括干草产地的现地收购价、出口国国内的运费、装船费和有关的费用(如报关、仓储租赁费等)、检疫费以及熏蒸消毒费、售方的手续费等。

②CIF 价是在 FOB 价上再加上到日本口岸的海运费和保险费的价格。日本进口商一般在 CIF 价上再加上国内运费、手续费等，作为对消费末端的销售价。

③批发价在 CIF 价上加上进口商的手续费、保管费等的价格。批发地点是进口商在日本的大型仓库。在批发价上再加上运费，就是对消费末端的销售价。

15.4.5 苜蓿草出口到日本之前的生产加工过程

1. 生产、加工过程

出口用的一般苜蓿干草的加工方法是刈割后原地晒制 3～10 天，当把水分降到能第一次打捆(打捆后不霉变)的程度时，打捆堆放到地头，大致用 3～9 天的时间挥发掉剩余的水分，之后进入加工工序。美国对日本出口干草的加工调制过程见图 15-2。

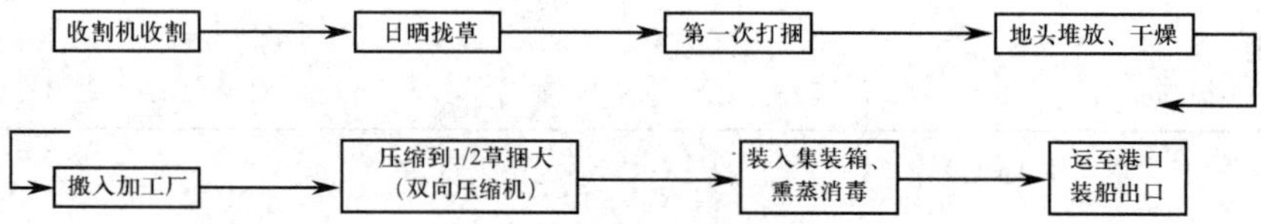

图 15-2 美国对日本出口干草的加工调制过程

2. 产品尺寸

(1) 苜蓿草捆 被压制后长为 68～70 厘米、宽和高为 27～30 厘米，重量约 27 千克。

(2) 苜蓿草块 被压制后长和宽约为 10 厘米、厚约为 5 厘米，重量为 0.8～1 千克。

(3) 苜蓿草微块 被压制后长、宽和高约为 3 厘米、重量为 0.2～0.25 千克。

(4) 苜蓿粉 目数多种多样，一般为 20～40 目。压入带塑料衬的牛皮纸袋，每袋 20 千克。

3. 包装样式

如果使用长为 12.19 米、宽为 2.44 米、高为 2.59 米(容积为 77.04 米^3)的集装箱，在限定的容积内应装载最大的重量为 21.5～22 吨。

包装分两种形式:第一种是在出口国一次性包装到位，运到日本后直接销售；第二种是在出 1∶3 在美国进行粗包装，运到日本后由进口商进行分包加工。

15.4.6 日本政府对进口干草的有关规定

日本政府规定从 2000 年 12 月 30 日开始对从恶性家畜传染病发生地区进口

的干草除进行例行检疫外，还追加动物性检疫，这就意味着禁止从这类地区进口干草。但它又规定，满足一定条件，提交了出口国政府机关或农林水产大臣指定的机关出具的证明书的干草可以进口到日本。“一定条件”是指“出口国政府机关或农林水产大臣指定的机关出具了在农林水产大臣指定的设施、按照农林水产大臣指定的标准进行了消毒的证明书，并且不经由出口地区以外的地区直接出口到日本”。同时，日本政府还指定了进口干草用的 26 个国内港口，指定美国、加拿大、澳大利亚等 32 个国家和地区为“清净地区”。这些国家的干草可以享受免检的优厚待遇。亚洲没有一个国家列入清净地区。

15.4.7　进口干草在日本国内的分布

日本没有具体的数字显示进口干草在各地的分布情况。由于进口干草的价格比自产的高，所以进口干草应该分布在每头牛的自产干草占有量比较少的地区。

根据农林水产省畜产局 2000 年发布的有关饲料作物栽培面积的数据可知，北海道的饲料作物栽培面积占全体饲料作物栽培面积的 63%，其他地区饲料作物栽培面积合计占 37%，再根据每头牛每年的自产干草占有量推算值来看，北海道、北东北、南东北和关东、南九州分别为 4.5 吨、2.5 吨、1.5 吨、2.5 吨，东海、近畿、北陆、四国、北九州地区为 1 吨。据日本草地试验场 1990 年的会议资料显示，关东、东海、近畿、北陆、四国地区的进口干草使用量占进口总量的 82.5%，九州、冲绳地区进口干草使用量占 9.5%，东北地区进口干草使用量占 7 1%，北海道进口干草使用量仅占 0. 9%。

虽然奶牛饲养规模稍微有些萎缩(饲养头数减少 0.4%)，但近 20 年来一直处于比较高的稳定水平，再加上日本政府的土地政策没有重大变动，由此可以判断，10 年前主要使用进口干草的地区，现在仍然是进口干草的主要消费地。因此，南东北和关东、南九州以及东海、近畿、北陆、四国、北九州地区应该是购买进口干草比较多的地区。

15.4.8　苜蓿草产品在各畜种的利用

奶牛、肉牛、猪、鸡是日本的主力畜禽，本节把这些畜禽定义为“主力畜种”。这些动物是消耗包括苜蓿草在内的牧草的主要动物，其中以奶牛和肉牛消耗量最多。另外，马、鹌鹑、兔、羊、一些家庭饲养的观赏禽兽，如松鼠、袋鼠等以及动物园饲养的观赏动物和禽类也消耗不少牧草产品。

日本没有具体的数据显示进口的苜蓿产品分布在各畜种的使用量。根据全价配合饲料量和原料使用量可以确定，1996—2000 年 5 年中主力畜种配合饲料所使用的苜蓿产品(苜蓿粉、颗粒的配合颗粒)的量。苜蓿粉和苜蓿颗粒的使用量从 1996 年 2 万 4 千多吨一直下降，到了 1999 年和 2000 年基本保持在 2 万 1 千吨左右。

在主力畜种的配合饲料中，鸡（蛋鸡和肉鸡）配合饲料中苜蓿粉的使用量在2000年为950多吨。苜蓿粉使用量在1998年降到最低点（1 900吨）后逐年有所回升，回升幅度大致为100多吨。

总体而言，在全年进口40万吨的苜蓿粉和颗粒中，6％（2.1万吨）的苜蓿粉和颗粒用来做畜禽的全价配合饲料，94％（38万吨）的苜蓿粉和颗粒用于其他方面。这些其他方面包括了常规家畜的非全价配合饲料部分和非常规家畜的饲料，其中以前者的使用量为最多。这部分的内容比较复杂，有待以后整理、研究。

15.4.9 对中国苜蓿产业化的思索

1. 发展苜蓿产业需要规模化

不论任何事物，没有规模从来就形不成产业。但规模化不一定必须是大面积的成片栽培。大面积（美国式）栽培与分散型栽培结合起来，从中探索“产、供、销、用”的配套方法和途径也许是中国式苜蓿产业发展的最好模式。

2. 发展苜蓿产业首先立足于国内的需要

日本如果有栽培牧草的土地和环境，肯定不会大量进口牧草。中国有一定的栽培牧草的条件和环境，更有巨大的消费市场。因此，开拓国内市场，掌握国内市场才是苜蓿产业稳定发展的基础。

3. 苜蓿产业与畜牧业、机械制造业，甚至畜产品加工、副食品流通业有机地结合

避免有关行业各自为战、消耗行业交叉部分的资源，达到取长补短、资源共享。似乎感觉到中国有这样一种倾向：搞草的不懂动物的饲养、营养，搞饲养的不懂市场，搞市场的不懂牧草和饲养，等等，行业间有无形的脱节现象。这样的问题在美国和日本不那么突出，美国和日本等先进国家之间的牧草贸易能够平稳进行，这种状况也许跟他们解决了这些矛盾有一定的关系。

4. 避免误导、不刮一阵风

20世纪70年代，鸵鸟进入美国引起了巨大震撼。震源是鸵鸟，“肉质低胆固醇、皮革贵、羽毛贵、全身是宝。巨大市场、充满商机”的误导和对鸵鸟和鸟蛋的炒作导致美国的鸵鸟场如雨后春笋。20世纪80年代末，几乎90％的鸵鸟场宣布倒闭。大量资金流入炒作者手里，大部分养殖场出现亏损。这样的误导严重伤害了基层群众，严重阻碍了该行业的发展，因此，希望苜蓿产业稳扎稳打、稳定发展，采取措施、制定规则避免过当竞争。

5. 树立为消费者（养殖业）服务的产业观

千方百计提高栽培质量，提高加工质量，切实降低成本，让消费者通过畜产品的产量、品质和经济利益三方面认识苜蓿产品，抓牢国内的市场，这也是中国苜蓿产品走出国门的基础。国外的苜蓿产品如同大豆、玉米等谷物一样窥视着中国的市场，一旦时机成熟将流入中国。就现在而言，美国、加拿大等国家的苜蓿产品的

质量好于中国，产量更是大于中国，价格也低于中国。中国苜蓿产业如果不练好基本功，将面临困难的局面。

6. 建议国家从政策、法规、人才、资金等方面加大支持牧草产业化的力度，确保新生产业的发展

虽然中国苜蓿栽培史有几千年，但"苜蓿产业化"概念的提出也只不过是在最近十几年，但是相信中国在牧草方面积累了雄厚的知识基础、实际应用技术、近乎成熟的产业化技术和经验。不论改善土地使用结构，还是改善畜禽的"膳食"构造，作为牧草产业化中的一个支脉，苜蓿产业化的结果必将带来畜禽产品的质和量的提高。

15.5 荷兰奶业发展模式及其借鉴

随着收入水平的不断提高，我国居民奶制品消费快速增加。2000年后，在肉、蛋、奶三类主要动物性产品中，我国牛奶产量增长速度最快。我国已经成为牛奶生产和消费大国。我国的奶产业从总体上来看具有很大的潜力，发展前景看好。

尽管奶业有了长足发展，我国奶业发展仍存在诸多问题。自2008年以来，牛奶产品安全事件频发、养殖的环境污染严重。2008年，我国人均奶类消费量急剧下滑，至今仍处于缓慢恢复过程中(图15-3)。自2014年下半年以来，我国奶业生

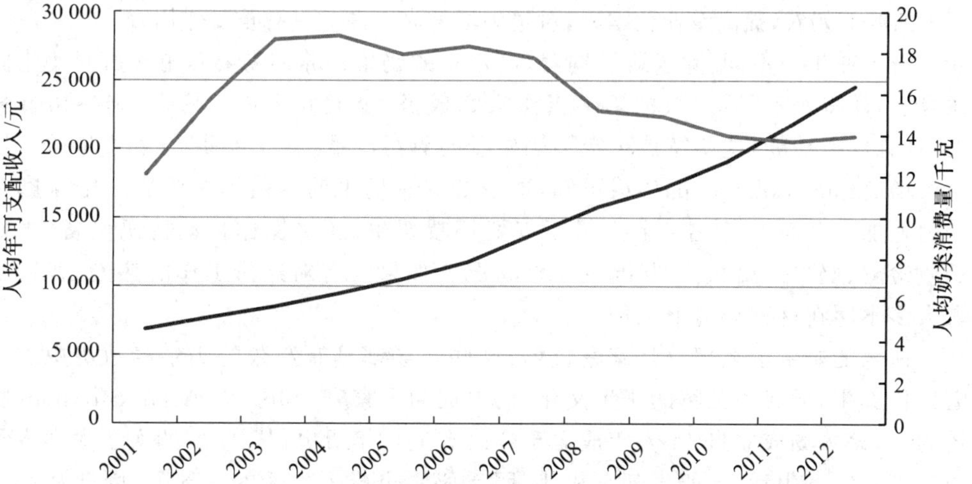

图15-3 中国奶类人均消费变化趋势

(资料来源:《中国统计年鉴2001》至《中国统计年鉴2013》;《中国奶业年鉴2001》至《中国奶业年鉴2015》)

产产销失衡，奶价持续下跌，部分地区出现“卖奶难”甚至倒奶，控制成本压力大、消费信心不足、资源环境约束明显等突出问题。

借鉴奶业发达国家的先进的技术及管理理念与发展经验对快速提高我国奶业发展质量具有重要意义。我国奶业的开放和国际化程度越来越高，先后与新西兰、阿根廷等国家签订奶业合作备忘录，与澳大利亚、新西兰建立奶业对话机制，成立“中荷奶业发展中心(以下简称 SDDDC)”“中新奶业发展中心”“中爱奶业科技中心”“奶业国际联合研究中心”，与美国加拿大等国家联合举办培训班和研讨会。

荷兰是一个乳业大国，乳业是荷兰经济与国际贸易的重要组成部分，乳品行业占到整个荷兰贸易顺差的 8%。荷兰奶牛养殖业和乳制品行业在 2014 年的产值分别为 50 亿欧元和 70 亿欧元，是欧洲第五大牛奶生产国，乳品行业规模约占食品行业总量的 1/6。荷兰乳业的巨大成功不仅源于气候、土地、战略性地理位置、物流基础设施、知识和教育的天然优势，而且通过不断创新发展，探索出了适合本国国情的一套行之有效的独特发展思路和发展方式。

15.5.1 荷兰奶业发展的主要特点

1. 注重产业传承

现代奶业发展越来越依赖技术。据本书对荷兰一个中型奶牛场 Arjan Stokman 的访谈可知，一名合格的自动挤奶设备操作人员就需要三年左右的训练，如牛奶品质检测、人工授精、牧草甄别、奶牛病情判断等都需要很强的专业技术。因此，培养训练有素的职业奶农，提高专业化水平，对奶牛场的高产高效具有重要作用。

与工业生产不同，除了科学饲养，高水平的奶牛饲养还需要养殖人员对奶牛倾注爱心，懂得奶牛“语言”，把奶牛当作家庭成员，全天候看护。另外，奶牛摄食量大，具有反刍功能，这些特点决定了奶牛场的粪污产量大、气味重、空气质量差。据对牛场 Arjan Stokman 的访谈可知，这个 300 头奶牛的养殖场主要靠 2 个家庭劳动力外加一名雇工，3 名从业人员不仅要饲喂奶牛，还要操作自动挤奶设备、牛奶品质检测、奶牛体温、运动状况及采食状况。如果没有对这份工作的热爱，普通工人大多不愿在这种环境下工作。

荷兰的奶牛场大部分是家庭牧场，这些牧场都具有悠久的奶牛养殖历史。家庭世代养牛，形成了独特的奶牛文化，奶牛成为了家庭一员。以 Arjan Stokman 牧场为例，该牧场成立自 1924 年成立至今已有上百年历史，其 24 岁的次子大学入学前一直在牧场生活，与奶牛朝夕相伴，照看奶牛也成了生活的一部分，因此从小就立志做一名牧场主。如今大学毕业的他每天不到早上 7:00 就起床工作，一直忙到晚上 12:00 以后才睡觉，还经常加班。无论是挤奶、配种还是清理臭气熏天的奶牛排泄物，小伙子脸上始终洋溢着幸福的微笑。在这些家庭牧场，照看奶牛不仅被当作谋生手段，更重要的是成为一种生活方式。

2. 合理的饲养方式与科学的饲料结构

奶牛的产奶数量与质量跟饲料结构及管理方式有直接关系。我国的奶牛单产量平均为 5.5 吨，而荷兰等奶业发达国家的奶牛单产已经突破了 10 吨。影响奶牛单产水平的因素有很多，如奶牛的品种、营养水平、饲养管理水平等。其中，饲料因素占到了 50%。

与澳大利亚、新西兰畜牧业主要依靠天然草场不同，荷兰超过 70%的耕地面积种植牧草，每个家庭牧场 90%以上的饲草来自自有牧场。奶牛在牧场自由采食，不仅增加产奶量，还可以提高奶牛自身免疫力，减少兽药投入，显著提高牛奶质量。除了自由采食，奶牛的日常饲料配方是根据专家建议结合牧场多年的经验积累，在保证基本营养成分的前提下逐步优化饲料结构，而不是随着市场上原料的价格变化随意改变饲料结构，这对保证奶牛的稳产、高产起到了重要作用。

3. 适度的牧场规模

虽然荷兰政府自 20 世纪 80 年代就提倡扩大牧场规模，增加效益，牛场规模也随之逐渐扩大，但是扩张速度非常缓慢。截至 2015 年，荷兰奶牛存栏量仅有 160 万头，分布在 18 000 多个牧场，平均每个牧场养殖规模仅有 87 头。与中国大型牧场养殖规模动辄超过 5 000 头不同，在荷兰，超过 200 头的规模即被认定为大型牧场，超过 300 头的规模牧场仅占其总数的 1/7。以 Arjan Stokman 牧场为例，经过近百年的发展，牛场规模为 30～300 头（表 15-4）。荷兰土地属于私人所有，Arjan Stokman 牧场现有土地面积为 135 公顷，这些土地不仅包括养殖场，而且包括奶牛运动场、草场等。牧场奶牛饲养规模主要取决于自有耕地面积所决定的牧草供给能力与奶牛运动场大小以及耕地规模所决定的粪污消纳能力、支付昂贵雇工费用的能力。由于土地及雇工价格上涨较快，来自政府的粪污处理要求高，这些牧场对于扩大生产规模都非常慎重。

表 15-4　Arjan Stokman 牧场奶牛数量与雇工人数变化趋势

年份	奶牛数量/头	雇工人数/人
1924	30	6
1964	35	2
1966	60	2
1978	80	1.5
1997	110	1.5
2008	140	2
2015	300	2

注：0.5 个雇工代表 1 个季节性临时雇工。

资料来源：Arjan Stokman 牧场。

4. 合理的利润结构

现代奶业发展的一个重要特征是牛奶生产、收购、加工、运输、销售等产业链环节分离。在世界范围内的奶产业链中,其利润分配大约为10%、10%、40%、10%、30%。荷兰的奶产业链各个环节连接紧密,一体化程度高。由于各环节利润分配比例不同,不同时段各环节的利润实现模式与利润率差别大,为了实现奶业发展均衡稳定,政府鼓励奶产业一体化发展,牧场主加入奶业合作社,通过合作社把牛奶卖给合作社所有的牛奶加工企业。对于牛奶加工企业来说,合作社就是一个股东,它能够长期地领导企业。合作社运营状况及加工企业的业绩与牧场的盈利息息相关,这种方式使得荷兰的奶产业链上各个环节的合作变得顺理成章,利润分配也更趋合理。由于利润差小,奶牛养殖业与乳品行业产值差别不大(图 15-4)。奶企既不会因为销售利润下降把损失转嫁给奶农,奶农也不会为了牧场利益而在牛奶掺杂使假,更不会因为奶价下滑而宰杀奶牛。

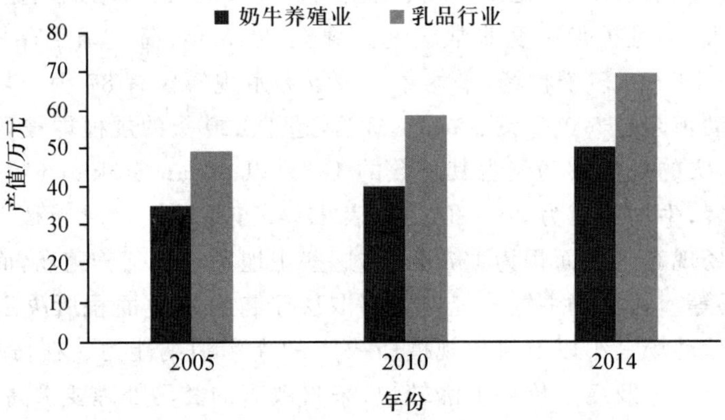

图 15-4 荷兰奶牛养殖业与乳品行业的利润分配

(资料来源:荷兰乳业协会)

5. 强大的第三方检测和机构

影响牛奶质量既包括气候、土地等自然环境因素,又包括奶牛品种、饲料构成、奶牛福利水平与健康状况、奶牛群体结构等众多因素以及挤奶、牛奶运输等管理环节。这些特点决定了牛奶的质量非常难以控制。同一牛场不同季节,甚至不同批次的牛奶质量都会有较大差别。因此,对牛奶质量进行检测评定,依据其检测结果确定牛奶价格。其对于保证乳制品品质,激励奶牛场提高牛奶质量是非常必要的。在荷兰,牧场生产的每一批牛奶都要经过第三方检测机构的严格检验,没有检测合格证的牛奶不允许销售。牛奶加工厂依据检测的结果确定牛奶的价格,牧场则根据检测结果确定进一步改进牛奶质量的措施。其中,更为关键的是第三方检测机构与奶业利益链条上的各方都没有利益关系,不存在利益输送的可能,这就从体制上保证了检测结果的公平公正。

6. 完善的社会化服务机构

现代奶业发展链条越来越长，牧场发展对技术、资金的依赖性越来越高。即使专业化程度很高的牧场，也难以完全依靠牧场自身的力量对产业链上的每一环节进行建设。在荷兰，从奶牛的牛场建设到基础设施包括粪污处理设备，生物发电设备，奶牛饲草料，奶牛的运动、体温、进食等各种监控设备，挤奶设备以及奶牛的配种、疫病防治等等都由合作社、奶牛协会及其他社会化服务机构提供专业、快速、高质量的服务。即使规模较小、实力较弱的牧场，也能实现 专业化、标准化的发展。

15.5.2 荷兰奶业发展的借鉴

尽管中国与荷兰的国情不同，奶业发展历程、发展策略不同，但两国都属于人多地少的国家，都有发展集约型畜牧业的客观要求。居民对健康、安全牛奶及奶制品的需求以及奶业发展的基本规律决定了荷兰奶业发展的基本经验仍然值得我国学习。

1. 培养职业奶农

据 SDDDC 于 2015 年夏天对京津冀三地奶牛养殖单位的问卷调查表明，我国中小型奶牛养殖场的成立时间普遍为 1～5 年。在牛奶价格高企时，这些奶牛养殖场纷纷加大奶牛养殖规模，而在奶价下降，尤其是短期内养殖利润快速下降时，则纷纷宰杀成母牛，这种状况客观上加剧了牛奶价格的大起大落。养殖场环境差，养殖场竞争激烈，从业人员职业意识差导致奶牛养殖场从业人员流动性大，难以保证养殖场牛奶产量和质量的稳定。培养一批职业奶农是保证奶牛养殖产业稳定发展的必要条件。

2. 保持合理的饲料结构

奶牛产奶量与饲料构成有直接关系。科学的饲料结构是由气候、土壤等自然条件与奶牛养殖场的规模、设施及管理方式等共同决定的。奶牛产奶量的一大特点是当增加苜蓿等优质粗饲料的用量时，牛奶产量与质量会缓慢增加，但不使用优质牧草；当粗饲料用小麦秸秆等代替时，牛奶的产量与质量很快就会大幅下降。自 2008 年以来，大型奶牛场意识到牧草对牛奶产量与质量的重要性，奶牛饲养中逐步加大优质牧草的使用量，有条件的奶牛养殖场开始推广 TMR 饲养。由于资金、技术的限制，中小型奶牛场为了降低成本，往往根据原料的价格变化改变饲料结构。比如，在 2014 年以前，因为玉米价格高企，饲养场就在饲料中减少玉米用量，增加麦麸、豆粕、棉籽皮的用量；2015 年玉米价格大幅下降，这些牛场又增加玉米及青贮玉米的用量。饲料结构变化随意性大从而造成牛奶质量很不稳定。借鉴荷兰等畜牧业发达国家的做法，由技术专家给出饲料基本配方，并指导奶牛饲养场推广使用，这是提高牛奶质量的行之有效的方法。

3. 适度发展规模化饲养,实现草畜一体化发展

2009 年,我国实施的《乳制品工业产业政策》强调奶企必须具有一定数量的自备奶源。从那时起,奶牛养殖场规模迅速扩大,相继出现万头牛场。据本书的调查表明,我国自 2010 年以来成立的牛场的发展的目标规模都是在 5 000 头以上。在利好政策的刺激下,很多奶牛养殖场脱离本地区饲料资源、环境承载、粪污消纳等实际情况,盲目求大、求洋、求投资。大多数牧场在仿照外国模式建设过程中仅仅模仿规模,而没有真正掌握饲料生产、粪肥消纳、疾病防控等配套技术。这些牧场大量外购饲料,增加了饲养成本;粪污排放量大,处理难,对周边的环境污染大;疫病防控难,疾病风险大;企业规模大,相应的管理成本增加。SDDDC 于 2015 年对 6 种养殖规模(按存栏量分成<100 头、100～299 头、300～499 头、500～999 头、1 000～1 999 头、>2 000 头)的企业、牧场、小区、家庭牧场或者农户的调查也证实了上述观点。在这六种养殖规模中,500～999 头规模奶牛养殖场成本控制最好,效益最高。借鉴荷兰奶牛养殖经验,由企业拥有的土地面积决定的粪污消纳能力、奶牛疫病控制需要,来合理确定奶牛养殖规模。这种方式对于提高奶牛养殖水平与效益是非常必要的。

饲草的一大特点是单位体积价值低,运输成本占比高。我国自古就有千里不运粮,百里不运草的说法。荷兰等畜牧业发达国家的奶牛养殖场都拥有自有牧场,其大部分的牧草依靠自有牧场提供,大大节约了饲草成本。目前,我国苜蓿的种植大省集中在西北地区和华北地区,苜蓿质量好。由于西北地区的奶牛数量不如华北地区和东北地区的奶牛数量多。苜蓿草北草南运,北草东运,导致成本增加以及能耗增多。据调查,2015 年,从我国西部牧草种植中心甘肃玉门运往南京、上海等主要需求地区的运费为 1 200～1 300 元/吨,运价甚至超过了牧草收购价,大大增加了奶牛场的成本,不利于奶企节本增效与提高奶业国际竞争力,也使碳排量放增,更加不利于环境保护。我国通过规定新建奶牛养殖场必须拥有一定数量的牧草种植面积或者协助已有养殖场流转土地与周边农户签订收购牧草订单等实现草畜一体化发展。这些规定对于提高奶业发展质量与国际竞争力,具有重要意义。

4. 打造合理的利益链条

我国奶产业链条上的各环节都是相互独立的。奶业合作社仅仅是奶农合作组建的养牛组织,没有形成产—加—销一体化的合作组织。由于合作社规模小,力量弱,其在与乳品企业交易中处弱势地位。奶农与乳品企业只是简单的买卖关系。他们之间的短期行为较为明显,奶农利益得不到保障。当夏秋季节牛奶产量高峰时,乳品企业以各种借口压级压价,甚至拒收鲜乳;当冬春季节市场需求好时,乳品企业又相互争夺奶源。随着国家对生鲜乳品质要求的提高,特别是自 2014 年以来生鲜乳相对过剩,乳企对生鲜乳的收购变得越来越挑剔。据 SDDDC 中心的一项调查表明,由于缺乏话语权,散养户牛奶的价格比规模牛场的牛奶价格低 26%

(表 15-5)，从而导致利益矛盾突出，奶农亏本严重，倒奶、杀牛时有发生。

借鉴荷兰等国过的发展经验，由我国地方各级政府和奶业行业协会牵头成立奶业合作社或牧场联盟，以真正代表养殖环节的利益，并鼓励加工企业和养殖场交叉持股，利益共享，风险共担；县、乡两级政府依据《农民专业合作经济组织法》合理引导，积极扶持奶农专业合作社、奶牛协会等奶农合作组织，使其在维护奶农利益、协商生鲜乳收购价格，为奶农提供服务等方面充分发挥作用。

表 15-5　中国不同奶牛养殖模式的原料奶收购价格比较　　元/千克

养殖模式	时间/年-月-日					平均
	2009-1-21	2009-4-21	2009-8-20	2009-11-21	2009-12-11	
规模牧场	3.15	3.20	3.40	3.50	3.60	3.37
养殖小区	3.00	2.95	2.90	3.00	3.00	2.97
奶站	2.70	2.67	2.55	2.77	2.77	2.69
散养户	2.50	2.47	2.35	2.57	2.57	2.49

资料来源：根据 SDDDC 中心的数据统计。

5. 大力发展第三方检测监督机构

生鲜乳品质检测在现代奶业中占有重要地位。我国的生鲜乳质量检测都是由乳品企业说了算。乳品企业既当运动员，又当裁判员，缺乏第三方检测监督机制。奶农的鲜乳质量得不到公正客观的认证，在利益驱动下生产者往往吃亏，加工企业掠夺了奶农的正当利益。产业链上的利益、权益不平衡严重损害和挫伤了奶农的积极性。

借鉴荷兰发展经验，在生鲜乳检测中引入第三方检测监督机构对于保证监测结果的公平公正，减少生鲜乳收购环节的寻租现象，促使奶农提高牛奶质量，具有重要意义。

6. 推进社会化服务

奶牛养殖环节投入大，投入资金占整个产业链资金投入的 75%左右，回报率低，利润仅占整个产业链利益的 10%左右。奶牛养殖环节既面临自然风险，又面临市场风险。通过推进社会化服务，可以有效分散奶牛养殖的风险，我国众多规模小、实力较弱的牧场也能实现专业化、标准化的发展。同时，通过提供专业化的服务，又可以提高产业的技术水平与效率，提高我国奶业的国际竞争力。

15.6　美国的苜蓿产业发展历程及对我国的启示

美国是当今苜蓿种植面积最大、产业化发展程度较高的国家。苜蓿是其广泛种植的 4 种作物之一，种植面积占全国耕地面积的 1/3，仅次于玉米、小麦和大豆。

2016年,美国出口草产品达492万吨,占国际市场草产品53%。

15.6.1 美国苜蓿种植业发展历程

从19世纪40年代起,随着美国经济发展,城市化进程的加快,人们对动物产品的需求随之增加,这为畜牧业的发展提供了前提条件。密西西比河以西的平原地区相对于当时较多未开垦的肥沃土地,其降水较少,种植业者不会光顾这些相对贫瘠的土地。大平原地势平缓,地域辽阔,牧草繁茂的大平原为草地畜牧业的发展提供了良好的条件。随着西部开发的深入,移民和资金大量涌入,畜牧业快速发展起来,畜牧业成为当时最赚钱的行业。这种用"竭草而牧"的掠夺式经营方式开发西部牧区致使牧区存畜迅速爆满,超载过牧,导致了草原沙化,并造成20世纪30年代危害全美的西部沙尘暴。另外,农场主之间为争夺牧场的冲突不断既导致农场主肆意驱赶原住民,侵占他们的土地,也加剧了矛盾,牧牛(羊)业的成本因此不断上升。因此,从19世纪60年代起,以西部为代表的美国草地放牧业的兴盛维持不到40年,就很快衰落了。

随着生产力的不断提高,生产效率越来越高,种植业对土地的肥沃程度要求也越来越低。因此,耕地和农场不断扩大,效率低下的原始、粗放的放牧形式迅速被定居、围栏养殖所取代。新的养殖形式需要大量的优质牧草来供应,"牧草之王"的苜蓿被作为牧草种植的首选。但是最初的苜蓿品种单一,抗冻性能差,产量普遍不高,农户种植苜蓿的收益并不高,20世纪60年代之前,美国的苜蓿种植业发展缓慢。

得益于美国国内及欧洲畜牧业发展对于苜蓿产品的强劲需求以及政府对草业生产的重视与支持。美国围绕苜蓿生产的育种、种植技术及推广应用力度不断加大,经营管理也不断创新,苜蓿种植的单位土地产值不断上升。以苜蓿种子为例,20世纪50年代,苜蓿种子主要是在干草田中生产的,生产水平低,每公顷产量不足60千克。20世纪60年代,有了专门的撒播苜蓿种子的生产田,再加上杀虫剂、授粉和灌溉技术的推广,产量达到13～53千克/亩。20世纪70年代,精确的条播技术被用于苜蓿种子生产,宽行种植、新型杀虫剂、除草剂的应用、授粉和灌溉管理技术的进步使苜蓿种子平均产量达到了53千克以上/亩。近年来,苜蓿种子平均产量更是达到80千克/亩左右,最高产量达到133千克/亩。在苜蓿育种工作中,根据苜蓿产品需求的变化,实现了从专门针对某一抗性到多种抗性,从单纯注重产量转向产量与品质并重的转变;除利用常规育种技术进行苜蓿育种外,美国科学家还利用细胞融合、基因工程等新技术对苜蓿育种进行了有益的尝试。

此外,在种植技术上,测土调整酸碱度技术、精细播种技术、根瘤菌接种技术、杂草防除技术、大田灌溉技术、适时收获技术、轮作技术等也得以迅速推广。通过政府的畜牧机械补贴、技术服务支持、不断加大科研投入等的扶持政策,美国的苜蓿生产已经实现了机械化、规模化、专业化生产,苜蓿的生产效率得到提高,质量得到保证。近年来，美国苜蓿种子的总产值接近 2.2 亿美元，整个苜蓿干草产业创造产值达 150 亿美元，苜蓿草产品出口年额达 5 000 万美元以上。

15.6.2　美国苜蓿种植业发展现状

美国位于北美洲南部，草地面积达 36 亿亩，居世界第 4 位，约占美国国土面积的 26%，超过森林(23%)和耕地(19%)的面积。以丰富的草地资源为基础，美国形成了发达的现代草地畜牧业。在发展农业之初，美国就把牧草种植与养殖紧密地结合起来，从来就没有把苜蓿排挤在农作物之外。苜蓿干草作为干草产业的领头羊备受美国政府的重视，作为美国出口苜蓿的 7 个州(阿里桑那州、加利福尼亚州、爱达荷州、内华达州、俄勒冈州、犹他州、华盛顿州)均适合种植苜蓿，苜蓿草产量约占美国总产量的 28%～4%。占美国苜蓿出口量的 99%以上的州主要是华盛顿州和加利福尼亚州。

为了提高农民种植苜蓿的管理水平，美国政府资助由州立大学实施多项苜蓿研究与推广计划，向农民提供大量的苜蓿栽培知识并帮助农民决策，大大提高了农民的刈割管理及施肥技术，使苜蓿草田栽培管理水平整体较高，产量得到大幅度提高。长期以来，美国苜蓿刈割面积下降而产量不断增长(图 15-5)，间接说明苜蓿单产水平不断提高。经测算，美国苜蓿单位面积产量得到了明显提高，且近年来已较为稳定，从 1950 年的 353 千克/亩提高到 2013 年的 534 千克/亩(图 15-6)，增加了 51.18%。2008—2013 年，美国苜蓿平均产量为 6 532.08 万吨，苜蓿平均单产水平为 8.15 吨/hm^2。

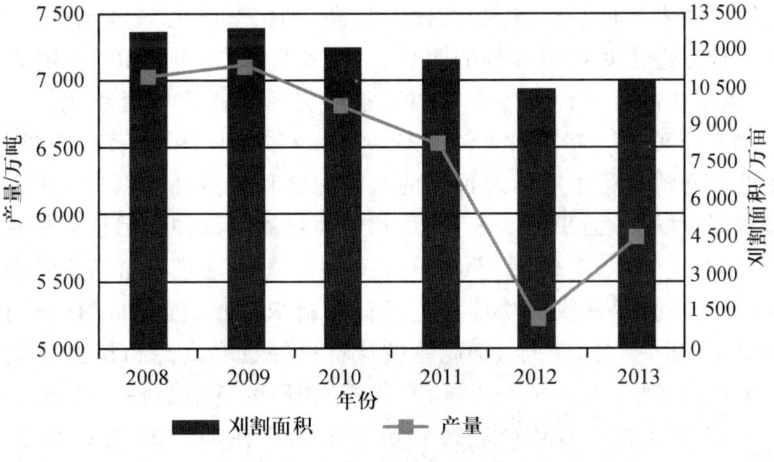

图 15-5　2008—2013 年美国苜蓿刈割面积和产量趋势

(资料来源：NASS)

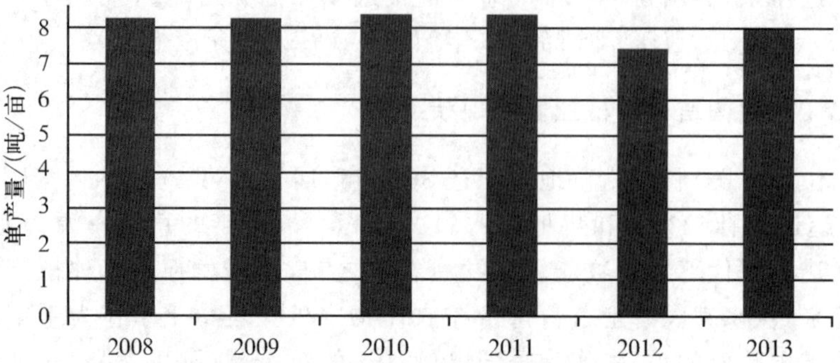

图 15-6　2008—2013 年美国苜蓿单产

(资料来源:NASS)

美国为了防止苜蓿重茬的危害和充分利用苜蓿生物固氮的特性,应用了苜蓿与小麦、玉米、禾本科牧草轮作的技术,每隔 3～4 年轮作一次。在加利福尼亚州,苜蓿还与一些高价值蔬菜进行轮作,如莴苣、洋葱、番茄和马铃薯。苜蓿每年每亩可产生物固氮 30 千克以上,能显著提高土壤肥力。在不施氮肥的情况下,在苜蓿地上轮作的玉米、小麦仍能获得高产,减少了化学氮肥的使用量和其对土壤的破坏。

美国注重优良苜蓿品种的研发和选育。在 1955 年以前,美国和加拿大仅有 33 个苜蓿栽培品种,而且半数品种是直接从欧亚和近东地区引进,这些品种的抗寒性对生产的影响非常大,农民只要见到苜蓿存活 1 年就非常满意。对苜蓿种植者来说,最重要的是选择品种。随着时间的推移,通过苜蓿育种工作者对苜蓿越冬能力和抗性的改进,苜蓿产量得到大幅度提高,种植苜蓿的效益也极大增加,巨大的利润进一步促进了对苜蓿品种的改良。在 20 世纪 50 年代以后,随着对苜蓿品种的改良,美国西部苜蓿种子生产与加工逐渐实现专业化与商品化。苜蓿种子生产严格按照专家种子—基础种子—登记种子—审定种子的繁育体系进行,确保苜蓿品种在世代繁殖过程中所生产种子的基因纯度和一致性。据 Rincher 等(1988)报道,美国苜蓿种子田面积达 258 万亩,每年大量的苜蓿种子销往亚洲和南美洲等地区。进入 20 世纪 70 年代,科学家引入新技术、新方法进行苜蓿品种改良。1972 年,通过组织培养技术首次成功地再生了苜蓿植株,随后抗病基因的转移、原生质体融合、单倍体育种、人工种子、细胞系抗盐抗旱筛选和高产植株大快繁等方面的研究取得了重大进展,育成了一批抗病、高产、优质的苜蓿品种。截至 2007 年,美国已有 520 多个苜蓿栽培品种经过鉴定获准生产注册,300 多改良苜蓿品种进入市场。这些品种的抗性得到提高,并具有越来越高的产量和越来越好的持久性。

目前,通过利用育种技术、细胞融合和基因工程等先进技术,种植高产量、高品质以及有多种抗性的苜蓿品种，每年苜蓿育成品种多达几十个甚至上百个。美国农业高等教育和综合院校设有草原（草坪）、园艺、昆虫、土壤、植物病理、农业工程等专业和各种学位课程，也设有社会学院、综合技术和函授教育。美国设有一个国家级草坪科研中心，各州立大学也设有草坪研究中心，其研究的重点内容为应用性、基础性和国际市场研究三类。比较大型的草业公司均设有研究机构、自己的实验基地、专职的育种家，以帮助解决生产中的实际问题。美国的教学科研单位的设备先进、职责清晰，其经费来源于政府拨付、企业社团赞助、技术转让和各种有偿收入。

美国畜牧业机械化所走的道路都是从发展草原改良、人工草场建设、饲草料收储加工等机械化开始。随着畜产品产量增长，美国逐渐推动全面畜牧业机械化。美国注重草原建设和利用，充分发掘自然潜力。从 20 世纪 60 年代开始，美国各州就组织草地和机械研究机构对草地经营管理。在制定适宜载畜量、坚持划区轮牧、清除杂草、合理利用水资源等措施上，美国研究和推广了一整套的草场改良和建设机械设备。美国加大机械补贴和技术推广服务，专业化生产水平不断提高，先进的深耕机、割草机、翻晒机和打捆机等被广泛应用。

15.6.3　美国苜蓿产业发展对我国的启示

1. 苜蓿产业的发展是经济发展到一定阶段的必然产物

经济因素是制约产业发展的最重要因素。美国苜蓿种植业的发展主要源于畜牧业生产的需要，而发展畜业的根本动力则来自经济的发展导致的居民的消费结构的变化。美国国内市场对草食动物及其制品的需求不断扩大。

随着经济的快速发展，我国居民的食物结构快速变化。其表现之一是对草食动物及制品的需求迅速增加。根据我国统计年鉴有关数据可计算出 1985—2008 年我国城乡居民人均牛羊肉消费量（不包括牛羊肉制品）增长 59%，牛奶消费量增长 306%（不包括牛奶制品），而同期的猪肉消费量仅增长 16%。对草食动物及制品需求的增加导致对饲草需求的不断增加。2000 年，我国牧草的需求量为 74 894 万吨，2010 年，这一数字飙升至 96 145 万吨。与此同时，我国牧草种植面积自 2006 年以来逐渐减少，从而导致牧草供需缺口越来越大，畜牧业发展只能依赖于大量的用农作物秸秆，畜产品的产量和质量受到严重影响。随着我国经济的快速发展，高端畜牧产品也快速增长，进口的苜蓿干草数量不断飙升。根据 2006 年中国海关统计年鉴的统计，我国苜蓿的进口量仅为 0.03 万吨，2010 年，这一数字飙升到 22.72 万吨。

我国是人口占世界 1/5 的大国，畜牧业尤其是奶业的健康持续发展对牧草的需求不可能依赖进口。畜牧业必须有一个整体发展战略，否则不仅中国难以承受，世界也难以应对中国市场的巨大变化。与目前的经济发展阶段相适应，抓住目前难得的发展机遇，发展我国的苜蓿种植业势在必行。

2. 必须产业化生产，市场化运作

据经验证明，农业产业化经营是实现农业发展的必由之路。这种经营模式要求以市场为导向，以效益为中心，依靠龙头企业带动和科技进步对农业和农村经济实行区域化布局、专业化生产、一体化经营、社会化服务和企业化管理，形成贸—工—农一体化，产—加—销一条龙的农村经济的经营方式和产业组织形式。借助积极的科研支持与强大的经济实力，美国的苜蓿种植早在1960年代就实现了机械化、规模化和专业化生产，其生产效率和效益在全世界堪称一流。

我国的农业用地属集体所有，并形成了以一家一户为基本生产单位、小规模的分散生产为特征的生产方式。这种生产方式由于集中连片种植较少，靠人工收割和匝捆，农民的劳动强度大，生产成本高，产品的技术、需求信息成本高、流通成本也高、种植效益低和产品的质量和均一性差很难达到市场对产品的要求。尽管我国的牧草种植面积在最多时达到5 000万亩，但是商品草的种植面积仅有不到50万吨，还不够4个全国最大的畜牧企业的需求。

我国苜蓿草业生产的规模化程度远远不够，产业化经营尚未形成。解决这一问题既需要我们坚定以产业化为导向，适度规模经营，又要正视我国的特殊国情，创新生产方式，在既有基本制度框架内实现资源的最优配置。我国几乎所有的舆论都强调企业扩大经济规模。事实上，并不是生产规模越大越好，苜蓿的种植规模受到土地制度、技术水平、生产环境等诸多因素的影响。即使同一国家的同一个农场，其最优生产规模也是不断变化的。以美国为例，尽管美国的苜蓿产业产值不断增加，但是受到生产力水平提升、生产技术变化、国家政策变化及其他作物竞争的影响。1940年以后，不论美国的苜蓿总的种植面积，还是农场的平均生产规模，都在持续减少。近年来，通过政府支持，一些大的苜蓿种植企业尝试土地流转、发展种植合作社等方式，并在种植管理技术等方面提供服务。这样既提高了产业化水平、企业收益，也增加了农民收入，达到了经济效益和社会效益的双赢局面。

3. 必须有畜牧业作依托和支撑，建立与畜牧业发展相结合的优势苜蓿带

生产苜蓿产品的最终目的是满足畜牧业的发展需求。做好苜蓿产业与畜牧业对接，实现种养结合，为畜牧业发展提供好的产品，才能提高种植的效益。与工业产品相比，苜蓿产品的运输成本在总成本中占有很大比例，因此，运输成本的高低，很大程度上决定了种植企业的收益。只种植苜蓿卖草而不进行畜牧养殖，就很难有较好的收益。比如，将苜蓿干草从新疆运到沿海，运费达到700元/吨，据笔者调查，今年从新疆运到广州方向的苜蓿干草甚至一度达到1 000元/吨以上。如果将苜蓿种植与畜牧业发展结合起来，使苜蓿产品就地消化，就会有效降低畜牧生产成本。

美国苜蓿种植生产划分为三个主要种植区，即中西部种植区、东北部种植区和西南部种植区。在这三大区域中，东北部种植区和西南部种植区是美国主要的乳

品产业带;中西部和西南部种植区是生产苜蓿干草饲喂肉牛、马和其他家畜的地区。美国的苜蓿产业一开始就与饲养奶牛、肉牛和赛马等紧密结合在一起。由于苜蓿种植带与畜牧业发展区域高度重合,有效降低了生产者成本,取得了种植业和养殖业双赢的结果。

我国苜蓿种植的区域主要分布于西北、华北、东北等地的农区,当地一般很少有大的畜牧企业,苜蓿产品本地需求量一般很小,往往是西北或东北省份生产的苜蓿草不在本地转化,而是千里迢迢运到上海、广东等东部省市销售,这一方面使苜蓿草的销售价格提高,种植者却得不到相应的收益,另一方面又使得东部省市畜牧养殖的成本增加,一些奶牛养殖场特别是城郊型奶牛场因为价格过高而不得不放弃购买优质苜蓿干草,影响了奶牛的产量和奶的质量。因此,将我国的苜蓿优势产业带建设与畜牧产业发展规划结合在一起综合考虑,是降低苜蓿产品到达需求者手中的价格,提高我国苜蓿产品国际竞争力的重要一环。

4. *政府的产业政策对于苜蓿产业的发展具有重要的作用*

在美国的四大作物中,种植面积位居前三位的玉米、大豆、小麦都会得到美国政府的价格支持。美国根据市场情况于年初制定当年的保证支付价格,购买者支付农民的最低标准不得低于保证支付价格。而作为第四大种植作物苜蓿的种植则不在政府的支持之列,苜蓿生产者面更大的价格不确定性,苜蓿产品的价格波动幅度大,影响了种植者的积极性。缺乏政府的价格支持是苜蓿种植面积不断缩小的重要原因之一。此外,作为农产品,美国的苜蓿产业发展始终得到政府的科技、苜蓿机械、税收、产品运输等方面的相关优惠政策支持。科技对美国苜蓿产业发展的贡献率高达到 70%以上。正是这些支持政策使得美国的苜蓿产业在种植面积不断减少的情况下,苜蓿的产业产值却不断增长。

与美国一样,我国的苜蓿生产也得不到政府的价格支持,此外,我国的科研支持也非常少,科技对我国苜蓿产业发展的贡献率不足 30%。苜蓿育种、生产管理、推广等部门的经费少,优良苜蓿草品种和良种繁育体系和国家的苜蓿草产品质量标准的缺乏,苜蓿种子退化,苜蓿管理不到位,收割加工环节技术落后等导致苜蓿蛋白质流失率高,生产的苜蓿草质量逐年降低。为了全民族的健康,也为了提高生活品质,我国鼓励养殖奶牛,给每头奶牛提供一定数额的补贴。而这种数量型补贴刺激的是奶牛养殖数量的增加,而不会对提高每头牛的牛奶产量和质量有促进作用。大量的奶牛主要依靠喂养农作物秸秆来养殖,这种状况导致同品种的奶牛平均产奶量只有美国奶牛产奶量的 1/2,品质也低。

2011 年,国家出台了旨在提高苜蓿草产品商品化率的政策。经过 5 年时间,国家为苜蓿种植龙头企业提供 26 亿元的补贴,极大地提高了种植企业的积极性。据调查,很多不具备补贴条件的小企业积极扩大种植规模,其他产业资本也看到了这一巨大商机,纷纷准备进入苜蓿种植领域。这种情况就像美国畜牧产业发展初期一样，似乎苜蓿产业发展的春天已经来临，对于畜牧业发展应该是好事。但是除了应该鼓励产业发展政策制定者，还应该知道苜蓿作为畜牧产业发展的上游产业，其产品的需求弹性小，过度供给会对种植者带来很大价格风险，应该预测不同政策下的种植规模，防止出现取消农区退耕还林的补贴和农业税，增加粮食补贴后苜蓿价格下降，种植面积锐减的情况再次发生。

5. 国际市场成为我国苜蓿产业发展的重要影响因素

经济全球化是当代世界经济的重要特征之一，也是世界经济发展的重要趋势。自 2001 年年底我国加入 WTO 以来，我国农产品贸易迅速增长，我国的农业市场已成为全球市场的一部分。我国的苜蓿产业的发展也离不开国际大环境。21 世纪初，我国苜蓿产业的快速发展主要得益于国际市场对苜蓿产品的强劲需求。当时我国政府鼓励和支持发展苜蓿种植业的最重要的原因就是看中了日本、韩国等国家对苜蓿产品的强劲需求。

我国大型奶业企业把优质苜蓿的依靠点从国产苜蓿转移到了美国产的苜蓿。蒙牛、光明、三元等奶业企业通过利用进口苜蓿看到了优质苜蓿对提高奶产量、品质及奶牛免疫力的重要作用。据有关专家推测，在未来 5 年里，全国苜蓿的年需求会达到 100 万吨。因此，在发展自己的苜蓿产业时，我国应该充分考虑国际因素的影响。我国的苜蓿种植规模、种植品种、种植技术的选择都要充分考虑国际市场的需求与供给能力，防止由畜牧这种资源性产品过剩造成的价格迅速下降带来的冲击。

第16章 案例分析

特殊的国情使我国的苜蓿种植业发展非常复杂。其主要表现为目前我国的苜蓿产业发展基础数据少、发展类型多。已知的任何归类研究都难以反映我国苜蓿产业发展的实际。

本书通过对调查中具有特点的调查对象进行案例分析，力图使读者对我国的苜蓿产业有更鲜活、更具体的印象。

案例1 农户小规模种植苜蓿
——为节省劳力种植苜蓿，不关心产品质量，但不排斥新技术

陈××，男，1962年生，小学文化水平，家住河北省廊坊市黄骅市羊二庄镇张八寨村。1981年，自实行土地承包责任制以来，家中承包土地面积为15~20亩，自1995年以来，由于老人年龄大了，孩子外出务工，家中土地主要由自己和爱人耕种。

2003年以前，土地主要种植玉米、小麦等粮食作物。从2001年开始响应政府号召，种植经济效益更高的冬枣。2004年，全家进城的亲戚把自家承包的10多亩土地交给陈××种。随着土地面积的增加，年龄的增长，陈××对耕种这么多的土地开始力不从心。从2004年开始，陈××减少了花费时间较多的冬枣种植(打叉、采摘等)，转而种植耗费人工较少的苜蓿。他每年种植的苜蓿面积为2~15亩。

黄骅地处沿海地区，土壤含碱量高，很多农作物不适合生长，而苜蓿耐盐碱性较好。张八寨村有较长的苜蓿种植历史，20世纪50年代我国化肥等肥料极其短缺，当地人种植苜蓿就用绿肥来代替化肥。由于受1950年代以来的“以粮为纲”政策的影响，大量土地主要用来种植粮食作物，苜蓿种植面积较小，产量低。由于苜蓿的饲用价值高，苜蓿干草和青草主要用来饲喂在农业生产中占有重要地位的疫用马匹，而农民饲养的大量其他草食动物只能用野草和作物秸秆饲喂。

在1998年南方特大洪水发生后，我国开始反思引发洪水灾害发生的原因，过度开荒种田、乱砍滥伐被认为是洪水破坏力加重的主要原因之一。2003年，我国开始实施“退耕还林还草”政策，农民种植苜蓿每亩可得到80～100元的补贴，尤其

是日本、韩国等国家的奶牛养殖需要大量苜蓿，而每年都有苜蓿采购商到中国寻求采购苜蓿。当时我国外汇短缺，河北省政府出于“出口创汇”的需要，大力提倡苜蓿种植，甚至给各地区下达苜蓿种植指标，河北各地区苜蓿种植的积极性空前提高。以张八寨村为例，2003 年以前，全村种植苜蓿不到 20 亩，2005 年，种植面积达到 290 亩(全村土地仅有 380 亩)，陈××家的苜蓿种植面积也由 2 亩扩大到 15 亩。苜蓿产品主要是干草，其中大部分被卖给到村子收购的个体草贩，由草贩子再卖到大型奶牛养殖场或者牧草贸易公司。少部分青草和干草用来自家喂羊、牛、猪等。

由于种植面积太大，财政难以负担巨额补贴，河北省从 2004 年起取消苜蓿种植补贴。更重要的是，由于用药物熏蒸后的农药残留超标，出口到日本、韩国的苜蓿干草被退回，苜蓿出口受到严重打击。因苜蓿干草比农作物秸秆的价格高出很多(农作物秸秆价格极低)，奶牛养殖企业对苜蓿的饲喂价值认识严重不足，注重降低成本的国内奶牛养殖企业普遍用作物秸秆饲喂奶牛，造成国内的苜蓿供给严重过剩，苜蓿价格断崖式下跌，其在最低时每千克苜蓿干草不到 0.2 元。2006 年，陈××家的苜蓿种植面积也减少到 7 亩。

在 2008 年之后，牛奶质量安全成为国人关注的焦点问题。时任总理温家宝批示“要彻底解决牛奶质量安全问题，必须从发展优质饲草产业抓起”，“产好奶必须用好草”成为国内大型乳品企业及奶牛养殖户的共识。自 2008 年起，苜蓿草产品市场需求迅速增加，苜蓿干草的收购价格明显提高。陈××家的苜蓿干草价格也从每千克 0.3 元都无人问津发展至每千克 2.3 元在村子里到处挂着收购苜蓿的牌子。2009 年，陈××家的苜蓿种植面积增加到 12 亩，全村的苜蓿种植面积达到 220 亩。

自 2010 年以来，随着国家对牛奶质量的要求不断提高，奶牛养殖企业对苜蓿的质量要求也不断提高。与其他作物不同，苜蓿的质量不仅取决于种子、土地、气候等，还取决于现代化的收割、加工及管理技术。由于种植规模小、投资少、管理粗放，陈××家为代表的中小苜蓿种植户所产苜蓿干草大多是二级及以下产品，且产品质量不稳定(苜蓿是多年生豆科作物。根据水热条件，每年可收割 2～5 茬，张八寨村的苜蓿每年平均可收割 3～4 茬，每茬苜蓿质量存在一定差别)，因此，对苜蓿产品要求高、愿意出高价的大型奶牛养殖场不愿意收购。自 2011 年以来，陈××家的苜蓿干草价格为 1.2～2.0 元/千克，比同期的二级苜蓿价格低了 0.3～0.5 元/千克。

自 2009 年以来，在村里领导的劝说下，陈××一直参加由国家牧草产业体系的沧州综合试验站组织的苜蓿种植技术培训，他清楚地知道苜蓿技术装备、田间管理对苜蓿干草质量的重要影响。但他不打算采用新技术，也不打算加强田间管理，减少苜蓿种植面积。因为采用新技术得花钱，加强田间管理得花时间，这种状况和他种植苜蓿是为了省事的目的不一致。对陈××来说，种植苜蓿是在必要的口粮、蔬菜得到满足的基础上才决定种植苜蓿的，其家里的收入主要来自儿子夫妇外出打工，农业经营只是作为家庭粮食、薪柴、日常开销的来源，加上男女主人年龄大了，体力和脑力严重退化，无法进行种植劳动、技术、资本投入大的农业活动。苜蓿是多年生豆科植物，种植一次苜蓿可以保持 5 年以上不用再重新种植。苜蓿生长的适应性很强，对产品质量没有较高要求，管理也很简单，能省去很多麻烦。

当被问及如果能提供可以提高产品质量的收获装备等服务时，陈××非常肯定地说希望购买服务。由于自己身体条件还允许从事低强度的农业劳作，陈××不希望把自己和亲戚的承包土地托管，以保证自己的耕种自由。

案例 2　城市周边苜蓿种植进入成本越来越高

徐××，男，1961 年生，河南信阳人，目前居住在北京市昌平区百善地区。自 1986 年以来，一直在北京从事作物种植相关工作，具备丰富的农业生产经验，熟练掌握农业种植、植保、收获等方面的专业知识。

由于苜蓿具备蛋白含量高，一次种植多年利用，只需适量施肥和灌溉就能良好生长，种植投入少，劳动强度低等优点，特别是种植苜蓿能解决一直困扰农民的种地倒茬难问题，耕地的利用率和产出率被提高，因此，北京地区在多年前就开始种植苜蓿。徐××来到北京后首次种植的农作物是苜蓿。经过几年的学习，他在苜蓿的选种、种植、管理、收获等苜蓿生产的各个方面具有丰富的经验，而且对北京地区苜蓿产业的发展深刻的体会。用徐××的话来说，相比于小麦＋玉米，北京地区种植苜蓿具有四大优势：苜蓿生产所需水量小；轮种次数少；中间管理环节少；不用除草等。

徐××在选择苜蓿种子时会依据种子销售公司的推荐，结合个人经验进行综合评定。在进口种子与国产种子之间，徐××更倾向于选择进口苜蓿种子。进口种子的购买价格为 30～70 元/斤，国产种子价格为 15～50 元。虽然进口种子价格高出不少，但进口种子的发芽率高、杂草含量更低。销售进口种子需要有特殊的营业执照，其销售单位相对较少，也更正规。种子的质量好坏直接影响着发芽率，苜蓿出苗是否均匀。因此，大多数苜蓿种植者宁愿花高价购买昂贵的进口苜蓿种子也不买发芽率低的国产便宜种子。

目前，徐××家中配备了小型农业机械，如犁、耙、小型拖拉机等简单机械。当被问及关于农业机械的相关内容与期待的时候，他希望自己能够买一台大功率进口拖拉机，种种原因，这一愿望目前并没有实现。相比国产拖拉机，进口拖拉机价格较高，并且北京地区进口拖拉机补贴较少。2003—2013 年，北京地区对国产农机的购置补贴在不断上升。由于农机存量不断增加，2013—2018 年，农机购置补贴补贴缓慢下降。对于农户而言，农机购置补贴是决定购置农机装备的重要因素，徐××也不例外。近年来，农机购置补贴不断减少，且国内农业机械装备普遍可靠性差，容易产生一系列问题而影响农时，因此，徐××打算购买质量更加可靠的进口大功率拖拉机。国家近年的农机购置补贴政策都在不断调整，购置进口农机装备也开始享受政府补贴，并且补贴力度逐年加大，因此，徐××一直在"再等等看"。对于是否愿意通过租赁农业机械装备，徐××明确表示不愿意租赁。其主要原因是以前租赁的机器都不同程度存在老旧，工作效率低下，不能在有效时间内完成工作等问题。

在政府号召下，2004 年北京开始大面积种植苜蓿，满足当地巨大的奶牛饲料需求，2006 年，北京地区苜蓿种植面积达到 29 万亩，种植面积大，政府财政负担过大，难以兑现苜蓿种植补贴。同时，由于奶牛养殖对苜蓿需求没有明显增加，大量苜蓿卖不出去，苜蓿价格大跌，甚至出现白给没人要的极端情况，大量苜蓿种植户毁草种粮，苜蓿种植越来越分散，无法实现规模化作业，苜蓿生产成本越来越高，更多的种植户选择退出苜蓿种植。自 2006 年开始，徐××种植苜蓿越来越少，2010 年，徐××彻底退出了苜蓿种植。虽然这些年相关政府部门及村集体相继提出请徐××继续种植苜蓿的建议，但徐××一直没答应。总结徐××退出苜蓿种植的原因主要有以下几点。

第一，土地承包周期越来越短，严重影响农户苜蓿种植积极性。徐××的土地承包属于流动性承包，即与各个农户、村集体联系，租赁农户个人或者村集体闲置的土地，并根据具体情况决定种植相应的农作物。在十几年前，由于土地价格较为稳定，租赁合同一般时间较长，为 3～5 年，而苜蓿的生长周期也刚好为 3～5 年，所以可以在租赁期内完成苜蓿的种植。近年来，由于土地升值很快，价格合适，很多农户和村集体随时打算处置自己的土地，各村集体和农户闲置的土地较为常见的承包年限是 1～2 年。土地承包户在种植期间合同周期短，种植苜蓿不能够充分发挥其经济效益，所以大部分与徐××一样的土地承包户还是选择以种植小麦和玉米为主。

第二，产业结构调整对苜蓿种植产生了重要影响。根据相关政策的要求，北京市六环以内限制发展养殖业。与 20 多年前相比，北京周边奶牛养殖的规模有了很大的缩减。而作为奶牛的粗饲料之一，苜蓿与奶牛企业的需求有着密切的关系，奶牛养殖业减少，苜蓿产品的需求也随之减少。

第三，苜蓿生产的产业链断裂导致苜蓿生产成本越来越高。土地流转困难，苜蓿种植规模越来越小，导致苜蓿生产的科研成本高、设备使用效率低，苜蓿种植者越来越不愿在种子、农机装备等方面投资。同时，市场越来越小，投资回报率低，为苜蓿生产提供社会化服务的企业也越来越少，苜蓿生产者接受农机装备等服务的价格越来越高、服务质量越来越差，导致苜蓿生产成本的增加，苜蓿产品质量的降低。

可见，北京等曾经有过大规模苜蓿种植的地区恢复苜蓿种植将面临一系列问题。这些问题不是通过某一项政策就能解决的，而是需要根据问题产生的原因提出相应的对策。例如，苜蓿种植补贴政策。

案例3　农户种植苜蓿市场化程度高，但对苜蓿价格不是非常敏感

李××，男，1966年生，玉门市赤金镇人，自1998年起，担任村里的会计，2006年开始担任村主任、村支部书记。

李××所在村很早就有种草养羊的习惯，特别是自1999年当地号召舍饲养殖以来，原来依靠放牧的肉羊、肉牛等的粗饲料严重短缺。李××家承包土地近80亩，其中约20亩是20年前自己开发的荒地。1999年，李××家养殖肉羊40多只。为了解决自家肉羊饲草不足的问题，与村里很多人家一样，自1999年开始，李××也学着在自家新开荒地上种植苜蓿来喂羊。由于新开荒地生产条件差，加上没有任何管理措施，苜蓿产量很低，所产苜蓿干草品质也差。但是一方面，在荒地上，其他作物不能生长，只能种植苜蓿，另一方面，即使是品质差的苜蓿也比作物秸秆更有营养，肉羊适口性好很多，肉羊的生长速度快、皮毛光亮、肉质也好，受到消费者欢迎。

2008年以后，全国奶牛养殖对苜蓿需求猛增，当地苜蓿价格从2006年的每斤不到0.2元，猛增到2008年的每斤1.1元。看到了良好的苜蓿种植效益，同村里其他家庭一样，李××将苜蓿种植面积由最初的6亩增加到20亩。由于当时收购对苜蓿甘草质量没有要求，好坏都一个价，且都能卖得出，由小草贩到地头或者家中收购，苜蓿干草销售非常方便，李××家的苜蓿不再用来喂羊，而是全部用于售卖，家中的羊主要用作物秸秆喂养。

2012年以后，随着苜蓿价格下降到0.8元/斤，对收购质量的要求也不断提高，质量差的苜蓿干草再便宜也没人要。针对这一变化，李××不断减少苜蓿种植面积，截至2020年，李××家的苜蓿种植面积减少到6亩多一点。质量好的草，比如，每年6月初的头茬苜蓿，价格都比较高，收购商会提前上门联系收割、收购，李××一般会请收购商上门收割并出售；少量质量差的苜蓿干草，李××会用来喂养自家的羊。由于肉羊养殖需要大量时间，随着年龄的增大，李××家的肉羊数量也在不断减少，2020年8月，其家中只有11只肉羊养殖。肉羊养殖对苜蓿干草的需求量越来越少。李××表示过几年就不再养羊了，自家也就没有家畜要饲喂苜蓿的需求了，但他还决定保留一定的苜蓿种植面积。

李××家减少的苜蓿种植面积主要用来种植经济效益较好的作物。自2014年开始，李××大量种植枸杞。虽然近年来枸杞价格快速下降，但是李××家的枸

杞栽种面积仍有 20 亩，是家庭中种植面积最大的。随着洋葱行情看好，2016 年李××家开始大量种植洋葱，2020 年洋葱种植面积达到 13 亩。另外，李××还种植芦笋、玉米、小麦等。

当了多年的村干部，李××熟知国家、省、市、县的苜蓿种植补贴政策，但他从来不奢望得到专门的苜蓿种植补贴。其主要原因是得到苜蓿种植补贴需要一系列苛刻条件，满足这些条件需要付出的太多，不划算。目前，李××苜蓿种植得到的补贴主要是免费提供每亩 2.5 公斤的苜蓿种子。

2018 年，我国政府免费为李××家建设 80 米^2 的储草棚，村里还成立了苜蓿专业合作社，苜蓿的种、管、收、卖都变得越来越便利。但是李××还是不想增加种植面积。其主要原因是苜蓿价格不稳定。李××的两个孩子都已成家且搬到城里居住，李××不需要在经济上对两个孩子进行资助，家庭不急需大笔的现金。因此，李××最关注的是家庭收入的稳定。自 2012 年苜蓿价格上升到顶点以来，苜蓿价格一直在波动中下降，李××对大量种植苜蓿变得越来越保守。李××表示，是否大面积种植苜蓿不在于苜蓿的最高价格，他更看重价格的稳定。在李××看来，如果种植苜蓿每亩收益保证为 800 元以上，就会考虑增加种植面积。虽然这个收益比种植西瓜、洋葱要低，但是通过种植苜蓿，在 5 年后改种玉米会增产 10%以上，并且种植苜蓿容易管理，收获、加工都越来越便利，省时省事。

中小农户种植苜蓿的前提是土地富裕。虽然苜蓿种植收益不是中小种植者的主要收入，但是家庭总收入较低，农户非常注重苜蓿价格的稳定性。与企业种植苜蓿不同，农户首要关注的不是苜蓿种植补贴。中小农户苜蓿种植的市场化程度高，他们也越来越依赖社会化服务（种植、销售）。

案例 4　产业转型、政府导向促进资本进入苜蓿种植业

石先生，1949 年生，甘肃省白银市景泰县中泉镇人，1996 年开始在当地从事煤矿开采工作，收入较高。随着年龄超过 55 岁，不再符合下矿井条件，石先生决定退出煤矿开采行业。其实，随着近年国家对煤矿安全、环境保护力度的不断提高，煤价不断下跌、煤矿生意越来越难做。2010 年，石先生将煤矿转让给南方老板，自己开始转行进入其他产业领域。自 2012 年以来，采矿行业资本进入其他行业成为当地产业发展的主流。

从 2014 年开始，我国开始重视环境和农业可持续发展，当地政府开始投入资金对因采矿形成的荒废土地进行开发利用，出台了一系列促进采矿等生产活动导致的废弃耕地复垦的政策。石先生多年从事煤矿企业管理，跟政府打交道多，在当地熟人多，对政府政策了解多，能了解到政府的最新政策。2016 年，石先生以 15 元/亩的价格，长期租用 600 亩因开矿废弃的农田（当地土地流转费 400 元/亩）。

由于煤矿开采，复耕后的土地不能种植其他作物，在当地政府支持下，石先生决定种植生长能力旺盛的苜蓿。除免费提供苜蓿种子外，政府还每亩补贴 1 000 元，种植满三年验收合格后付款，2017 年，政府还花 7 万多元帮助石先生建设了 500 平方米得储草棚。很多企业和个人要么不看好苜蓿种植前景、要么缺乏资金，都放弃了参与该项目招标，石先生有较雄厚的经济实力、看好苜蓿种植前景，尤其相信政府政策，当年即投入 40 多万元种植苜蓿。

此前，石先生一直从事煤矿开采，没有苜蓿种经验。当地政府请来了甘肃农业大学草业科学系的老师为石先生等种植苜蓿的农户传授种植要点、管理经验。石先生完全是靠边学边干边总结开始苜蓿种植。石先生之前在开煤矿时购买的装载机、拖拉机都被用在了苜蓿种植中，为石先生节约了 100 多万元的苜蓿生产装备购置费用。除此之外，石先生还花几万元购买了犁、耙、旋耕机、小型搂草机等。

由于当地有苜蓿种植习惯，租用各种苜蓿生产装备比较方便。石先生所在村在 2015 年就成立了农机合作社，能够提供苜蓿种植、管理、刈割晾晒、打捆、运输等全方位服务。由于自家购置了一定的装备，石先生仅需苜蓿刈割、打捆及运输服务。第一年（2016 年）两茬苜蓿的刈割是由石先生找当地的农机户完成的，此后每年 3～4 茬的苜蓿在刈割前都由农机服务商或者苜蓿收购商主动上门或通过电话联系刈割。

石先生的苜蓿产品主要是干草捆。干草捆一开始主要是通过熟人卖给周边的规模奶牛养殖场。随着产量的逐年增加以及认识的奶牛养殖户的增加，近年来，石先生的产品主要卖到宁夏银川、中卫、秦屯下等地区的规模养殖场，运输距离为 100～300 千米。为了节省运费，石先生不找运输价格高的正规运输公司，而是在街上找顺路的车。由于石先生的苜蓿草捆都是低密度捆，受体积限制，每车装载量不会超过 12 吨，因此，运输费用不是按重量，而是按整车计算。不管每车的重量为多少，运到同一地址的费用是相同的。

石先生的苜蓿干草的价格主要是随行就市，受需求影响，价格波动很大。比如，2019 年，头茬苜蓿每吨价格为 1 800～1 900 元，2020 年，降到 1 400～1 500 元。苜蓿草捆的质量鉴别很简单，很原始，即小的苜蓿收购商通过苜蓿长势、杂草与坏草的情况，提前判断质量。根据质量判断与当时相应质量苜蓿的价格，这些收购商给出初步价格，等产品运到奶牛养殖场，再定最后的价格。一般情况下，初步价格与最终价格差别不大。

相比价格波动，石先生更关注政府政策。在 2016 年政府发放补贴后，石先生没有得到其他苜蓿种植补贴。石先生表示如果 2016 年的政策不变，他会扩大苜蓿种植面积；如果得不到补贴，他会把大部分土地改种青贮玉米。近年来，我国对青贮玉米种植补贴加大，石先生认为种植青贮玉米更划算。

采掘业等产业发展遇到瓶颈，产业结构调整，带来苜蓿种植的发展机遇。但政策扶持、引导是甘肃白银市产业资本进入苜蓿种植业的最主要动力。这些产业资本缺乏苜蓿种植技术和改进苜蓿生产的动力导致产业发展活力不足、发展层次较低，需要进一步强化市场对资源配置的作用，激发企业发展苜蓿种植的内在动力。

在制定苜蓿种植补贴政策时，国家既要考虑种植者苜蓿种植的经济效益与苜蓿供给效率，又要考虑竞争作物/牧草的效益，做到综合平衡。

案例5　现代苜蓿产业资本密集，苜蓿生产既需情怀，又要大量投资

张董事长，1981年生，甘肃省张掖市山丹县人。2003年，他从电子专业毕业后，回到山丹县当了一名公务员。从2011年开始，为改善生态环境质量，实现农业可持续发展，甘肃省实行种植结构调整补助试点，每年在每个县选定一个牧草种植项目进行补助，每亩补贴1 000元，受助牧草种植项目必须集中连片，且大于1 500亩。2015年，虽然不从事农业，但一直认为现代农业在落后的西部地区大有可为的张先生在甘肃政府支持下流转3 000亩集体用地、退化沙滩地，成立了苜蓿种植公司，张先生任董事长。该公司固定工人为7人，在农忙季节还会临时雇佣工人。2012年之前，由于土地贫瘠，农作物产量低，价格也不高，种植粮食作物效益低，村民大多选择外出打工，每个村中大片的土地被撂荒和闲置。通过土地流转，村民不仅有了土地流转的收入，受到农民欢迎，而且撂荒的土地重新焕发了生机和活力，响应了国家号召，改善了环境质量。

山丹县位于北纬37°牧草黄金种植带上，草产品质量优异，是传统的苜蓿等牧草的种植区，优良的牧草造就了优秀的家畜。闻名全国的山丹军马场于公元前121年由西汉骠骑将军霍去病始建，总面积为329.54万亩。该马场主要种植燕麦等优质牧草。在国家退耕还林还草政策扶持下，山丹军马场于2005年开始大规模种植苜蓿，经历了苜蓿产业的发展低迷期，其国有企业性质及当地养殖业对苜蓿又大量需求，其间的种植面积也有变化，但山丹军马场自2005年以来一直坚持大规模种植苜蓿。

从2014年开始，山丹县以循环产业链建设为抓手，着力构建农牧结合、粮草兼顾、种养循环、资源节约、环境友好的新型农牧业产业结构，以高产优质苜蓿示范、退耕还草、退牧还草工程项目为引领，鼓励专业合作社、农牧户及个人、企业加大苜蓿、燕麦等高产优质牧草的种植力度。2019年，建成连片种植面积为3 000亩以上优质苜蓿基地4个，面积为500亩以上优质苜蓿基地12个。以山丹马场优质燕麦种植为主，山丹县燕麦种植面积达到34.5万亩，山丹县完成人工种植优质牧草达41万亩。依托天泽、润牧饲草、三宝草业、祁连山牧草机械等牧草种植、加工、收储等龙头企业，山丹县的优质饲草料机械化收割、规模化加工和商品化销售模式逐步

形成。

依托本地良好的苜蓿传统，通过向周围种植者学习，参加当地畜牧局、草原站的培训班以及积极的网上学习，张董事长及他的公司很快掌握了苜蓿生长特点以及种植、管理、施肥、防虫、刈割的技术要点。在税务部门的支持帮助下，张董事长专门打了一口 370 米和一口 200 多米的深井，配备了抽水设备，在灌溉季节能 24 小时利用微喷带为苜蓿浇水。另外，当地政府还半价为张先生的公司提供有机肥，免费为其公司建设储草棚。

虽然当地有较为完善的农机合作社为苜蓿种植提供全方位农机服务，但是种植面积大、购买农机服务的支出太高不利于苜蓿种植的长期发展。张董事长又花费近 200 多万元购置了大型打包机、拖拉机、割草机以及施肥、田间管理等设备。为了节约成本，张董事长购买的都是享受农机补贴的国产设备。经过几年的苜蓿种植实践，张董事长发现国产农机设备质量低，故障率高，而进口装备又太贵，且不一定实用。精通电子设备，对机械设备兴趣很大的张董事长很早就萌发了根据自己企业的状况，自己研发、组装新型实用苜蓿生产设备的想法。但是这需要大笔的投入，而目前该公司已投入 400 多万元，严重超出了张董事长当初的判断。随着从事苜蓿种植时间的增加，除了抽水的电费、水资源费、土地流转费、人工费等必要支出，张董事长发现必要的投入越来越多，随着支出的不断增加，张董事长的压力也越来越大。

张董事长有政府工作经验，精通网络，所以该公司的苜蓿干草捆主要通过网络销售。2019 年上半年苜蓿干草的行情最好，头茬优质苜蓿价格能卖到 2 200 元/吨，其主要卖到陕西、新疆、宁夏、山西、西藏等地区。由于卖出的价格高于当地收购价，头脑活络的张董事长还主动收购周边小苜蓿种植户的苜蓿草捆，这样做既为小农户解决了苜蓿市场信息不畅的难题，还为公司增加了收入。

因为看好苜蓿行情，借助当地政府免费建设的储草棚，张董事长在 2019 年高价收购了一批苜蓿干草，准备在 2020 年苜蓿干草价格高时再出售。但 2020 年初发生的全国性疫情，奶牛场苜蓿使用量锐减，苜蓿价格大幅下降，其公司损失较大。

张董事长对我国苜蓿种植业发展前景很看好。如果国家能坚持对苜蓿种植的支持政策，他希望再扩大 30% 的苜蓿种植面积。但是近几年，其公司没有得到当地政府较大额度的资金支持，目前该公司盈利较为困难。

现代苜蓿种植是资本和技术密集型产业。苜蓿产业的发展不仅需要一批学农爱农的人才，也需要资本、技术的支撑。当前苜蓿产业专业人才严重不足，资金、技术短缺，信息不对称，市场作用发挥不够，政府对产业发展引导不当，容易导致苜蓿种植套利行为，产业发展内在动力不足，发展层次不高。

国内苜蓿市场容量小，苜蓿需求及供给任意一端发生轻微变化就会引起价格的大幅波动，而价格高会引起惜售，苜蓿种植者、加工收购商的囤草风险累积效应明显。政府应当借鉴粮食收储政策，实时进行苜蓿产品收储和投放市场，对苜蓿产品价格进行调节，降低苜蓿生产和经营风险。

案例6　种—养—加一体化发展模式使苜蓿种植面积稳定，较少受苜蓿产品价格影响

中国农业机械化科学研究院生态农业科技示范园坐落于北京市昌平区沙河高教园区内，隶属于国机集团下属的国家大型科技企业——中国农业机械化科学研究院，是集现代农业装备科学实验、试验、检测、机械化种植、智能化养殖立体生态循环、农业科普教育、社会科学课外实践教育、红色爱国主义教育、餐饮、会议培训、生活服务等为一体的综合性产业基地。中国农业机械化科学研究院生态农业科技示范园包含三家实体公司：中国农业机械化科学研究院农机实验站、中机（北京）会议中心、阳春白雪食品科技有限公司。

中国农业机械化科学研究院生态农业科技示范园经过长期发展已经形成了现代农业、服务业和制造业全产业链的经营模式。其生产的农副产品包含阳春白雪系列纯牛奶、阳春白雪系列酸牛奶、乳牛肉、内蒙羊肉、松辽黑猪肉、散养芦花鸡、土鸡、土鸡蛋、杂粮、地瓜、芋头等等。该园区在推动中国农业机械化的进程中探索了一套种植机械化、养殖智能化、农产品和食品有机化（农产品深加工从农田到餐桌）、废弃物资源化（生物质能源产沼气发电）等“四位一体”的现代农业发展模式。在推进中国农业机械化的进程中，该生态农业科技示范园逐步发展形成了良种奶牛养殖、繁育基地、中小学劳动教育基地、爱国主义、国际主义教育基地。

中国农业机械化科学院生态农科技示范园建设最初归功于两位新中国的功勋人物：寒春、阳早。寒春与杨振宁是大学同学，是美国参与首批原子弹研究和制造的少数女科学家之一。1948年追随学农牧专业的丈夫阳早来到中国。在中国的60多年来，他们一直都在推进中国的养牛机械化和牛种改良。20世纪80年代，在他们的不懈努力下，中国农业机械化科学研究院奶牛场就实现了奶牛挤奶自动化，而且他们研制的自动铡草机现在还在量产。中国农业机械化研究院奶牛场的牛奶和酸奶为了纪念两位老专家而特意取名为“阳春白雪”。

要想奶牛产好，必须吃好草。紫花苜蓿是奶牛粗饲料中最为重要的牧草，其不仅产量高，而且草质优良，各种畜禽均喜食，其蛋白质含量可达到18%～22%。2008年之前，我国的苜蓿不仅产量小，质量也很差，交货不及时，优质苜蓿大部分从国外进口。北京地区种植苜蓿的面积非常有限，周边质量较好的苜蓿种植基地集中在内蒙古通辽、赤峰地区。这样不仅运输距离远，运输成本高，产品质量和按时交货也难以保证。中国农业机械化科学院生态农业科技示范园为了给奶牛提供优质、安全的牧草，保证牛奶质量，在经费有限的情况下，投入巨资，于2010年建成

100 亩苜蓿种植基地。除了苜蓿之外，该生态农业科技示范园还种植了玉米、胡萝卜等一些奶牛饲用原料。根据高端牛奶生产的需求以及市场上苜蓿干草的供应情况调整苜蓿种植面积，苜蓿种植面积稳定在 70 亩左右。苜蓿营养全面，经常食用苜蓿对人类身体健康十分有益，因此，苜蓿基地生产的苜蓿除了作为生态园奶牛、肉羊、土鸡的饲料外，每年 4 月的第一茬鲜嫩苜蓿会被大量采摘，用来凉拌、炒菜、包饺子招待游客和教育基地的中小学生。其产品受到了很高的评价。为了满足日益增加的消费需求，越来越多的新鲜头茬苜蓿被冰冻储存，一年四季供应。

苜蓿是多年生豆科作物，要想获得好的产量和质量，在种植前，需要对土地进行一次耕地、2～3 次的旋耕，耕作都是由中国农业机械化科学研究院研发的耕作机械完成。这样不仅能完成机械性能测试，还能节约成本为 50～60 元/亩；种植基地选取的苜蓿种子为国外进口优质紫花苜蓿，种子成本大约为 50 元/亩，由奶牛养殖场专业的技术服务团队和种植人员共同决定；苜蓿播种是由生态园邀请专业的农机服务团队进行。在生长过程中，每年进行两次人工灌溉：第一次为 11 月，第二次为翌年 3 月。苜蓿的收获一般为一年四茬，时间分别为 5 月中旬、7 月上旬、8 月中旬、9 月下旬；轮作周期为 4 年左右，一般间隔半年再次种植苜蓿。在其空闲期种植玉米或者休耕保持地力。

为了保持苜蓿干草的最佳质量，每次刈割都选择在苜蓿现蕾期。种植基地在 2015 年之前一般采用租借机器收获。随着中国农业机械化科学研究院对种植苜蓿认识的加深，硬件设备不断提升，从 2020 年开始实现完全自主收获，一天就能完成收获。为了保证苜蓿叶片损失最少，增加苜蓿干草蛋白质含量，在刈割的过程中对整株苜蓿进行碾压，在收割后在田间晾晒 3 天，在晾晒期间保持温度和含水量在适当范围以最大程度地保持其营养价值。苜蓿打捆采用方形捆，该过程需要花费一天的时间。将打捆好的苜蓿运输至饲料存储室，该过程也需要花费一天的时间。基地每年苜蓿干草产量为 55 吨左右，占奶牛场苜蓿需求总量的 1/3 及以上。其中第一茬收获质量较高，为 20 吨左右，而第二茬因天气等因素，其产量会受到一些影响。自苜蓿种植基地建立以来，苜蓿种植技术人员以奶牛场对苜蓿使用的评价反馈为目标，奶牛养殖场厂长常常直接到田间指导，不断学习更新苜蓿种植、保护、收获技术，苜蓿干草质量稳步提高，牛奶质量得到保证。多年以来，中国农业机械化科学研究院奶牛养殖场每千克鲜牛奶售价比市场售价高 0.3 元以上，牛奶产品比市场同类产品高 50%。

在人员投入方面，其为三家实体单位[农机实验站、中机(北京)会议中心、阳春白雪食品科技有限公司]同一班人马，统一调配。在苜蓿收获阶段，全部人员投入苜蓿的收获；在苜蓿生长阶段，各人员投入奶牛的饲喂、牛奶的生产、客房的管理、其他动物养殖、土地管理等各种具体工作，人力资源得到高效利用。

利用农机院进行全方位作业机械测试研发之机，中国农业机械化科学研究院生态农业科技示范园在苜蓿作业过程中的耕地机械、收获机械、打捆机械、运输机械、喷灌机械都实现了免费利用。仅此一项就为苜蓿生产基地节约近200万元的装备投入。

中国农业机械化科学研究院生态农业科技示范园苜蓿种植基地也遇到不少问题,如收获的苜蓿有限。自然晾晒较大程度上取决于天气,苜蓿干草质量不稳定。而采用烘干机械不仅成本高,且机械采购或租赁都不现实。由于其规模小,从苜蓿种子购买、耕地整备、苜蓿种植到加工运输都是以生态农业科技示范园为主或者独立完成,生产成本很高。

为了保证绿色有机生产,除了坚持自主生产苜蓿,中国农业机械化科学研究院生态农业科技示范园还生产玉米、红萝卜等奶牛饲料,种植成本、土地成本以及人力成本进一步推高。在产品价格高出市场同类产品1倍以上的情况下,中国农业机械化科学研究院生态农业科技示范园只能保持保本或微利。

案例7　依靠需求支撑与政策支持,发挥科技优势,做大做强苜蓿种植业——赤峰普瑞牧农业科技有限公司

自2008年"三聚氰胺"事件发生后,国内各大奶牛养殖企业都意识到苜蓿对提高牛奶质量的巨大作用,纷纷加大苜蓿饲喂量,国内苜蓿供应紧缺,其中高端苜蓿短缺尤为严重。

首都农业发展有限公司(首农集团)是北京最大的农业国企,由著名农业企业北京三元集团有限责任公司、北京华都集团有限责任公司、北京市大发畜产公司重组而成。组建后的首都农业集团资产总额为150亿元,年销售额达100亿元,员工有近4万人,国有全资及控股企业有64家,中外合资合作企业有25家,境外公司有2家。其中,北京三元食品股份有限公司为上市公司。北京三元绿荷奶牛养殖中心隶属于首农集团三元种业科技股份有限责任公司,具有60年的奶牛饲养历史。截至2019年,其拥有职工2 200人,总资产达13亿元,仅在北京就有30个大型奶牛场,是全国规模较大的良种荷斯坦奶牛饲养及供种基地,奶牛总存栏为5万余头,年产优质原料奶达4.5亿千克,成母牛头年单产超过10吨,处于国内领先地位,达到世界先进水平。

首农集团以发展现代农业,满足首都人民不断增长的对高质量农副产品需求为首要目标。面对国内苜蓿产量不足,尤其是质量较低的局面,为了提高牛奶的产量和质量,首农集团决心自己生产高质量苜蓿,满足高产优质奶牛养殖的需要,为探索新形势下苜蓿产业发展模式,推进产业化进程,全面提升牛奶质量进行大胆尝试。

为高起点办好苜蓿种植产业,首农集团决定引进国外先进苜蓿生产技术,并于

2012 年 1 月 6 日投资 6 000 万元在阿鲁科尔沁旗注册成立赤峰首农辛普劳绿园有限公司。辛普劳公司(J. R. Simplot Company)是美国的一家多元化农业集团公司,它成立于 1929 年,总部位于爱达荷州博伊西(Boise)。该公司全球年营销额达数十亿美元,美国排名前 60 位的私营企业主要来自食品、肥料、草皮、园艺、种植、养牛业及其他相关产业,业务遍布美国、加拿大、中国、墨西哥、智利和澳大利亚等地,全球雇员总数超过 10 000 名。

内蒙古赤峰市阿鲁科尔沁旗地处我国最大沙地科尔沁沙地西缘,阿拉迪茫哈和满金芒哈两大沙带贯穿东南部,全境总面积为 14 277 平方公里,天然草地面积 1 447 万亩,占总土地面积的 67.6%。在 2000 年以前,这里 30%的国土面积是沙化土地,90%以上的草原都存在不同程度的退化,其中中度以上退化、沙化面积占 59%以上。尤其是 20 世纪 90 年代初,阿鲁科尔沁旗沙化退化草场面积不断扩大。针对当时沙进人退的恶劣生态现状,旗委、政府提出了综合治理沙化退化草场的重要意见。在 2001 年实施草原禁牧后,为了解决保护生态与发展畜牧业之间的矛盾,同时又让禁牧后的农牧民有事干有收入,从 2008 年开始,为有效促进东南部草原治理,阿旗委、政府按照“生态生计兼顾、生产生活并重、治沙致富共赢”原则,结合沙地苜蓿改良土壤、调节气候、防风固沙等多种生态功能,探索实践以指针式喷灌为主要模式、以紫花苜蓿为主要品种的高效节水灌溉人工草地建设。截至目前,全旗优质牧草规划种植面积达到 110 万亩,是全国集中连片种植紫花苜蓿面积最大地区,真正实现了生态、经济、社会效益共赢。2018 年,该旗优质牧草年产量达 65 万吨,占全国商品草产量的 1/5,年实现产值 12 亿元。2013 年,被中国畜牧业协会草业分会命名为“中国草都”。2018 年,该旗优质牧草核心区被确定为自治区级田园综合体。

节水紫花苜蓿项目效益高,但投入也大。为解决这一难题,阿鲁科尔沁旗将农业、扶贫、畜牧 、农机、财政等项目资金捆绑,用于人工草地建设。从 2008 年起,已累计投入各类项目资金 1.1 亿元。2019 年,投入资金 1 400 万元新建高压线路 68 千米、苜蓿作业路 30 千米。目前该基地核心区的柏油公路达 106.78 千米,架设 10 千伏供电专线 119 千米。

阿鲁科尔沁旗在积极帮助苜蓿种植户免费提供苜蓿良种、协调贷款的同时,还千方百计通过招商引资加快苜蓿种植步伐。首农集团、亚盛田园牧歌草业公司、蒙草抗旱集团、伊利集团、秋实草业、内蒙古草都集团、绿田园公司、澳亚集团、太极驴等 25 家独资企业入驻。其主要从事牧草种植、草品加工以及畜牧养殖。企业优质牧草规划种植面积达 65 万亩,占总数的 60%。阿鲁科尔沁旗生产的优质紫花苜蓿各项指标、产品质量已达到国际水平,远销整个华北以及辽宁、吉林、黑龙江、山东等地区,已成为蒙牛、伊利、三元、光明、辉山、澳亚、现代牧业、完达山等国内乳业龙头企业重要的饲草供应基地。经过近 10 年的发展,阿鲁科尔沁成为全国在退化、沙化草原发展集中连片高效节水型优质牧草种植规模最大,机械化程度、科技化程度最高的地区。阿鲁科尔沁南部 110 万亩沙化草原变成绿洲,草原沙化问题得到根本解决,优质牧草基地植被覆盖度从 10%提高到 90%。

21 世纪初,为了发展奶牛养殖,北京三元集团有限公司与阿鲁科尔沁旗的通辽市畜牧局建立了奶牛养殖合作项目,与阿鲁科尔沁旗政府建立了良好的沟通渠道,对阿鲁科尔沁旗的草牧业发展状况、发展战略较为熟悉。三元集团的苜蓿种植计划契合了阿鲁科尔沁旗的发展策略,得到了当地政府的大力支持。在赤峰首农辛普劳绿园有限公司成立的当年,阿鲁科尔沁旗以每亩 1～35 元的价格为首农辛普劳绿园有限公司提供 2 万亩退化草地。其前提条件是草地面积的 70%以上必须种植苜蓿。

三元集团高度重视苜蓿种植项目。三元集团派出北京畜牧协会秘书长,并任命多年从事奶牛养殖、牧草种植研究且具有丰富的国际合作经验,多次带队考察国外畜牧业发展的刘文奇为总经理,全面负责赤峰首农辛普劳绿园有限公司的工作,辛普劳派出一名具有丰富苜蓿种植经验的博士,负责苜蓿的引种、实验以及种植技术、装备保障等。目前该公司员工共 25 人,本科以上学历人员占近 1/2。

2012 年,该公司开始启动 3 万亩优质牧草产业化示范基地建设项目。设计规模 500 亩以上的大型喷灌圈 49 个,开发种植 1.9 万亩,投入使用大型美国进口指针式喷灌机 40 台套,并率先配置具有远程控制功能智能化喷灌机管理系统,实现了喷灌机管理的精准与高效;配置了适宜大规模农场运作、高效率的包括整地、耕作、精量播种、收割、翻晒、打捆、堆垛、动力牵引等美国引进设备 40 余台套。该公司的固定资产总值近 5 000 万元,形成了优质牧草规模化种植、集约化生产、标准化管理的格局。

该公司引进全套美国苜蓿生产技术及种植操作规程,还专门划出 60 亩土地。在辛普劳集团专家的指导下,其坚持按美国方法做科研实验,实验项目、实验结果都是用英文记录并保存。所有苜蓿品种在大田种植前都必须通过试验田种植实验,以保证达到最好的水肥管理水平。尽管 2017 年辛普劳集团由于战略调整退出中国市场,赤峰首农辛普劳绿园有限公司也在 2017 年更名为赤峰普瑞牧农业科技有限公司,但更名改制后的普瑞牧农业科技有限公司留住了主要科研人员,保留了原科研体系,原有科研工作也没有受到影响。

随着开发的土地面积不断增加、水肥管理水平不断提高,普瑞牧农业科技有限公司的苜蓿产量、质量不断提高。截至 2019 年,该公司年生产以苜蓿为主的优质牧草干草 18 000 吨,产品质量从最初的以三级苜蓿为主,提高到以二级及以上为主。随着产量、质量的不断提高,赢得了众多客户的信赖。产品从最初的主要供给北京三元集团,迅速扩展到内蒙古、华北等众多规模化奶牛养殖企业。

现代苜蓿种植是资本、技术密集型产业,规模化苜蓿种植离不开巨大投入。由于农产品生产周期长、利润率低，很多企业无力进行大规模投资。对种植业进行补贴是世界各国的普遍做法，在政府相关部门的协调下，普瑞牧农业科技有限公司能够得到国家、省市发展苜蓿种植业的各种补贴，壮大了公司实力，提高了公司苜蓿种植的积极性。此外，针对固定资产投资大、使用率低的问题，在当地政府协调下，该公司在完成自有土地的作业外，将苜蓿生产装备提供给需要的客户（农户、合作社、企业、苜蓿种植机械合作社等），参与社会化服务，这既满足了当地苜蓿生产需求，提高了装备的使用率，又增加了收益，实现了经济效益与社会效益兼顾。2019 年，普瑞牧农业科技有限公司的每亩平均苜蓿收益达到 140 元。

普瑞牧农业科技有限公司的高质量发展得到了同行的高度评价。在 2013 年中国畜牧业协会草业分会主办的第五届中国苜蓿发展大会上，赤峰首农辛普劳绿园有限公司生产的苜蓿干草捆荣获“优秀”水平奖，与会代表参观了赤峰首农辛普劳绿园有限公司在当地的优质牧草示范基地，并现场观摩了苜蓿草刈割表演。

苜蓿规模种植要想获得发展，产品有效需求、技术支撑、资金实力、政府支持缺一不可。当前阶段，我国苜蓿市场很不完善，企业缺乏技术与种植经验积累、资金短缺。多年以粮为纲政策的实施，很多地方政府因此对发展草牧业缺乏足够重视与资金投入。种植苜蓿使沙化土壤有机质含量增加，土地价值随之提升，农户土地流转意愿降低，该公司土地流转费用增加，该公司成本迅速上升，盈利变得越来越困难。另外，随着企业苜蓿种植规模的不断扩大，产品运输距离不断增加。由于产品密度低，苜蓿运输费用占比很高，控制运输成本，越来越成为发展苜蓿规模化种植的重要课题。我国的苜蓿种植业规模发展之路任重道远。

案例 8　苜蓿种植合作社既靠实力又需政策

无棣县隶属于山东省滨州市，位于山东省最北部，地处沿海，东北濒临渤海湾。无棣县国土范围介于北纬 37°4′～38°16′，东经 117°31′～118°04′，纬度处于世界苜蓿产业带上，气候非常适合种植苜蓿。无棣县属黄河冲积平原，全县地势平坦，由西南向东北至渤海湾沿岸以 1‰左右的坡降倾斜，海拔高度为 2～8 米。截至 2017 年，其耕地面积为 106 万亩，全县辖 6 镇 5 乡，593 个自然村，43 万人口，其中，农业人口 37 万人。山东省无棣县属于人均耕地最多的地区之一，人地矛盾不突出，为发展牧草产业提供了有利条件。

由于地处沿海，土壤多以滨海潮土、盐化潮土分布。由于地下水含盐量高，不能用来灌溉农田，需水量大、不耐盐碱的小麦、玉米等大田作物只能靠有限的自然降水，产量普遍不高。苜蓿不仅能耐轻度盐碱，种植苜蓿还能固氮、增加土壤有机质含量，改造中低产田。紫花苜蓿根系发达，吸水能力强，具有较强的抗旱能力，年降水量超过 150 毫米就能存活，年降水量为 400～800 毫米就能很好地生长，这对于不能依赖地下水灌溉的无棣地区非常重要。无棣县有着悠久的苜蓿种植历史，前期种植苜蓿主要是为满足当地奶牛及家畜的养殖需要，1984 年，无棣县把紫花苜蓿定为“县草”。2016 年，该县牛羊存栏分别达 10.7 万头和 15.9 万只，苜草产值达 9 000 万元、畜牧业产值近 2 亿元。种养结合促进了当地粮改饲健康发展，让农民有了增收新钱袋子。2008 年以前，该县主要是单个农户家庭种植苜蓿，种植规模普遍较小，苜蓿干草商品化率一直不高。随着区外奶牛养殖业对苜蓿需求的快速增长，外地需求占比不断增加，苜蓿干草商品化率不断提高，同时，为了提高产品质量，增加商品化率，国家和当地政府不断出台政策，鼓励苜蓿规模化种植。2020 年 5 月，无棣县紫花苜蓿种植面积达 4.2 万亩，其中规模化苜蓿种植面积达 3.5 万亩，小型专业户苜蓿种植面积达 0.7 万亩，走出了一条特色优质牧草产业发展路子。

按“奶业振兴苜蓿发展行动”要求，享受苜蓿种植补贴需要集中连片种植苜蓿超过 3 000 亩，且优先资助家庭农场、苜蓿种植合作社等新型农业经营主体。自 2008 年以来，无棣县先后涌现出了 10 余家苜蓿规模种植企业，其中，山东绿丰企业集团是全国和全省的苜蓿育种、草品审定成员单位，其苜蓿产品在山东率先进入国际市场，是非常很有代表性的苜蓿种植合作社。2009 年 2 月，经济贸易专业毕业的崔立华看到国家大力发展苜蓿产业的良机，成立了无棣县绿风农业开发有限公司。该公司主要从事紫花苜蓿种植，同时经营国内外苜蓿种子在内的农作物种子。该公司先后下设无棣县绿风种业有限公司、无棣县绿风草业有限公司、无棣县绿风农机服务专业合作社、无棣县绿风植保专业合作社和无棣县绿风农业科学研究所。截至 2019 年，该公司共有员工 32 人，其中高级职称 2 人、中级职称 3 人、大中专以上学历 12 人，先后发展社员 86 人，专业从事粮牧等农作物种子和牧草的科研、生产和经营。

2010 年，绿风农业开发有限公司购置牧草收割加工机械 28 台，联合带动 60 多户农民成立了无棣县绿风农机服务专业合作社，发展苜蓿草基地 5 600 亩，年产苜蓿干草 5 600 余吨，除了在本地销售，产品还销往京、冀、苏、沪等地。2015 年秋，绿风农业开发有限公司建设了无棣万亩苜蓿示范片，并实施 5 000 亩小麦、苜蓿套种项目。2016 年 10 月，绿风农业开发有限公司获得了苜草独立进出口权，成功出口韩国青贮苜蓿。绿风农业开发有限公司按照“龙头带基地，基地连农户”的现代农业发展模式，在自身发展的同时，不忘带动周边农民致富。

一、坚持合作办企业

为进一步提高牧草产业的市场竞争力，2020 年，绿风农业开发有限公司会同县内外牧草生产单位 20 余家，成立了“滨州市草业技术创新战略联盟”。该联盟根据各自产业定位，上、中、下游互相融合促进，共同进行技术研发创新，提升牧草产业的整体技术水平。该联盟先后争取高效苜蓿种植示范项目、粮改饲项目共 2 000

余万元，补贴牧草种植面积近 3 万亩。

二、坚持科技办企业

绿风农业开发有限公司还与中国科学院、中国农业大学、鲁东大学、山东农业大学、青岛农业大学等多家科研机构和院校进行对接，与众多教学、科研单位签订战略合作协议，建立多处教学科研基地、试验站，多名国家级专家学者与公司开展了苜蓿生产加工技术合作。草棉连作、苜蓿青贮等技术已经在无棣县牧草生产上进行推广和应用。这些技术的运用既有效解决了苜蓿雨季难以储存，种子发芽率不高，苜蓿田间杂草难以控制等技术难题，又提高了其经济效益。

三、立足于生产需求，不断创新发展模式

自 2018 年以来，面对非洲猪瘟的影响，生猪存栏下降，绿风农业开发有限公司在无棣县畜牧兽医服务的支持下，首创草猪融合模式，投资 5 000 万元建设了存栏可繁母猪 5 000 头的生猪育肥场。其饲喂的饲料用 10%的苜蓿粉碎、打浆代替母猪饲料，不仅有效减少母猪疾病的发生，提高母猪产仔率，还能有效降低了饲料成本。同时，生猪育肥场产生的猪粪便、污水可被 5 000 亩牧草种植基地就地消纳，因此，减少了处理成本，解决了环境污染，实现了草牧的有机结合。虽然苜蓿种植一直是绿风农业开发有限公司的主业，但其发展过程中并非一帆风顺。该公司的成长一直存在着两个问题。

首先，苜蓿种植决策难以贯彻。为了增加种植规模，从而降低生产成本，获得政府补贴，该公司在成立之初就把发展壮大种植合作社当作中心任务，通过动员更多农户加入而苜蓿种植合作社，扩大苜蓿种植规模，降低生产成本，争取国家苜蓿种植补贴。但是初创公司没有实际成绩、实力也比较弱小，务实的农民普遍不愿入社，农民偏向种植经济效益更好的棉花。为了动员更多农户入社，该公司创始人崔立华不得不多次去农户家走访，除了不厌其烦地宣传种植苜蓿的经济前景、社会和环境效益，还承诺免费给社员提供农机服务。在种植苜蓿经济效益好的 2009 年前后，受利益驱使，参与种植苜蓿的农户较多。由于参与农户多，产品质量很难统一，加上供货不及时，该企业的产品品牌价值很难提升。目前，该合作社苜蓿干草价格比周边奶牛场到场价格每吨低 600～800 元。即使这样，北京的大型奶牛养殖企业大多宁愿舍近求远到内蒙古赤峰等地采购价格高但质量和供货更有保证的苜蓿干草。随着 2011 年以后大量进口苜蓿的冲击，国产苜蓿价格随之下降，特别是收购要求的提高、玉米种植补贴政策的落实，很多社员改种玉米。在玉米补贴政策取消后，农户参与种植苜蓿有所增加，但自 2015 国家实施“粮改饲”的政策，鼓励种植青贮玉米以来，农户又开始减少苜蓿种植，增加青贮玉米种植，这样就严重影响了公司扩大苜蓿种植计划的实施。

其次，政府政策对公司发展的影响很大。从绿风农业开发有限公司的发展历程可以看出，该公司的成立本来就是创始人的农业情怀的体现，但也受到国家宣传的良好苜蓿发展前景和国家对苜蓿发展的补贴影响。迄今为止,该公司已经享受到巨额的农机补贴、苜蓿良种补贴、苜蓿种植补贴以及在高校、政府牵头下专家提供的无偿苜蓿生产、加工技术等福利。该公司发展过分依赖国家政策扶持,没有自身的核心技术、土地流转等不确定因素都影响和制约着企业的进一步发展,走不出这一步,该公司难以做强。

案例9　需求是苜蓿机械服务企业发展的根本动力

苜蓿生产常用机械包含深耕机械、耙耱镇压机械、播种机械、中耕除草机械、农药喷洒机械、灌溉机械、收获机械、翻晒机械、打捆机械、封膜机械与青贮机械等。深耕能达到保墒蓄水、消灭杂草的目的;精细耙耱镇压达到增加出苗率;播种机械、中耕除草机械、灌溉机械、收获机械、翻晒机械、青贮机械不仅影响作业效率,对产品质量也有重要影响。苜蓿规模化种植有利于机械化打捆,并提高打捆效率;包膜保证青贮饲料的有效营养不流失,增加饲料的口感性。每年的3月中旬在当地温上升到5～6℃时,这是播种紫花苜蓿的最佳时间。播种过早,低温太低不利于苜蓿出苗;播种过晚,不利于田间杂草控制。现代苜蓿种植对各种农业机械的依赖越来越强。据不完全统计,一个2 000亩规模的苜蓿种植企业所需的各种农业机械价值超过200万元。

昌平区农业局进行农机管理体制改革,以原区农机服务中心为基础,2007年成立北京北悦阳光农业机械服务中心,其中的7名员工主要来自原区农机服务中心。北京北悦阳光农业机械服务中心接收了原昌平区农业机械局全部国有资产,包括约翰迪尔等进口大型农机具40多台套,能够提供平地、耕、种、耙、收等所有农机作业环节。除了为北京地区提供农机作业服务,作业区域还涉及东北、华北、西北的部分地区。由于拥有先进的国外产品,很多农机科研人员慕名前来参观、考察。

北京北悦阳光农业机械服务中心拥有苜蓿播种机械、苜蓿打捆机械、苜蓿收割机械等主要苜蓿生产机械。在国家农机购置补贴政策刺激下,一批新型农业机械公司陆续成立,农机作业市场竞争越来越激烈。特别是自2006年以来,北京地区苜蓿种植大面积减少,来自苜蓿种植的机械作业需求逐年减少,企业购置苜蓿作业机械的热情大大降低。目前的作业机械都是在2008年以前购置的。但作业机械机型陈旧,保养差,不仅作业效率低,作业效果也普遍较差,作业故障率高,影响农时,苜蓿种植户满意度低。由于作业规模小,河北、山东的苜蓿机械服务商不愿提供服务,苜蓿种植户只能接受低质量的服务。

北京地区土地种植成本较高、苜蓿种植面积较小,相关农业机械服务商提供关于苜蓿的服务也非常的有限,为了解决成本,存在使用通用机器代替苜蓿专用机器的情况。例如，苜蓿播种机代替小麦播种机械，那么所能提供的农业机械服务质量差。从农户与农业机械服务商的角度分析，他们都将苜蓿的种植放于次要位置，这样一来，苜蓿产量和质量就会降低。为适应环保需要，北京地区规定大型养殖企业逐步退出六环以内的区域。北京市奶牛养殖企业越来越少，苜蓿需求量越来越小，农户种植苜蓿的积极性下降，苜蓿机械服务商提供服务差，从而形成恶性循环。

除了苜蓿机械发展不太景气之外，北京北悦阳光农业机械服务中心关于其他农业机械的租赁服务整体需求程度也是下降的。目前该服务中心一台机器平均一年的作业时间是 40 天。随着城市化不断推进，北京地区的作物种植面积越来越少，农机服务企业越来越依赖北京以外的市场。同时，由于北京北悦阳光农业机械服务中心从国有事业单位分离出来这一特殊的发展历程，在业务拓展方面比较消极，不愿意向其他大棚作业机械、林业作业机械方面转型，其拓展市场的积极性不足，进一步使该服务中心在市场中越来越被动。特殊的发展环境使北京地区农业机械服务公司配置苜蓿作业机械的积极性逐年降低。目前拥有全部苜蓿作业机械的公司已经基本不存在，农户种植苜蓿的积极性进一步降低。

与北京地区的农机服务商相比，随着近年苜蓿种植规模的不断扩大，内蒙古地区的苜蓿作业机械服务商有着较快发展。经实地调查，其原因主要有以下几点：一是内蒙古地区土地成本较低，容易实现大规模种植，苜蓿生产具备规模优势，苜蓿作业机械的大规模作业，作业效率高。根据调查，2011 年内蒙古地区苜蓿种植面积为 700.39 万亩，具有较大的农业机械化服务背景。二是当地政府大力支持苜蓿产业发展。以“草都”阿鲁科尔沁为例，当地政府制定政策，只要苜蓿种植面积超过 70%，苜蓿种植企业就可以以每亩 3～40 元的价格承包土地，远远低于每亩 200 元的土地流转市场价格。除此之外，当地政府积极在苜蓿种植区修路，帮助企业打井、购置喷灌机械，切实解决苜蓿种植企业的难题，促进苜蓿种植业发展。

苜蓿种植业的发展带动了包括农技服务在内的苜蓿生产服务业的快速发展。据调查，截至 2020 年上半年，阿鲁科尔沁地区就有苜蓿农机合作社 12 家。在当地政府的协调下，很多拥有大型苜蓿作业机械的大型苜蓿种植企业也参与了合作社。

根据调查，每个苜蓿种植企业都购置一些简单常用的小型作业机械。这些机械价格较低，而农户们更加愿意去租赁较为大型的机械。一方面，大型农业机械的价格较贵，农户不愿投资，由于能得到购置补贴，农业机械购买量相对较多，租赁的价格相对便宜。另一方面，农业机械服务公司能够提供较为全面的服务。除了提供相关的农业机械以外，农业机械服务公司还会配备相关的工作人员。这些工作人员在机器农耕播种、收割收获、机器维修等方面都具有一定的专业技能，农户愿意去享受这些服务带来的便捷，其租赁市场随之慢慢形成。另外，大型苜蓿作业机械专业性强，每年的作业时间短，闲置时间很长，使用效率低，单独购置非常不划算。

苜蓿种植成本低，种植面积大，市场发展前景好，对苜蓿生产专用机械需求量大，是苜蓿作业机械服务商发展的必要条件。农机服务商的热情、优质服务也会帮助农户摆脱现代苜蓿种植资金、技术密集的限制，促进苜蓿种植的发展，形成良性循环，内蒙古地区苜蓿种植面积因此越来越大，苜蓿机械服务质量越来越好。

案例10　现代草产业的发展不仅需要资本、技术，还需要情怀与创新——甘肃西部草王牧业集团有限公司

成都大业国际投资有限责任公司成立于1993年，最初主要从事房地产投资，后逐渐涉入百货、制冷、期货、科技开发、广告装饰等，走上了产业多元化发展的道路。西部大开发战略为生态农业的发展提供了机遇。1996—1997年，在著名生物学家、工程院任继周院士的倡导建议下，该公司于1998年在四川注册成立了大业牧草开发有限公司，通过当地政府招商引资，同年在大凉山州布拖县建成年产5万吨的草饲料加工厂。在1998年特大洪涝灾害发生后，国家针对水土保持提出了大规模退田还湖、退耕还林还草，提高生态系统的稳定性。受国家在退耕还草方面的大力投入激励以及基于对我国牧草需求及国家牧草产业发展政策长期看好的认识，该公司决定加快牧草领域的发展步伐，利用公司的国际交往优势，借鉴美国、加拿大等草牧业发达国家的先进经验，以标准化、现代化、国际化为目标，走高技术、大规模、产业化的草产品发展之路。

甘肃河西走廊的海拔为1 000～1 300米，年降水量为32～78毫米，光照充足，昼夜温差大，病虫害少，并有绿洲戈壁相间形成的天然隔离屏障，为天然、绿色、高品质的苜蓿产品提供了有力的保障。在当地政府一系列优惠的招商引资政策吸引下，自1999年起，大业牧草开发有限公司先后在甘肃成立了6家子公司，包括玉门大业草业科技发展有限责任公司、甘肃大业牧草科技有限责任公司、酒泉大业牧草饲料有限责任公司、张掖大业草畜产业科技发展有限责任公司、酒泉大业种业公司和甘肃大业草产品研究所有限责任公司。

由于无序发展，2004—2006年，国内草产业进入低谷期，大批看好草业发展、准备挣热钱的投资人纷纷退出苜蓿生产，国内牧草产业发展进入低谷。由于前期投资巨大、产业链建设完备，继续生产的损失不大而退出的成本高，特别是大业牧草开发有限公司对苜蓿产业长期看好的坚定认识，加上政府在税收、财政、土地等方面给予了大力支持，大业牧草开发有限公司凭着坚韧和执着坚持下来。为了使草产业板块更好发展，大业牧草开发有限公司将完整的牧草业产业链，生产技术、管理团队及其在甘肃的6家草业子公司有机整合在一起，于2012年在兰州市成立甘肃西部草王牧业集团有限公司。

甘肃西部草王牧业集团有限公司现为中国畜牧业协会草业分会会员单位、下

属的酒泉大业公司和玉门大业公司为甘肃省农业产业化重点龙头企业，张掖大业公司、甘肃大业公司与酒泉大业种业公司为市属农业产业化龙头企业。甘肃西部草王牧业集团有限公司改良和建设了高产优质苜蓿种植自有基地 6 万亩，草种基地 1 万亩，发展了社会基地 20 万亩。截至 2019 年，甘肃西部草王牧业集团有限已建成 4 个草产品加工厂、1 个草种加工厂、1 个草产品研究所和 9 条生产线，草产品年生产能力达 50 万吨，草种清选年加工能力 5 000 吨。其创立了中国第一个饲草和草种品牌——“草王”牌。甘肃西部草王牧业集团有限公司不仅是国内牧草生产加工自主知识产权最多、优质苜蓿草生产加工规模最大、产业化水平最高的企业，而且成为集草种、苜蓿草研发、生产加工、销售为一体的牧草行业龙头企业。

依托自建的草产品研究所，甘肃西部草王牧业集团有限聘请国内外知名专家、院士组建“专家咨询组”，形成了强大的技术支撑团队。2003 年，该集团设立的企业技术中心获得省级企业技术中心认定。该中心与中国农业大学共同建立“中国农业大学酒泉校外实验站和教学实验基地”，与西北农林科技大学共同建立“西北农林科技大学研究生培养基地”，联合培养博士生、硕士生。该集团还成立了牧草检测中心，对牧草生产环境涉及的土壤、水及产品质量进行全面测定和监控。2004 年，该中心通过甘肃省质量技术监督局计量认证。2015 年，甘肃西部草王牧业集团有限所属牧草种子及加工工程技术研究中心被甘肃省酒泉市科技局认定为“酒泉市牧草种子及加工工程技术研究中心”。2017 年，甘肃西部草王牧业集团有限与科技部国家牧草产业科技创新联盟共同组建“优质牧草草产品生产与加工工程中心”。2018 年，甘肃西部草王牧业集团有限与农业农村部国家草产业科技创新联盟组建“河西走廊草产业创新研发中心”。与国家林草局、中国农大、中国农科院共同组建“国家草地改良工程技术研究中心”，开展苜蓿草种、多元化草产品加工利用关键技术研究、高产优质苜蓿种子繁育及牧草新品种区域适应性研究及示范。该公司还先后与中国农业大学、甘肃农业大学、中国农科院草原研究所等单位合作承担了国家农业部“948 项目”、国家“十五”重点科技专项、“十一五”“十二五”国家科技支撑计划和“十三五”科技部重大专项等国家及部级攻关项目。这些项目成果获得教育部“科技进步一等奖”1 项和农业部“农牧渔业丰收奖”二等奖 2 项。

为适应国内外牧草业高速发展的趋势以及信息化时代的需求，甘肃西部草王牧业集团有限利用互联网等技术手段，建设了“草产业研发服务平台”“草产品及草种生产服务平台”“草产品和草种标准仓储及流通服务平台”和“草产品及草种信息追溯平台”，着力提升企业信息化应用及管理能力，满足牧草及草种的科研、生产、加工、销售及产品安全追溯，实现牧草产业信息线上线下互通的全产业链信息化服务和草产业生产提质增效、产业升级。

玉门大业草业科技发展有限责任公司成立于 1999 年 11 月，隶属于草王牧业集团有限公司主要的苜蓿生产、加工、销售公司，是目前国内大型紫花商品苜蓿生产企业之一。玉门大业草业科技发展有限责任公司总投资为1.3亿元，拥有万吨苜蓿原草、草颗粒、草块生产线，草产业在当地形成了产供销一条龙产业化生产格局。该公司以市场为导向，退耕还草为中心、科技为支撑，形成了“企业＋科技＋农户＋基地＋市场”的经营模式。公司的“草王牌”紫花苜蓿草颗粒、草块系列产品销往北京、上海、厦门、武汉、广州、深圳、南宁、昆明等全国大中城市和地区，成为国内各知名乳品企业奶源基地的饲草供应商。

2015年，玉门大业草业科技发展有限责任公司新增苜蓿种植面积3 000亩，积极参与国家“奶业振兴苜蓿发展行动”，开展高产优质苜蓿示范建设，通过组织苜蓿标准化生产加工，强化科技支撑，突出产品质量，转变传统饲草生产加工方式，实现苜蓿增产提质，逐步建立健全我国新型的苜蓿饲草产业体系，为奶业生产提供优质牧草，为现代奶业建设和奶业又好又快发展提供保障。该项目得到中央财政补助和当地政府的支持，为其公司高质量发展提供助力。

依托集团的苜蓿全产业链优势，玉门大业草业科技发展有限责任公司能为当地苜蓿种植户提供种子、刈割、加工、质检、收购的全程服务。多年来，该公司根据当地苜蓿发展的实际，不断创新服务。例如，在该公司成立之初，面对中小苜蓿种植户普遍缺乏先进生产设备，产品质量低下的问题，其主要提供技术培训及免费机械服务；该公司派技术人员定期到各地巡视，在需要施肥、浇水、刈割前主动与农户联系；随着2015年国家对苜蓿产品质量要求的提高，该公司主动帮助农户联系集团的检测机构上门提供质量检测服务。根据农户的要求，该公司既可以提供上门服务，又可以提供单独的运输和加工服务等。在苜蓿价格波动的2009—2011年，主动实行苜蓿订单种植，减少价格波动带给农户的损失。近年来实行最低收购价政策，既增强了苜蓿种植户的信心，在产品收购时，按市场价收购又能最大限度地保证农户的利益。由于与农户建立了长期的合作关系，该公司在农户中树立了良好的信誉，该公司收购苜蓿都是以农户先提供产品，10多天后由该公司按此时间段内较高的苜蓿价格给农户付款。良好的信誉和高品质的服务，带动了玉门市苜蓿种植面积达10万亩。2020年，玉门大业草业科技发展有限公司自有苜蓿种植面积达6 000亩，产量达5 000多吨，年加工、销售苜蓿为3万多吨。这样做既为其公司带来良好的经济效益，受到国家领导人的肯定、鼓励，又带动了区域内农户的增收。

苜蓿种植企业能够持续、稳定发展，除了具备充足的资本、先进的技术外，还要对中国的饲草产业发展具有坚定信心，长期看好。同时，种植苜蓿还要结合本地社会经济发展要求，为农民种植苜蓿增加收入提供必要的技术和信息支持，并能带动本地经济，形成良性互助，得到政府的全方位支持。

苜蓿种植业发展离不开上、下游产业的发展带动。发展壮大苜蓿产业链，增强企业发展的抗风险能力；根据我国快速变化的苜蓿种植业发展环境，不断调整发展方式，加大技术投入，增强企业的发展活力。

案例 11　苜蓿订单种植
——优势、问题与对策调查

自 1998 年实施退耕还林还草政策以来，我国的苜蓿种植面积经历了多次大起大落。造成这一现象的原因既有由国家苜蓿产业发展政策变化所导致，又有受苜蓿产品价格剧烈波动的直接影响。

由于信息不对称，中小苜蓿种植户只能凭上年产品价格等有限信息决定是否种植苜蓿，供求容易失衡。而我国的苜蓿需求主要局限于规模奶牛养殖场，且储草棚等能够增加苜蓿需求价格弹性的设施匮乏，需求弹性小，很小的供给过剩就会造成价格的剧烈下降。中小农户家庭收入水平普遍较低，且大多是风险规避型的，对苜蓿产品价格非常敏感。价格的剧烈波动不仅影响种植户收入，还会影响农户的苜蓿种植决策。

订单种植不仅能在一定程度上保证农户每年稳定的收益，消除农户种植苜蓿对价格波动的担忧，还能保证大型奶牛养殖场等的苜蓿供应，增强奶业发展竞争力。2015 年之前，苜蓿产地政府也认可订单种植等新型农业发展方式，积极引导苜蓿种植户、收购商签订合同。根据调查，2009—2012 年，甘肃玉门、河北沧州等苜蓿产地的订单种植苜蓿一度发展很快。自 2015 年以后，订单苜蓿种植逐渐减少。目前，“随行就市”是苜蓿销售的主流。本书从生产者、收购商的角度对我国产业链的不同主体关于苜蓿订单种植认知进行了调查。

刘先生，52 岁，玉门花海镇人，1999 年就在玉门大业公司的带动下开始种植苜蓿。最初，苜蓿种植种子、技术、装备等都来自大业公司，产品也由大业公司收购。收购都是按市场收购价，与其他未接受大业公司服务的待遇相同。自 2004 年开始，苜蓿价格大跌，刘先生次年毁掉刚刚播种 2 年，正值最佳生长期的苜蓿，改种玉米。2006 年，玉门市很多种植苜蓿的农户都改种其他作物。2008 年由于奶牛养殖场苜蓿使用量大增，苜蓿紧缺，为了获得更多货源，大业公司同其他众多苜蓿收购公司一样，早早同苜蓿种植户签订了收购合同。2012 年后，苜蓿价格逐渐平稳甚至下降，但订单价格比市场价格高出很多，收购企业开始提高收购要求、压价现象，甚至有的苜蓿收购企业因为出现亏损不履约。农户不满意，收购企业也叫屈。2015 年后，与大多数农户一样，刘先生不再与任何苜蓿收购企业签订收购合同，在他看来，由于苜蓿收购有太多的限制因素，订单文本很难规范，数量、规格、质量条件规定不清，订单收购很难实施。目前玉门大业比较受欢迎的苜蓿收购方式是农户先把苜蓿产品（主要是干草）交给公司，在 10 个工作日左右，大业公司根据这段时间市场上苜蓿平均价格支付给农户苜蓿款。

李社长，48 岁，酒泉某农牧公司的负责人。在当地政府的支持下，2014 年开始流转 3 000 亩弃耕地种植苜蓿，决定种植苜蓿之前，李社长从事过多种工作，认识了宁夏、陕西的奶牛养殖企业老板，建立了良好的关系，2014 年种植苜蓿起就与上述奶牛养殖场签订苜蓿供货合同，实行苜蓿订单种植。由于双方都相互信任，每年在计算交易金额时，都会适当考虑苜蓿的市场行情。多年的合作，使双方信任不断增加，李社长的产品从来不愁销路。

孙老板，39 岁，内蒙古科尔沁绍根镇人，2009 年就从事个体牧草收购业务。其间多次因为签订的苜蓿订单价格过高造成巨大损失。在孙老板看来，苜蓿订单种植并不适合内蒙古的情况。究其原因：一是苜蓿市场价格波动大，一旦对行情把握不准，该订单价格过高，该公司赔都赔不起；二是虽然都在实地察看后凭多年经验判断苜蓿品质，然后给出订单，但往往因为订单签订后农户疏于管理，产品质量受到影响，造成收购后卖不出好价格；三是在市场行情好的时候，很多农户毁约，合同履行受到影响，甚至发生纠纷。

订单不失为解决苜蓿价格剧烈波动的好办法。但实行订单苜蓿种植面临较大风险，目前中小收购公司居多，一旦发生风险，抵御风险能力弱，履约能力低。

订单苜蓿种植还不是一种成熟的市场经济模式，还需要在实践中不断发展和完善。要发展信誉好、履约能力强的企业从事订单苜蓿种植，包括保底价收购等。国家可通过提供保险补贴等举措有效减轻参与企业的风险。

案例 12　中小型奶牛养殖企业苜蓿使用原则
——加工企业要求、成本与便利性

种植苜蓿具有巨大的环境效益，能提高土壤有机质含量、缓解人畜争粮、提高母畜产仔量。使用苜蓿干草饲喂奶牛可显著提高奶牛的产奶量和牛奶品质，还可减少因为过多吃精料引起的奶牛瘤胃酸中毒等代谢疾病，延长奶牛利用年限等。在市场经济社会，对苜蓿种植决策起决定作用的是种植苜蓿的经济效益。与畜牧业发达国家苜蓿用来饲喂多种动物不同，从使用苜蓿的性价比和苜蓿供给能力考虑，我国苜蓿产品主要用作高产奶牛的粗饲料。

据了解，我国大型奶牛场大都采用与国外相同的全混合日粮（TMR）技术。而众多中小型（小于 100 头成母牛）奶牛养殖场奶牛粗饲料利用方式相对灵活，奶牛的饲料配方随着季节、饲料价格及获取难易程度变化而相应变化。为了解我国中小型奶牛养殖场的苜蓿使用原则，在中荷奶业中心的帮助下，本书对山东、河北、北京的 72 家中小奶牛养殖场苜蓿使用情况进行了调查。包括苜蓿的使用原则、使用数量、使用对象、购买方式等。本案例选择山东典型个体奶牛养殖户进行介绍。

张先生，52 岁，2006 年在我国奶牛养殖业发展高峰时，购买 15 头奶牛从事奶牛养殖。由于当时原料奶紧缺，众多奶站以高价上门收购牛奶，对牛奶质量要求也不高。为了降低成本，奶牛的粗饲料靠就地取材，主要是当地的玉米秸秆，还有花生秧、花生壳、红薯秧甚至麦秸等农作物的废弃物。奶牛养殖知识主要跟养牛的邻

居学，那时的张先生甚至没听说过苜蓿。

2008 年婴幼儿奶粉事件爆发后，为了规范牛奶安全生产行为，政府相继出台了一系列奶牛养殖政策。张先生的奶牛一开始被要求进养殖小区，后来又要求规模化饲养。2011 年后，随着饲料价格上涨、原料奶过剩，奶农倒奶、卖牛，奶牛价格下降。张先生判断出奶牛养殖机会，也为了盘活手中资产，反其道而行之于 2014 年通过贷款建设成拥有 120 头高产奶牛养殖场，并与伊利结成合作伙伴，伊利公司派来专门人员进驻奶牛场，负责奶牛饲料监测、牛奶质量化验，每天挤的鲜奶都被伊利派来的专车拉走。

伊利实业集团有限公司对原料奶的质量要求极为严格，达不到其质量标准的牛奶就会拒收。由于这一时期原料奶过剩，被拒收的牛奶很难找到买家，大部分只能倒掉。为了自家牛奶不被拒收，除了带领员工认真学习养殖技术，张先生还特别注意听取驻场伊利代表的意见，包括饲料配方、设备配置、注意事项等。张先生购买苜蓿主要是按照驻场人员的要求，购买进口一级苜蓿。除了应驻场人员要求购买进口苜蓿，实践中张先生认为购买进口苜蓿主要优点一是供货及时，二是国外的苜蓿产品规格齐全，使用起来方便。相比进口产品，国产苜蓿规格单一，使用起来很不方便；国产苜蓿每茬之间、每年之间的产品质量差别很大，由于苜蓿收购商的产品来自很多农户，质量很难保证。基于上述原因，张先生表示，除非买不到进口苜蓿，一般不会冒风险购买国产苜蓿。调查中发现，即使是选择使用国产苜蓿的奶牛养殖场，也越来越注重苜蓿质量，很多奶牛养殖场宁愿花高价从内蒙古、甘肃购买苜蓿干草，也不就近购买便宜但质量低的苜蓿干草。

进口苜蓿都有一系列质量检测指标，包括粗蛋白含量（CP）、酸性洗涤纤维（ADF）、中性洗涤纤维（NDF）、总可消化养分（TDN）等，其中 CP、TDN、RFV 位居重要性前三位。为了降低成本，国产苜蓿一般不提供检测报告。在实践中，张先生从不关心这些，反而更看重相对不重要的产品颜色（通过肉眼观察）、味道（通过用鼻子闻）、含水量（通过用手扳判断）。随着部分大型奶牛养殖场对苜蓿质量要求的提高，内蒙古、甘肃地区的大型苜蓿生产企业开始提供第三方检测机构的质量检测报告，但是费时费钱，特别是用户（奶牛养殖场）普遍怀疑检测报告的可信度，即使大型苜蓿生产企业，也很少提供产品质量检测报告。

下游需求对苜蓿生产具有重要的引导作用。随着消费者对奶产品质量要求的不断提高，奶牛养殖企业对国产苜蓿产品的要求也会越来越高，对促进国产苜蓿提高品质具有重要作用。

建立苜蓿检测机构对于促进国产苜蓿标准化生产具有重要意义。国家应加大宣传推广力度，培训生产者及消费者对质量指标的正确认识，增加用户和苜蓿生产者的质量检测意识的同时，应加大对质量检测过程的监督，增加质量检测报告的权威性与可信度。

附　录

表 1　2001—2010 年我国各地区牧草年末保留面积　　万亩/年

序号	省现名称	2001	2002	2003	2004	2005	2006	2007	2008	2009	2010
1	北京	0.00	0.00	0.00	0.00	0.00	0.00	0.00	28.00	2.56	16.70
2	天津	6.00	6.75	6.00	6.00	6.00	1.95	2.00	6.00	5.55	10.55
3	河北	1 176.10	1 270.30	1 425.90	1 685.20	1 948.70	2 127.35	2 344.90	1 544.00	994.25	1 002.76
4	山西	513.0	520.00	569.00	544.96	557.98	566.96	507.60	596.00	55.00	548.58
5	内蒙古	9 654.80	11 158.80	12 283.88	11 876.03	10 921.09	11 146.52	11 494.84	9 435.75	6 817.60	6 552.15
6	辽宁	200.40	210.75	269.90	260.20	271.10	270.17	223.50	199.52	412.30	683.79
7	吉林	657.60	877.30	1 202.00	857.30	922.70	987.00	1 018.77	1 031.72	512.52	1 053.64
8	黑龙江	998.50	1 106.60	1 312.00	1 549.00	1 683.00	1 924.00	2 087.20	2 024.00	1 936.00	1 992.15
9	江苏	20.90	155.60	0.00	18.90	318.50	149.40	76.35	84.92	2.85	59.88
10	新疆	44.40	62.47	57.63	57.00	52.20	51.00	52.00	58.70	58.20	75.80
11	安徽	68.30	142.34	177.71	175.60	137.41	225.61	158.72	81.10	97.42	191.24
12	福建	50.60	50.70	60.60	68.60	68.50	20.70	74.10	78.20	44.60	81.60
13	江西	179.20	206.54	220.28	318.98	326.24	300.03	328.45	353.70	341.03	371.25
14	山东	185.00	152.00	207.30	351.41	289.81	195.65	116.34	497.85	287.70	270.25
15	河南	177.40	205.74	234.74	236.34	237.63	246.84	260.00	248.80	408.70	439.48
16	湖北	218.50	333.13	388.41	265.65	258.67	315.19	351.21	269.09	259.74	268.58
17	湖南	209.00	220.05	232.85	245.60	272.05	298.60	327.45	358.65	356.25	339.35
18	广东	63.70	67.00	70.00	64.90	82.67	88.03	71.10	60.42	33.88	54.90
19	广西	134.30	147.77	179.24	134.77	171.48	136.38	162.17	155.82	21.28	129.30
20	海南	0.00	0.00	0.00	0.00	0.00	0.00	0.00	22.50	27.40	27.30
21	重庆	87.80	146.70	145.26	143.87	163.19	109.97	111.86	22.50	114.12	121.66
22	四川	815.60	937.78	1085.20	1286.60	1469.19	1581.99	1836.00	1981.76	2757.43	2727.60
23	贵州	185.00	345.50	375.00	387.77	393.00	409.16	602.00	669.00	631.24	737.05
24	云南	391.90	668.30	756.32	851.51	870.24	970.44	972.79	678.08	720.16	986.85
25	西藏	84.70	108.30	5.50	16.10	3.70	10.10	223.77	0.00	28.96	1764.15
26	陕西	1 019.00	1 287.00	1 589.00	1 759.00	1 095.10	1 158.00	1 073.00	1 068.00	153.00	1 284.00
27	甘肃	5 019.50	5 242.32	5 803.00	6 069.92	6 265.35	6 351.97	6 454.17	6 760.02	5 846.05	5 114.13
28	青海	224.40	324.13	417.91	447.57	444.97	449.61	397.53	315.74	388.63	1 198.92
29	宁夏	240.50	351.63	550.47	670.93	761.70	1 054.40	1 223.00	1 164.19	264.28	1 247.46
30	新疆	2 713.20	3 044.40	3 482.80	3 362.40	2 277.80	2 488.35	2 312.79	1 904.70	2 491.98	2 491.98

表 2 2001—2010 年我国各地区牧草生产情况 吨/年

序号	省现名称	2001	2002	2003	2004	2005	2006	2007	2008	2009	2010
1	北京	0	0	0	0	0	0	0	280 000	219 597	219 597
2	天津	0	0	1 100	54 200	1 100	18 337	10 923	7 600	103 200	112 705
3	河北	7 030 770	7 133 500	8 632 045	11 894 835	14 055 585	13 908 765	1 556 970	19 707 031	5 117 366	4 501 175
4	山西	0	0	0	0	0	0	4 698 950	0	0	939 431
5	内蒙古	22 398 789	23 552 619	24 246 242	29 144 182	30 286 741	33 796 248	31 107 248	26 863 228	38 919 491	40 824 066
6	辽宁	708 822	867 310	1 177 687	1 186 120	1 250 684	1 324 967	1 164 354	1 010 775	7 061 071	6 569 124
7	吉林	1 429 410	2 681 990	5 194 920	5 555 050	4 867 900	4 795 490	530 844	5 277 990	10 074 954	10 280 042
8	黑龙江	2 996 555	2 664 980	3 648 810	5 779 900	5 594 650	6 980 900	7 140 101	6 007 150	7 554 684	7 726 553
9	江苏	360 800	3 413 200	0	351 000	2 381 600	622 200	0	1 373	743 760	634 900
10	钱江	456 900	606 900	519 025	507 000	465 500	457 500	462 500	538 500	538 500	0
11	安徽	436 480	101 179	1 160 970	1 260 040	971 280	1 057 400	3 460 940	2 550 293	1 863 662	1 875 355
12	福建	360 560	105 620	575 755	849 070	939 300	978 375	994 625	864 250	1 005 150	1 070 320
13	江西	1 698 303	2 064 427	2 160 850	3 048 655	3 118 669	2 838 986	3 055 902	3 173 318	3 235 972	3 456 833
14	山东	186 100	1 502 500	2 166 900	4 199 260	2 865 640	2 128 670	1 142 670	8 953 100	3 900 250	3 876 991
15	河南	1 690 200	2 025 450	2 327 150	2 367 500	2 146 700	2 376 841	2 495 430	2 700 290	3 287 965	3 449 217
16	湖北	1 725 712	2 613 115	1 468 400	2 113 580	2 716 684	4 028 195	4 037 000	2 928 870	2 699 321	2 433 484
17	湖南	1 961 495	2 006 667	2 210 400	2 309 123	2 453 255	3 058 695	3 231 698	3 899 135	3 495 110	6 256 540
18	广东	806 034	835 170	817 154	767 400	1 089 210	1 121 430	828 690	532 087	964 692	670 263
19	广西	150 299	1 460 753	1 978 138	2 074 330	2 558 562	2 419 770	2 698 271	2 592 940	2 521 672	1 977 975
20	海南	0	0	0	0	0	0	0	102 960	2 768	101 625
21	重庆	627 210	1 061 585	1 052 910	1 043 515	1 265 245	868 000	932 290	899 850	1 202 131	1 047 382
22	四川	7 814 259	9 081 524	10 591 054	11 899 618	13 669 814	14 324 594	16 626 110	17 728 146	15 291 970	23 695 965
23	贵州	0	0	0	0	0	0	0	0	9 440 960	10 602 700
24	云南	1 586 142	3 169 215	4 134 482	4 879 666	4 909 882	5 346 058	5 202 719	2 530 548	6 059 762	9 415 322
25	西藏	891 655	1 056 100	15 500	46 674	8 050	61 850	11 375 544	0	368 460	426 166
26	陕西	628 521	0	0	0	8 013 480	65 000	99 000	7 051 500	7 171 500	3 824 300
27	甘肃	17 320 367	19 219 022	22 233 118	22 555 512	24 408 331	28 080 561	28 226 959	29 854 695	20 015 439	14 639 004
28	青海	152 265	174 313	138 559	157 230	241 980	197 506	211 392	256 420	2 044 061	9 715 271
29	宁夏	1 655 300	2 219 753	3 746 400	3 935 180	3 425 470	4 869 660	3 560 400	3 572 585	4 492 938	4 791 677
30	新疆	10 806 640	7 140 440	10 260 740	6 569 540	6 638 679	8 419 063	3 748 150	8 246 395	4 869 940	7 588 113

在建设、发展牧草产业的过程中，需要了解、掌握其生产效率的基本状况以及变化特点，包括牧草产业生产效率的转变与提升状况，以便反映其成效。牧草产业的生产效率受到规模经济、技术进步、土地流转、资源配置等众多因素的影响，因此，需要采用有效的方法，系统地分析这些因素对生产效率的影响程度与作用机理，探寻发展过程中的矛盾根源。

采用基于DEA数据包络分析的非参数Malmquist指数方法进行全要素生产率计算，其优点在于：①DEA数据包络分析方法不需要预先估计参数，在避免主观因素和简化运算、减少误差等方面有着不可低估的优越性。②技术进步函数无法事先预知，只有采用非参数的形式才能更好地预算真实的技术进步情况。基于DEA数据包络分析的非参数Malmquist指数方法不仅能够反映出相对于前沿面而言的决策单元的效率值，而a能够将TFP分解为技术进步、规模效率等。若TFP>1，则说明生产效率提高；若TFP<1，则说明生产效率衰减。而分解出的其余指数也具有类似的性质，若其大于1，就表明其是效率改善的源泉；若其小于1，就表明其是导致效率下降的原因。既要获得全要素生产率变动的有关信息，又要深入探讨全要素生产率变动背后的动因和机制，它对于实现既定的研究目的具有很好的适应性，是最佳选择。

根据DEA数据包络分析的要求，可以建立投入产出指标体系（表3）。投入指标包括土地、劳动力、资本，产出指标有产量。

由于历年牧草产业就业人数、牧草机械总动力数据缺失统计数据，因此，无法进行全要素生产率计算。未能对TFP的变动规律，TFP增长率对草业经济的贡献、各要素投入对TFP的影响程度，TFP的技术效率、技术进步、规模经济效率分解等内容深入了解。相关数据的统计与公开将对未来的草业全要素生产率研究，进而对草业经济的研究具有重要意义。

表3　牧草产业投入产出指标体系

类型	指标	说明
投入	土地投入(A)	牧草年末保留面积/(万亩/年)
	劳动力投入(L)	牧草产业就业人数/(万人/年)
	资本投入(K)	牧草机械总动力/(万千瓦/年)
产出	牧草产量(Y)	牧草总产量/(万吨/年)

表 4　4-相关性矩阵[a,b]

相关性	牧草年末保留种草面积/万亩 A1	牧草当年新增种草面积/万亩 A2	紫花苜蓿年末保留种植面积/万亩 A3	紫花苜蓿种子田面积/万亩 A4	商品草生产面积/万亩 A5	种子产量/吨 A6	第一产业从业人数/万人 A7
牧草年末保留种草面积/万亩 A1	1.000	.330	.720	-.904	.230	.163	-.988
牧草当年新增种草面积/万亩 A2	.330	1.000	.407	-.332	.666	.218	-.302
紫花苜蓿年末保留种植面积/万亩 A3	.720	.407	1.000	-.916	.633	-.482	-.807
紫花苜蓿种子田面积/万亩 A4	-.904	-.332	-.916	1.000	-.340	.165	.945
商品草生产面积/万亩 A5	.230	.666	.633	-.340	1.000	-.478	-.307
种子产量/吨 A6	.163	.218	-.482	.165	-.478	1.000	-.009
第一产业从业人数/万人 A7	-.988	-.302	-.807	.945	-.307	-.009	1.000
第一产业人员所占比重/%A8	-.985	-.327	-.797	.921	-.357	-.011	.996
良种及改良种奶牛年末头数/万头 B1	-.729	-.036	-.773	.728	-.516	.440	.804
奶牛存栏数量/万头 B2	.633	-.487	.249	-.541	-.483	.129	-.621
牛奶人均占有量/千克 B3	-.057	-.766	-.584	.289	-.885	.444	.130
牛奶产量/万吨 B4	-.711	-.666	-.407	.634	-.063	-.569	.636
奶类生产价格指数(上年=100)B5	-.627	-.052	-.078	.466	.525	-.692	.530
饲草费/元 B6	.558	-.204	.772	-.797	.074	-.535	-.653
商品草总产量/吨 C1	-.449	.238	-.305	.566	.524	-.115	.444

续表 4

相关性	牧草年末保留种草面积/万亩 A1	牧草当年新增种草面积/万亩 A2	紫花苜蓿年末保留种植面积/万亩 A3	紫花苜蓿种子田面积/万亩 A4	商品草生产面积/万亩 A5	种子产量/吨 A6	第一产业从业人数/万人 A7
商品草销售量/吨 C2	−.086	.460	.596	−.287	.685	−.687	−.025
草产品加工企业实际产量/吨 C3	.884	.429	.497	−.776	−.030	.491	−.822
草产品加工企业出口量/吨 C4	−.663	.327	−.645	.690	−.137	.433	.738
苜蓿粉和颗粒进口量/吨 C5	−.335	.057	−.801	.586	−.580	.873	.476
苜蓿粉和颗粒进口额/千美元 C6	.648	.233	.204	−.551	−.389	.639	−.561
苜蓿粉和颗粒出口量/吨 C7	−.979	−.343	−.806	.968	−.241	−.061	.984
苜蓿粉和颗粒出口额/千美元 C8	−.990	−.407	−.765	.938	−.257	−.148	.981
第一产业法人单位数/个 C9	.995	.354	.784	−.939	.290	.081	−.996
农业机械总动力/亿瓦特 D1	.968	.151	.739	−.937	.097	.057	−.973
草原保护财政投入/万元 E1	.569	.465	.847	−.838	.350	−.272	−.626
飞播种草项目补助经费/万元 E2	−.040	.575	.590	−.242	.883	−.657	−.064
第一产业增加值/亿元 G1	.958	.254	.861	−.980	.294	−.098	−.987
第一产业三次产业贡献率/%G2	.010	−.839	−.032	−.122	−.677	−.223	−.047
第一产业增长拉动/%G3	−.849	−.532	−.938	.904	−.681	.251	.900
农林牧渔业总产值/亿元 G4	.961	.257	.854	−.979	.283	−.081	−.988
牧业总产值/亿元 G5	.943	.272	.880	−.991	.296	−.118	−.976

表 5　2-相关性矩阵[a,b]

相关性	第一产业人员所占比重/% A8	良种及改良种奶牛年末头数/万头 B1	奶牛存栏数量/万头)B2	牛奶人均占有量/千克 B3	牛奶产量/万吨 B4	奶类生产价格指数(上年=100)B5	饲草费/元 B6
牧草年末保留种草面积/万亩 A1	−.985	−.729	.633	−.057	−.711	−.627	.558
牧草当年新增种草面积/万亩 A2	−.327	−.036	−.487	−.766	−.666	−.052	−.204
紫花苜蓿年末保留种植面积/万亩 A3	−.797	−.773	.249	−.584	−.407	−.078	.772
紫花苜蓿种子田面积/万亩 A4	.921	.728	−.541	.289	.634	.466	−.797
商品草生产面积/万亩 A5	−.357	−.516	−.483	−.885	−.063	.525	.074
种子产量/吨 A6	−.011	.440	.129	.444	−.569	−.692	−.535
第一产业从业人数/万人 A7	.996	.804	−.621	.130	.636	.530	−.653
第一产业人员所占比重/%A8	1.000	.828	−.584	.149	.614	.487	−.604
良种及改良种奶牛年末头数/万头 B1	.828	1.000	−.472	.184	.077	−.003	−.642
奶牛存栏数量/万头 B2	−.584	−.472	1.000	.638	−.238	−.691	.643
牛奶人均占有量/kgB3	.149	.184	.638	1.000	.182	−.466	−.070
牛奶产量/万吨 B4	.614	.077	−.238	.182	1.000	.771	−.152
奶类生产价格指数(上年=100)B5	.487	−.003	−.691	−.466	.771	1.000	−.237
饲草费/元 B6	−.604	−.642	.643	−.070	−.152	−.237	1.000
商品草总产量/吨 C1	.364	.066	−.742	−.342	.468	.752	−.697
商品草销售量/吨 C2	−.013	−.126	−.503	−.894	.004	.501	.332

续表 5

相关性	第一产业人员所占比重/% A8	良种及改良种奶牛年末头数/万头 B1	奶牛存栏数量/万头)B2	牛奶人均占有量/千克 B3	牛奶产量/万吨 B4	奶类生产价格指数(上年=100)B5	饲草费/元 B6
草产品加工企业实际产量/吨 C3	-.798	-.327	.557	.026	-.932	-.865	.375
草产品加工企业出口量/吨 C4	.733	.904	-.750	-.149	-.019	.163	-.806
苜蓿粉和颗粒进口量/吨 C5	.476	.797	-.187	.439	-.217	-.371	-.766
苜蓿粉和颗粒进口额/千美元 C6	-.513	.020	.574	.260	-.877	-.972	.274
苜蓿粉和颗粒出口量/吨 C7	.967	.702	-.618	.142	.730	.616	-.675
苜蓿粉和颗粒出口额/千美元 C8	.971	.677	-.579	.145	.773	.635	-.584
第一产业法人单位数/个 C9	-.991	-.754	.602	-.133	-.698	-.577	.610
农业机械总动力/亿瓦特 D1	-.951	-.722	.761	.036	-.640	-.658	.726
草原保护财政投入/万元 E1	-.579	-.348	.187	-.548	-.611	-.303	.722
飞播种草项目补助经费/万元 E2	-.083	-.255	-.609	-.966	.043	.624	.168
第一产业增加值/亿元 G1	-.973	-.801	.637	-.159	-.601	-.504	.760
第一产业三次产业贡献率/%G2	.015	-.076	.731	.646	.263	-.293	.609
第一产业增长拉动/%G3	.913	.831	-.256	.529	.524	.170	-.587
农林牧渔业总产值/亿元 G4	-.973	-.792	.641	-.151	-.613	-.519	.754
牧业总产值/亿元 G5	-.956	-.774	.617	-.194	-.616	-.503	.782

表 6 3-相关性矩阵[a,b]

相关性	商品草总产量/吨 C1	商品草销售量/吨 C2	草产品加工企业实际产量/吨 C3	草产品加工企业出口量/吨 C4	苜蓿粉和颗粒进口量/吨 C5	苜蓿粉和颗粒进口额/千美元 C6	苜蓿粉和颗粒出口量/吨 C7
牧草年末保留种草面积/万亩 A1	—.449	—.086	.884	—.663	—.335	.648	—.979
牧草当年新增种草面积/万亩 A2	.238	.460	.429	.327	.057	.233	—.343
紫花苜蓿年末保留种植面积/万亩 A3	—.305	.596	.497	—.645	—.801	.204	—.806
紫花苜蓿种子田面积/万亩 A4	.566	—.287	—.776	.690	.586	—.551	.968
商品草生产面积/万亩 A5	.524	.685	—.030	—.137	—.580	—.389	—.241
种子产量/吨 A6	—.115	—.687	.491	.433	.873	.639	—.061
第一产业从业人数/万人 A7	.444	—.025	—.822	.738	.476	—.561	.984
第一产业人员所占比重/%A8	.364	—.013	—.798	.733	.476	—.513	.967
良种及改良种奶牛年末头数/万头 B1	.066	—.126	—.327	.904	.797	.020	.702
奶牛存栏数量/万头 B2	—.742	—.503	.557	—.750	—.187	.574	—.618
牛奶人均占有量/千克 B3	—.342	—.894	.026	—.149	.439	.260	.142
牛奶产量/万吨 B4	.468	.004	—.932	—.019	—.217	—.877	.730
奶类生产价格指数(上年=100)B5	.752	.501	—.865	.163	—.371	—.972	.616
饲草费/元 B6	—.697	.332	.375	—.806	—.766	.274	—.675
商品草总产量/吨 C1	1.000	.084	—.608	.372	.075	—.763	.556
商品草销售量/吨 C2	.084	1.000	—.164	.046	—.588	—.300	—.066

续表 6

相关性	商品草总产量/吨 C1	商品草销售量/吨 C2	草产品加工企业实际产量/吨 C3	草产品加工企业出口量/吨 C4	苜蓿粉和颗粒进口量/吨 C5	苜蓿粉和颗粒进口额/千美元 C6	苜蓿粉和颗粒出口量/吨 C7
草产品加工企业实际产量/吨 C3	−.608	−.164	1.000	−.311	.050	.913	−.885
草产品加工企业出口量/吨 C4	.372	.046	−.311	1.000	.751	−.096	.661
苜蓿粉和颗粒进口量/吨 C5	.075	−.588	.050	.751	1.000	.318	.412
苜蓿粉和颗粒进口额/千美元 C6	−.763	−.300	.913	−.096	.318	1.000	−.670
苜蓿粉和颗粒出口量/吨 C7	.556	−.066	−.885	.661	.412	−.670	1.000
苜蓿粉和颗粒出口额/千美元 C8	.495	−.018	−.911	.605	.338	−.687	.993
第一产业法人单位数/个 C9	−.453	.009	.865	−.680	−.408	.615	−.990
农业机械总动力/亿瓦特 D1	−.628	−.065	.855	−.754	−.414	.671	−.980
草原保护财政投入/万元 E1	−.586	.649	.593	−.312	−.502	.480	−.719
飞播种草项目补助经费/万元 E2	.364	.940	−.204	.033	−.598	−.439	−.056
第一产业增加值/亿元 G1	−.526	.121	.791	−.769	−.558	.549	−.984
第一产业三次产业贡献率/%G2	−.712	−.260	−.013	−.492	−.205	.186	−.076
第一产业增长拉动/%G3	.159	−.392	−.618	.624	.656	−.269	.871
农林牧渔业总产值/亿元 G4	−.533	.110	.802	−.762	−.543	.563	−.987
牧业总产值/亿元 G5	−.556	.173	.793	−.747	−.566	.561	−.983

表 7 4-相关性矩阵[a,b]

相关性	苜蓿粉和颗粒出口额/千美元 C8	第一产业法人单位数/个 C9	农业机械总动力/亿瓦特 D1	草原保护财政投入/万元 E1	飞播种草项目补助经费/万元 E2	第一产业增加值/亿元 G1	第一产业三次产业贡献率/%G2
牧草年末保留种草面积/万亩 A1	−.990	.995	.968	.569	−.040	.958	.010
牧草当年新增种草面积/万亩 A2	−.407	.354	.151	.465	.575	.254	−.839
紫花苜蓿年末保留种植面积/万亩 A3	−.765	.784	.739	.847	.590	.861	−.032
紫花苜蓿种子田面积/万亩 A4	.938	−.939	−.937	−.838	−.242	−.980	−.122
商品草生产面积/万亩 A5	−.257	.290	.097	.350	.883	.294	−.677
种子产量/吨 A6	−.148	.081	.057	−.272	−.657	−.098	−.223
第一产业从业人数/万人 A7	.981	−.996	−.973	−.626	−.064	−.987	−.047
第一产业人员所占比重/%A8	.971	−.991	−.951	−.579	−.083	−.973	.015
良种及改良种奶牛年末头数/万头 B1	.677	−.754	−.722	−.348	−.255	−.801	−.076
奶牛存栏数量/万头 B2	−.579	.602	.761	.187	−.609	.637	.731
牛奶人均占有量/千克 B3	.145	−.133	.036	−.548	−.966	−.159	.646
牛奶产量/万吨 B4	.773	−.698	−.640	−.611	.043	−.601	.263
奶类生产价格指数(上年=100)B5	.635	−.577	−.658	−.303	.624	−.504	−.293
饲草费/元 B6	−.584	.610	.726	.722	.168	.760	.609
商品草总产量/吨 C1	.495	−.453	−.628	−.586	.364	−.526	−.712
商品草销售量/吨 C2	−.018	.009	−.065	.649	.940	.121	−.260

续表 7

相关性	苜蓿粉和颗粒出口额/千美元 C8	第一产业法人单位数/个 C9	农业机械总动力/亿瓦特 D1	草原保护财政投入/万元 E1	飞播种草项目补助经费/万元 E2	第一产业增加值/亿元 G1	第一产业三次产业贡献率/%G2
草产品加工企业实际产量/吨 C3	-.911	.865	.855	.593	-.204	.791	-.013
草产品加工企业出口量/吨 C4	.605	-.680	-.754	-.312	.033	-.769	-.492
苜蓿粉和颗粒进口量/吨 C5	.338	-.408	-.414	-.502	-.598	-.558	-.205
苜蓿粉和颗粒进口额/千美元 C6	-.687	.615	.671	.480	-.439	.549	.186
苜蓿粉和颗粒出口量/吨 C7	.993	-.990	-.980	-.719	-.056	-.984	-.076
苜蓿粉和颗粒出口额/千美元 C8	1.000	-.993	-.963	-.673	-.036	-.964	.013
第一产业法人单位数/个 C9	-.993	1.000	.970	.634	.046	.978	.007
农业机械总动力/亿瓦特 D1	-.963	.970	1.000	.634	-.094	.977	.246
草原保护财政投入/万元 E1	-.673	.634	.634	1.000	.495	.713	.059
飞播种草项目补助经费/万元 E2	-.036	.046	-.094	.495	1.000	.116	-.500
第一产业增加值/亿元 G1	-.964	.978	.977	.713	.116	1.000	.142
第一产业三次产业贡献率/%G2	.013	.007	.246	.059	-.500	.142	1.000
第一产业增长拉动/%G3	.867	-.889	-.794	-.704	-.482	-.899	.232
农林牧渔业总产值/亿元 G4	-.968	.980	.980	.712	.104	1.000	.141
牧业总产值/亿元 G5	-.958	.968	.970	.761	.149	.997	.150

表 8 5-相关性矩阵[a,b]

相关性	第一产业增长拉动/%G3	农林牧渔业总产值/亿元 G4	牧业总产值/亿元 G5
牧草年末保留种草面积/万亩 A1	—.849	.961	.943
牧草当年新增种草面积/万亩 A2	—.532	.257	.272
紫花苜蓿年末保留种植面积/万亩 A3	—.938	.854	.880
紫花苜蓿种子田面积/万亩 A4	.904	—.979	—.991
商品草生产面积/万亩 A5	—.681	.283	.296
种子产量/吨 A6	.251	—.081	—.118
第一产业从业人数/万人 A7	.900	—.988	—.976
第一产业人员所占比重/%A8	.913	—.973	—.956
良种及改良种奶牛年末头数/万头 B1	.831	—.792	—.774
奶牛存栏数量/万头 B2	—.256	.641	.617
牛奶人均占有量/千克 B3	.529	—.151	—.194
牛奶产量/万吨 B4	.524	—.613	—.616
奶类生产价格指数(上年=100)B5	.170	—.519	—.503
饲草费/元 B6	—.587	.754	.782
商品草总产量/吨 C1	.159	—.533	—.556
商品草销售量/吨 C2	—.392	.110	.173
草产品加工企业实际产量/吨 C3	—.618	.802	.793
草产品加工企业出口量/吨 C4	.624	—.762	—.747
苜蓿粉和颗粒进口量/吨 C5	.656	—.543	—.566
苜蓿粉和颗粒进口额/千美元 C6	—.269	.563	.561
苜蓿粉和颗粒出口量/吨 C7	.871	—.987	—.983
苜蓿粉和颗粒出口额/千美元 C8	.867	—.968	—.958
第一产业法人单位数/个 C9	—.889	.980	.968
农业机械总动力/亿瓦特 D1	—.794	.980	.970
草原保护财政投入/万元 E1	—.704	.712	.761
飞播种草项目补助经费/万元 E2	—.482	.104	.149
第一产业增加值/亿元 G1	—.899	1.000	.997
第一产业三次产业贡献率/%G2	.232	.141	.150
第一产业增长拉动/%G3	1.000	—.894	—.897
农林牧渔业总产值/亿元 G4	—.894	1.000	.997
牧业总产值/亿元 G5	—.897	.997	1.000

注:a. 决定因子 = .000

b. 此矩阵不是正定矩阵。

表 9　2001—2017 年苜蓿生产规模比较优势

地区	年份																
	2001	2002	2003	2004	2005	2006	2007	2008	2009	2010	2011	2012	2013	2014	2015	2016	2017
天津	0.331 6	0.348 0	0.258 8	0.255 3	0.298 9	0.095 1	0.057 4	0.197 1	0.146 2	0.055 6	0.058 7	0.050 1	0.080 6	0.137 5	0.194 3	0.210 8	0.262 0
河北	0.877 0	0.784 4	0.987 3	1.173 8	1.354 4	0.960 7	1.148 6	2.402 5	1.175 9	1.564 5	1.387 7	1.208 9	1.041 5	0.513 2	0.461 4	0.522 2	0.253 0
山西	2.981 4	2.530 7	2.420 6	2.168 1	2.567 9	2.558 8	1.944 6	1.933 0	2.066 5	1.770 7	1.674 2	1.551 4	1.616 9	1.742 4	1.372 8	2.028 3	1.880 6
内蒙古	7.395 9	7.063 6	6.533 3	5.622 5	5.964 1	6.430 2	6.449 9	3.948 9	3.066 1	3.374 4	2.703 2	2.359 9	2.499 9	2.815 5	2.755 8	2.144 1	2.081 4
辽宁	0.323 4	0.677 7	0.907 9	0.890 9	1.074 9	1.120 5	1.118 3	0.711 9	1.016 9	0.975 0	0.865 6	0.830 8	0.946 1	1.127 6	1.124 5	1.166 5	0.925 2
吉林	0.120 6	0.151 8	0.180 5	0.217 6	0.384 1	0.389 0	0.381 3	0.292 6	0.328 4	0.342 3	0.283 8	0.237 6	0.209 1	0.216 5	0.376 6	0.229 7	0.302 8
黑龙江	0.078 3	0.138 4	0.166 1	0.141 2	0.185 7	0.172 1	0.183 2	0.054 9	0.068 6	0.083 4	0.102 2	0.180 7	0.103 7	0.091 0	0.106 9	0.191 4	0.130 0
江苏	0.025 2	0.022 3	0	0.000 9	0.037 1	0.056 0	0	0.015 5	0.021 7	0.012 5	0.018 6	0.011 1	0.012 2	0.004 7	0.008 9	0.009 2	0.007 5
安徽	0.035 8	0.056 8	0.058 1	0.005 9	0.009 7	0.009 0	0.012 3	0.008 5	0.010 6	0.009 2	0.021 3	0.404 3	0.016 4	0.026 6	0.014 0	0.015 2	0.017 2
山东	0.248 4	0.198 5	0.219 7	0.399 0	0.401 1	0.225 9	0.151 1	0.127 2	2.463 1	0.275 5	0.246 6	0.212 3	0.186 4	0.151 2	0.124 5	0.132 6	0.034 8
河南	0.253 3	0.232 3	0.226 5	0.248 3	0.286 4	0.263 0	0.277 5	0.186 7	0.394 4	0.482 7	0.422 7	0.356 1	0.158 6	0.131 5	0.072 7	0.070 3	0.036 8
湖北	0.026 9	0.069 1	0.088 4	0.046 7	0.066 0	0.049 7	0.055 4	0.050 3	0.080 9	0.115 2	0.135 7	0.102 6	0.093 7	0.041 3	0.030 8	0.033 6	0.050 8
重庆	0.028 8	0.064 0	0.060 8	0.067 3	0.083 7	0.063 5	0.063 6	0.048 0	0.088 6	0.083 6	0.112 8	0.070 9	0.048 9	0.029 9	0.022 7	0.022 3	0.031 4
四川	0.026 4	0.024 6	0.047 4	0.089 5	0.112 9	0.113 0	0.129 9	0.106 4	0.238 3	0.204 0	0.232 3	0.424 3	0.351 3	0.133 2	0.233 0	0.004 5	0.176 4
贵州	0	0.023 0	0.023 7	0.055 8	0.115 9	0.178 6	0.228 4	0.161 7	0.051 3	0.080 7	0.099 5	0.096 8	0.088 5	0.092 3	0.091 4	0.098 1	0.132 1
云南	0	0	0	0	0	0	0	0	0.137 0	0.157 9	0.184 8	0.184 7	0.196 8	0.236 1	0.284 4	0.346 1	0.522 0
西藏	7.821 4	6.891 8	0.282 4	0.141 6	0.010 8	0.497 0	0	0	6.199 8	8.852 8	13.745	14.867	10.313	3.953 8	3.252 6	9.040 2	6.926 4
陕西	2.375 9	2.816 3	3.704 6	3.752 8	3.306 4	3.477 0	3.081 3	2.171 5	2.752 6	2.806 3	4.435 5	3.738 3	4.269 7	5.135 1	5.046 4	5.053 7	5.694 7
甘肃	5.563 0	5.173 6	5.015 2	4.488 0	5.259 1	4.856 1	4.807 4	3.606 0	4.985 5	5.841 8	6.258 5	5.636 0	5.144 2	5.709 3	5.891 8	6.427 9	7.562 3
青海	0	0	0	0	0	0	0	0	2.107 1	2.631 5	2.162 6	1.806 2	3.297 2	3.616 4	2.636 7	3.372 4	2.552 5
宁夏	4.760 9	5.513 7	6.505 2	7.873 6	10.904 5	11.421 3	12.017 1	8.663 5	9.757 2	11.148	11.604	10.286	8.843 4	9.579 2	9.654 9	10.446	10.680
新疆	5.905 5	5.521 9	4.934 8	5.485 9	1.640 3	1.851 6	1.867 2	7.208 9	1.306 1	3.749 9	3.039 8	4.541 1	6.414 0	5.895 5	5.837 9	5.249 1	5.673 0

表 10　2001—2017 年苜蓿生产效率比较优势

地区	年份																
	2001	2002	2003	2004	2005	2006	2007	2008	2009	2010	2011	2012	2013	2014	2015	2016	2017
天津	2.006 0	2.272 5	2.267 6	1.986 1	1.594 3	1.832 4	1.814 7	1.699 0	2.096 6	1.867 1	2.179 4	2.057 2	1.636 4	1.923 4	1.588 4	1.087 5	1.336 0
河北	2.228 9	2.525 0	2.519 6	2.206 8	1.771 5	2.005 0	2.032 1	0.523 7	0.784 3	0.457 5	0.789 4	0.640 1	0.959 6	0.757 2	0.789 5	0.754 0	0.852 4
山西	1.337 4	1.515 0	1.511 7	1.321 6	1.062 3	1.202 4	1.217 3	1.132 7	1.397 7	1.369 2	1.039 6	1.804 4	1.797 8	1.363 6	1.440 7	1.261 7	1.040 0
内蒙古	0.668 7	0.398 4	0.397 5	0.361 4	0.554 2	0.598 6	0.567 2	0.521 2	0.531 2	0.626 4	0.683 3	0.659 2	0.689 8	0.538 3	0.563 4	0.692 6	0.601 6
辽宁	1.141 1	1.262 5	1.259 8	1.103 2	0.885 7	1.002 5	1.016 2	0.941 5	1.144 4	1.229 0	1.078 7	1.175 2	1.098 8	0.967 5	0.902 8	0.772 2	0.759 4
吉林	1.114 5	1.262 5	0.125 7	1.103 4	0.885 7	1.002 5	1.016 0	0.943 7	0.849 6	0.835 3	0.832 6	0.750 4	0.741 9	0.687 7	0.494 4	0.494 2	0.416 3
黑龙江	0.891 6	1.035 3	1.033 0	0.893 7	0.708 6	0.797 5	0.772 2	0.755 1	0.978 4	0.925 6	0.641 2	0.508 8	0.517 9	0.582 3	0.784 7	0.657 5	0.704 9
江苏	4.012 1	4.545 0	0	3.972 2	3.188 6	3.609 0	0	3.352 2	3.093 6	3.031 9	3.385 4	1.972 8	3.238 8	2.672 7	2.890 7	1.982 9	1.905 0
安徽	0.665 5	0.758 2	0.755 2	0.662 0	0.537 5	0.601 5	0.609 6	0.276 8	0.453 0	0.503 6	0.397 6	0.023 1	2.257 9	1.554 0	1.393 3	1.585 3	1.403 4
山东	2.228 9	2.525 0	2.519 6	3.089 7	1.771 8	0.200 3	2.032 1	2.265 4	0.244 9	2.321 9	1.714 0	1.403 1	1.648 3	0.671 6	0.391 8	0.556 1	0.884 5
河南	2.218 8	2.522 8	2.517 8	2.205 3	1.593 3	2.003 8	2.032 2	2.265 5	1.834 3	1.754 6	1.926 3	1.786 9	1.903 3	1.742 7	1.566 1	1.543 5	1.548 1
湖北	1.778 1	2.017 9	2.012 8	1.768 9	1.060 1	2.805 2	1.827 8	1.696 7	1.570 4	1.838 4	5.532 0	1.947 3	1.763 0	1.802 4	2.047 3	1.783 7	2.443 2
重庆	1.798 9	2.278 0	2.255 4	1.993 6	1.777 7	2.012 0	2.039 0	1.891 9	2.624 8	2.149 0	2.486 2	2.323 0	2.223 9	1.999 9	1.914 9	1.831 1	4.709 1
四川	1.036 2	2.494 7	2.494 4	2.189 1	1.762 6	1.991 0	2.028 0	1.887 8	1.652 8	1.932 6	1.897 9	0.967 1	1.735 8	2.489 5	2.604 0	0.192 3	2.389 0
贵州	0	5.050 0	5.039 1	4.413 5	3.542 9	4.010 0	4.064 2	3.775 6	4.667 0	4.564 0	4.892 6	2.263 0	2.324 4	2.150 9	1.948 7	2.154 2	1.699 2
云南	0	0	0	0	0	0	0	0	2.255 0	2.144 6	2.058 4	2.046 7	1.971 5	1.638 4	1.614 4	1.614 9	1.710 4
西藏	2.674 7	3.030 0	0.881 8	2.309 4	0.442 9	1.704 3	0	0	0.591 2	0.504 0	0.682 6	0.643 6	0.424 0	0.412 1	1.786 5	0.746 0	0.547 0
陕西	0	0	0	0	1.204 6	0	0	1.415 9	1.700 6	0.928 1	0.156 3	1.203 3	0.835 0	0.929 9	0.940 3	0.920 1	0.958 5
甘肃	0.936 2	1.118 6	1.171 5	1.070 2	0.885 7	1.553 8	1.585 0	1.547 9	1.435 3	1.100 9	1.211 2	1.199 9	1.181 3	1.209 7	1.219 5	1.188 2	1.146 4
青海	0	0	0	0	0	0	0	0	1.942 2	1.474 8	1.801 7	1.710 8	1.359 7	1.392 7	0.963 5	0.943 3	0.910 1
宁夏	1.114 5	1.262 5	1.259 8	1.103 4	0.885 7	1.102 8	0.711 2	0.566 3	0.835 8	0.915 9	0.987 1	1.009 7	0.973 8	1.039 4	0.878 7	0.892 7	1.328 5
新疆	1.003 0	1.136 3	1.259 8	1.191 6	0.982 6	1.352 8	1.371 3	1.210 6	1.742 7	0.914 8	1.055 8	0.732 6	0.782 9	1.000 2	1.015 8	0.886 2	0.912 7

表 11　2001—2017 年苜蓿生产综合比较优势

地区	年份																
	2001	2002	2003	2004	2005	2006	2007	2008	2009	2010	2011	2012	2013	2014	2015	2016	2017
天津	0.815 6	0.889 3	0.766 1	0.712 1	0.690 3	0.417 4	0.322 9	0.578 7	0.553 6	0.322 2	0.357 8	0.321 0	0.363 2	0.514 3	0.555 6	0.478 8	0.591 6
河北	1.398 1	1.407 3	1.577 2	1.609 5	1.549 0	1.387 9	1.527 8	1.121 6	0.960 3	0.846 1	1.046 7	0.879 7	0.999 7	0.623 4	0.603 5	0.627 5	0.464 4
山西	1.996 8	1.958 1	1.912 9	1.692 7	1.651 6	1.754 1	1.538 6	1.479 7	1.699 5	1.557 0	1.319 2	1.673 1	1.705 0	1.541 4	1.406 4	1.599 7	1.398 5
内蒙古	2.223 8	1.677 4	1.611 5	1.425 4	1.818 0	1.961 9	1.912 6	1.434 7	1.276 2	1.453 9	1.359 1	1.247 3	1.313 2	1.231 0	1.246 0	1.218 6	1.119 0
辽宁	0.607 4	0.925 0	1.069 5	0.991 4	0.975 7	1.059 9	1.066 0	0.818 7	1.078 8	1.094 7	0.966 3	0.988 1	1.019 6	1.044 5	1.007 6	0.949 1	0.838 2
吉林	0.366 6	0.437 8	0.150 6	0.490 0	0.583 2	0.624 5	0.622 5	0.525 4	0.528 2	0.534 8	0.486 1	0.422 2	0.393 9	0.385 9	0.431 5	0.336 9	0.355 0
黑龙江	0.264 3	0.378 5	0.414 2	0.355 3	0.362 7	0.370 4	0.376 1	0.203 6	0.259 0	0.277 9	0.256 0	0.303 2	0.231 8	0.230 1	0.289 6	0.354 7	0.302 7
江苏	0.317 7	0.318 3	0	0.058 2	0.343 9	0.449 4	0	0.227 7	0.259 3	0.194 6	0.250 9	0.148 1	0.198 6	0.111 8	0.160 3	0.135 1	0.119 3
安徽	0.154 4	0.207 5	0.209 5	0.062 7	0.072 0	0.073 7	0.086 5	0.048 5	0.069 2	0.068 2	0.092 1	0.096 7	0.192 6	0.203 2	0.139 8	0.155 2	0.155 2
山东	0.744 1	0.708 1	0.744 0	1.110 3	0.843 0	0.212 7	0.554 1	0.536 8	0.776 7	0.799 8	0.650 1	0.545 8	0.554 3	0.318 7	0.220 9	0.271 6	0.175 5
河南	0.749 7	0.765 5	0.755 2	0.740 0	0.675 5	0.725 9	0.750 9	0.650 3	0.850 5	0.920 3	0.902 4	0.797 7	0.549 4	0.478 7	0.337 5	0.329 4	0.238 8
湖北	0.218 8	0.373 4	0.421 9	0.287 3	0.264 6	0.373 3	0.318 3	0.292 0	0.356 5	0.460 3	0.866 5	0.446 9	0.406 5	0.273 0	0.251 2	0.245 0	0.352 2
重庆	0.227 5	0.381 9	0.370 3	0.366 4	0.385 8	0.357 5	0.360 2	0.301 4	0.482 3	0.423 9	0.529 5	0.405 7	0.329 6	0.244 5	0.208 3	0.202 2	0.384 4
四川	0.165 4	0.247 8	0.343 7	0.442 6	0.446 1	0.474 4	0.513 3	0.448 1	0.627 5	0.627 9	0.663 9	0.640 6	0.780 9	0.575 8	0.779 0	0.029 5	0.649 2
贵州	0	0.341 1	0.345 8	0.496 2	0.640 7	0.846 3	0.963 5	0.781 3	0.489 4	0.607 0	0.697 9	0.468 0	0.453 6	0.445 5	0.421 9	1.184 7	0.473 8
云南	0	0	0	0	0	0	0	0	0.555 8	0.582 0	0.616 7	0.614 8	0.622 9	0.622 0	0.677 6	0.747 6	0.945 0
西藏	4.573 8	4.569 7	0.499 1	0.571 8	0.069 1	0.920 3	0	0	1.914 5	2.112 3	3.063 2	3.093 4	2.091 2	1.276 5	2.410 6	2.596 9	1.946 5
陕西	0	0	0	0	1.995 7	0	0	1.753 4	2.163 6	1.613 9	0.832 5	2.120 9	1.888 2	2.185 3	2.178 3	2.156 3	2.336 4
甘肃	2.282 1	2.405 6	2.423 9	2.191 6	2.158 2	2.746 9	2.760 4	2.362 6	2.675 0	2.536 0	2.753 2	2.600 5	2.465 1	2.628 1	2.680 4	2.763 6	2.944 4
青海	0	0	0	0	0	0	0	0	2.023 0	1.970 0	1.973 9	1.757 9	2.117 4	2.244 2	1.593 9	1.783 5	1.524 1
宁夏	2.303 4	2.638 4	2.862 7	2.947 5	3.107 8	3.548 9	2.923 5	2.215 1	2.855 7	3.195 5	3.384 6	3.222 7	2.934 5	3.155 4	2.912 7	3.053 8	3.766 8
新疆	2.433 8	2.504 8	2.493 4	2.556 8	1.269 6	1.582 7	1.600 1	2.954 1	1.508 7	1.852 1	1.791 5	1.824 0	2.240 8	2.428 3	2.435 2	2.156 8	2.275 4

表 12 2001—2017 年苜蓿生产规模指数

地区	年份																
	2001	2002	2003	2004	2005	2006	2007	2008	2009	2010	2011	2012	2013	2014	2015	2016	2017
天津	0.14	0.14	0.10	0.10	0.12	0.03	0.02	0.08	0.06	0.02	0.02	0.02	0.03	0.05	0.06	0.07	0.08
河北	6.13	5.47	6.74	8.00	9.20	6.50	7.64	19.85	9.27	10.05	8.89	7.69	6.55	3.19	2.86	3.18	1.48
山西	8.51	7.70	7.09	6.35	7.53	6.90	5.46	6.83	6.93	4.91	4.64	4.28	4.40	4.71	3.67	5.28	4.70
内蒙古	32.82	32.44	29.70	26.09	28.65	32.91	33.54	25.70	19.29	17.41	14.03	12.23	12.96	14.79	14.82	11.88	13.11
辽宁	1.02	2.01	2.67	2.60	3.15	3.16	3.19	2.51	3.62	2.93	2.62	2.53	2.86	3.35	3.37	3.32	2.70
吉林	0.46	0.56	0.67	0.84	1.47	1.45	1.45	1.39	1.51	1.32	1.08	0.91	0.81	0.87	1.52	0.91	1.29
黑龙江	0.61	1.06	1.29	1.09	1.45	1.56	1.68	0.63	0.76	0.75	0.91	1.60	0.91	0.79	0.93	1.66	1.34
江苏	0.15	0.14	0.00	0.01	0.22	0.32	0	0.11	0.15	0.07	0.10	0.06	0.07	0.03	0.05	0.05	0.04
安徽	0.24	0.40	0.42	0.04	0.07	0.06	0.08	0.07	0.09	0.06	0.14	2.63	0.11	0.17	0.09	0.09	0.10
山东	2.18	1.71	1.89	3.33	3.33	1.89	1.25	1.30	2.41	2.20	1.96	1.67	1.47	1.19	0.98	1.02	0.27
河南	2.59	2.42	2.45	2.68	3.08	2.86	3.01	2.50	5.08	5.07	4.40	3.68	1.63	1.35	0.75	0.71	0.38
湖北	0.16	0.40	0.50	0.26	0.37	0.27	0.30	0.35	0.55	0.68	0.79	0.60	0.55	0.24	0.17	0.18	0.28
重庆	0.08	0.17	0.16	0.18	0.22	0.15	0.15	0.15	0.27	0.21	0.28	0.18	0.12	0.08	0.06	0.06	0.07
四川	0.20	0.18	0.35	0.66	0.83	0.82	0.93	0.95	2.05	1.42	1.62	2.97	2.45	0.92	1.60	1.38	1.18
贵州	0.09	0.08	0.09	0.21	0.43	0.62	0.78	0.71	0.22	0.29	0.36	0.36	0.34	0.36	0.36	0.38	0.52
云南	0	0	0	0	0	0	0	0	0.79	0.75	0.90	0.93	1.01	1.21	1.45	1.73	2.48
西藏	1.40	1.25	0.05	0.03	0	0.09	0	0	1.32	1.57	2.42	2.63	1.84	0.71	0.58	1.63	1.23
陕西	8.00	9.22	11.87	12.05	10.74	10.76	9.59	8.58	10.39	8.65	13.53	11.47	13.11	15.63	15.36	15.12	16.16
甘肃	15.96	14.73	14.35	12.90	15.14	13.80	13.90	13.23	17.84	17.20	18.70	16.73	15.37	17.12	17.70	19.13	19.82
青海	0	0	0	0	0	0	0	0	0.98	1.06	0.86	0.72	1.32	1.43	1.05	1.32	0.99
宁夏	3.73	4.94	5.81	7.14	9.26	9.84	11.00	9.94	10.87	10.25	10.67	9.25	8.04	8.57	8.67	9.32	8.45
新疆	15.63	14.98	13.79	15.44	4.73	6.01	6.04	5.12	5.53	13.15	11.06	16.85	24.04	23.23	23.88	21.55	23.33

表 13　2001—2002 年竞争作物面积　　公顷

地区	2001 年						2002 年					
	作物	面积	作物	面积	作物	面积	作物	面积	作物	面积	作物	面积
天津	玉米	141	小麦	107	蔬菜	130	玉米	147	蔬菜	128	小麦	96
河北	小麦	2 580	玉米	2 543	蔬菜	926	玉米	2 577	小麦	2 450	蔬菜	1 029
山西	玉米	838	小麦	821	马铃薯	295	玉米	891	小麦	798	马铃薯	314
内蒙古	玉米	1 519	大豆	755	马铃薯	562	玉米	1 562	大豆	596	马铃薯	578
辽宁	玉米	1 567	水稻	516	蔬菜	413	玉米	1 432	水稻	556	蔬菜	481
吉林	玉米	2 610	水稻	687	大豆	433	玉米	2 580	水稻	666	大豆	415
黑龙江	大豆	3 326	玉米	2 133	水稻	1 567	大豆	2 930	玉米	2 286	水稻	1 564
江苏	水稻	2 010	小麦	1 713	蔬菜	1 180	水稻	1 982	小麦	1 716	蔬菜	1 291
安徽	小麦	1 961	水稻	1 950	油菜籽	953	小麦	2 057	水稻	2 044	油菜籽	1 002
山东	小麦	3 546	玉米	2 505	蔬菜	1 850	小麦	3 398	玉米	2 530	蔬菜	1 971
河南	小麦	4 802	玉米	2 200	蔬菜	1 304	小麦	4 856	玉米	2 320	蔬菜	1 376
湖北	水稻	1 988	油菜籽	1 118	蔬菜	1 087	水稻	1 932	油菜籽	1 155	蔬菜	1 069
重庆	水稻	764	玉米	490	小麦	422	水稻	755	玉米	477	小麦	388
四川	水稻	2 093	小麦	1 499	玉米	1 201	水稻	2 076	小麦	1 457	玉米	1 208
贵州	水稻	750	玉米	722	小麦	521	水稻	735	玉米	704	马铃薯	509
云南	玉米	1 138	水稻	1 100	小麦	641	玉米	1 129	水稻	1 083	小麦	604
西藏	小麦	47	油菜籽	17	蔬菜	9	小麦	45	油菜籽	19	蔬菜	9
陕西	小麦	1 424	玉米	1 005	蔬菜	286	小麦	1 357	玉米	1 000	蔬菜	264
甘肃	小麦	1 124	马铃薯	483	玉米	467	小麦	1 080	玉米	504	马铃薯	485
青海	油菜籽	164	小麦	156	马铃薯	57	油菜籽	148	小麦	143	马铃薯	61
宁夏	小麦	299	玉米	148	水稻	74	小麦	371	玉米	155	水稻	76
新疆	棉花	1 130	小麦	744	玉米	410	棉花	944	小麦	750	玉米	502

表 14 2003—2004 年竞争作物面积 公顷

地区	2003 年						2004 年					
	作物	面积	作物	面积	作物	面积	作物	面积	作物	面积	作物	面积
天津	蔬菜	135	玉米	125	小麦	78	玉米	135	蔬菜	132	棉花	87
河北	玉米	2 489	小麦	2 193	蔬菜	1 069	玉米	2 631	小麦	2 162	蔬菜	1 082
山西	玉米	916	小麦	721	马铃薯	313	玉米	1 126	小麦	649	马铃薯	310
内蒙古	玉米	1 591	大豆	1 082	青饲料	565	玉米	1 676	大豆	753	青饲料	655
辽宁	玉米	1 435	水稻	501	蔬菜	469	玉米	1 599	水稻	544	蔬菜	424
吉林	玉米	2 627	大豆	608	水稻	541	玉米	2 902	水稻	600	大豆	526
黑龙江	大豆	3 713	玉米	2 054	水稻	1 291	大豆	3 556	玉米	2 180	水稻	1 588
江苏	水稻	1 841	小麦	1 621	蔬菜	1 342	水稻	2 113	小麦	1 601	蔬菜	1 218
安徽	小麦	2 012	水稻	1 972	油菜籽	1 015	水稻	2 130	小麦	2 060	油菜籽	1 003
山东	小麦	3 105	玉米	2 406	蔬菜	2 027	小麦	2 968	玉米	2 455	蔬菜	1 970
河南	小麦	4 805	玉米	2 387	蔬菜	1 526	小麦	4 856	玉米	2 420	蔬菜	1 591
湖北	水稻	1 805	油菜籽	1 175	蔬菜	1 087	水稻	1 990	油菜籽	1 186	蔬菜	1 021
重庆	水稻	751	玉米	456	蔬菜	387	水稻	749	玉米	460	蔬菜	390
四川	水稻	2 040	小麦	1 319	玉米	1 161	水稻	3 064	小麦	1 256	玉米	1 173
贵州	水稻	721	玉米	686	马铃薯	519	水稻	717	玉米	707	马铃薯	551
云南	玉米	1 067	水稻	1 043	小麦	567	玉米	1 111	水稻	1 096	小麦	543
西藏	小麦	42	油菜籽	22	蔬菜	14	小麦	41	油菜籽	24	蔬菜	15
陕西	小麦	1 233	玉米	948	大豆	380	小麦	1 153	玉米	1 047	大豆	308
甘肃	小麦	961	马铃薯	497	玉米	491	小麦	934	马铃薯	549	玉米	488
青海	油菜籽	149	小麦	107	马铃薯	66	油菜籽	158	小麦	102	马铃薯	68
宁夏	小麦	319	玉米	176	大豆	110	小麦	279	玉米	188	马铃薯	104
新疆	棉花	1 056	小麦	662	玉米	468	棉花	1 137	小麦	686	玉米	518

表 15　2005—2006 年竞争作物面积　　公顷

地区	2005 年						2006 年					
	作物	面积	作物	面积	作物	面积	作物	面积	作物	面积	作物	面积
天津	玉米	139	蔬菜	130	小麦	99	玉米	143	蔬菜	120	小麦	108
河北	玉米	2 677	小麦	2 377	蔬菜	1 105	玉米	2 658	小麦	2 420	蔬菜	1 123
山西	玉米	1 174	小麦	721	蔬菜	245	玉米	1 226	小麦	734	马铃薯	299
内蒙古	玉米	1 806	大豆	797	青饲料	722	玉米	1 852	大豆	755	青饲料	634
辽宁	玉米	1 793	水稻	568	蔬菜	414	玉米	1 900	水稻	626	蔬菜	358
吉林	玉米	2 775	水稻	654	大豆	505	玉米	2 806	水稻	664	大豆	448
黑龙江	大豆	3 548	玉米	2 220	水稻	1 650	大豆	3 437	玉米	2 457	水稻	1 925
江苏	水稻	2 209	小麦	1 684	蔬菜	1 194	水稻	2 234	小麦	1 735	蔬菜	1 161
安徽	水稻	2 149	小麦	2 108	油菜籽	954	水稻	2 166	小麦	2 117	油菜籽	836
山东	小麦	3 279	玉米	2 731	蔬菜	1 748	小麦	3 355	玉米	2 754	蔬菜	1 738
河南	小麦	4 963	玉米	2 508	蔬菜	1 596	小麦	5 007	玉米	2 579	蔬菜	1 732
湖北	水稻	2 077	油菜籽	1 179	蔬菜	1 005	水稻	2 095	油菜籽	1 081	蔬菜	1 018
重庆	水稻	748	玉米	460	蔬菜	400	水稻	743	玉米	453	蔬菜	417
四川	水稻	2 088	小麦	1 262	玉米	1 197	水稻	2 081	小麦	1 274	玉米	1 194
贵州	马铃薯	752	水稻	722	玉米	720	玉米	740	水稻	717	马铃薯	593
云南	玉米	1 183	水稻	1 049	小麦	532	玉米	1 183	水稻	1 045	马铃薯	540
西藏	小麦	42	油菜籽	26	蔬菜	18	小麦	42	油菜籽	24	蔬菜	19
陕西	小麦	1 212	玉米	1 097	蔬菜	332	小麦	1 205	玉米	1 122	蔬菜	356
甘肃	小麦	1 001	马铃薯	531	玉米	485	小麦	995	马铃薯	568	玉米	493
青海	油菜籽	160	小麦	97	马铃薯	75	油菜籽	157	小麦	98	马铃薯	80
宁夏	小麦	276	玉米	178	马铃薯	117	小麦	227	马铃薯	187	玉米	175
新疆	棉花	1 161	小麦	737	玉米	526	棉花	1 269	小麦	728	玉米	521

表 16　2007—2008 年竞争作物面积　　公顷

地区	2007 年						2008 年					
	作物	面积	作物	面积	作物	面积	作物	面积	作物	面积	作物	面积
天津	玉米	162	小麦	105	棉花	68	玉米	160	小麦	108	蔬菜	72
河北	玉米	2 863	小麦	2 412	蔬菜	1 075	玉米	2 841	小麦	2 416	蔬菜	1 101
山西	玉米	1 271	小麦	712	蔬菜	240	玉米	1 379	小麦	697	蔬菜	241
内蒙古	玉米	2 013	大豆	757	青饲料	619	玉米	2 340	马铃薯	680	大豆	668
辽宁	玉米	1 999	水稻	661	蔬菜	376	玉米	1 885	水稻	659	蔬菜	389
吉林	玉米	2 854	水稻	670	大豆	445	玉米	2 923	水稻	659	大豆	457
黑龙江	玉米	3 884	大豆	3 809	水稻	2 253	大豆	4 037	玉米	3 594	水稻	2 391
江苏	水稻	2 228	小麦	2 039	蔬菜	1 042	水稻	2 233	小麦	2 073	蔬菜	1 093
安徽	水稻	2 205	小麦	2 330	大豆	938	小麦	2 347	水稻	2 219	大豆	988
山东	小麦	3 519	玉米	2 854	蔬菜	1 705	小麦	3 525	玉米	2 874	蔬菜	1 725
河南	小麦	5 213	玉米	2 779	蔬菜	1 688	小麦	5 260	玉米	2 820	蔬菜	1 714
湖北	水稻	1 979	小麦	1 096	油菜籽	927	水稻	1 979	油菜籽	1 090	小麦	1 001
重庆	水稻	652	玉米	454	蔬菜	433	水稻	674	蔬菜	482	玉米	456
四川	水稻	2 036	玉米	1 331	小麦	1 317	水稻	2 036	玉米	1 324	小麦	1 287
贵州	玉米	731	水稻	676	马铃薯	605	玉米	735	水稻	691	马铃薯	606
云南	玉米	1 282	水稻	990	蔬菜	562	玉米	1 326	水稻	1 018	蔬菜	583
西藏	小麦	40	油菜籽	23	蔬菜	20	小麦	37	油菜籽	25	蔬菜	21
陕西	玉米	1 154	小麦	1 145	蔬菜	369	玉米	1 158	小麦	1 140	蔬菜	386
甘肃	小麦	982	马铃薯	658	玉米	492	小麦	904	马铃薯	657	玉米	557
青海	小麦	154	油菜籽	149	马铃薯	36	油菜籽	170	小麦	104	马铃薯	86
宁夏	小麦	234	玉米	206	马铃薯	201	马铃薯	233	玉米	209	小麦	204
新疆	棉花	1 783	小麦	606	玉米	530	棉花	1 719	小麦	736	玉米	586

表 17　2009—2010 年竞争作物面积　　公顷

地区	2009 年						2010 年					
	作物	面积	作物	面积	作物	面积	作物	面积	作物	面积	作物	面积
天津	玉米	166	小麦	110	蔬菜	81	玉米	169	小麦	111	蔬菜	85
河北	玉米	2 951	小麦	2 395	蔬菜	1 101	玉米	3 009	小麦	2 420	蔬菜	1 139
山西	玉米	1 451	小麦	728	蔬菜	245	玉米	1 549	小麦	729	蔬菜	229
内蒙古	玉米	2 451	大豆	840	马铃薯	664	玉米	2 486	大豆	812	马铃薯	681
辽宁	玉米	1 946	水稻	657	蔬菜	403	玉米	2 093	水稻	678	蔬菜	430
吉林	玉米	2 957	水稻	660	大豆	437	玉米	3 047	水稻	674	大豆	377
黑龙江	玉米	4 010	大豆	4 008	小麦	2 461	玉米	4 368	大豆	3 548	水稻	2 769
江苏	水稻	2 233	小麦	2 078	蔬菜	1 148	水稻	2 243	小麦	2 093	蔬菜	1 230
安徽	小麦	2 355	水稻	2 247	大豆	970	小麦	2 366	水稻	2 245	大豆	939
山东	小麦	3 545	玉米	2 917	蔬菜	1 756	小麦	3 562	玉米	2 955	蔬菜	1 771
河南	小麦	5 263	玉米	2 895	蔬菜	1 692	小麦	5 280	玉米	2 946	蔬菜	1 704
湖北	水稻	2 045	油菜籽	1 166	蔬菜	1 079	水稻	2 038	油菜籽	1 160	蔬菜	1 021
重庆	水稻	682	蔬菜	552	玉米	459	水稻	684	蔬菜	589	马铃薯	336
四川	水稻	2 027	玉米	1 334	小麦	1 278	水稻	2 005	玉米	1 355	小麦	1 266
贵州	玉米	752	水稻	698	马铃薯	635	玉米	781	水稻	696	蔬菜	648
云南	玉米	1 354	水稻	1 040	蔬菜	623	玉米	1 418	水稻	1 021	蔬菜	671
西藏	小麦	37	油菜籽	24	蔬菜	20	小麦	37	油菜籽	24	蔬菜	21
陕西	玉米	1 164	小麦	1 146	蔬菜	429	玉米	1 182	小麦	1 149	蔬菜	444
甘肃	小麦	964	玉米	658	马铃薯	644	小麦	880	玉米	836	马铃薯	646
青海	油菜籽	170	小麦	1 041	马铃薯	87	油菜籽	173	小麦	101	马铃薯	87
宁夏	小麦	219	马铃薯	218	玉米	215	玉米	223	马铃薯	222	小麦	211
新疆	棉花	1 409	小麦	1 154	玉米	598	棉花	1 461	小麦	1 120	玉米	654

表 18　2011—2012 年竞争作物面积　　公顷

地区	2011 年						2012 年					
	作物	面积	作物	面积	作物	面积	作物	面积	作物	面积	作物	面积
天津	玉米	169	小麦	112	蔬菜	87	玉米	179	小麦	113	蔬菜	89
河北	玉米	3 036	小麦	2 396	蔬菜	1 158	玉米	3 049	小麦	2 410	蔬菜	1 203
山西	玉米	1 647	小麦	710	蔬菜	229	玉米	1 669	小麦	689	蔬菜	248
内蒙古	玉米	2 670	马铃薯	713	大豆	688	玉米	2 834	马铃薯	681	大豆	617
辽宁	玉米	728	水稻	660	蔬菜	465	玉米	2 207	水稻	662	蔬菜	487
吉林	玉米	3 134	水稻	691	大豆	305	玉米	3 284	水稻	701	蔬菜	237
黑龙江	玉米	4 587	大豆	3 202	水稻	2 946	玉米	5 191	水稻	3 070	大豆	2 664
江苏	水稻	2 249	小麦	2 112	蔬菜	1 260	水稻	2 254	小麦	2 133	蔬菜	1 323
安徽	小麦	2 383	水稻	2 231	大豆	886	小麦	2 416	水稻	2 215	玉米	823
山东	小麦	3 594	玉米	2 996	蔬菜	1 791	小麦	3 626	玉米	3 018	蔬菜	1 806
河南	小麦	5 323	玉米	3 025	蔬菜	1 720	小麦	5 340	玉米	3 100	蔬菜	1 730
湖北	水稻	2 036	油菜籽	1 141	蔬菜	1 062	水稻	2 018	油菜籽	1 167	蔬菜	1 139
重庆	水稻	687	蔬菜	619	玉米	467	水稻	687	蔬菜	653	玉米	468
四川	水稻	2 008	玉米	1 363	小麦	1 259	水稻	1 998	玉米	1 371	蔬菜	1 254
贵州	玉米	788	蔬菜	709	水稻	682	玉米	775	蔬菜	774	水稻	683
云南	玉米	1 409	水稻	1 074	蔬菜	735	玉米	1 457	水稻	1 083	蔬菜	804
西藏	小麦	38	油菜籽	24	青饲料	24	小麦	38	青饲料	24	油菜籽	24
陕西	玉米	1 178	小麦	1 137	蔬菜	458	玉米	1 167	小麦	1 128	蔬菜	477
甘肃	小麦	862	玉米	839	马铃薯	677	玉米	903	小麦	834	马铃薯	685
青海	油菜籽	164	小麦	94	马铃薯	88	油菜籽	160	小麦	94	马铃薯	84
宁夏	玉米	231	马铃薯	225	小麦	202	玉米	246	小麦	179	蔬菜	112
新疆	棉花	1 638	小麦	1 078	玉米	728	棉花	1 721	小麦	1 081	玉米	856

表 19　2013—2014 年竞争作物面积　　公顷

地区	2013 年						2014 年					
	作物	面积	作物	面积	作物	面积	作物	面积	作物	面积	作物	面积
天津	玉米	192	小麦	110	蔬菜	90	玉米	203	小麦	111	蔬菜	90
河北	玉米	3 109	小麦	2 378	蔬菜	1 220	玉米	3 171	小麦	2 343	蔬菜	1 238
山西	玉米	1 670	小麦	678	蔬菜	253	玉米	1 677	小麦	674	蔬菜	257
内蒙古	玉米	3 171	马铃薯	611	小麦	571	玉米	3 372	小麦	564	马铃薯	541
辽宁	玉米	2 246	水稻	649	蔬菜	492	玉米	2 330	水稻	562	蔬菜	474
吉林	玉米	3 499	水稻	727	蔬菜	215	玉米	3 697	水稻	747	大豆	214
黑龙江	玉米	5 448	水稻	3 176	大豆	2 430	玉米	5 440	水稻	3 206	大豆	2 577
江苏	水稻	2 266	小麦	2 147	蔬菜	1 355	水稻	2 272	小麦	2 160	蔬菜	1 372
安徽	小麦	2 433	水稻	2 214	蔬菜	836	小麦	2 435	水稻	2 217	蔬菜	862
山东	小麦	3 673	玉米	3 061	蔬菜	1 833	小麦	3 740	玉米	3 127	蔬菜	1 862
河南	小麦	5 367	玉米	3 203	蔬菜	1 746	小麦	5 407	玉米	3 284	蔬菜	1 726
湖北	水稻	2 102	油菜籽	1 226	蔬菜	1 145	水稻	2 144	油菜籽	1 249	蔬菜	1 174
重庆	水稻	689	蔬菜	682	玉米	467	蔬菜	708	水稻	690	玉米	468
四川	水稻	1 991	玉米	1 378	蔬菜	1 276	水稻	1 992	玉米	1 381	蔬菜	1 316
贵州	蔬菜	848	玉米	778	马铃薯	690	蔬菜	924	玉米	788	马铃薯	704
云南	玉米	1 505	水稻	1 153	蔬菜	901	玉米	1 526	水稻	1 145	蔬菜	948
西藏	小麦	38	油菜籽	24	青饲料	24	小麦	37	青饲料	26	油菜籽	24
陕西	玉米	1 166	小麦	1 095	蔬菜	482	玉米	1 154	小麦	1 083	蔬菜	503
甘肃	玉米	976	小麦	812	马铃薯	699	玉米	1 001	小麦	793	马铃薯	683
青海	油菜籽	154	小麦	95	马铃薯	94	油菜籽	148	马铃薯	93	小麦	89
宁夏	玉米	262	马铃薯	215	小麦	149	玉米	289	马铃薯	177	小麦	128
新疆	棉花	1 718	小麦	1 121	玉米	921	棉花	1 953	小麦	1 142	玉米	911

表 20 2015—2016 年竞争作物面积 公顷

地区	2015 年						2016 年					
	作物	面积	作物	面积	作物	面积	作物	面积	作物	面积	作物	面积
天津	玉米	215	小麦	109	蔬菜	86	玉米	218	小麦	111	蔬菜	83
河北	玉米	3 248	小麦	2 319	蔬菜	1 242	玉米	3 191	小麦	2 314	蔬菜	1 236
山西	玉米	1 677	小麦	675	蔬菜	257	玉米	1 625	小麦	673	蔬菜	257
内蒙古	玉米	3 407	小麦	564	大豆	530	玉米	3 209	大豆	616	小麦	593
辽宁	玉米	2 417	水稻	545	蔬菜	500	玉米	2 259	水稻	563	蔬菜	419
吉林	玉米	3 800	水稻	762	蔬菜	201	玉米	3 657	水稻	781	蔬菜	200
黑龙江	玉米	5 821	水稻	3 148	大豆	2 401	玉米	5 217	水稻	3 203	大豆	2 884
江苏	水稻	2 292	小麦	2 179	蔬菜	1 431	水稻	2 295	小麦	2 190	蔬菜	1 430
安徽	小麦	2 457	水稻	2 235	蔬菜	900	小麦	2 447	水稻	2 266	蔬菜	920
山东	小麦	3 800	玉米	3 174	蔬菜	1 889	小麦	3 830	玉米	3 207	蔬菜	1 869
河南	小麦	5 426	玉米	3 344	蔬菜	1 752	小麦	5 466	玉米	3 317	蔬菜	1 773
湖北	水稻	2 189	油菜籽	1 232	蔬菜	1 213	水稻	2 131	蔬菜	1 248	油菜籽	1 150
重庆	蔬菜	732	水稻	688	玉米	471	蔬菜	747	水稻	692	玉米	475
四川	水稻	1 991	玉米	1 402	蔬菜	1 350	水稻	1 990	玉米	1 399	蔬菜	1 379
贵州	蔬菜	980	玉米	763	马铃薯	709	蔬菜	1 050	玉米	740	马铃薯	732
云南	玉米	1 517	水稻	1 135	蔬菜	1 004	玉米	1 513	水稻	1 130	蔬菜	1 040
西藏	小麦	36	青饲料	27	油菜籽	24	小麦	366	青饲料	29	蔬菜	23
陕西	玉米	1 152	小麦	1 086	蔬菜	521	玉米	1 150	小麦	1 083	蔬菜	527
甘肃	玉米	1 014	小麦	795	马铃薯	665	玉米	1 001	小麦	762	马铃薯	674
青海	油菜籽	142	马铃薯	90	小麦	88	油菜籽	140	马铃薯	93	小麦	86
宁夏	玉米	302	马铃薯	171	蔬菜	129	玉米	297	马铃薯	169	蔬菜	133
新疆	棉花	1 904	小麦	1 239	玉米	962	棉花	1 805	小麦	1 289	玉米	919

表 21 2017 年竞争作物面积 公顷

地区	2017 年					
	作物	面积	作物	面积	作物	面积
天津	玉米	201	小麦	109	蔬菜	49
河北	玉米	3 544	小麦	2 373	蔬菜	749
山西	玉米	1 807	小麦	561	蔬菜	170
内蒙古	玉米	3 716	大豆	989	小麦	674
辽宁	玉米	2 692	水稻	493	蔬菜	309
吉林	玉米	4 164	水稻	821	大豆	220
黑龙江	玉米	5 863	水稻	3 949	大豆	3 736
江苏	小麦	2 413	水稻	2 238	蔬菜	1 408
安徽	小麦	2 823	水稻	2 605	玉米	1 160
山东	小麦	4 084	玉米	4 000	蔬菜	1 462
河南	小麦	5 715	玉米	3 999	蔬菜	1 736
湖北	水稻	2 368	蔬菜	1 189	小麦	1 153
重庆	蔬菜	727	水稻	659	玉米	447
四川	水稻	1 875	玉米	1 864	蔬菜	1 324
贵州	蔬菜	1 253	玉米	1 006	水稻	701
云南	玉米	1 764	蔬菜	1 085	水稻	871
西藏	小麦	39	青饲料	25	蔬菜	23
陕西	玉米	1 197	小麦	963	蔬菜	481
甘肃	玉米	1 041	小麦	767	马铃薯	565
青海	油菜籽	154	小麦	112	马铃薯	87
宁夏	玉米	306	小麦	123	马铃薯	119
新疆	棉花	2 218	小麦	1 127	玉米	1 020

参考文献

[1]翁凌云.基于生物质能源背景下我国玉米供需平衡分析.北京:中国农业科学院,2010.

[2]王明利. 推动苜蓿产业发展全面提升我国奶业.农业经济问题,2010(5):22-26.

[3]王铁岗.中国奶牛饲料利用现状及发展前景.中国农业大学学报,2005.

[4]李胜利,韩建国, 李志强,等. 高产奶牛日粮中添加苜蓿干草提高产奶量的研究.现代草业科学进展:中国国际草业发展大会暨中国草原学会第六届代表大会论文集,2002.

[5]梁德胜,周廉让,王军波.牧草及草粉在畜禽养殖中的作用.今日畜牧兽医,2018(11):66.

[6]任继周,林慧龙. 农区草业是改进农业系统、保证粮食安全的重大步骤. //中国草学会青年工作委员会.农区草业论坛论文集.中国草学会青年工作委员会:中国草学会,2008:12-21.

[7]任继周.我国传统农业结构不改变不行了:粮食九连增后的隐忧.草业学报,2013,22(3):1-5.

[8]王明利.苜蓿与竞争农作物投入产出的比较.草业科学,2013(8): 1259-1265.

[9]赖宪明,李强,刘波,等.种植苜蓿与玉米的经济效益对比.吉林畜牧兽医,2004(8):46-47.

[10]王明利.苜蓿与竞争农作物投入产出的比较.草业科学,2013(8): 1259-1265.

[11]杜青林.中国草业可持续发展战略.北京:中国农业出版社,2006.

[12]张英俊,任继周,王明利, 等. 论牧草产业在我国农业产业结构中的地位和发展布局.中国农业科技导报,2013(4): 61-71.

[13]杨青川,孙彦. 紫花苜蓿在北京市种植业结构调整中的作用.北京农业科学,2000(3):38-40.

[14]张英俊,任继周,王明利, 等. 论牧草产业在我国农业产业结构中的地位和发展布局.中国农业科技导报,2013(4): 61-71.

[15]韩清芳,贾志宽,王俊鹏. 国内外苜蓿产业发展现状与前景分析. 草业科学,2005(3):22-25.

[16]孙志华,赵俊金,许海涛,等. 2019 年我国苜蓿产业形势分析. 中国奶牛,2019(10):58-60.

[17]孙志华,赵俊金,许海涛,等. 2019 年我国苜蓿产业形势分析. 中国奶牛,2019(10):58-60.

[18] Bouton J,. The economic benefits of forage improvement in the United States. Euphytica, 2007,154(3):263-270.

[19]Mobtaker H. G. , Akram,Keyhani A. , et al. . Optimization of energy required for alfalfa production using data envelopment analysis approach. Energy for Sustainable Development, 2012, 16(2): 242-248.

[20]Samani Z. ,Skaggs R. ,Longworth J. . Alfalfa water use and crop coefficients across the watershed: from theory to practice. Journal of Irrigation and Drainage Engineering,2012,139(5),79-102.

[21]Rudstrom, M,. Determining implicit prices for hay quality and bale characteristics. Review of Agricultural Economics, 2004, 26(4): 552-562.

[22]朱启臻,胡鹏辉,许汉泽. 论家庭农场:优势、条件与规模. 农业经济问题,2014(7):11-17.

[23]戴冠英. 我国苜蓿产品出口前景和当前面临的主要问题. 草业科学,2002,19(8).

[24]苏东水. 产业经济学. 北京:高等教育出版社,2006.

[25]刘志彪,安同良,王国生现代产业经济分析. 南京:南京大学出版社,2003.

[26]刘家顺,杨洁,孙玉娟产业经济学. 北京:中国社会科学出版社,2006.

[27]杜青林. 中国草业可持续发展战略. 北京:中国农业出版社,2006.

[28]杨茁萌,李胜利. 中国苜蓿产业发展面临的问题及其对策. http://www. digitalgrass. cn.

[29]翟桂玉. 美国苜蓿产业的启示. 当代畜牧,2010 (4).

[30]翟桂玉. 中国进口美国苜蓿的市场反响. 农业知识,2010 (30).

[31]史月兰. 我国农业发展中的规模经济实现途径探讨. 理论与改革,2009(4).

[32]程瑞芳. 中国农业产业市场绩效研究. 北京:中国社会科学出版社,2008.

[33]晁德林,王俊梅甘肃苜蓿产业化存在的主要问题和发展趋势. 草业科学,2011,28 (2).

[34]王明利. 中国牧草产业经济. 北京:中国农业大学出版社,2010.

[35]徐晋. 我国饲草产品跨越绿色贸易壁垒的必要手段:绿色营销. 第二届中国苜蓿发展大会暨牧草种子、机械、产品展示会论文集;2003.

[36]刘亚钊,王明利,修长柏.我国牧草产品国际竞争力分析.农业经济问题,2011(7):86-90.

[37]江影舟,张洁冰,南志标等.中国苜蓿国际贸易竞争力分析.草业科学,2016,33(2):322-329.

[38]周忠丽,石自忠.世界苜蓿贸易的周期识别、预测及随机冲击影响.世界农业,2013(11):20-23+196.

[39]杨春,王明利,刘亚钊.中国的苜蓿草贸易:历史变迁、未来趋势与对策建议.草业科学,2011,28(9):1711-1717.

[40]汪武静,王明利,吕官旺等.美国苜蓿贸易:趋势、经验与启示.草业科学,2016,33(3):527-534.

[41]胡向东,王明利.美国牧草生产及价格波动.草业科学,2013,30(5):799804.

[42]迈克尔·波特.国家竞争优势.李明轩,邱如美译.北京:中信出版社,2012.

[43]曹致中.苜蓿草产业及其关键问题的解决.国家牧草产业技术体系西北区苜蓿产业发展研讨会议,2010.

[44]刘自学.中国草业的现状与展望.草业科学,2002,19(1):6-8.

[45]张炳武,张新跃.我国南方高效牧草种植系统.草业科学,2013,30(2):259-265.

[46]张英俊,任继周,王明利,等.论牧草产业在我国农业产业结构中的地位和发展布局.中国农业科技导报,2013,15(4):61-71.

[47]江帆,赵伟.山东省牧草产业供给侧结构性改革经济效益分析:基于"粮改饲"政策背景.山东农业科学,2018(3):163-166.

[48]王明利.有效破解粮食安全问题的新思路:着力发展牧草产业.中国农村经济,2015(12):63-74.

[49]Bai Z., Ma W., Ma L., et al.. China's livestock transition: Driving forces, impacts, and consequences. Science Advances, 2018, 4(7), p. eaar8534.

[50]周蓉.优质牧草靠进口.中国农村科技,2016(4):68-71.

[51]刘亚钊,王明利,修长柏.我国牧草产品国际竞争力分析.农业经济问题,2011(7):86-90.

[52]周蓉.优质牧草靠进口.中国农村科技,2016(4):68-71.

[53]Nerlove M.. The Dynamics of Supply: Retrospect and Prospect. American Journal of Agricultural Economics, 1979, 61(5):874-888.

[54]Nerlove M., Addison W.. Statistical estimation of long-run elasticities of supply and demand. Journal of Farm Economics, 1958,40(4): 861-880.

[55]范垄基,穆月英,付文革,等.基于 Nerlove 模型的我国不同粮食作物的供给反应.农业技术经济,2012(12):4-11.

[56]钱文荣，王大哲. 如何稳定我国玉米供给：基于省际动态面板数据的实证分析. 农业技术经济，2015(1)：22-32.
[57]Shoko R. R. , Chaminuka P. , Belete A. . Estimating the supply response of maize in South Africa: a Nerlovian partial adjustment model approach. Agrekon, 2016, 55(3): 237-253.
[58]Shonkwiler J. S. , Hinckley S. . A Generalized Supply Response/Factor Demand Model and Its Application to the Feeder Cattle Market. Western Journal of Agricultural Economics, 1985,10(2):245-253.
[59]于宁，杜桂娟，郑家明，等. 辽宁省饲草供需及草畜平衡现状分析. 中国畜牧杂志，2009，45(12)：15-18.
[60]李佳晓. 中国分区域牧草供需测算及决路径研究. 北京：中国农业科学院，2012.
[61]李新，修长柏. 农牧民苜蓿种植行为选择意愿影响因素实证研究：基于内蒙古386户微观调查数据. 干旱区资源与环境，2015，29(5)：30-35.
[62]王文信，蔡世攀，王刚. 黄淮海地区农户苜蓿种植行为影响因素分析. 农业工程学报，2015，31(s1)：284-290.
[63]王文信，王艺璇，张跃. 基于 PMP 模型的农户苜蓿种植补贴效果实证分析——以河北省黄骅市为例. 中国农业大学学报，2017，22(7)：221-228.
[64]王熙遥，钱贵霞. 中国苜蓿市场供需预测. 农业展望，2018(2).
[65]Van Tassel W. H. A comparison of GLS, BVAR and composite forecasts of Nevada alfalfa hay prices. 1990.
[66]Ragalyi P. , Kadar I. , Csontos P. . Effect of precipitation on the yield of hay meadows with contrasting nutrient supply. Bulgarian Journal of Agricultural Science, 2014, 20(4):779-785.
[67]钱文荣，王大哲. 如何稳定我国玉米供给：基于省际动态面板数据的实证分析. 农业技术经济，2015(1)：22-32.
[68]Askari H. , Cummings J. T. . Estimating Agricultural Supply Response with the Nerlove Model: A Survey. International Economic Review, 1977, 18(2):257-292.
[69]钱文荣，王大哲. 如何稳定我国玉米供给：基于省际动态面板数据的实证分析. 农业技术经济，2015(1)：22-32.
[70]范垄基，穆月英，付文革，等. 基于 Nerlove 模型的我国不同粮食作物的供给反应. 农业技术经济，2012(12)：4-11.
[71]钱文荣，王大哲. 如何稳定我国玉米供给：基于省际动态面板数据的实证分析. 农业技术经济，2015(1)：22-32.

[72]Buuren S. V., Groothuisoudshoorn K.. mice: Multivariate Imputation by Chained Equations in R. Journal of Statistical Software, 2011, 45(3):1-67.

[73]范垄基,穆月英,付文革,等.基于 Nerlove 模型的我国不同粮食作物的供给反应.农业技术经济,2012(12):4-11.

[74]钱文荣,王大哲.如何稳定我国玉米供给:基于省际动态面板数据的实证分析.农业技术经济,2015(1):22-32.

[75]刘俊杰,周应恒.我国小麦供给反应研究:基于小麦主产省的实证.农业技术经济,2011(12),40-45.

[76]李向林,沈禹颖,万里强.种植业结构调整和草牧业发展潜力分析及政策建议.中国工程科学,2016,18(1):94-105.

[77]王文信,朱俊峰.美国的苜蓿产业发展历程及对中国的启示.世界农业,2012(4):18-21.

[78]王明利.有效破解粮食安全问题的新思路:着力发展牧草产业.中国农村经济,2015(12):63-74.

[79]张英俊,任继周,王明利等.论牧草产业在我国农业产业结构中的地位和发展布局.中国农业科技导报,2013,15(4):61-71.

[80]任继周,马志愤,梁天刚,吴建平等.构建草地农业智库系统,助力中国农业结构转型.草业学报,2017,26(3):191-198.

[81]杨茁萌,李胜利.中国苜蓿产业发展面临的问题及其对策.中国畜牧杂志,2008(20):41-45.

[82]刘亚钊,王明利,修长柏.我国牧草产品国际竞争力分析.农业经济问题,2011(7):86-90.

[83]周蓉.优质牧草靠进口.中国农村科技,2016(4):68-71.

[84]王熙遥,钱贵霞.中国苜蓿市场供需预测.农业展望,2018(2).

[85]王文信,蔡世攀,王刚.黄淮海地区农户苜蓿种植行为影响因素分析.农业工程学报,2015,31(s1):284-290.

[86]王文信,王艺璇,张跃.基于 PMP 模型的农户苜蓿种植补贴效果实证分析:以河北省黄骅市为例.中国农业大学学报,2017,22(7):221-228.

[87]倪印锋,王明利.中国牧草产业地理集聚特征及影响因素.经济地理,2018,38(6):142-150.

[88]李佳晓.中国分区域牧草供需测算及决路径研究.北京:中国农业科学院,2012.

[89]李新,修长柏.农牧民苜蓿种植行为选择意愿影响因素实证研究:基于内蒙古386 户微观调查数据.干旱区资源与环境,2015,29(05):30-35.

[90]马文杰,冯中朝.基于 Nerlove 模型的中国小麦供给反应研究.技术经济,

2009,28(3):50-52,128.

[91]范垄基,穆月英,付文革,等.基于 Nerlove 模型的我国不同粮食作物的供给反应.农业技术经济,2012(12):4-11.

[92]邵飞,陆迁.基于 Nerlove 模型的中国不同区域玉米供给反应研究.经济问题,2011(7):73-76.

[93]朱思柱,周曙东.基于扩展 Nerlove 模型的中国大豆供给反应弹性研究.大豆科学,2014,33(5):752-758.

[94]李先东,余国新,朱光辉.基于 Nerlove 模型的中国棉花供给反应实证分析.中国棉花,2015,42(3):1-5.

[95]司伟,王秀清.中国糖料的供给反应.中国农村观察,2006(4):2-11,55.

[96]王宏宇,王明利,石自忠.基于 Nerlove 模型的我国牛奶供给影响因素分析.中国农业科技导报,2016,18(6):201-206.

[97]孙秀玲,吴学兵,乔娟.基于 Nerlove 模型的我国猪肉供给反应研究.经济问题,2014(8):109-112.

[98]Yang Y. ,Wang M.. Study on the supply response of beef products in China based on Nerolve model, Agricultural Economy,2015,8:109-112.

[99]Konyar K. C. ,Knapp K.. Market analysis of alfalfa hay: California case, Agribusiness, 1988,3:57-62.

[100]Van W. H.. A comparison of GLS, BVAR and composite forecasts of Nevada alfalfa hay prices, American Journal of Agricultural Economics, 1990, 56:245-253.

[101]Ragalyi P. , Kadar I. ,Contos, P.. Effect of precipitation on the yield of hay meadows with contrasting nutrient supply. Bulgarian Journal of Agricultural Science,2014,20(4):779-785.

[102]Blake M. J. ,Clevenger, T.. A linked annual and monthly model for forecasting alfalfa hay prices, Western Journal of Agricultural Economics, 1984:195-199.

[103]Shumway C. R.., Supply, demand, and technology in a multiproduct industry: Texas field crops, American Journal of Agricultural Economics, 1983,65:748-760.

[104]Just R. E.. Econometric analysis of production decisions with government intervention: the case of the California field crops, Division of Agricultural Sciences,1974,6(33).

[105]Knapp K. C.. Dynamic equilibrium in markets for perennial crops, American Journal of Agricultural Economics,1987,69:97-105.

[106]French B. C. ,Matthews, J. L.. A supply response model for perennial crops, American Journal of Agricultural Economics, 1971,53:478-490.

[107]Bateman M. J.. Aggregate and regional supply functions for Ghanaian cocoa,1946-1962, Journal of Farm Economics, 1965,47:384-401.

[108]Behrman J. R.. Monopolistic cocoa pricing, American Journal of Agricultural Economics, 1968,58:702-719.

[109]Arak M.. Estimation of asymmetric long run supply functions: The case of coffee, Canadian Journal of Agricultural Economics, 1969,17:15-22.

[110]Baritelle J. L. ,Price D. W.. Supply response and marketing strategies for deciduous crops, American Journal of Agricultural Economics,1974,56:245-253.

[111]Blake M. J. ,Clevenger T. A linked annual and monthly model for forecasting alfalfa hay prices, Western Journal of Agricultural Economics, 1984:195-199.

[112]Shumway C. R.. Supply, demand, and technology in a multiproduct industry: Texas field crops, American Journal of Agricultural Economics, 1983,65:748-760.

[113]Just R. E.. Econometric analysis of production decisions with government intervention: the case of the California field crops, Division of Agricultural Sciences, 1974,6(33).

[114]Yang Q. ,Sun Y.. The role of alfalfa in the adjustment of planting industry in Beijing, Beijing Agricultural Sciences, 2000,3:38-40.

[115]张英俊,任继周,王明利等.论牧草产业在我国农业产业结构中的地位和发展布局.中国农业科技导报,2013,15(4):61-71.

[116]王文信,王艺璇,张跃.基于PMP模型的农户苜蓿种植补贴效果实证分析:以河北省黄骅市为例.中国农业大学学报,2017,22(7):221-228.

[117]张炳武,张新跃.我国南方高效牧草种植系统.草业科学,2013,30(2):259-265.

[118]Maddala G. S. ,Lahiri K.. Introduction to econometrics. 3ed. New York: Macmillan, 1992.

[119]范垄基,穆月英,付文革,陈阜.基于Nerlove模型的我国不同粮食作物的供给反应.农业技术经济,2012(12):4-11.

[120]钱文荣,王大哲.如何稳定我国玉米供给:基于省际动态面板数据的实证分析.农业技术经济,2015(1):22-32.

[121]Baltagi B. H. , Bresson G. , Pirotte A.. Fixed effects, random effects or Hausman-Taylor? A pretest estimator, Economics letters, 2003,79(3):

361-369.
[122]刘俊杰,周应恒.我国小麦供给反应研究:基于小麦主产省的实证.农业技术经济,2011(12),40-45.
[123]范垄基,穆月英,付文革等.基于 Nerlove 模型的我国不同粮食作物的供给反应.农业技术经济,2012(12):4-11.
[124]钱文荣,王大哲.如何稳定我国玉米供给:基于省际动态面板数据的实证分析.农业技术经济,2015(1):22-32.
[125]孙启忠,玉柱,徐春城.我国苜蓿产业亟待振兴.草业科学,2012(2):314-319.
[126]赵新,王学芳,王兴虎,等.中国苜蓿产业化发展现状及前景展望.农业工程技术(农业产业化),2006(4):47-54.
[127]侯向阳.充分重视农牧户在苜蓿产业发展中的作用和利益.草业科学,2011(1):4-9.
[128]吕品.扶持苜蓿产业促进奶业发展.中国乳业,2012(06):23-25.
[129]李存福,李玉荣,屠德鹏,等.我国苜蓿草生产情况调查.中国奶牛,2013(15):10-13.
[130]孙启忠,玉柱,马春晖,等.我国苜蓿产业过去10年发展成就与未来10年发展重点.草业科学,2013(3):471-477.
[131]K. Konyar ,Knapp K. C. ,Market Analysis of Alfalfa Hay:California Case. Agribusiness 1988,4(3).
[132]Muth F. , John. . Ration Expectations and the Theorv of Price Movements, Econometrica 1961,29: 315-35.
[133]K. Konyar ,Knapp K. C. D ynamic Regional Analysis of California Alfalfa Market with Government Policy Impacts. Western Journal of Agricultural Economics,1990,15(1).
[134]Knapp K. C. . A Dynamic Spatial Equilibrium Model of the California Alfalfa Market. Ph. D. Dissertation,University of California,Riverside,1985.
[135]李胜利,韩建国,李志强等.高产奶牛日粮中添加苜蓿干草提高产奶量的研究.现代草业科学进展:中国国际草业发展大会暨中国草原学会第六届代表大会论文集,2002.
[136]赵凤立,刘庆全,刘胜华等.苜蓿干草饲喂杂交肉羊肥育效果试验.中国畜牧兽医学会2003年学术年会论文集,2003.
[137]翁凌云.基于生物质能源背景下我国玉米供需平衡分析.北京:中国农业科学院,2010.
[138]王明利,王济民,谢双红.北方牧区牧民保护与建设草地的行为分析.中国农

村经济,2005(12):53-60.

[139]Adesinaa A. A. ,Chianu. J. . Determinants of farmers′ adoption and adaptation of alley farming technology in Nigeria. AgrofnSyst,2002,55,99-112.

[140] Herath P. H. M. U. , Takeya H. . Factors determining intercropping by rubber smallholders in SriLanka:a logit analysis. Agric. Econ,2003,29:159-168.

[141]Sheikh A. D. ,Rehman T. ,Yates C. M. . Logit models for iidentifying the factors that influence the uptake of new′no-tillage′ technologies by farmers in the rice-wheat and the cotton-wheat farming systems of Pakistan′s Punjab. Agric. Syst,2003,75,79-95.

[142]杜青林. 中国草业可持续发展战略. 北京:中国农业出版社,2006.

[143]洪绂曾,王堃. 中国草业发展现状及战略构想. 畜牧与饲料科学,2004(1):1-4.

[144]任继周,胡自治,张自和等. 中国草业生态经济区初探. 草业学报,1999,8(9):12-22.

[145]左孟孝. 发展订单农业,促进农产品产销衔接. [2020-09-18]. http://www.agri. gov. cn.

[146]郭红东. 我国农户参与订单农业行为的影响因素分析. 中国农村经济,2005(3).

[147]祝宏辉,王秀清. 新疆番茄产业中农户参与订单农业的影响因素分析. 中国农村经济,2007(7):67-75.

[148]李胜利,杨茁萌,黄文明等. 苜蓿产业如何满足我国奶牛养殖业发展的需求. 中国畜牧杂志,2010.

[149]王明利. 推动苜蓿产业发展 全面提升我国奶业. 农业经济问题,2010(5):22-26.

[150]Lajili Kaouthar. . F‘armers’Preferences for Crop Contracts . Journal of Agricultural and Resource Economics,1997,22 (2):264-280.

[151]祝宏辉,王秀清. 新疆番茄产业中农户参与订单农业的影响因素分析. 中国农村经济,2007(7):67-75.

[152]赵翠萍. 订单生产模式对小麦种植纯收益影响的实证分析. 河南农业大学学报,2009,43(6):668-671.

[153]程国强,朱满德. 中国工业化中期阶段的农业补贴制度与政策选择. 管理科学, 2012(1):9-20.

[154]李胜利,杨茁萌,黄文明,等. 苜蓿产业如何满足我国奶牛养殖业发展的需求. 中国畜牧杂志,2010(8):43-46.

[155]王文信,蔡世攀,王刚. 黄淮海地区农户苜蓿种植行为影响因素分析. 农业工程学报 2015,31(S1),284-290.
[156]Dogliotti S., Garcia M., Peluffo S., et al.. Co-innovation of family farm systems: A systems approach to sustainable agriculture. Agricultural Systems, 2014,126(3):76-86.
[157]Zahmatkesh D., Amanlou H., Dashti G.. Economic modeling and sensitivity analysis of inputs in alfalfa production in different harvesting system. International Journal of Agriculture and Crop Sciences, 2013, 6(8): 472-477.
[158]李彦品,杨海明,杨芷,等. 紫花苜蓿的营养价值及其在畜禽生产中的应用. 饲料研究,2015(9),14-18.
[159]Zahmatkesh D., Amanlou H., Dashti G., Economic modeling and sensitivity analysis of inputs in alfalfa production in different harvesting system. International Journal of Agriculture and Crop Sciences, 2013, 6(8): 472-477.
[160]Rada N. E., Wang C. G., Qin L., et al.. Hired-labor Demand on Chinese Household farms. Journal of Agribusiness in Developing & Emerging Economies, 2012,2(2):15-129.
[161]Rudstrom M.. Determining implicit prices for hay quality and bale characteristics. Review of Agricultural Economics, 2004, 26(4): 552-562.
[162]周诚. 对我国农业实行土地规模经营的几点看法. 中国农村观察,1995: 41-43.
[163]杨素群. 农业经营适度规模解析. 唯实,1998(3):3-5.
[164]俞敬忠. 加快土地规模经营的步伐:经济发达地区振兴农业的必由之路. 管理世界,1994:198-200.
[165]张忠根,黄祖辉. 规模经营:提高农业比较效益的重要途径. 农业技术经济,1997:5-7.
[166]孙自铎. 农业必须走适度规模经营之路. 经济研究参考,2001(39):35.
[167]钱贵霞. 粮食生产经营规模与粮农收入的研究. 北京:中国农业科学院,2005.
[168]罗必良. 农地经营规模的效率决定. 中国农村观察,2005(5):18-24.
[169]姚监复. 中国农业的规模经营与农业综合生产率:防华盛顿大学农村发展所徐孝白先生. 中国农业资源与区划,2000:22-24.
[170]万广华,程恩江. 规模经济、土地细碎化与我国的粮食生产. 中国农村观察,1996:31,36,64.

[171]田新建. 中国粮食生产成本研究. 北京:中国农业大学,2005.
[172]宋伟,陈百明,陈曦炜. 东南沿海经济发达区域农户粮食生产函数研究:以江苏省常熟市为例. 资源科学,2007(11) :69-76.
[173]靖飞. 江苏省水稻生产投入要素及影响因素实证研究. 技术经济,2008(2) :75-80.
[174]张忠明. 农户粮地经营规模效率研究:以吉林省玉米生产为例. 杭州:浙江大学,2008.
[175]张英俊,任继周,王明利等. 论牧草产业在我国农业产业结构中的地位和发展布局. 中国农业科技导报,2013,15(4):61-71.
[176]Anselin. L.. Do spatial effects really matter in regression analysis?. Papers of the Regional Science Association,1998,65(1):11-34.
[177]杨宗辉,李金锴,韩晨雪等. 我国粮食生产重心变迁及其影响因素研究. 农业现代化研究 2019,40(01),36-43.
[178]张怡,王兆华. 中国花生生产布局变化分析. 农业技术经济 2018(9),112-122.
[179]邱灵,方创琳. 北京市生产性服务业空间集聚综合测度. 地理研究,2013,32(1):99-110.
[180]胡艳君,乔娟. 比较优势与山西省种植业结构调整. 中国农业资源与区划,2004,25(3),20-25.
[181]陈欢,王全忠,周宏. 中国玉米生产布局的变迁分析. 经济地理,2015,35(8):165-171.
[182]刘雪,傅泽田,常虹. 我国蔬菜生产的区域比较优势分析. 中国农业大学学报,2002,7(2):1-6.
[183]郝晓燕,张益,韩一军. 中国小麦生产布局演化及影响因素研究. 中国农业资源与区划,2018,39(8):40-48.
[184]王艳荣,刘业政. 农业产业集聚形成机制的结构验证. 中国农村经济,2011(10):77-85.
[185]骆许蓓. 论双边贸易研究中重力模型的距离因素. 世界经济文汇,2003(2):45-60.
[186]Lee L., Yu J.. Estimation of Spatial Autoregressive Panel Data Models with Fixed Effects. Journal of Econometrics,2010,154:165-185.
[187]Lesage J. P., Fisher M. M.. Spatial growth regressions: model specification, estimation and interpretation. Spatial Economic Analysis,2008,3(3):275-304 .
[188]Rada N. E., Wang C. G., Qin L., et al.. Hired-labor Demand on Chinese

Household farms. Journal of Agribusiness in Developing & Emerging Economies, 2012,2(2):15-129.

[189]Rudstrom M,. Determining implicit prices for hay quality and bale characteristics. Review of Agricultural Economics, 2004, 26(4): 552-562.

[190]班镁光.从澳大利亚、新西兰畜牧业看:—黔南农业结构调整的着力点.草业科学,2002:51-52.

[191]高新技术推动新西兰畜牧业.世界热带农业信息,2000(6):20-21.

[192]胡光.澳大利亚、新西兰种草养畜的特点及启示.中共乐山市委党校学报,2001:40-41.

[193]夏清扬.赴澳大利亚、新西兰学习种草养畜技术考察报告.贵州畜牧兽医,2001:20-22.

[194]陈光耀.加拿大苜蓿种子生产管理.农村科技,2003(12):39.

[195]李胜利,曹志军,刘玉满.奶业:2015 年仍将面临严峻考验.北方牧业,2015(4):11.

[196]郭立亚,王玉庭,张养东,等.中国奶业发展现状及主要问题对策分析.世界农业,2015,51 (20): 35-40.

[197]李胜利,王林昌,武新宇,等.从美国奶业发展看中国奶业.中国畜牧杂志,2007,43(4):2-9.

[198]李胜利,刘玉满,毕研亮,等.2013 年中国奶业回顾与展望.中国奶牛,2014,48(5):1-6.

[199]任其怿,美国西部畜牧业发展中的土地政策和公司经营:兼谈内蒙古畜牧业的现代化.内蒙古大学学报(人文社会科学版),2003(4).